台商祖国大陆投资、贸易最新政策法律解说

张万明　编著

九州出版社

图书在版编目（CIP）数据

台商祖国大陆投资贸易最新政策法律解说/张万明编著 .—北京：九州出版社，2002.12

ISBN 7-80114-819-3

Ⅰ.台…　Ⅱ.张…　Ⅲ.①投资—经济政策—解释—中国②投资—经济法—解释—中国　Ⅳ.F832.48　D922.290.5

中国版本图书馆 CIP 数据核字（2002）第 095662 号

台商祖国大陆投资、贸易最新政策法律解说

张万明　编著

出版：九州出版社（北京市海淀区万寿寺甲 4 号）

邮编：100081　电话：68706018　68706226

经销：全国新华书店

印刷：九洲财鑫印刷有限公司

开本：850×1168　1/32

字数：423 千字

印张：17.625

版次：2002 年 12 月第 1 版　第 1 次印刷

书号：ISBN 7-80114-819-3/F·69

定价：28.00 元

序

两岸加入WTO后，祖国大陆方面是否继续对台商投资实行积极鼓励和保护政策，一直是广大台商十分关注的问题，他们迫切希望了解祖国大陆方面新近加速出台的一系列投资政策和法律规定，裨便及时跟进或作调整，争取先机，赢得主动。

本书用扎实的材料和通俗易懂的体例，就此作了针对性的较为完整的阐述，首次全面介绍了中国政府从中央到地方各部门近20年来为不断改善台商大陆投资经营环境，在立法、司法、行政执法等方面所作的不懈努力；深入、系统地诠释了围绕台商投资相继制定的3部专门法律、行政法规；结合中国加入WTO的有关承诺，对大陆方面进一步开放市场、吸收境外投资的最新行业政策和规定，分别作了说明。此外，联系多年的实践，本书还就与台商投资经营密切相关的、经常碰到或衍生的贸易、合同、公司、企业、税收、劳务、知识产权、纠纷处理等方面的实际问题，择要作了明确的解答。

通览全书，可以深切体认到中国政府始终如一地鼓励和保护台商在大陆投资经营的极大诚意，可以全面了解台商最关心的政策、法律规定，直接获得感同身受的实务咨询。一句话，祖国大陆的经营环境包括法制环境越来越好，为不断密切两岸经贸关系、繁荣中华民族经济，奠定了良好的基础。

最后需要说明的是，本书关于行业政策等部分内容，适用于所有境外投资；台商大陆投资，作为一种特殊的国内投资，也比照适用（另有规定者除外）。为叙述的完整、方便，有关用词未作相应替换，在此提请读者特别注意。

作　者

2002 年 10 月 6 日　北京

目 录

第一篇 加入WTO前后的两岸经贸关系及有关投资政策

第二篇　大陆服务贸易领域投资的市场开放

第三篇　《关于鼓励台湾同胞投资的规定》

第四篇　《中华人民共和国台湾同胞投资保护法》条文释义

第五篇 《中华人民共和国台湾同胞投资保护法实施细则》

第六篇　台胞投资政策法律的执行、监督

第七篇　两岸贸易与航运

第八篇　合同法实务

第九篇　公司、企业法实务

第十篇　税收、劳务和有关经济违法犯罪问题

第十一篇 涉台经济法律纠纷的处理

第十二篇 其他相关涉台法律事务

附　录

第一篇　加入WTO前后的两岸经贸关系及有关投资政策

1. 祖国大陆对两岸经济交往的一贯立场和基本做法是什么？

大陆方面一贯主张大力发展两岸经济交流与合作，早日实现两岸直接“三通”，以利于两岸经济共同繁荣，造福整个中华民族。主张不以政治分歧去影响、干扰两岸经济合作，两岸间的经贸问题完全可以在两岸之间解决。积极鼓励台湾同胞来祖国大陆投资和从事其他经济活动，执行“同等优先、适当放宽”政策，不论在什么情况下，都将依法维护台商的一切正当权益。发展两岸经济关系，要坚持一个中国原则，遵循“直接双向、互利互惠、形式多样、长期稳定、重义守约”的原则。对两岸经济交流与合作实行特殊管理，原则上比照对外经贸制度执行。大力发展两岸经济交流与合作，符合两岸同胞的共同利益，是两岸关系发展的必然要求。希望台湾当局顺应潮流，尊重民意，拿出实际行动，使两岸全面直接“三通”能早日实现，经贸交流有更大发展。

2. 加入WTO之前，两岸投资、贸易的整体状况怎样？

在两岸同胞的共同努力下，两岸经济交流与合作已经达到相当规模，并保持着持续发展的良好势头，互补互利的局面正在形成。

·2001 年台商投资大陆增长强劲，是 1995 年以来增长幅度最大的一年。据外经贸部统计，新批台资项目 4196 项、合同台资金额 69.04 亿美元、实际使用台资 31.58 亿美元，分别比 2000 年同期增长 36.15%、73.1%和 32.83%。截止 2001 年，台商投资大陆项目累计达 51232 个，合同台资金额 555.64 亿美元，实际利用台资 295.79 亿美元。

2001 年两岸间接贸易额 323.4 亿美元，同比增长 5.9%。其中大陆对台出口 50 亿美元，同比减少 0.8%，台湾对大陆出口 273.4 亿美元，同比增长 7.2%，台湾对大陆出口顺差 223.4 亿美元。截止 2001 年，两岸间接贸易总额 2232.69 亿美元，大陆对台出口 360.38 亿美元，台湾对大陆出口 1872.17 亿美元，台湾对大陆顺差 1511.79 亿美元。多年来，祖国大陆一直是台湾最大的出口市场之一。

3. 两岸先后加入 WTO 后，双方之间是一种什么性质的经贸关系?

继 2001 年 11 月 10 日世贸组织第四届部长级会议通过《关于中国加入世贸组织的决定》后，根据 1992 年 9 月 29 日关贸总协定理事会主席声明所确定的原则，11 月 11 日，作为在处理其对外贸易关系及本协定和多边贸易协定的其他事务方面拥有完全自主权的中国台湾地区，由世贸组织第四届部长级会议通过决定，同意其以“台湾、澎湖、金门、马祖单独关税区（简称中国台北)”的名义加入世贸组织。

两岸先后加入世贸组织之后，两岸经贸关系仍属中国主体同其单独关税区之间的经贸关系，两岸经贸关系只有在一个中国框架内才能得到发展。加入世贸组织有利于台湾岛内经济的发展，也有利于两岸经贸关系的进一步发展，有利于岛内民众的根本利益。希望台湾当局早日承认一个中国原则，采取切实措施，推动两岸直接“三通”的实现，以促进两岸经济的共同繁荣。

4. 加入WTO后，祖国大陆对台商投资的优惠政策是否会继续实行？这样做与WTO规则的要求是否相冲突？

在加入WTO之前，许多人就一直担心，在中国加入WTO之后，大陆方面会不会取消对台商大陆投资的鼓励政策或便利措施，不再像以往那样强调对台商投资权益进行有效的保护。其实，这种担心是没有必要的。大陆方面将一如既往地鼓励和保护台商前来祖国大陆投资和从事其他经济活动，并将为进一步推进两岸经济合作和交流采取更加积极的措施。这一基本态度和立场没有变，将来也不会变，目前的实际情况也是如此。

台湾同胞来祖国大陆投资，本质上是中国的一种特殊国内投资，而非国际投资。他们在大陆投资经营及生活方面，获得政府给予作为中国公民所享有的一些公民待遇、而在外国人看来属“优惠待遇”的鼓励政策和便利措施，是合情合理的，也是有法律依据的。此外，从政治上讲，为巩固和体现一个中国原则，加强两岸经贸关系，扩大两岸人员往来和各个领域的交流、合作，继续采取有效措施鼓励和保护台商投资，也是两岸同胞的共同意愿，为不断发展两岸关系所需要。而所有这些，都不属于WTO管辖的范围。

大陆方面对台商投资继续实行鼓励和保护措施，与WTO的非歧视原则及其他规则并不抵触，为WTO所允许、提倡或尚未涉及。

(一) WTO规则的适用范围是货物贸易、服务贸易、与贸易有关的知识产权和与贸易有关的投资措施，并不含盖成员间的全部经贸事务。而且，即使在WTO规则的适用范围内，WTO也只是要求各成员针对相同“产品”、“服务及服务贸易”、“知识产权"和"投资措施"实行相同待遇，并有事先严格约定的条件和范围。

（二）WTO所规范的投资政策，仅限于《与贸易有关的投资措施协议》的内容。该协议中所说的"贸易"专指"货物贸易"；"投资措施"显然也不是指各成员所实行的全部投资政策和做法，其涉及的范围是比较有限的。其实，在2001年前，大陆方面就已经按照入世要求和与WTO成员达成的协议及《与贸易有关的投资措施协议》的规定，完成了对有关境外投资法律条款的修订工作（如对"三资企业法"中有关原材料采购、出口数量、外汇平衡等方面的规定做出修改等），现行法律、法规总体上是符合WTO规则的，大陆方面将保持有关政策、法律的稳定性。《台湾同胞投资保护法》及其《实施细则》等专门适用于台商大陆投资的立法，一直在有效执行当中，已经发挥并将继续发挥其独特而重要的作用。

（三）WTO不仅不禁止、限制或要求取消其成员制定和实施鼓励、保护其他成员前来投资经商的优惠政策，相反，它还大力倡导成员间贸易、投资的自由化和优势互补，这也正是WTO所追求的目标。WTO的每一个成员都可以根据自身的具体情况出台一些吸引"外资"的激励措施。WTO只是为营造公平、公正、透明的竞争环境，要求成员间不得在与贸易有关的投资措施方面，出现歧视性的差别待遇现象而已。大陆方面鼓励和保护台商投资的政策、规定，与其吸收境外投资的总体做法是相符的。

5. 加入WTO后，大陆的投资环境对台商是否有利？会带来哪些实惠？

加入WTO后，为两岸经贸关系的进一步发展和两岸直接"三通"提供了新的契机和条件。两岸同胞应更加紧密地携起手来，共同推动两岸经济的向前发展。加入WTO后，台商在祖国大陆投资经营的环境将得到进一步的改善，更有助于台商发展事业，更便于台商及其亲友生活、消费。祖国大陆将为台商提供更广阔的投资空间和更多的贸易机会。

第一，大陆市场准入的门槛不断降低，而市场准入的领域却不断扩大。大陆方面在入世后将逐步降低关税，从目前的15%降到2005年的10%左右；非关税壁垒也将在现有基础上减少，除少数关系国计民生的商品外，其他均将取消。这为台商降低材料成本，输入投资物件，提供了有利的条件。而大陆方面按照入世承诺，开放包含十几类服务贸易在内的服务业和农业的庞大市场，更为在该领域拥有比较优势的台湾投资者，提供了大展身手的有利时机和广阔前景，切不可失。

第二，有关经贸投资的法律制度更趋成熟、完善。改革开放20多年来，大陆方面陆续颁布了500多部有关境外投资的法律、法规。遵照WTO规则和在双边协议中的承诺，大陆方面将进一步完善符合国际惯例的经贸法律体系。目前，大陆方面已完成对有关法律、行政法规、部门规章的清理工作，废除、修订了一批与入世后不适应的政策、规定。地方性法规和政府规章的清理工作，也在中央的统一部署下，正有条不紊地进行。今后，各有关方面将严格按照《立法法》等法律、法规的规定，做好有关经贸投资法律、政策的立、改、废工作，认真贯彻统一、公开的原则，不再搞"内部规定"，抓紧研究建立及时调整和公布关于境外投资产业政策的工作机制。为投资经营者创造一个统一、公正、稳定、透明的市场环境，鼓励自由、公平竞争，依法全面维护他们的正当权益。

第三，WTO作为规范政府贸易行为的国际经济组织，入世首先要求的是政府入世。中国加入WTO后，各级政府及其职能部门，都要按照WTO规则的要求，严格执行统一、公开的法律、政策规定，对相关经贸事务做出公正、规范、透明的处理。

面对新的形势、新的情况，也要求各政府部门的工作人员进一步提高自身的业务素质，增强服务意识，转变和改进工作作风，提高办事效率。这些，无疑将使前来祖国大陆的台商们在创业和生活方面都大受其益。

此外，受两岸先后加入WTO因素的影响和促动，或许有一天两岸双方会开始探讨建立一种让两岸经贸互动更为紧密的新机制，使投资环境更加优化，加速繁荣中华民族经济。

6. 加入WTO后，台商在祖国大陆投资最需要注意什么问题？

加入WTO后，大陆方面将进一步加快依法治国、建设社会主义法制国家的进程。有关调整境外经贸、投资活动的事项都将纳入国家法律、法规规定的范畴，并及时予以公布。依法投资经营，依法办事，依法维护自身的正当权益，才是正确的行为取向。为此，台商应增强法制观念，认真了解法律，自觉遵守法律，这是加入WTO后，台商在大陆投资经营最需要注意的问题。

7. 目前两岸“三通”的基本情况怎样？

在祖国大陆“三通”政策的感召下，在两岸业者的共同努力推动下，两岸“三通”不断向前发展，但目前两岸仍处在民间、间接、部分“三通”的状态。

1979年，祖国大陆率先经香港或外国沟通两岸电话和交换邮件，打破两岸30年来的隔绝状态。1989年两岸相互直接封发邮件总包，经香港、澳门转运。1993年开办两岸“挂号函件”业务。1996年两岸实现了直接通电，开办了各项电信业务，为两岸沟通信息和经贸活动提供良好的条件。为促进两岸经贸发展，1988年国务院公布了《关于鼓励台湾同胞投资的规定》，1994年全国人民代表大会常务委员会通过《中华人民共和国台湾同胞投资保护法》，1999年国务院发布《中华人民共和国台湾同胞投资保护法实施细则》，2000年12月，外经贸部公布了《对台湾地区贸易管理办法》，这些都为台商来祖国大陆经商提供了法律保障。为推动两岸直航，1979年祖国大陆各开放港口开始接待台湾的商船，并采取多种措施，为台湾船舶来大陆港口靠泊作业提供方便，保障航行安全。1995年和1996年，先后实现澳门和港龙航空公司的飞机经港澳机场“换航班号、一机到底”飞行两岸。1997年，通过民间协商解决了港台航线问题；同年，由两岸航运团体通过协商，启动了福州、厦门与台湾高雄港的试点直航，直航船舶可经高雄港中转祖国大陆的外贸货物，并实现了两岸船舶经第三地“换单不换船”的间接运输。2001年实现了福建沿海与金门、马祖间的海上客货直航。2002年两岸加入世界贸易组织后，台湾当局被迫开放台商直接与祖国大陆企业签订贸易合同和直接投资大陆，但仍限制大陆企业到台湾投资。

目前，由于两岸不能直接通航，两岸人员往来每年要多付出约9亿美元，货物运输要损失10多亿美元，浪费的时间更无法计算。23年来，两岸开放程度的反差，形成台湾民众来祖国大陆2400万人次，而大陆居民赴台仅40万人次；台商来大陆投资5万多家，合同台资500亿美元，而祖国大陆去台湾投资为零，近两年祖国大陆对台湾的贸易逆差均为200多亿美元。两岸人员往来和经贸交流的不平衡，给台湾经济造成的损失会越来越大，台湾民众要求早日实现两岸直接“三通”的呼声日益高涨。

8. 目前，对台商投资有哪些最新的政策鼓励措施？

为扩大吸收包括台资在内的境外投资（以下通称外资），鼓励引进先进技术、设备，提高利用外资工作水平，促进产业结构调整和技术进步，保持国民经济持续、快速、健康发展，国家计委、国家经贸委、外经贸部、财政部、中国人民银行、海关总署、国家税务总局、国家外汇管理局和国家出入境检验检疫局等部门，就进一步鼓励外资制定了有关政策措施。主要内容包括：

一、促进外资企业技术开发、创新和出口。

（一）对已设立的鼓励类和限制乙类外资企业、外资研究开发中心、先进技术型和产品出口型外资企业技术改造，在原批准的生产经营范围内进口国内不能生产或性能不能满足需要的自用设备及其配套的技术、配件、备件，可按《国务院关于调整进口设备税收政策的通知》的规定免征进口关税和进口环节税。

（二）对属于鼓励类和限制乙类的外资企业在投资总额内采购国产设备，如该类进口设备属免征进口税收范围，可全额退还国产设备增值税。外资企业进行符合国家产业政策的技术改造以及生产高新技术产品，其采购的国产设备按有关规定抵免企业所得税。

（三）外资研究开发中心，在投资总额内进口国内不能生产或性能不能满足需要的自用设备及其配套的技术、配件、备件，可按《国务院关于调整进口设备税收政策的通知》的规定免征进口关税和进口环节税。

（四）境外企业向境内转让技术免征营业税，凡属技术先进或者条件优惠的，经国务院税务主管部门批准，免征企业所得税。外资企业（包括外资研究开发中心）取得的技术转让收入免征营业税。

（五）外资企业技术开发费比上年增长10%及以上的，经税务机关批准，允许再按技术开发费实际发生额的50%，抵扣当年度的应纳税所得额。具体比照国家税务总局制定的《企业技术开发费税前扣除管理办法》执行。

（六）为进一步扩大外资企业的出口，经税务机关批准，可允许1993年底前成立的老外资企业出口货物，在2000年底前，选择执行“不征不退”或“免抵退”政策（只能选择一次）。

二、加大对外资企业的金融支持力度和风险保险。

（一）外资企业境内融资时，允许中资商业银行接受外方股东担保。允许外资企业以外汇质押方式向境内指定银行申请人民币贷款。外资企业所有外汇资金均可作质押。对外汇担保项下的人民币贷款可由境外金融机构或境内外资金融机构提供信用保证；取消外汇质押、外汇担保项下的登记手续和对提供外汇担保的外资银行信用等级的特别限制。外方股东担保和外汇担保人民币贷款应符合产业政策，可用于满足固定资产投资和流动资金需求，但不得用于购汇。

（二）设立专项产业投资基金缓解现有外资企业增资时大陆方股本金不足问题，同时允许境内中资商业银行在合资、合作企业外方股东应增加的股本金同步到位的前提下，对大陆方股东发放一定比例的股本贷款。

（三）允许境内外资企业以其外方投资者海外资产向境内外资银行的海外分行提供抵押，由中资商业银行的海外分行或国内分行向其发放贷款。

（四）符合条件的外资企业可申请发行A股或B股。

（五）按照积极稳妥的原则，向在国家重点鼓励的能源、交通等领域投资的境外投资者提供政治风险保险、履约保险、保证保险等保险服务。

三、推动向中西部地区投资。

（一）中西部地区各省、自治区、直辖市制定的利用外资优势产业和优势项目目录，报经国家批准后实施。目录内项目可享受《外商投资产业指导目录》中鼓励类项目政策，对其进口国内不能生产或性能不能满足需要的自用设备及其配套的技术、配件、备件，按《国务院关于调整进口设备税收政策的通知》的规定免征进口关税和进口环节税。

（二）放宽中西部地区吸收外资的领域和设立外资企业的条

件，放宽中西部地区设立外资企业外方持股比例限制。

（三）对设在中西部地区的国家鼓励类外资企业，在现行税收优惠政策执行期满后的 3 年内，可以减按 15% 的税率征收企业所得税。

（四）外资企业到中西部地区再投资的项目，凡外资比例达到 25% 以上的，均可享受外资企业待遇。

（五）允许沿海地区的外资企业到中西部地区承包经营管理外资企业和内资企业。

（六）允许中西部各省、自治区、直辖市在其省会或首府城市选择一个已建成的开发区，申办国家级经济技术开发区。

四、进一步改善对外资企业的管理和服务。

（一）根据经济发展情况适时对《外商投资产业指导目录》进行调整。加快推进商业、外贸、金融、保险、证券、电信、旅游等服务贸易领域的对外开放。为适应进一步扩大对外开放和吸引外资的需要，应适当减少《外商投资产业指导目录》中要求大陆方控股和不允许外方独资等限制项目。

（二）凡属鼓励类且不需要国家综合平衡的外资项目，均由省级人民政府审批，报国家计委、国家经贸委、外经贸部备案。国家计委、国家经贸委、外经贸部收到备案报告后，如有不同意见要在一个月内予以答复。国务院有关部门和各地人民政府要进一步简化外资项目及企业设立的审批手续，加快审批进度。

（三）进一步完善对经常项目下售汇真实性审核的报关单联网核查系统，缩短审核时间；对因特殊情况无法使用报关单联网核查系统核查而需以函调方式核查的，应提高核查速度。外资企业可凭企业设立时的技术转让协议及批准文件办理其技术引进项下的售付汇手续。外资企业可在限额内将外汇结算账户中的存款转为定期存款。按属地管理原则，下放资本项目外汇收入结汇的审批权限，取消资本项目外汇收入结汇备案登记制度，

（四）逐步缩小对外资企业进口设备的强制性价值鉴定范围、改进鉴定办法，对独资企业进口设备不再进行强制性价值鉴定。规范海关管理，提高办事效率，加快通关速度。坚决制止对外资企业的乱收费、乱检查和各种摊派。

（五）以出让方式取得土地使用权的外资企业，不再缴纳场地使用费。

（六）对外资企业的政策规定进行清理，尽快调整不利于吸引外资的有关政策规定，增加透明度，健全外资的法律法规体系。

9. 最新公布的《外商投资产业指导目录》做了哪些重大调整？可以由境外投资者独资和控股的产业比例有多大？

2002年3月4日经国务院批准、4月1日施行的新的《外商投资产业指导目录》，对原目录做出了重大修订。主要表现在：

（一）鼓励类目录由186条增加到262条，限制类由112条下降到75条，放宽了外商投资的股比限制，并将原禁止外商投资的电信、燃气、热力、供排水等城市管网首次列为对外开放领域。

（二）进一步开放银行、保险、商业、外贸、旅游、电信、运输、会计、审计、法律等服务贸易领域，按照承诺的地域、数量、经营范围、股比要求和时间表，履行加入世贸组织的承诺。

（三）发挥市场竞争机制作用，将一般工业产品划入允许类，通过竞争促进产业、产品结构升级。

（四）鼓励外商投资西部地区的优势产业，放宽外商投资西部地区的股比和行业限制。

新的《外商投资产业目录》显示，大陆方面基本实现全方位对外开放，九成以上产业可由外方控股。按照国民经济的统计分类方法分类的所有产业中，需要大陆方面控股的仅有21项，不到整个产业共371个条目的5.7%。其中，需用大陆方面相对控股的仅5项，限于外资合资、合作的仅24项（其中西部可以独资的有4项）。目前外资在大陆可以独资的产业已经占到整个产业体系的87.6%。专家称，新目录的发布，标志着大陆方面对外经济开放的新的框架体系已经基本确立。

10. 台商应如何选定投资项目？

为了指导外商投资方向，使境外投资方向与国民经济和社会发展规划相适应，并有利于保护投资者的合法权益，根据国家有关外商投资的法律规定和产业政策要求，国务院制定公布了《指导外商投资方向规定》，于2002年4月1日施行。据此，国家发展计划委员会、国家经济贸易委员会、对外贸易经济合作部会同国务院有关部门，制订了《外商投资产业指导目录》，经国务院批准于同日施行。外商投资项目分为鼓励、允许、限制和禁止四类。鼓励、限制和禁止类项目，列入《外商投资产业指导目录》。不属于前三类的投资项目为允许类外商投资项目，不列入《外商投资产业指导目录》。

上述规定和目录，再加上《中西部地区外商投资优势产业目录》，适用于在大陆投资举办合资、合作经营企业和独资企业的项目以及其他形式的外商投资项目，是指导审批外商投资项目和外商投资企业适用有关政策的依据。由于台湾地区的投资者举办的投资项目，比照上述规定和目录执行，故台商在大陆考察、选定投资项目时，一定要认真了解，照此办理，并密切关注此类规定和目录可能有部分调整的情况，妥善应对。

11. 哪些投资属于鼓励类项目？

属于下列情形之一的，列为鼓励类外商投资项目：

（一）属于农业新技术、农业综合开发和能源、交通、重要原材料工业的；

（二）属于高新技术、先进适用技术，能够改进产品性能、提高企业技术经济效益或者生产国内生产能力不足的新设备、新材料的；

（三）适应市场需求，能够提高产品档次、开拓新兴市场或者增加产品国际竞争能力的；

（四）属于新技术、新设备，能够节约能源和原材料、综合利用资源和再生资源以及防治环境污染的；

（五）能够发挥中西部地区的人力和资源优势，并符合国家产业政策的；

（六）法律、行政法规规定的其他情形。

12. 哪些投资属于限制类项目?

属于下列情形之一的，列为限制类外商投资项目：

（一）技术水平落后的；

（二）不利于节约资源和改善生态环境的；

（三）从事国家规定实行保护性开采的特定矿种勘探、开采的；

（四）属于国家逐步开放的产业的；

（五）法律、行政法规规定的其他情形。

13. 哪些投资属于禁止类项目?

属于下列情形之一的，列为禁止类外商投资项目：

（一）危害国家安全或者损害社会公共利益的；

（二）对环境造成污染损害，破坏自然资源或者损害人体健康的；

（三）占用大量耕地，不利于保护、开发土地资源的；

（四）危害军事设施安全和使用效能的；

（五）运用我国特有工艺或者技术生产产品的；

（六）法律、行政法规规定的其他情形。

14. 哪些投资项目可以扩大经营范围?

鼓励类外商投资项目，除依照有关法律、行政法规的规定享受优惠待遇外，从事投资额大、回收期长的能源、交通、城市基础设施（煤炭、石油、天然气、电力、铁路、公路、港口、机场、城市道路、污水处理、垃圾处理等）建设、经营的，经批准，可以扩大与其相关的经营范围。

15. 哪几种投资项目可以由允许类、限制类转化为鼓励类或允许类投资项目?

产品全部直接出口的允许类外商投资项目，视为鼓励类外商投资项目；产品出口销售额占其产品销售总额 70% 以上的限制类外商投资项目，经省、自治区、直辖市及计划单列市人民政府或者国务院主管部门批准，可以视为允许类外商投资项目。

对于确能发挥中西部地区优势的允许类和限制类外商投资项目，可以适当放宽条件；其中，列入《中西部地区外商投资优势产业目录》的，可以享受鼓励类外商投资项目优惠政策。

16. 当前大陆方面确定重点发展的产业、产品和技术的基本原则是什么?

为推进经济结构的战略调整，促进产业升级，提高竞争力，2000 年 7 月 27 日，经国务院批准、国家计委和国家经贸委联合发布了《当前国家重点鼓励发展的产业、产品和技术目录》。确定此目录的原则是：①当前和今后一个时期有较大的市场需求，发展前景广阔，有利于开拓国内市场；②有较高的技术含量，有利于促进企业设备更新和产业技术进步，提高竞争力；③国内存在从研究开发到实现产业化的技术基础，有利于技术创新，形成新的经济增长；④符合可持续发展战略，有利于节约资源和改善生态环境；⑤供给能力相对滞后，提高其供给能力，有利于促进经济结构的合理化，保持国民经济持续快速健康发展。

本着上述原则，当前国家重点鼓励28个领域，共526种产品、技术及部分基础设施和服务的发展。这28个领域分别是：农业、林业及生态环境、水利、气象、煤炭、电力、核能、石油天然气、铁路、公路、水运、航空运输、信息产业、钢铁、有色金属、化工、石化、建材、医药、机械、汽车、船舶、航空航天、轻工纺织、建筑、城市基础设施及房地产、环境保护和资源综合利用、服务业。

本目录是国家引导经济结构战略性调整，改善投资结构以及审批投资项目的主要依据之一。有关经济管理部门，要依据本目录，采取相应的措施，保证经济结构战略性调整的顺利进行。对符合本目录的国内投资项目，在投资总额内进口的自用设备，除《国内投资项目不予免税的进口商品目录（2000年修订）》所列商品外，免征关税和进口环节增值税。

各地区要根据本地区的实际情况，认真分析国内外市场需求和供给条件的变化，从实际出发，量力而行，选择目录内有可能形成本地比较优势的领域发展，避免盲目重复建设。

17．“中西部”具体指哪些地方？

“中西部”地区共涵盖20个省、自治区、直辖市。它们是山西省、内蒙古自治区、黑龙江省、吉林省、安徽省、江西省、河南省、湖北省、湖南省、广西壮族自治区、四川省、重庆市、云南省、贵州省、西藏自治区、陕西省、甘肃省、青海省、宁夏回族自治区、新疆维吾尔自治区。台商在中西部地区投资优势产业目录中列出的255项优势产业，可以享受免税等优惠政策。

18. 哪些地方可以享有西部大开发的优惠政策?

根据国务院西部开发办公室 2001 年 8 月 28 日公布的《关于西部大开发若干政策措施的实施意见》的规定，实施西部大开发若干政策的适用范围包括：重庆市、四川省、贵州省、云南省、西藏自治区、新疆维吾尔自治区、内蒙古自治区和广西壮族自治区。

此外，湖南省湘西土家族苗族自治州、湖北省恩施土家族苗族自治州和吉林省延边朝鲜族自治州，在实际工作中也可以根据有关政策措施予以照顾。

19. 台商投资中西部地区在税费上有哪些优惠?

以往沿海东部地区吸收外商投资在税收政策上，在所得税的减免期方面没什么差别，都是享受两免三减和先进技术企业、产品出口型企业的减免政策，但在所得税上沿海东部地区则大大优于中西部地区，所得税率为 15%（经济特区）和 24%（沿海开放地带），而中西部地区则为 33%，只有省会城市是 24%。

1999 年 12 月 17 日国家税务总局发布了《关于实施对设在中西部地区的外商投资企业给予 3 年减按 15%税率征收企业所得税的优惠的通知》，《通知》规定：对设在中西部地区的国家鼓励类外商投资企业，在现行税收优惠政策执行期满后的 3 年内，可以减按 15%的税率征收企业所得税。

这就是说中西部地区外商投资企业可享受以下优惠政策：生产性外商投资企业，经营期 10 年以上的，从开始获利的年度起，第一年和第二年免征企业所得税，第三年至第五年减半征收企业所得税（两免三减）。外商投资举办的先进技术企业，在两免三减后，仍为先进技术企业的，可以按照税法规定的税率延长 3 年征收企业所得税。之后，仍可再享受 3 年减半征收企业所得税的优惠政策。

在这3年中企业同时被确认为产品出口企业且当年出口产值达到总产值70%以上的，可以按照税法规定的税率减半征收企业所得税，但减半后的税率不得低于10%，这一点与经济特区和经济技术开发区一样。

执行此优惠政策的国家鼓励类外商投资企业是指：从事经国务院批准，由国家计划发展委员会、国家经济贸易委员会和对外贸易经济合作部联合颁布的《外商投资产业指导目录》中鼓励类和限制乙类项目以及经国务院批准的优势产业和优势项目的外商投资企业，当然也包括《中西部地区外商投资优势产业目录》中的项目。

对设在西部地区国家鼓励类的外商投资企业，在2001年至2010年期间，减按15%的税率征收企业所得税。国家鼓励类的外商投资企业是指以《外商投资产业指导目录》中鼓励类项目和《中西部地区外商投资优势产业目录》中规定的产业项目为主营业务，其主营业务收入占企业总收入70%以上的企业。经省级人民政府批准，民族自治地方的外商投资企业可以减征或免征地方所得税。中央企业所得税减免的审批权限和程序按现行有关规定执行。

对保护生态环境，退耕还林（生态林应占80%以上）还草产出的农业特产收入，自取得收入年份起10年内免征农业特产税。

西部地区公路国道、省道建设用地，比照铁路、民航建设用地，免征耕地占用税。免征耕地占用税的范围限于公路线路、公路线路两侧边沟所占用的耕地，公路沿线的堆货场、养路道班、检查站、工程队、洗车场等所占用的耕地不在免税之列。公路国道、省道以外其他公路建设用地是否免征耕地占用税，由省级人民政府决定。上述免税用地，凡改变用途，不再属于免税范围的，应当自改变用途之日起补缴耕地占用税。

在西部地区勘查、开采矿产资源，符合下列条件的，可以申请减缴或免缴探矿权使用费、采矿权使用费：石油、天然气、煤层气、铀、富铁矿、优质锰矿、铬铁矿、铜、钾盐、铂族金属、地下水等矿产资源的勘查、开发，大中型矿山企业为寻找接替资源申请的勘查、开发，运用新技术、新办法提高综合利用水平（包括低品位、难选冶的矿产资源开发及老矿区尾矿利用）的矿产资源开发，政府主管部门认定的其他情形。探矿权使用费，第一个勘查年度可以免缴，第二至第三个勘查年度可以减缴50%，第四至第七个勘查年度可以减缴25%。采矿权使用费，矿山基建期和矿山投产第一年可以免缴，矿山投产第二至第三年可以减缴50%，第四至第七年可以减缴25%，矿山闭坑当年可以免缴。

探矿权人投资勘查获得具有开采价值的矿产地后，可依法获得采矿权。允许将勘查费用计入递延资产，在开采阶段分期摊销。

积极培育矿业权市场，促进探矿权、采矿权依法出让和转让。出让矿业权的范围包括国家出资勘查并已经探明的矿产地、依法收归国有的矿产地和其他矿业权空白地。除采取依法申请批准方式外，可以采取招标、拍卖等其他方式出让矿业权。探矿权人、采矿权人可以采取出售、作价出资、合作勘查或开采、上市等方式依法转让探矿权、采矿权，也可以按有关规定出租、抵押探矿权、采矿权。

对于外商从事非油气矿产资源勘查开采的，除享受国家已实行的有关优惠政策外，还可以享受免缴探矿权、采矿权使用费1年，减半缴纳探矿权、采矿权使用费2年的政策。对于外商从事《外商投资产业指导目录》中鼓励类非油气矿产资源开采的，享受免缴矿产资源补偿费5年的政策。在中外合营方式中，中方以探矿权、采矿权入股的，其探矿权、采矿权应按规定依法评估确认，合理作价，由中方提供相关的地质成果资料。

20. 在开放试点领域和试点项目上对中西部地区有何倾斜政策、规定?

中国的对外开放是从沿海逐步向内陆地区延伸的，对外商开放的领域和试点项目如金融、保险、商业、外贸、会计等都首先在沿海地区进行。新政策规定，国家允许开展试点的开放领域和试点项目，原则上应在东中西部地区同时进行。把矿产资源开发、旅游开发列入鼓励外商投资的行业。

特别鼓励外商投资于西部地区的农业、水利、生态、交通、能源、市政、环保、矿产、旅游等基础设施建设和资源开发，以及建立技术研究开发中心。

扩大西部地区服务贸易领域对外开放。将外商对银行、商业零售企业投资的试点扩大到西部地区中心城市（直辖市、省会城市和自治区首府城市）。将中外合资外贸公司的试点扩大到西部地区中心城市，并在中外双方的资格条件上比东部地区适当放宽。在法律和有关协议的框架内，优先考虑西部地区外资银行经营人民币业务的要求。对外资保险公司申请到西部地区设立经营机构的给予优先许可，对外商在西部地区设立保险代理公司和合资保险经纪公司予以优先考虑。对西部地区兴办中外合资旅行社，在资质审查与项目审批方面适当放宽标准。按照中国加入WTO谈判的承诺和有关规定，允许外国会计公司（事务所）在西部地区兴办中外合作会计师事务所，对于一时不具备设立条件的，允许其在西部地区设立成员所，鼓励现有中外合作会计师事务所在西部地区设立分所。在条件成熟时，可以优先在西部地区兴办中外合作律师事务所。允许设立中外合资合作建筑与相关服务、设计服务企业并允许外商控股，逐步允许在建筑与相关服务、设计服务、工程服务、城市规划服务领域设立外资企业。逐步允许外商在中外合资铁路货运企业、中外合资道路货运企业中控股，在铁路货运、道路货运领域设立外资企业。对外商投资于西部地区基础设施和优势产业项目，视不同行业适当放宽对外商投资的股比限制。对外商投资于西部地区基础设施和优势产业项目，适当放宽国内银行提供固定资产投资人民币贷款的比例。对属于《外商投资产业指导目录》鼓励类和《中西部地区外商投资优势产业目录》的项目，符合条件的国内银行向其提供固定资产投资人民币贷款可不受上述比例限制。允许外商投资项目开展包括人民币在内的项目融资。对西部地区一些利用国外优惠贷款建设项目，允许适当提高项目总投资中国外优惠贷款的比例。

21. 最近，西部地区具体提出了哪些吸收外资的重大投资项目？

西部地区提出了一批吸引外商直接投资的重大项目，涉及农业水利、轻工纺织、交通运输、能源、原材料、机械电子、市政设施、旅游业等领域。其中总投资在1亿美元以上的有：新疆天然彩色棉花一体化建设项目、中国新建集团公司葡萄基地项目、内蒙古包钢镍氢动力电池生产项目、四川漂白竹浆及牛皮纸箱项目、宁夏燃料酒精项目、宁夏林纸一体化项目、广西北海港石步港区三期工程项目、广西梧州至桂林高速公路项目、四川南充至巴中高速公路项目、四川都江堰至汶川公路项目、贵州清镇至黄果树高速公路项目、陕西蓝田至商州高速公路项目、陕西黄陵至延安高速公路项目、甘肃兰州至临洮高速公路项目、甘肃兰州忠和至海石湾高速公路项目、青海西宁至惶中至贵德公路项目、青海平安至阿岱公路项目、内蒙古集宁至河北张家口铁路项目、云南滇东电厂项目、甘肃西固天然气电厂、新疆哈密二电厂三期扩建工程项目、云南宏恩区块煤层气勘探项目、贵州中岭煤矿原煤开采项目、云南褐煤液化项目、宁夏煤炭间接液化项目、内蒙古包钢冷轧薄板项目、云南大红山地下采选管道工程项目、贵州磷铵项目、云南磷酸二铵项目、陕西醋酸项目、甘肃临泽无水柠檬酸改扩建项目、青海天然气和盐化工项目、中国石油天然气股份有限公司兰州乙烯项目、四川金红钛白粉工程项目、甘肃兰州高精度铝及铝合金板带箔材热轧工程项目、重庆模拟和混合信号集成电路生产线项目、四川成都模拟集成电路芯片生产线项目、甘肃小外型塑料封装集成电路项目。

22. 对外商投资设立研发中心有何规定？有什么鼓励政策？

2002 年 4 月外经贸部发布了《关于外商投资设立研发中心有关问题的通知》，对外商投资研发中心的形式、经营范围、设立条件、审批程序做出了明确的规定。

外商投资研发中心的形式可以是外国投资者（包括外商投资设立的投资性公司）依法设立的中外合资、合作、外资企业，也可以是设在外商投资企业内部的独立部门或分公司，这为投资者提供了很大的选择空间，至于外商选择什么样的形式完全根据其意愿和实际情况，一般来说，规模较大的生产企业研发中心大都设在企业内部，这既便于研发中心的研究成果直接和生产过程相连，也更易于管理，尤其是统一核算财务。但也有很大的生产企业采取独立设立研发中心的形式。

投资者要有明确的研究开发领域和具体的研发项目，还要有固定的场所、科研必需的仪器设备和其它必需的科研条件，研发中心用于研发的投资应不低于 200 万美元；研发中心应配备专职管理和研发人员，其中具有相当本科以上学历的直接从事研发活动人员占研发中心总人数的比例应不低于 80%。限制甲类外商投资企业设立独立部门和分公司形式的研发中心的投资不得高于企业投资总额的 50%。

积极鼓励、引导跨国公司在华设立研发中心，举办高新技术企业是提高中国吸收外资质量与水平的一项主要内容。近年来，中国政府相继制定了一系列鼓励外商设立研发中心的政策，1997年在修改《外商投资产业指导目录》时，将“汽车、摩托车研究、设计、开发中心和高新技术和新产品开发的建设与企业孵化”列入了《目录》中外商鼓励类项目；1999年国家又出台了一系列进一步鼓励外商投资的政策，其中包括进一步鼓励外商投资设立研发中心的优惠政策，如：研发中心进口设备免征进口关税和环节税、免征技术转让营业税，研发费用可用以抵扣应缴税款；外经贸部又出台了外商投资设立研发中心有关问题的通知，2001年国务院颁布了鼓励集成电路、软件产业的规定，其中包括在上述规定的研发中心的鼓励措施。目前国家已出台明确的鼓励外商投资设立研发中心的政策有：

（一）投资总额内进口自用设备及其配套的技术、配件、备件（不包括《外商投资项目不予免税的进口商品目录》中的商品和船舶、飞机、特种车辆、施工机械），且限于不构成生产规模的实验室或中试范畴的，免征进口关税和进口环节税。

（二）利用自有资金进行技术改造，按照《海关总署关于进一步鼓励外商投资有关进口税收政策的通知》[署税（1999）791号] 的规定，在原批准的经营范围内进口符合前条条件的自用设备及其配套的技术、配件、备件，免征进口关税及进口环节税。

（三）自行研发技术的转让收入免征营业税。

（四）技术开发费比上年增长10%以上（含10%）的，经税务机关批准，可再按技术开发费实际发生额的50%抵扣当年度的应纳税所得额。

中国政府将在现有基础上，进一步加大对外商投资研发中心的政策扶植力度。

23. 对投资设立风险投资公司有何特别规定?

外商投资风险投资公司的外方投资者可以是国外的风险投资基金，也可以是其他的投资者，对其资格条件并不一定要求太高，只要具备相当的实力即可，外国投资者应当具备的条件是:

(一) 至少有一个外国投资者应当具备下列条件:

以创业投资为主营业务；申请前 3 年其管理的资本累计不低于 1 亿美元；申请前 3 年其管理的资本中，已投资金额累计不低于 5000 万美元；拥有具有 3 年以上创业投资从业经验的专业管理人员；具有风险承受能力；有正当的资金来源；对外商投资创业投资企业的出资不少于投资者出资总额的 3%；未受过所在国和中国司法机关和其他相关机构的重大处罚。

(二) 至少有一个外国投资者应当具备下列条件:

申请前一年其净资产总额不低于 1 亿美元；具有风险承受能力；有正当的资金来源；对外商投资创业投资企业的出资不少于 2000 万美元。

(三) 其他外国投资者应当具备下列条件:

具有风险承受能力；有正当的资金来源；如果只有一个外国投资者，则该外国投资者必须同时符合上述条件；对外商投资创业投资企业的出资不少于 1000 万美元。

考虑到中方投资者的实际情况，一般的投资者实力有限，而且中国发展风险投资的历史很短，也不可能有大量从事风险投资的业绩，所以相应地降低了中方投资者的条件。规定以中外合资有限责任公司、中外合作有限责任公司或不具有法人资格的中外合作企业形式设立的外商投资创业投资企业的中国投资者应当具备的条件是:

(一) 至少有一个中国投资者应当具备下列条件:

以创业投资为主营业务；申请前 3 年其管理的资本累计不低于 1 亿元人民币，或申请前 1 年其净资产总额不低于 1 亿元人民币；其已投资金额累计不低于 3000 万元人民币；拥有具有创业投资从业经验的专业管理人员；具有风险承受能力；有正当的资金来源；对外商投资创业投资企业的出资不少于 500 万美元；未受过司法机关和其他相关机构的重大处罚。

（二）其他中国投资者应当具备下列条件：

具有风险承受能力；有正当的资金来源；对外商投资创业投资企业的出资不少于 500 万美元。

投资者对外商投资创业投资企业的出资中，外国投资者所占比例不得低于 25%。外国投资者以可自由兑换的货币出资，中国投资者以人民币出资。

投资者可以根据合同的约定分期缴纳出资。首期出资不得低于各自认缴出资额的 15%，且应当自外商投资创业投资企业营业执照签发之日起 3 个月内缴清。其余出资应自外商投资创业投资企业营业执照颁发之日起 3 年内全部缴清。

考虑到外商投资风险投资公司主要业务是进行风险投资活动，因此，要有相当的投资做后盾，以保证其风险投资经营活动所需的足够资金。外商投资创业投资企业投资者认缴的出资额总和（根据以上规定，投资总额至少在 2500 万美元以上）应是外商投资创业投资企业的投资总额。外商投资创业投资企业投资总额应主要用于向所投资企业进行股权投资。与投资性公司一样，风险投资公司不设注册资本。

按照《关于设立外商投资创业投资企业的暂行规定》，外商投资创业投资企业不得从事下列活动：

在国家禁止外商投资的领域投资；直接或间接投资于证券、期权、期货或任何金融衍生工具，但所投资企业上市后，外商投资创业投资企业所持股份及配送股份不在此列；直接或间接投资于非自用不动产；贷款进行投资；非自有资金进行投资；提供贷款或担保；法律、法规禁止从事的其它活动。

24. 对投资软件产业有何政策优惠？

经由地（市）级以上软件行业协会或相关协会初选，报经同级信息产业主管部门审核，并会签同级税务部门批准后列入正式公布名单的软件企业，可以享受税收等优惠政策。

（一）增值税。国家鼓励在中国境内开发生产软件产品，自2000年6月24日起至2010年底以前，对增值税一般纳税人销售其自行开发生产的软件产品，按17%的法定税率征收增值税后，对其增值税实际税负超过3%的部分实行即征即退政策。所退税款由企业用于研究开发软件产品和扩大再生产，不作为企业所得税应税收入，不予征收企业所得税。

增值税一般纳税人将进口的软件进行转换等本地化改造后对外销售，其销售的软件可按照自行开发生产的软件产品的有关规定享受即征即退的税收优惠政策。本地化改造是指对进口软件重新设计、改进、转换等工作，单纯对进口软件进行汉字化处理后再销售的不包括在内。

企业自营出口或委托、销售给出口企业出口的软件产品，不适用增值税即征即退办法。

软件出口企业的软件产品出口后，凡出口退税率未达到征税率的，经国家税务总局核准，可按征税率办理退税。

增值税一般纳税人在销售计算机软件、集成电路（含单晶硅片）的同时销售其他货物，其计算机软件、集成电路（含单晶硅片）难以单独核算进项税额的，应按照开发生产计算机软件、集成电路（含单晶硅片）的实际成本或销售收入比例确定其应分摊的进项税额。

（二）所得税。在中国境内设立的软件企业可享受企业所得税优惠政策，对中国境内新办软件生产企业经认定后，自开始获利年度起，第一年和第二年免征企业所得税，第三年至第五年减半征收企业所得税。

对国家规划布局内的重点软件企业，当年未享受免税优惠的减按 10%的税率征收企业所得税。国家规划布局内的重点软件企业名单由国家计委、信息产业部、外经贸部和国家税务总局共同确定。

软件企业人员薪酬和培训费用可按实际发生额在企业所得税税前列支。

（三）进口环节税。对经认定的软件生产企业进口所需的自用设备，以及按照合同随设备进口的技术（含软件）及配套件、备件，不需出具确认书、不占用投资总额，除国务院国发[1997] 37 号文件规定的《外商投资项目不予免税的进口商品目录》和《国内投资项目不予免税的进口商品目录》所列商品外，免征关税和进口环节增值税。

海关要为软件的生产开发业务提供便捷的服务。在国家扶持的软件园区内为承接国外客户软件设计与服务而建立研究开发中心时，对用于仿真用户环境的设备采取保税措施。

（四）折旧。企事业单位购进软件，凡购置成本达到固定资产标准或构成无形资产，可以按照固定资产或无形资产进行核算。内资企业经主管税务机关核准；投资额在 3000 万美元以上的外商投资企业，报由国家税务总局批准；投资额在 3000 万美元以下的外商投资企业，经主管税务机关核准，其折旧或摊销年限可以适当缩短，最短可为 2 年。

企事业单位所购软件，凡购置成本达到固定资产标准或构成无形资产的，可以按固定资产或无形资产进行核算，经税务部门批准，其折旧或摊销年限可以适当缩短，最短可为 2 年 。

（五）出口政策。软件出口是指依照《中华人民共和国对外贸易法》从事对外贸易经营活动的法人和其他组织，采取通关或网上传输方式向境外出口软件产品及提供相关服务，包括：软件技术的转让或许可；向用户提供的计算机软件、信息系统或设备中嵌入的软件或在提供计算机信息系统集成、应用服务等技术服务时提供的计算机软件；信息数据有关的服务交易。包括：数据开发、储存和联网的时间序列、数据处理，制表及按时间（即小时）计算的数据处理服务、代人连续管理有关设备、硬件咨询、软件安装，按客户要求设计、开发和编制程序系统、维修计算机和边缘设备，以及其他软件加工服务；随设备出口等其他形式的软件出口。

软件出口纳入中国进出口银行业务范围，并享受优惠利率的信贷支持；同时，国家出口信用保险机构应提供出口信用保险。软件出口企业可向外经贸主管部门申请中小企业和国际市场开拓资金，以扩大软件出口和开拓国际市场。

软件产品年出口额超过 100 万美元的软件企业，注册资金在 100 万元人民币以上（含 100 万元人民币）的软件企业，可享有软件自营出口权。

根据重点软件企业参与国际交往的实际需要，对企业高中级管理人员和高中级技术人员简化出入境审批手续，适当延长有效期。

采取适当软件贸易特点的外汇管理办法。根据软件产品交易（含软件外包加工）的特点，对软件产品出口实行不同于其他产品的外贸、海关和外汇管理办法，以适应软件企业从事国际商务活动的需要。

凡需通过 GB/T 19000－ISO 9000 系列质量保证体系认证和 CMM（能力成熟度模型）认证的软件出口企业，可向外经贸主管部门申请认证费用资助。GB/T 19000－ISO 9000 系列质量保证体系和 CMM 的认证费用资助，按照《关于印发中小企业国际市场开拓资金管理（试行）办法的通知》（财企〔2000〕467 号）执行。

（六）知识产权保护。国务院著作权行政管理部门要规范和加强软件著作权登记制度，鼓励软件著作权登记，并依据国家法律对已经登记的软件予以重点保护。为了保护中外著作权人的合法权益，任何单位在其计算机系统中不得使用未经授权许可的软件产品。

加大打击走私和盗版软件的力度，严厉查处组织制作、生产、销售盗版软件的活动。自 2000 年下半年起，公安部、信息产业部、国家工商局、国家知识产权局、国家版权局和国家税务总局要定期开展联合打击盗版软件的专项斗争。

（七）产业技术政策。支持开发重大共性软件和基础软件，国家科技经费重点支持具有基础性、战略性、前瞻性和重大关键共性软件技术的研究与开发，主要包括操作系统、大型数据库管理系统、网络平台、开发平台、信息安全、嵌入式系统、大型应用软件系统等基础软件和共性软件。属于国家支持的上述软件研究开发项目，应以企业为主，产学研结合，通过公开招标方式，择优选定项目承担者。支持国内企业、科研院所、高等院校与外国企业联合设立研究与开发中心。

25. 对投资集成电路产业有何优惠政策？

集成电路产品是指通过特定加工将电器元件集成在一块半导体单晶片或陶瓷基片上，封装在一个外壳内，执行特定电路或系统功能的产品。单晶硅片是呈单晶状态的半导体硅材料。国家鼓励境内外企业在中国境内设立合资和独资的集成电路生产企业，凡符合条件的，有关部门应按程序抓紧审批。经由集成电路项目审批部门征求同级税务部门意见后确定的集成电路生产企业，可以享受税收等优惠政策。

（一）增值税。自 2000 年 6 月 24 日起至 2010 年底以前，对增值税一般纳税人销售其自行生产的集成电路产品（含单晶硅片），按17%的法定税率征收增值税后，对其增值税实际税负超过6%的部分实行即征即退政策。所退税款由企业用于研究开发集成电路产品和扩大再生产，不作为企业所得税应税收入，不予征收企业所得税。

企业自营出口或委托、销售给出口企业出口的集成电路产品，不适用增值税即征即退办法。

（二）所得税。投资额超过80亿元人民币或集成电路线宽小于0.25um的集成电路生产企业，可享受以下所得税税收优惠政策：按鼓励外商对能源、交通投资的税收优惠政策执行。

（三）进口环节税。投资额超过80亿元人民币或集成电路线宽小于0.25um的集成电路生产企业，可享受以下进口环节税税收优惠政策：进口自用生产性原材料、消耗品，免征关税和进口环节增值税。对符合上述规定的集成电路生产企业，海关应为其提供通关便利。

对经认定的集成电路生产企业引进集成电路技术和成套生产设备，单项进口的集成电路专用设备与仪器，除国务院国发［1997］37号文件规定的《外商投资项目不予免税的进口商品目录》和《国内投资项目不予免税的进口商品目录》所列商品外，免征关税和进口环节增值税。

集成电路设计企业设计的集成电路，如在境内确实无法生产，可在国外生产芯片，其加工合同（包括规格、数量）经行业主管部门认定后，进口时按优惠暂定税率征收关税。

对于投资额超过80亿元人民币，集成电路线宽小于0.25微米的集成电路生产企业进口自用生产性原材料、消耗品，免征关税和进口环节增值税。

为规避汇率风险，可将准备用于在中国境内再投资的税后利润以外币方式存入专用账户，由外汇管理部门监管。

（四）折旧。集成电路生产企业的生产性设备，内资企业经主管税务机关核准；投资额在3000万美元以上的外商投资企业，报由国家税务总局批准；投资额在3000万美元以下的外商投资企业，经主管税务机关核准，其折旧年限可以适当缩短，最短可为3年。

集成电路设计业视同软件产业，适用软件产业有关政策。集成电路设计企业视同软件企业，享受软件企业的有关税收政策。集成电路设计是将系统、逻辑与性能的设计要求转化为具体的物理版图的过程。集成电路设计产品视同软件产品，受知识产权方面的法律保护。国家鼓励对集成电路设计产品进行评测和登记。

26. 境外投资项目由谁负责审批、备案?

根据现行审批权限，外商投资项目按照项目性质分别由发展计划部门和经贸部门审批、备案；外商投资企业的合同、章程由外经贸部门审批、备案。其中，限制类限额以下的外商投资项目由省、自治区、直辖市及计划单列市人民政府的相应主管部门审批，同时报上级主管部门和行业主管部门备案，此类项目的审批权不得下放。属于服务贸易领域逐步开放的外商投资项目，按照国家有关规定审批。

涉及配额、许可证的外商投资项目，须先向外经贸部门申请配额、许可证。

法律、行政法规对外商投资项目的审批程序和办法另有规定的，依照其规定。

27. 对投资项目申请和审批中发生的违法犯罪行为将如何处理?

对违反《指导外商投资方向规定》审批的外商投资项目，上级审批机关应当自收到该项目的备案文件之日起30个工作日内予以撤销，其合同、章程无效，企业登记机关不予注册登记，海关不予办理进出口手续。

外商投资项目申请人以欺骗等不正当手段，骗取项目批准的，根据情节轻重，依法追究法律责任；审批机关应当撤销对该项目的批准，并由有关主管机关依法做出相应的处理。

审批机关工作人员滥用职权、玩忽职守的，依照刑法关于滥用职权罪、玩忽职守罪的规定，依法追究刑事责任；尚不够刑事处罚的，依法给予记大过以上的行政处分。

第二篇 大陆服务贸易领域投资的市场开放

1. 对外商投资电信业有何规定？中国在 WTO 中的有关承诺是什么？

根据《外商投资电信企业管理规定》，外商投资电信企业目前只允许外国投资者同中国投资者在中华人民共和国境内依法以中外合资经营形式，共同投资设立经营电信业务的企业，不允许设立独资的电信企业。

外商投资电信企业的注册资本应当符合下列规定：①经营全国的或者跨省、自治区、直辖市范围的基础电信业务的，其注册资本最低限额为 20 万元人民币；经营增值电信业务的，其注册资本最低限额为 1000 万元人民币；②经营省、自治区、直辖市范围内的基础电信业务的，其注册资本最低限额为 2 亿元人民币；经营增值电信业务的，其注册资本最低限额为 100 万元人民币。

经营基础电信业务（无线寻呼业务除外）的外商投资电信企业的外方投资者在企业中的出资比例，最终不得超过 49%。经营增值电信业务（包括基础电信业务中的无线寻呼业务）的外商投资电信企业的外方投资者在企业中的出资比例，最终不得超过 50%。外商投资电信企业的中方投资者和外方投资者在不同时期的出资比例，由国务院信息产业主管部门按照有关规定确定。

经营基础电信业务的外商投资电信企业的中方主要投资者（在全体中方投资者中出资数额最多且占中方全体投资者出资总额的30%以上的出资者）应当符合下列条件：是依法设立的公司；有与从事经营活动相适应的资金和专业人员；符合国务院信息产业主管部门规定的审慎的和特定行业的要求。

经营基础电信业务的外商投资电信企业的外方主要投资者（在外方全体投资者中出资数额最多且占全体外方投资者出资总额的30%以上的出资者）应当符合下列条件：具有企业法人资格；在注册的国家或者地区取得基础电信业务经营许可证；有与从事经营活动相适应的资金和专业人员；有从事基础电信业务的良好业绩和运营经验。

外商投资电信企业经营电信业务，除应当符合上述的条件外，还应当符合电信条例规定的经营基础电信业务或者经营增值电信业务应当具备的条件。经营增值电信业务的外商投资电信企业的外方主要投资者，应当具有经营增值电信业务的良好业绩和运营经验。

中国电信在WTO中的对外承诺是：

（一）增值电信服务包括：a. 电子邮件；b. 语音邮件；c. 在线信息和数据检索；d. 电子数据交换；e. 增值传真服务（包括储存和发送、储存与检索）；f. 编码和规程转换；g. 在线信息和/或数据处理（包括交易处理）。

商业存在市场准入限制：将允许外国服务提供者在上海、广州和北京设立中外合资增值电信企业，并在这些城市内提供服务，无数量限制，合资企业中的外资不得超过30%。中国加入WTO后1年内，开放地域将扩大到成都、重庆、大连、福州、杭州、南京、宁波、青岛、沈阳、深圳、厦门、西安、太原和武汉，外资不得超过49%。加入后2年内，取消地域限制，外资不得超过50%。

(二) 基础电信服务寻呼服务。

商业存在市场准入限制：将允许外国服务提供者在上海、广州和北京设立合资企业，并在这些城市内及其之间提供服务，无数量限制，合资企业中的外资不超过 30%。中国加入 WTO 后 1 年内，地域将扩大至成都、重庆、大连、福州、杭州、南京、宁波、青岛、沈阳、深圳、厦门、西安、太原和武汉，市内及这些城市之间的服务，外资不得超过 49%。加入后 2 年内，将取消地域限制，外资比例不得超过 50%。

(三) 移动话音和数据服务、模拟/数据和蜂窝个人通信服务。

商业存在市场准入限制：自中国加入 WTO 时起，允许外国服务提供者在上海、广州和北京设立合资企业，并在这些城市内及城市之间提供服务，无数量限制，合资企业中的外资不得超过 25%。加入后 1 年内，地域将扩大至包括成都、重庆、大连、福州、杭州、南京、宁波、青岛、沈阳、深圳、厦门、西安、太原和武汉市内及这些城市之间的服务，外资比例不得超过 35%。加入后 3 年内，外资不得超过 49%。加入后 5 年内，将取消地域限制。

(四) 国内服务：a. 话音服务；b. 分组交换数据传输业务；c. 电路交换数据传输业务；d. 传真服务；e. 国内专线电路租用服务。

商业存在市场准入限制：中国加入后 3 年内，允许外国服务提供者在上海、广州和北京设立合资企业，并在这些城市内及其之间提供服务，无数量限制，合资企业中的外资不得超过 25%。

(五) 国际业务：a. 话音服务；b. 分组交换数据传输业务；c. 电路交换数据传输业务；d. 传真服务；e. 国际闭合用户群话音和数据服务（允许使用专线电路租用服务）。

商业存在市场准入限制：中国加入 WTO 后 5 年内，地域将扩大到成都、重庆、大连、福州、杭州、南京、宁波、青岛、沈阳、深圳、厦门、西安、太原和武汉市内及这些城市之间的服务，外资不得超过35%。加入后6年内，将取消地域限制，外资不得超过49%。

中国的承诺按照本减让表所附下列文件列入减让表：《关于编制基础电信承诺减让表的说明》（S/GBT/W/2/REV/1号文件）和《关于频率可获性的市场准入限制》（S/GBT/W/3号文件）所有国际通信服务应通过经中国电信主管机关批准设立的出入口局进行，中国电信主管机关将依照《参考文件》第5款的原则作为独立的监管机构运作。本部门的进一步自由化，包括允许资产参与水平，将在新一轮贸易谈判的服务贸易谈判中进行讨论。

2. 外商可否投资商业？条件是什么？中国在WTO中的承诺是什么？

外国公司、企业同中国公司、企业可以在中国境内设立中外合资或合作商业企业（以下简称合营商业企业）。目前暂不允许外商独资设立商业企业。

合营商业企业的投资者应具备以下条件：

外国合营者或外国合营者中的主要合营者应为具有较强的经济实力、先进的商业经营管理经验和营销技术、广泛的国际销售网络、良好的信誉和经营业绩的企业，且能够通过拟设立的合营商业企业带动中国产品出口。申请设立从事零售业务的合营商业企业的外国合营者，申请前3年年均商品销售额应在20亿美元以上，申请前1年资产额应在3亿美元以上。申请设立从事批发业务的合营商业企业的外国合营者，申请前3年年均商品批发额应在25亿美元上，申请前1年资产额应在3亿美元以上。

中国合营者或中国合营者中的主要合营者应为具有较强经济实力和经营能力的流通企业，申请前1年的资产额应在5000万元（中西部地区 3000 万元）人民币以上。其中，中国合营者为商业企业的，申请前 3 年年均销售额应在 3 年年均自营进出口额应在 5000 万美元以上（其中出口额不低于 3000 万美元）。

合营商业企业应符合以下条件：符合中国有关法律、法规及有关规定；符合所在城市商业发展规划；从事零售业务的合营商业企业的注册资本不低于 5000 万元人民币，中西部地区不低于 3000 万元人民币；从事批发业务的合营商业企业的注册资本不低于 8000 万元人民币，中西部地区不低于 6000 万元人民币；采取 3 家以上分店连锁方式经营的合营商业企业（便民店、专业店和专卖店除外），中国合营者出资比例应达到 51% 以上；其中对合营商业企业本身经营情况较好，外国合营者已从国内大量采购产品，并能借助外国合营者的国际营销网络，进一步扩大国内产品出口的合营连锁商业企业，经国务院批准后，可允许外国合营者控股；开设 3 家以下分店（包括 3 家）的合营商业企业和连锁方式经营的便民店、专业店、专卖店，中国合营者出资比例应不低于 35%；从事批发经营（包括零售企业兼营批发业务）的合营商业企业，中国合营者出资比例应达到 51% 以上；合营商业企业的分店只限于中外双方直接投资、直接经营的直营连锁形式，暂不允许发展自由连锁、特许连锁等其它连锁形式。

经营年限不超过 30 年，中西部地区不超过 40 年。外国合营者与合营商业企业签订商标、商号使用许可合同、技术转让合同的，外国合营者提取的相关费用总计不得超过合营商业企业当年销售额（不包括增值税）的 0.3%，提取年限不超过 10 年。

中国商业领域在 WTO 中的对外承诺是：

分销服务：A. 佣金代理服务（盐和烟草除外）；B. 批发服务（盐和烟草除外）。

商业存在市场准入限制：中国加入 WTO 后 1 年内，外国服务提供者可设立合资企业，从事所有进口和国产品的佣金代理业务和批发业务，但以下产品除外：对于这些产品，将允许外国服务提供者在中国加入后3年内，从事图书、杂志、药品、农药和农膜的分销；并在中国加入后5年内，从事化肥、成品油和原油的分销。

中国加入WTO后2年内，将允许外资控股，取消所有数量和地域限制。中国加入后3年内，取消限制。但对于化肥、成品油和原油在加入后5年内，取消限制。

商业存在其它承诺：允许外商投资企业分销其在华生产的产品包括部门或分部门或市场准入栏中列出的产品。并提供附件2中定义的附属服务，允许外国服务提供者对其分销的产品提供附件2中定义的、全部相关附属服务，包括售后服务。

C. 零售服务（不包括烟草）。

商业存在市场准入限制：外国服务提供者仅限于在5个经济特区（深圳、珠海、汕头、厦门、海南）和6个城市（北京、上海、天津、广州、大连、青岛）提供服务。在北京和上海，允许的合资零售企业的数量各不超过4家，在其它每一个城市，合资零售企业各不超过2家。将在北京设立的4家合资零售企业中的2家在同一城市（即北京）设立分支机构。

自中国加入WTO时起，郑州和武汉将立即向合资零售企业开放。中国加入WTO后2年内，允许外资控股，将向合资零售企业开放所有省会城市及重庆和宁波。

将允许外国服务提供者从事除以下产品外所有产品的零售：加入WTO后1年内，允许从事图书、报纸、杂志的零售；加入后3年内，允许从事药品、农药、农膜和成品油的零售；加入后5年内，允许从事化肥的零售。

中国加入WTO后3年内，取消限制。但下列产品除外：化肥的零售，加入后5年内，取消限制；超过30家分店、销售来自多个供应商的不同种类和品牌商品的连锁店，如这些连锁店销售任何下列产品之一，则不允许外资控股：汽车（期限为加入后5年，届时股比限制将取消），及以上所列产品和《中国加入WTO议定书》附件2A中所列产品。外国连锁店经营者将有权选择根据中国法律和法规在中国设立的任何合资伙伴。

商业存在国民待遇限制：除邮购外，不作承诺。

商业存在其它承诺：允许外商投资企业分销其在华生产的产品包括部门或分部门或市场准入栏中列出的产品。并提供附件2中定义的附属服务，允许外国服务提供者对其分销的产品提供附件2中定义的、全部相关附属服务，包括售后服务。

D. 特许经营。

商业存在市场准入限制：中国加入WTO后3年内，取消限制。

商业存在国民待遇限制：中国加入WTO后3年内，取消限制。

E. 无固定地点的批发或零售服务。

商业存在市场准入限制：中国加入WTO后3年内，没有限制。

商业存在国民待遇限制：中国加入WTO后3年内，没有限制。

3. 外商可以投资出版业的发行吗？设立出版单位应具备什么条件？中国加入WTO的有关承诺是什么？

国家允许设立从事图书、报纸、期刊分销业务的中外合资经营企业、中外合作经营企业、外资企业。具体实施办法和步骤由国务院出版行政部门会同国务院对外经济贸易主管部门按照有关规定规定。

设立出版单位，应当具备下列条件：有出版单位的名称、章程；有符合国务院出版行政部门认定的主办单位及其主管机关；有确定的业务范围；有30万元以上的注册资本和固定的工作场所；有适应业务范围需要的组织机构和符合国家规定的资格条件的编辑出版专业人员；法律、行政法规规定的其它条件。审批设立出版单位，除依照前款所列条件外，还应当符合国家关于出版单位总量、结构、布局的规划。

中国出版业加入 WTO 的对外承诺是：

A. 佣金代理服务的商业存在市场准入：中国加入 WTO 后 3 年内，允许外国服务提供从事图书、报纸、杂志的分销业务；中国加入 WTO 后 2 年内，允许外资控股，取消所有数量和地域限制。中国加入后 3 年内，取消限制。

B. 批发服务的商业存在市场准入限制：中国加入后 3 年内，允许外国服务提供者从事图书、报纸、杂志的批发业务；中国加入 WTO 后 2 年内，允许外资控股，取消所有数量和地域限制。中国加入 WTO 后 3 年内，取消限制。

C. 零售服务的商业存在市场准入限制：加入后 1 年内，允许外资企业从事图书、报纸、杂志的零售；中国加入 WTO 后 3 年内，取消地域限制、数量限制、股权或企业设立形式限制。

4. 设立外商投资印刷企业有何最新规定?

2002 年 1 月 29 日新闻出版总署、外经贸部联合公布实施了《设立外商投资印刷企业暂行规定》。

本规定所称外商投资印刷企业，是指外国机构、公司、企业（以下简称外方投资者）按照平等互利的原则和中国公司、企业共同投资设立的中外合营（包括合资、合作）印刷企业和外方投资者投资设立的外资印刷企业。

国家允许设立从事出版物、包装装潢印刷品、其他印刷品印刷经营活动的中外合营印刷企业，允许设立从事包装装潢印刷品印刷经营活动的外资印刷企业。

外商投资印刷企业从事印刷经营活动，应当遵守中国法律、法规，接受印刷业管理部门的监督管理，不得损害社会公共利益。外商投资印刷企业的正当经营活动及投资各方的合法权益受中国法律的保护。

中方投资者以国有资产参与投资（包括作价出资或作为合作条件），须经其相应主管部门批准，并按照国有资产评估管理的有关规定对拟投入的国有资产进行评估。

设立外商投资印刷企业，应当具备下列条件：

（一）申请设立外商投资印刷企业的中、外方投资者应当是能够独立承担民事责任的法人，并具有直接或间接从事印刷经营管理的经验。

（二）外方投资者应当符合下列要求之一：

1. 能够提供国际先进的印刷经营管理模式及经验；

2. 能够提供国际领先水平的印刷技术和设备；

3. 能够提供较为雄厚的资金。

（三）申请设立外商投资印刷企业的形式为有限责任公司。

（四）从事出版物、包装装潢印刷品印刷经营活动的外商投资印刷企业注册资本不得低于1000万元人民币；从事其他印刷品印刷经营活动的外商投资印刷企业注册资本不得低于500万元人民币。

（五）从事出版物、其他印刷品印刷经营活动的中外合营印刷企业，合营中方投资者应当控股或占主导地位。其中，从事出版物印刷经营活动的中外合营印刷企业的董事长应当由中方担任，董事会成员中方应当多于外方。

（六）经营期限一般不超过30年。

审批设立外商投资印刷企业，除依照前款规定外，还应当符合国家有关印刷企业总量、结构和布局的规划。

设立外商投资印刷企业，应先向所在地省级新闻出版行政部门提出申请，并提交下列申请文件：

（一）设立外商投资印刷企业申请书。

（二）各方投资者法定代表人签署的项目建议书及项目可行性研究报告。项目建议书应当载明下列事项：

1. 各方投资者的名称、住所；

2. 申请设立外商投资印刷企业的名称、法定代表人、住所、经营范围、注册资本及投资总额；

3. 各方投资者的出资方式和出资额。

（三）各方投资者的注册登记证明（复印件）、法定代表人身份证明（复印件）和资信证明。

（四）国有资产管理部门对拟投入国有资产的评估报告确认文件。

省级新闻出版行政部门自收到规定的全部文件之日起 10 个工作日内提出初审意见，报送新闻出版总署审批。

报送新闻出版总署审批，省级新闻出版行政部门需提交下列文件：

（一）申请人申请设立文件。

（二）省级新闻出版行政部门的初审意见。

（三）法律、法规和新闻出版总署规定的其他文件。

新闻出版总署应自收到规定的全部文件之日起 30 个工作日内做出批准或者不批准的书面决定。

申请人获得新闻出版总署批准文件后，按照有关法律、法规向所在地省、自治区、直辖市、计划单列市外经贸行政部门提出申请，并提交下列文件：

（一）申请人申请设立文件及新闻出版总署的批准文件。

（二）由各方投资者法定代表人或其授权的代表签署的外商投资印刷企业的合同、章程。

（三）拟设立外商投资印刷企业的董事会成员名单及各方投资者董事委派书。

（四）工商行政管理部门出具的企业名称预先核准通知书。

（五）法律、法规和外经贸行政部门规定的其他材料。

省、自治区、直辖市、计划单列市外经贸行政部门对投资总额在3000万美元以下，拟从事包装装潢印刷品印刷经营活动的外商投资印刷企业进行审批。应自收到规定的全部文件之日起30个工作日内做出批准或者不批准的书面决定。批准设立申请的，发给《外商投资企业批准证书》，并报对外贸易经济合作部（以下简称外经贸部）备案。

对拟从事出版物、其他印刷品印刷经营活动的中外合营印刷企业及投资总额在3000万美元以上（含3000万美元）拟从事包装装潢印刷品印刷经营活动的外商投资印刷企业，省、自治区、直辖市、计划单列市外经贸行政部门应自收到规定的全部文件之日起10个工作日内提出初审意见，报送外经贸部审批。

报送外经贸部审批，省、自治区、直辖市、计划单列市外经贸行政部门需提交下列文件：

（一）申请人申请设立文件。

（二）省、自治区、直辖市、计划单列市外经贸行政部门的初审意见。

（三）法律、法规和外经贸部规定的其他文件。

外经贸部应自收到规定的全部文件之日起30个工作日内做出批准或者不批准的书面决定。批准设立申请的，发给《外商投资企业批准证书》。

获得批准设立的申请人，持新闻出版总署的批准文件及《外商投资企业批准证书》到省级新闻出版行政部门申领《印刷经营许可证》，并按照《印刷业管理条例》的有关规定申领《特种行业许可证》和营业执照。

外商投资印刷企业不得设置分支机构。

已设立的中外合营印刷企业申请兼营或者变更从事出版物、包装装潢印刷品或者其他印刷品印刷经营活动的，或者已设立的外商投资印刷企业兼并其他印刷业经营者，或者因合并、分立而设立新的印刷业经营者，应经新闻出版总署批准后，再报外经贸部门批准，并依法办理相应的注册登记变更手续。

5. 外商投资设立合作音像制品分销企业应具备什么条件？中国在 WTO 中的有关承诺是什么？

中外合作音像制品分销企业，是指外国的企业和其他经济组织或者个人（以下简称外国合作者），按照平等互利的原则，经中国政府有关部门批准，在中国境内与中国企业或者其他经济组织（以下简称中国合作者），合作设立的从事音像制品的批发、零售、出租业务的企业。音像制品，是指录有内容的录音带、录像带、唱片、激光唱盘和激光视盘等。

申请设立中外合作音像制品分销企业的中国合作者和外国合作者应当具有举办音像制品分销企业相应的能力；应当能够独立承担民事责任，并且在申请前 3 年无违法记录。

中外合作音像制品分销企业应当符合以下条件：①具有独立的法人资格；②具备国家有关设立音像制品分销企业的条件；③具有与经营规模相适应的资金；④中国合作者在合作企业中所拥有的权益不得低于 51%；⑤合作期限不超过 15 年。

中国关于音像制品分销企业在 WTO 中的对外承诺是录像的分销服务，包括娱乐软件以及录音制品的分销服务。

商业存在市场准入限制：自加入时起，在不损害中国审查音像制品内容的权利的情况下，允许外国服务提供者与中国合资伙伴设立合作企业，从事除电影外的音像制品的分销。

6. 对外商投资电影院有什么要求？中国在 WTO 中的有关承诺是什么？

外商投资设立电影院，必须符合《外商投资电影院暂行规定》规定的设立条件，只能以中外合资、中外合作方式设立。不允许外商独资设立电影院。外商投资电影院应当符合以下条件：①符合当地文化设施的布局与规划；②注册资本不少于1000万元人民币；③有固定的营业（放映）场所；④中外合资、合作电影院不得冠以境外影视（媒体）、院线名称；⑤中外合资电影院，合营中方在注册资本中的投资比例不得低于51%；中外合作电影院，合营中方应拥有经营主导权；⑥合资、合作期限不超过30年；⑦符合中国有关法律、法规及有关规定。

外商投资电影院必须遵守国家有关法律、法规，依照《电影管理条例》从事经营活动，接受中国政府有关部门的监督和管理，放映的影片必须持有国务院广播电影电视行政部门颁发的《电影片公映许可证》，不准放映走私、盗版电影，不得从事营业性的录像、VCD、DVD的放映。外商投资电影院附属从事其他娱乐服务业要符合国家有关规定。

中国关于电影院在WTO中的对外承诺是商业存在市场准入限制：自加入时起，将允许外国服务提供者建设和/或改造电影院，外资不得超过49%。

其他承诺：在不损害与中国关于电影管理的法规的一致性的情况下，自加入时起，中国将允许以分账形式进口电影用于影院放映，此类进口的数量应为每年20部。

7. 对外商投资广告业有何规定、条件？中国在WTO中的有关承诺是什么？

1994年11月3日国家工商行政管理局、对外贸易经济合作部发布了关于设立外商投资广告企业的若干规定。规定所称外商投资广告企业，是指中外合资、合作经营广告业务的企业。目前对外商独资广告企业不予批准立项。

设立外商投资广告企业，应当遵循《中华人民共和国中外合资经营企业法》、《中华人民共和国中外合作经营企业法》、《中华人民共和国广告法》、《广告管理条例》《广告经营者资质标准及广告经营范围核定用语规范》等有关法律、法规、规章。

设立外商投资广告企业，除符合有关法律、法规规定的条件外，还应具备以下条件：①合营各方必须是具有一定规模的以经营广告业务为主的企业法人；②能够引进国际先进的广告制作技术和设备；③具有市场调查、广告策划和广告效果测定等能力；④能够在广告策划、创意、设计、制作和经营管理等方面培训中国职员；⑤注册资本不低于 30 万美元。

申请设立分支机构的外商投资广告企业，应具备以下基本条件：注册资本全部缴清；年营业额不低于 2000 万元人民币；分支机构所在地须有 3 个以上相对固定的广告客户。

在地方登记注册的外商投资广告企业申请设立分支机构，应同时向省、自治区、直辖市及计划单列市外经贸委（厅）和工商行政管理局提交申请报告及有关文件材料。省、自治区、直辖市及计划单列市外经贸委（厅）在征求同级工商行政管理局的意见后，将全部文件材料报外经贸部外国投资管理司，并抄报国家工商行政管理局广告监督管理司。

在国家工商行政管理局登记注册的外商投资广告企业申请设立分支机构，经中方主管部门同意后，向外经贸部外国投资管理司提交申请报告及有关文件材料，并抄报国家工商行政管理局广告监督管理司。

外经贸部外国投资管理司对外商投资广告企业设立分支机构的申请，在发函征求国家工商行政管理局广告监督管理司及拟设分支机构所在地省、市外经贸委（厅）的书面意见后，决定批准或不批准。

中国关于广告业在 WTO 中的对外承诺是：商业存在的市场准入限制：允许外国服务提供者仅限于以合资企业形式，在中国设立广告企业，外资不超过 49%。中国加入 WTO 后 2 年内，将允许外资拥有多数股权；加入后4年内，将允许设立外资独资子公司。

8. 何为外资金融机构？对其基本要求是什么？有关加入WTO的承诺是什么？

外资金融机构，是指依照中华人民共和国有关法律、法规的规定，经批准在中国境内设立和营业的下列金融机构：①总行在中国境内的外国资本的银行（以下简称独资银行）；②外国银行在中国境内的分行（以下简称外国银行分行）；③外国的金融机构同中国的公司、企业在中国境内合资经营的银行（以下简称合资银行）；④总公司在中国境内的外国资本的财务公司（以下简称独资财务公司）；⑤外国的金融机构同中国的公司、企业在中国境内合资经营的财务公司（以下简称合资财务公司）。

独资银行、合资银行的注册资本最低限额为3亿元人民币等值的自由兑换货币。独资财务公司、合资财务公司的注册资本最低限额为2亿元人民币等值的自由兑换货币。注册资本应当是实缴资本。外国银行分行应当由其总行无偿拨给不少于1亿元人民币等值的自由兑换货币的营运资金。中国人民银行根据外资金融机构的业务范围和审慎监管的需要，可以提高其注册资本或者营运资金的最低限额，并规定其中的人民币份额。

外资金融机构的存款、贷款利率及各种手续费率，由外资金融机构按照中国人民银行的有关规定确定。外资金融机构经营存款业务，应当向所在地区的中国人民银行分支机构缴存存款准备金，其比率由中国人民银行制定，并根据需要进行调整。

外国银行分行的营运资金的30%应当以中国人民银行指定的生息资产形式存在，包括在中国人民银行指定的银行的存款等。独资银行、合资银行、独资财务公司、合资财务公司的资本充足率不得低于8%。独资银行、合资银行、独资财务公司、合资财务公司对1个企业及其关联企业的授信余额，不得超过其资本的25%，但是经中国人民银行批准的除外。独资银行、合资银行、独资财务公司、合资财务公司的固定资产不得超过其所有者权益的40%。独资银行、合资银行、独资财务公司、合资财务公司资本中的人民币份额与其风险资产中的人民币份额的比例不得低于8%。外国银行分行营运资金加准备金等之和中的人民币份额与其风险资产中的人民币份额的比例不得低于8%。

外资金融机构应当确保其资产的流动性。流动性资产余额与流动性负债余额的比例不得低于25%。外资金融机构从中国境内吸收的外汇存款不得超过其境内外汇总资产的70%。上述比例，中国人民银行应当按照有关规定逐步调整。外资金融机构应当按照规定计提呆账（坏账）准备金。

外资金融机构应当聘用中国注册会计师，并经所在地区的中国人民银行分行认可。

金融领域在WTO中的对外承诺是：

银行及其它金融服务（不包括保险和证券）、银行服务如下所列：a.接受公众存款和其他应付公众资金；b.所有类型的贷款，包括消费信贷、抵押信贷、商业交易的代理和融资；c.金融租赁；d.所有支付和汇划服务，包括信用卡、赊账卡和贷记卡，旅行支票和银行汇票（包括进出口结算）；e.担保和承诺；f.自行或代客外汇交易。

商业存在市场准入限制：

A.地域限制：对于外汇业务：自加入时起，无地域限制。对于本币业务，地域限制将按下列时间表逐步取消：自加入时起，开放上海、深圳、天津和大连；加入后1年内，开放广州、珠海、青岛、南京和武汉；加入后2年内，开放济南、福州、成都和重庆；加入后3年内，开放昆明、北京和厦门；加入后4年内，开放汕头、宁波、沈阳和西安；加入后5年内，取消所有地域限制。

B. 客户：对于外汇业务：允许外国金融机构自加入时起在中国提供服务，无客户限制。对于本币业务，加入后2年内，允许外国金融机构向中国企业提供服务。加入后5年内，允许外国金融机构向所有中国客户提供服务。获得在中国一地区从事本币业务营业许可的外国金融机构可向位于已开放此类业务的任何其他地区的客户提供服务；

C. 营业许可：中国金融服务部门进行经营的批准标准仅为审慎性的（即不含经济需求测试或营业许可的数量限制）。加入后5年内，应取消现在的限制所有权、经营以及外国金融机构法律形式的任何非审慎性措施，包括关于内部分支机构和营业许可的措施。满足下列条件的外国金融机构允许在中国设立外国独资银行或外国独资财务公司：提出申请前1年年末总资产超过100亿美元。满足下列条件的外国金融机构允许在中国设立外国银行分行：提出申请前1年年末总资产超过200亿美元。满足以下条件的外国金融机构允许在中国设立中外合资银行或中外合资财务公司：提出申请前1年年末总资产超过100亿美元。从事本币业务的外国金融机构的资格如下：在中国营业3年，且在申请前连续2年盈利；其它没有限制。

商业存在国民待遇限制：除关于本币业务的地域限制和客户限制（列在市场准入栏中）外，外国金融机构可以向外商投资企业、非中国自然人、中国自然人和中国企业进行业务往来，无个案批准的限制或需要。其他，没有限制。

商业存在其它承诺：对于金融租赁服务，将允许外国金融租赁公司与国内公司在相同时间提供金融租赁服务。

非银行金融机构从事汽车消费信贷。

商业存在市场准入限制：没有限制。

其它金融服务：提供和转让金融信息、金融数据处理以及与其他金融服务提供者有关的软件。就a至f项所列的所有活动进行咨询、中介和其它附属服务，包括资信调查和分析、投资和证券研究和咨询、关于收购的建议和关于公司重组和战略的建议。

商业存在市场准入限制：没有限制，中国金融服务部门进行经营的批准仅为审慎性的（即不含经济需求测试或营业许可的数量限制）。允许外国机构设立分支机构。

9. 外资金融机构可否申请设立代表机构？条件是什么？

根据2002年6月13日中国人民银行公布 的《外资金融机构驻华代表机构管理办法》的规定，外资金融机构可以申请设立代表机构。

本办法所称外资金融机构，包括外国金融机构和在中国境内注册设立的外资金融机构。

外国金融机构是指在中华人民共和国境外注册并经所在国家或地区金融监管当局或行业协会认可的金融机构。

在中国境内注册设立的外资金融机构包括：总行在中国境内的外国资本的银行，外国的金融机构同中国的公司、企业在中国境内合资经营的银行，总公司在中国境内的外国资本的财务公司、货币经纪公司、信用卡公司，外国的金融机构同中国的公司、企业在中国境内合资经营的财务公司、货币经纪公司、信用卡公司以及其他经中国人民银行批准成立的外资金融机构。

本办法所称外资金融机构代表机构（以下简称“代表机构”），包括外资金融机构在中国境内设立并从事咨询、联络和市场调查等非经营性活动的代表处、总代表处。代表处的主要负责人称首席代表，总代表处的主要负责人称总代表。

代表机构必须遵守中华人民共和国法律、法规，其合法权益受中华人民共和国法律保护。

外国金融机构设立代表处，申请人应当具备下列条件：

（一）申请人所在国家或地区有完善的金融监督管理制度；

（二）申请人是由其所在国家或地区金融监管当局批准设立的金融机构，或者是金融性行业协会会员；

（三）申请人经营状况良好，无重大违法违规记录；

（四）中国人民银行规定的其他审慎性条件。

在中国境内注册的外资金融机构设立代表处，申请人应具备上述（三）、（四）项条件。

申请设立代表处，申请人应向拟设机构所在地中国人民银行分支机构领取申请表，并将填写好的申请表附下列资料提交拟设机构所在地中国人民银行分支机构：

（一）由董事长或行长（首席执行官、总经理）签署的致中国人民银行行长的申请书；

（二）所在国家或地区有关主管当局核发的营业执照（复印件）或合法开业证明（复印件）；

（三）公司章程、董事会成员及最大 10 家股东名单或主要合伙人名单；

（四）申请前 3 年的年报；

（五）由所在国家或地区金融监管当局出具的对其在中国境内设立代表处的意见书，或者由所在行业协会出具的推荐信；

（六）拟任首席代表的身份证明、学历证明、简历及由拟任人签字的有无不良记录的陈述书；

（七）由董事长或行长（首席执行官、总经理）或其授权签字人签署的委任首席代表的授权书；

（八）中国人民银行要求提交的其他资料。

在中国境内注册的外资金融机构提交的资料中不包括本条第（五）项规定的资料。

本办法要求提交的资料，除年报外，凡用外文书写的，应当附有中文译本。

其中“授权书”、“营业执照（复印件）”或“开业证明（复印件)”须经所在国家或地区认可的公证机构公证，或经中国驻该国大使馆或领事馆认证。

中国人民银行分支机构对外资金融机构提交的申请资料初审后，报中国人民银行总行审查批准。

10. 金融资产管理公司可否吸收外资参与资产重组与处置？有何具体规定？

根据2001年10月26日公布的《金融资产管理公司吸收外资参与资产重组与处置的暂行规定》，资产管理公司可以通过吸收外资对其所拥有的资产进行重组与处置。

吸收外资参与资产重组与处置应从国民经济战略调整的高度出发，通过吸收外资盘活不良资产，引进先进管理经验、资金和技术，对企业进行技术改造，促进国有企业改革和现代化企业制度的建立。要防止以炒作资产为惟一目的的短期交易及企业逃废债务。

资产管理公司吸收外资进行资产重组与处置，应符合国家指导外商投资的产业政策。文化、金融、保险以及《外商投资产业指导目录》中禁止外商投资类领域，不列入吸收外资参与资产重组与处置的范围。《外商投资产业指导目录》中规定须中方控股的项目，外资参与重组后原则上应继续保持中方控股。

重组与处置的资产范围包括：

（一）资产管理公司拥有的企业股权，包括：资产管理公司对企业实施债转股后取得的股权，资产管理公司对欠债企业进行重组后拥有的股权，资产管理公司以其他方式拥有的股权；

（二）资产管理公司有支配处置权的企业实物资产；

（三）资产管理公司拥有的企业债权。

重组与处置资产的方式有：

（一）资产管理公司对其拥有的非上市公司的股权、债权进行重组后向外商出售或转让；

（二）资产管理公司直接向外商出售、转让其拥有的非上市公司的股权和债权；

（三）资产管理公司通过协议转让、招标、拍卖等方式向外商出让其拥有的实物资产；

（四）资产管理公司以其拥有的企业股权、实物资产作价出资，在原企业基础上与外商组建外商投资企业。

资产管理公司重组与处置资产时，应与企业其他投资者协商，在同等条件下，其他投资者有优先购买权。

资产管理公司重组与处置的资产出售、转让前须由有资格的资产评估机构进行评估。资产评估时应充分考虑重组与处置资产的各种因素。资产评估应符合国际惯例，采用国际上普遍接受的方法。

资产管理公司应综合考虑资产评估净值、资产增值潜力、资产现状等因素，根据财政部《金融资产管理公司资产处置办法》的有关规定，自主确定重组与处置的资产交易价格。

重组与处置资产的程序是：

（一）资产管理公司根据财政部《金融资产管理公司资产处置管理办法》的有关规定由资产处置专门审核机构审批资产重组与处置方案。若重组与处置的资产属《外商投资产业指导目录》中限制类范围，资产管理公司在批准重组与处置方案前，应征得主管部门的同意。

（二）资产管理公司根据审批同意后的资产重组和处置方案与外商签订有关法律文件。

（三）资产管理公司依法向外经贸部申请办理外商投资企业设立的有关手续，并领取批准证书。

11. 外资参股基金管理公司有何最新规定？

为了适应证券市场对外开放的需要，加强对外资参股基金管理公司的监督管理，明确外资参股基金管理公司的设立条件和程序，根据《公司法》和《证券投资基金管理暂行办法》（以下简称《暂行办法》）的有关规定，中国证券监督管理委员会于2002年6月1日公布，7月1日实施了《外资参股基金管理公司设立规则》。

本规则所称外资参股基金管理公司包括境外股东受让、认购境内基金管理公司股权而变更的基金管理公司，或者境外股东与境内股东共同出资设立的基金管理公司。

中国证券监督管理委员会（以下简称“中国证监会”）负责对外资参股基金管理公司的审批和监督管理。

外资参股基金管理公司的组织形式为有限责任公司。外资参股基金管理公司的名称、注册资本、组织机构的设立及职责，应当符合《公司法》、《暂行办法》和中国证监会的有关规定。

外资参股基金管理公司应当符合《暂行办法》和中国证监会规定的条件。外资参股基金管理公司的境外股东，应当具备下列条件：

（一）为依其所在国家法律设立，并合法存续的金融机构，近3年未受到证券监管机构和司法机关的重大处罚；

（二）所在国家具有完善的证券法律和监管制度，其证券监管机构已与中国证监会签订证券监管合作谅解备忘录，并保持着有效的监管合作关系；

（三）实收资本不少于3亿元人民币的等值自由兑换货币；

（四）中国证监会规定的其他审慎性条件。

外资参股基金管理公司的境内股东，应当具备中国证监会规定的基金管理公司股东资格条件。

外资持股比例或者在外资参股的基金管理公司中拥有的权益比例，累计（包括直接持有和间接持有）不超过33%，在我国加入WTO后3年内，该比例不超过49%。

境外股东应当以自由兑换货币出资。

外资参股基金管理公司的董事长、总经理 、副总经理应当具备中国证监会规定的基金管理公司高级管理人员任职资格条件。

外资参股基金管理公司的境内外申请人应当按照中国证监会规定的内容与格式，向中国证监会报送申请材料。境内外申请人向中国证监会报送的申请材料，必须使用中文。境外股东及其所在国家证券监管机构出具的文件、资料使用外文的，应当附有与原文内容一致的中文译本。

境外股东与境内股东共同出资设立基金管理公司，应当经过筹建和开业两个阶段。中国证监会自正式受理境内外申请人的筹建申请之日起 60 个工作日内做出批准或者不予批准筹建的决定。批准筹建的，出具批复文件；不予批准的，书面通知申请人，并说明理由。

已取得中国证监会筹建批文但未正式开业的基金管理公司，如境外股东的基本情况发生重大变化，或因违规受到有关国家、地区的监管机构处罚或重点监控的，该境外股东应及时提请召开基金管理公司发起人会议，说明有关情况。如境外股东不再符合本规则的条件，发起人会议应提出处理意见，由公司筹备组及时报告中国证监会，办理相关事宜。

境内外申请人在基金管理公司筹建完成后，向中国证监会报送基金管理公司开业申请材料。中国证监会自受理开业申请之日起 30 个工作日内做出批准、延迟批准或不批准开业的决定。批准开业的，出具批准文件；拟延迟批准或不批准开业的，书面通知申请人，并说明理由。

境外股东受让、认购境内基金管理公司的股权，由基金管理公司向中国证监会报送申请材料。中国证监会自正式受理申请之日起 60 个工作日内，做出批准或者不予批准的决定。批准申请的，出具批复文件；不予批准的，书面通知申请人，并说明理由。

对涉及新增股东和出资比例最高、提名董事人数最多的股东变更申请的审核，中国证监会参照基金管理公司筹建审核程序执行。

12. 外商设立保险公司的具体形式有哪些？条件是什么？中国在WTO中的承诺是什么？

外国在华设立保险公司的具体形式是指依照中华人民共和国有关法律、行政法规的规定，经批准在中国境内设立和营业的下列保险公司：①外国保险公司同中国的公司、企业在中国境内合资经营的保险公司（以下简称合资保险公司）；②外国保险公司在中国境内投资经营的外国资本保险公司（以下简称独资保险公司）；③外国保险公司在中国境内的分公司（以下简称外国保险公司分公司）。

合资保险公司、独资保险公司的注册资本最低限额为2亿元人民币或者其等值的自由兑换货币；其注册资本最低限额必须为实缴货币资本。外国保险公司的出资，应当为自由兑换货币。外国保险公司分公司应当由其总公司无偿拨给不少于2亿元人民币等值的自由兑换货币的营运资金。

中国保监会根据外资保险公司业务范围、经营规模，可以提高上述规定的外资保险公司注册资本或者营运资金的最低限额。

申请设立外资保险公司的外国保险公司，应当具备下列条件：经营保险业务30年以上；在中国境内已经设立代表机构2年以上；提出设立申请前1年年末总资产不少于50亿美元；所在国家或者地区有完善的保险监管制度，并且该外国保险公司已经受到所在国家或者地区有关主管当局的有效监管；符合所在国家或者地区偿付能力标准；所在国家或者地区有关主管当局同意其申请；中国保监会规定的其他审慎性条件。

设立外资保险公司，申请人应当向中国保监会提出书面申请，并提交下列资料：申请人法定代表人签署的申请书，其中设立合资保险公司的，申请书由合资各方法定代表人共同签署；外国申请人所在国家或者地区有关主管当局核发的营业执照（副本）、对其符合偿付能力标准的证明及对其申请的意见书；外国申请人的公司章程、最近3年的年报；设立合资保险公司的，中国申请人的有关资料；拟设公司的可行性研究报告及筹建方案；拟设公司的筹建负责人员名单、简历和任职资格证明；中国保监会规定提供的其他资料。

中国保监会应当对设立外资保险公司的申请进行初步审查，自收到完整的申请文件之日起6个月内做出受理或者不受理的决定。决定受理的，发给正式申请表；决定不受理的，应当书面通知申请人并说明理由。

申请人应当自接到正式申请表之日起1年内完成筹建工作；在规定的期限内未完成筹建工作，且有正当理由的，经中国保监会批准，可以延长3个月。在延长期内仍未完成筹建工作的，中国保监会作出的受理决定自动失效。筹建工作完成后，申请人应当将填写好的申请表连同下列文件报中国保监会审批：筹建报告；拟设公司的章程；拟设公司的出资人及其出资额；法定验资机构出具的验资证明；对拟任该公司主要负责人的授权书；拟设公司的高级管理人员名单、简历和任职资格证明；拟设公司未来3年的经营规划和分保方案；拟在中国境内开办保险险种的保险条款、保险费率及责任准备金的计算说明书；拟设公司的营业场所和与业务有关的其他设施的资料；设立外国保险公司分公司的，其总公司对该分公司承担税务、债务的责任担保书；设立合资保险公司的合资经营合同；中国保监会规定提供的其他文件。

中国保监会应当自收到设立外资保险公司完整的正式申请文

件之日起60日内，做出批准或者不批准的决定。决定批准的，颁发经营保险业务许可证；决定不批准的，应当书面通知申请人并说明理由。经批准设立外资保险公司的，申请人凭经营保险业务许可证向工商行政管理机关办理登记，领取营业执照。

外资保险公司成立后，应当按照其注册资本或者营运资金总额的20%提取保证金，存入中国保监会指定的银行；保证金除外资保险公司清算时用于清偿债务外，不得动用。

外资保险公司在中国境内设立分支机构，由中国保监会按照有关规定审核批准。

中国保险业在WTO中的对外承诺是：

所有保险及其相关服务、寿险、健康险和养老金/年金险、非寿险、再保险、保险辅助服务。

商业存在市场准入限制：

A. 企业形式上将允许外国非寿险公司设立分公司或合资企业，外资占51%。中国加入WTO后2年内，将允许外国非寿险公司设立外资独资子公司，取消企业形式限制。自加入时起，将允许外国寿险公司设立外资占50%的合资企业，并可自行选择合资伙伴。合营企业合资伙伴有权议定合作条款，只要它们不超过本减让表所包含的限度。对于大型商业险经纪和再保险经纪，国际海运、空运和运输保险和再保险经纪：自加入时，将允许设立外资股比例不超过50%的合资企业。加入后3年内，外资股比例应增至51%。加入后5年内，允许设立外资独资子公司。对于其它经纪服务，不做承诺。将允许保险公司随着地域限制的逐步取消设立内部分支机构。

B. 地域范围自加入时起，将允许外国寿险和非寿险公司及保险经纪公司在上海、广州、大连、深圳和佛山提供服务。中国加入WTO后2年内，将允许外国寿险、非寿险公司及保险经纪公司在下列城市提供服务：北京、成都、重庆、福州、苏州、厦门、宁波、沈阳、武汉和天津。加入后3年内，将取消地域限制。

C. 业务范围自加入时起，将允许外国非寿险公司提供无地域限制地“统括保单”大型商业风险保险。依照国民待遇，将允许外国保险经纪公司不迟于中国保险经纪公司并以不低于中国保险经纪公司的条件提供“统括保单”业务。允许外国非寿险公司可自加入时起向境外企业提供保险，并向在中国的外商投资企业提供财产险、相关责任险和信用险。中国加入 WTO 后 2 年内，将允许外国非寿险公司向外国和国内客户提供全部非寿险服务。允许外国保险公司向外国人和中国公民提供个人（非团体）险服务；加入后 3 年内，将允许外国保险公司向外国人和中国人提供健康险、团体险和养老金/年金险。自加入时起，将允许外国保险公司以分公司、合资企业或外资独资子公司的形式提供寿险和非寿险的再保险业务，无地域限制或发放营业许可的数量限制。

D. 许可自加入时起，许可的发放将没有经济需求测试或许可的数量限制。设立外资保险机构的资格条件如下：投资者应为在一 WTO 成员中有 30 年以上设立商业机构经验的外国保险公司；应连续 2 年在中国设有代表处；在提出申请的前 1 年年末总资产应超过 50 亿美元，但保险经纪公司除外。保险经纪公司的总资产应超过 5 亿美元。加入后 1 年内，其总资产应超过 4 亿美元。加入后 2 年内，其总资产应超过 3 亿美元。加入后 4 年内，其总资产应超过 2 亿美元。

商业存在国民待遇限制：外资保险公司不允许经营法定保险业务。

13. 外商可以投资设立证券公司吗？条件是什么？中国加入 WTO 的有关承诺是什么？

境外机构可以在中国境内设立中外合营证券公司。中外合营证券公司的业务范围以及外方股东的持股比例应当符合中国有关法律法规和中国证监会的规定。中国境内证券公司申请设立或参股、收购境外证券公司，应当经过证监会批准。

设立经纪类证券公司，除应当具备证券法规定的条件外，还应当符合以下要求：具备证券从业资格的从业人员不少于15人，并有相应的会计、法律、计算机专业人员；有符合中国证监会规定的计算机信息系统、业务资料报送系统；中国证监会规定的其它条件。

设立专门从事网上证券经纪业务的证券公司，除应当具备上述规定的条件外，还应当符合以下要求：证券公司或经营规范、信誉良好的信息技术公司出资不得低于拟设立的网上证券经纪公司注册资本的20%；有符合中国证监会要求的网络交易硬件设备和软件系统；有10名以上计算机专业技术人员并能确保硬件设备和软件系统安全、稳定运行；高级管理人员中至少有一名计算机专业技术人员。

设立综合类证券公司除应当具备证券法规定的条件外，还应当符合以下要求：有规范的业务分开管理制度，确保各类业务在人员、机构、信息和账户等方面有效隔离；具备相应证券从业资格的从业人员不少于50人，并有相应的会计、法律、计算机专业人员；有符合中国证监会规定的计算机信息系统、业务资料报送系统；中国证监会规定的其它条件。

证券公司的股东资格应当符合法律法规和中国证监会规定的条件。直接或间接持有证券公司5%及以上股份的股东，其持股资格应当经中国证监会认定。有下列情形之一的，不得成为证券公司持股5%及以上的股东：申请前3年内因重大违法、违规经营而受到处罚的；累计亏损达到注册资本50%的；资不抵债或不能清偿到期债务的；或有负债总额达到净资产50%的；中国证监会规定的其它情形。

设立受托投资管理业务的子公司必须具备下列条件：注册资本不少于人民币5亿元；具备相应类别证券从业资格的从业人员

不少于10人；符合综合类证券公司的相关条件。

设立从事证券承销、上市推荐、财务顾问等业务的投资银行类子公司必须具备下列条件：注册资本不少于人民币5亿元；具备投资银行类证券从业资格的从业人员不少于10人；符合综合类证券公司的相关条件。

中国证券业加入WTO的对外承诺是：商业存在的市场准入限制：

A. 除了以下内容，其余不作承诺。加入时，外国证券机构驻华代表处可以成为所有中国证券交易所的特别会员。加入时，允许外国服务提供者设立合营公司，从事国内证券投资基金管理业务，外资最多可达33%，中国加入后3年内，外资比例应增加至49%。中国加入后3年内，允许外国证券公司设立合资公司，外资拥有不超过1/3的少数股权。合营公司可以从事（不通过中方中介）以下业务：A股的承销、B股和H股、政府和公司债券的承销和交易，基金的发起。

B. 中国金融服务业营业许可的发放条件完全是审慎性的(即没有经济需求测试或营业许可的数量限制)。

14. 关于外贸参股证券公司有何最新规定?

为了适应证券市场对外开放的需要，加强和完善对外资参股证券公司的监督管理，明确外资参股证券公司的设立条件和程序，根据《公司法》和《证券法》的有关规定，中国证券监督管理委员会于2002年6月1日公布，7月1日实施了《外资参股证券公司设立规则》。

本规则所称外资参股证券公司包括境外股东受让、认购境内证券公司股权而变更的证券公司或者境外股东与境内股东共同出资设立的证券公司。中国证券监督管理委员会（以下简称“中国证监会”）负责对外资参股证券公司的审批和监督管理。

外资参股证券公司的组织形式为有限责任公司。外资参股证券公司的名称、注册资本、组织机构的设立及职责，应当符合《公司法》、《证券法》和中国证监会的有关规定。

外资参股证券公司可以经营下列业务：

（一）股票（包括人民币普通股、外资股）和债券（包括政府债券、公司债券）的承销；

（二）外资股的经纪；

（三）债券（包括政府债券、公司债券）的经纪和自营；

（四）中国证监会批准的其他业务。

前款所称外资股，包括境内上市外资股（B股）和在境外上市的外资股。

证券公司应当按照本条第一款的规定向中国证监会提出业务范围的申请。从事股票主承销业务的，应当按照中国证监会关于证券公司股票主承销资格管理的规定，取得股票主承销业务资格。

外资参股证券公司应当符合下列条件：

（一）注册资本符合《证券法》关于综合类证券公司注册资本的规定；

（二）股东具备本规则规定的资格条件，其出资比例、出资方式符合本规则的规定；

（三）按照中国证监会的规定取得证券从业资格的人员不少于50人，并有必要的会计、法律和计算机专业人员；

（四）有健全的内部管理、风险控制和对承销、经纪、自营等业务在机构、人员、信息、业务执行等方面分开管理的制度，有适当的内部控制技术系统；

（五）有符合要求的营业场所和合格的交易设施；

（六）中国证监会规定的其他审慎性条件。

外资参股证券公司的境外股东，应当具备下列条件：

（一）所在国家具有完善的证券法律和监管制度，其证券监管机构已与中国证监会签订证券监管合作谅解备忘录，并保持着有效的监管合作关系；

（二）在所在国家具有合法的证券经营资格，经营金融业务10年以上，近3年未受到过证券监管机构和司法机关的重大处罚；

（三）近3年各项风险监控指标符合所在国家法律的规定和证券监管机构的要求；

（四）具有完善的内部控制制度；

（五）在国际证券市场上有良好的声誉和经营业绩；

（六）中国证监会规定的其他审慎性条件。

外资参股证券公司的境内股东，应当具备中国证监会规定的证券公司股东资格条件。外资参股证券公司的境内股东，应当至少有一名是内资证券公司。但内资证券公司变更为外资参股证券公司的，不在此限。

境内股东可以用现金、经营中必需的实物出资；境外股东应当以自由兑换货币出资。

境外股东持股比例或者在外资参股证券公司中拥有的权益比例，累计（包括直接持有和间接持有）不得超过1/3。境内股东中的内资证券公司，应当至少有一名的持股比例或在外资参股证券公司中拥有的权益比例不低于1/3。内资证券公司变更为外资参股证券公司后，应当至少有一名内资股东的持股比例不低于1/3。

外资参股证券公司的董事长、总经理、副总经理应当具备中国证监会规定的证券公司高级管理人员任职资格条件。

申请设立外资参股证券公司，应当由全体股东共同指定的代表或委托的代理人，向中国证监会提交下列文件：

（一）境内外股东的法定代表人或授权代表共同签署的申请表；

（二）关于设立外资参股证券公司的合同及章程草案；

（三）外资参股证券公司董事长、总经理、副总经理人选的任职资格申请表；

（四）股东的营业执照或注册证书和证券业务资格证书复印件；

（五）申请前1年境内外股东经审计的财务报表；

（六）境外股东所在国家证券监管机构出具的关于该境外股东是否具备本规则第七条第（二）、（三）项规定的条件的说明函；

（七）由中国境内具有证券相关业务资格的律师事务所出具的法律意见书。

中国证监会依照有关法律、行政法规和本规则对前条规定的申请文件进行审查，自接到符合要求的申请文件之日起45个工作日内做出是否批准的决定，并书面通知申请人。不予批准的，书面说明理由。

股东应自中国证监会的批准文件签发之日起6个月内足额缴付出资或提供约定的合作条件，选举董事会、聘任高级管理人员，并向工商行政管理机关申请设立登记，领取营业执照。

15. 何为外商投资租赁公司？其设立需要什么条件？中国在WTO中的有关承诺是什么？

中国的租赁业主要有以下几种形式：一是只能做传统和出租服务的非金融机构的内资租赁公司，据不完全统计约有上千家，一般经营规模都很小；二是金融租赁公司。改革开放以来共批准16家金融租赁公司，几百家兼营租赁业务的非银行金融机构，如：信托投资公司，企业集团财务公司；三是中外合资租赁公司。1981年成立了第一家中外合资租赁公司——中国东方租赁公司。此后，相继成立了环球、包装、有色金属、光大、北方、国际等几十家中外合资租赁公司，另外还有为数众多从事经营租赁业务的租赁公司，主要是工程机械、集装箱、信息和办公设备的出租服务。

外商投资租赁公司是指外国公司、企业和其他经济组织按照平等互利的原则，经批准，在中华人民共和国境内，同中国的公司、企业或其他经济组织以合营或者合作形式经中国对外贸易经济合作部批准设立的外商投资租赁公司。外商投资租赁公司分为从事融资租赁业务的租赁公司（以下简称融资租赁公司）和从事除融资租赁业务外租赁业务的租赁公司（以下简称其它租赁公司）。设立外商投资租赁公司的形式为有限责任公司。

设立外商投资租赁公司，应引进国际上先进的租赁企业的经营管理经验，促进中国租赁业的发展，产生良好的经济效益和社会效益。外商投资租赁公司必须遵守国家有关的法律、法规。外商投资租赁公司依法进行的经营活动以及合营各方的合法权益受中国法律保护。

申请设立融资租赁公司的合营者应具有较强的经济实力和融资能力，中国合营者在申请前1年的总资产不得低于4亿元人民币；外国合营者在申请前1年的总资产不得低于4亿美元，并具有5年以上的融资租赁从业经验。申请设立的融资租赁公司应符合以下条件：注册资本不得低于2000万美元；中国合营者的出资不得低于注册资本的20%；经营期限不超过30年；拥有相应的管理人员，高级管理人员应具有专业资质和不少于3年的从业经验。

申请设立其它租赁公司的合营者应具有较强的经济实力，中国合营者在申请前1年的总资产不得低于1亿元人民币；外国合营者在申请前1年的总资产不得低于5000万美元，并具有3年以上的租赁从业经验。申请设立的其它租赁公司应符合以下条件：注册资本不得低于500万美元；中国合营者的出资不得低于注册资本的20%；经营期限不超过20年；拥有相应的管理人员，高级管理人员应具有相应专业资质和不少于3年的从业经验。

中国租赁业在WTO中的对外承诺是：商业存在市场准入限制：仅限于合资企业形式。中国加入WTO后1年内，将允许外资拥有多数股权。加入后3年内，将允许设立外资独资子公司。租赁服务：服务提供者的全球资产应达到500万美元。

16. 目前，关于外商投资法律服务业有何规定？中国在 WTO 中的有关承诺是什么？

目前法律服务允许外商投资进入的行政法规是 2001 年 12 月 27 日国务院公布的《外国律师事务所驻华代表机构管理条例》，该条例自 2002 年 1 月 1 日起施行。为了规范外国律师事务所驻华代表机构的设立及其法律服务活动，根据《中华人民共和国律师法》的规定，制定了此条例。外国律师事务所设立驻华代表机构（以下简称代表机构），从事法律服务活动，适用本条例。本条例施行前经国务院司法行政部门许可已经试开业的外国律师事务所驻华办事处以及试执业的代表，应当自本条例施行之日起 90 日内依照本条例的规定重新申请办理审批手续。中国的单独关税区（包括中国台北）的律师事务所在内地设立代表机构的管理办法，由国务院司法行政部门根据本条例的原则另行制定。

法律服务是 WTO 服务贸易谈判的主要内容，也是中国服务贸易减让表的第一项内容，具体承诺是：

商业存在市场准入限制：外国律师事务所只能在北京、上海、广州、深圳、海口、大连、青岛、宁波、烟台、天津、苏州、厦门、珠海、杭州、福州、武汉、成都、沈阳和昆明以代表处的形式提供法律服务。代表处可以从事营利性活动。驻华代表处的数量不得少于截止到中国加入之日已设立的数量。外国律师事务所只能设立一个驻华代表处。上述地域限制和数量限制将在中国加入 WTO 后 1 年内取消。

外国代表处的业务范围仅限于下列内容：a. 就该律师事务所律师允许从事律师业务的国家/地区的法律及就国际公约和惯例向客户提供咨询；b. 应客户或中国法律事务所的委托，处理该律师事务所律师允许从事律师业务的国家/地区的法律事务；c. 代表外国客户，委托中国律师事务所处理中国法律事务；d.

订立合同以保持与中国律师事务所有关法律事务的长期委托关系；e. 提供有关中国法律环境影响的信息。

按双方议定，委托允许外国代表处直接指示受委托的中国律师事务所的律师。

外国律师事务所的代表应为执业律师，为一 WTO 成员的律师协会或律师公会的会员，且在中国境外执业不少于 2 年。首席代表应为一 WTO 成员的律师事务所的合资伙伴或相同职位人员(如一有限责任公司律师事务所的成员)，且在中国境外执业不少于 3 年。

商业存在国民待遇限制：所有代表在华居留时间每年不得少于 6 个月。代表处不得雇佣中国国家注册律师。

17. 外商可以采取何种形式投资会计业？有关条件是什么？中国在 WTO 中的有关承诺是什么？

根据 1996 年 3 月 28 日财政部发布的《中外合作会计师事务所管理暂行办法》规定，由国际会计师事务所或境外会计师事务所与境内会计师事务所在中国境内合作设立会计师事务所（以下简称合作所)，要经中国政府批准。合作所的一切活动，必须遵守中国的法律、法规的有关规定。

依照《中华人民共和国注册会计师法》的规定，合作所必须加入中国注册会计师协会，成为其团体会员，并接受其自律管理。依照《中华人民共和国注册会计师法》的规定，合作所设立的批准机关为财政部。

财政部授权中国注册会计师协会办理审查、批准以及监督、管理合作所的有关事务。中国注册会计师协会可授权合作所所在地的省级注册会计师协会对其日常活动进行监督、管理。

申请举办合作所合作外方必须具备以下条件：具有先进专业技术和良好的信誉；年收入不少于 2000 万美元；审计专业人员

不少于200人。

申请举办合作所合作中方必须具备以下条件：在国内同行业中有较高的专业水平和较好的服务信誉；与原挂靠单位在职能、人员、财务上脱钩；具有从事执行证券业务的相关资格；年收入不少于1000万元人民币；审计专业人员不少于100人。

同样对中方的资格条件要求也是比较高的，也希望中国最大的会计师事务所与外方合作，在全国4000多家事务所中，目前，注册会计师人数在20人以上的事务所只有400多家，其中40人以上的不到70家，60人以上的不到20家。

合作所因业务需要，可以申请成立分所。合作所的分所，系指在合作所总部所在地以外的省级行政区域设立的分支机构。分所系非独立法人单位，以总所名义对外执行业务，接受总所的监督、指导，总所对分所执行的业务承担责任；分所的主要负责人由合作所董事会任命，并报中国注册会计师协会备案。分所名称，应采用“总所名称+地名+分所”的称谓。

中国关于会计业在WTO中的对外承诺是：商业存在市场准入限制：合伙或有限责任会计师事务所只限于中国主管机关批准的注册会计师。

商业存在国民待遇方面限制：没有限制。

其它承诺：允许外国会计师事务所与中国会计师事务所结成联合所，并与其在其它WTO成员中的联合所订立合作合同。自加入WTO时起，在对通过中国国家注册会计师资格考试的外国人发放执业许可方面，应给予国民待遇。申请人将在不迟于提出申请后30天以书面形式被告知结果。现有中外合作会计师事务所不仅限于中国主管机关批准的注册会计师。提供会计服务中所列服务的会计师事务所可以从事税收和管理咨询服务。它们不受在税收服务和管理咨询服务中关于设立形式的要求的约束。

18. 外商可以投资设立资产评估机构吗？有何条件？

外商投资资产评估机构是指由外国资产评估机构（以下简称外国评估机构）与中国资产评估机构（以下简称中国评估机构）以中外合作、合资形式设立的，接受各类资产相关人的委托，以第三者身份为委托人提供各类相关资产估价信息的外商投资企业（以下简称外商投资评估机构）。允许外国评估机构在中国境内设立中外合作、合资资产评估机构。不得设立外商独资资产评估机构。外国评估机构在中国境内只允许设立一个外商投资评估机构。

申请设立外商投资评估机构应具备以下条件：①中国评估机构应是获得了国家资产局统一印制的《资产评估资格证书》的资产评估公司（事务所）、土地估价事务所、房地产估价事务所、会计师事务所、审计事务所、财务咨询公司等。②外国评估机构应是具有先进专业技术和良好信誉，年收入不少于2000万美元，评估专业人员不少于200人，且具有和中国资产评估高级人员进行业务交流水平的机构。来华从事资产评估业务的专业人员，须已取得所在国家（地区）的注册资产评估师资格，并具有5年以上资产评估资历和丰富的资产评估知识与经验。③国家资产局、对外贸易经济合作部规定的其它条件。

外商投资评估机构注册资本最低不得少于50万美元，并须有与其申办业务相适应的经营管理人员、专业技术人员和固定的办公场所。外商投资评估机构的经营期限一般不超过30年。

19. 外商可以采取何种形式投资工程设计？有关条件是什么？中国加入WTO的有关承诺是什么？

外商投资工程设计业只能采取中外合营企业的形式，暂不允许设立外商独资企业的工程设计企业。设立中外合营工程设计（含勘察）机构应遵循《中华人民共和国中外合资企业法》和《中华人民共和国中外合作企业法》等有关法律和规定。国家鼓励我国设计单位与外国设计机构合营，开展国际工程设计业务。

为保证中外合营工程设计机构的设计质量，合营的中外双方都应具备较高水平的设计资格。中外合营工程设计机构的中方合营者，应是持有中华人民共和国甲、乙级工程设计证书的设计单位。中方个人或个体企业及其它任何无设计证书的单位，不得与外国设计机构成立中外合营工程设计机构。

中外合营工程设计机构的外方合营者，应是在其所在国或地区有较好的社会信誉、在国际设计市场上有较强竞争能力的注册设计机构或注册建筑师、注册工程师。

中国加入 WTO 工程设计对外开放的承诺是：商业存在的市场准入限制：只允许设立合资企业，允许外资拥有多数股权。中国加入 WTO 后 5 年内，允许设立外商独资企业。

商业存在的国民待遇限制：外国服务提供者必须是在其本国从事建筑设计/工程/城市规划服务的注册建筑师/工程师或企业。

20. 关于外商投资建筑业有何规定？中国在 WTO 中的有关承诺是什么？

建设部、对外贸易经济合作部于 1995 年 9 月 18 日公布了《关于设立外商投资建筑业企业的若干规定》，规定外商投资建筑业企业是指中外合资、合作经营土木建筑工程，线路、管道及设备安装工程，建筑装饰装修工程的新建、扩建、改建活动的企业。暂不允许设立外商独资建筑业企业。设立外商投资建筑业企业，应当遵循《中华人民共和国中外合资经营企业法》、《中华人民共和国中外合作经营企业法》、《建筑业企业资质管理规定》等有关法律、法规及规章。

设立外商投资建筑业企业，除符合有关法律、法规规定的条件外，还应具备以下条件：①申请设立外商投资建筑业企业的中方必须是取得二级以上资质证书的建筑业企业；外方必须是具有较高的技术、管理水平，有良好信誉并取得企业法人资格的建筑业企业。②能够引进或采用国际先进建筑技术和设备，并能够在工程建设和经营管理等方面培训中方职员。③注册资本符合以下要求：一级建筑施工企业的注册资本不低于 1000 万美元；二级建筑施工企业的注册资本不低于 500 万美元；三级建筑施工企业的注册资本不低于 160 万美元。一级建筑装饰装修企业的注册资本不低于 200 万美元；二级建筑装饰装修企业的注册资本不低于 150 万美元；三级建筑装饰装修企业的注册资本不低于 60 万美元。

中国关于建筑业在 WTO 中的对外承诺是商业存在市场准入限制：仅限于合资企业形式，允许外资拥有多数股权。中国加入 WTO 后 3 年内，允许设立外商独资企业。外商独资企业只能承揽下列 4 种类型的建筑项目：①全部由外国投资和/或赠款资助的建设项目；②由国际金融组织资助并通过根据贷款条款进行的国际招标授予的建设项目；③外国投资等于或超过 50% 的中外联合建设项目，及外资少于 50%、但因技术困难而不能由中国建筑企业独立实施的中外联合建设项目；④由中国投资，但中国建筑企业难以独立实施的建设项目，经省政府批准，可由中外建筑企业联合承揽。

商业存在国民待遇限制：除下列内容外，没有限制：a. 现行合资建筑企业注册资本要求与国内企业的要求有不同；b. 合资建筑企业有承揽外资建筑项目的义务。中国加入 WTO 后 3 年内，取消限制。

21. 对外商投资医疗机构的股权比例、资格条件等有何规定？中国在 WTO 中的有关承诺是什么？

申请在中国境内设立外商独资医疗机构的，不予批准。设立中外合资、合作医疗机构除了必须是独立的法人；投资总额不得低于 2000 万元人民币；合资、合作期限不超过 20 年；省级以上卫生行政部门规定的其它条件外，还规定，合资、合作中方在中外合资、合作医疗机构中所占的股权比例或权益不得低于30%。这意味着，在中国投资医疗机构的外商，不仅不可独资，必须与中方合资或合作，而且中方的股权或权益必须不低于30%，同时，中方人员一定要参与管理，这样的规定主要是医疗机构涉及法律及法规的行为。

按照以往的规定，还要求中外合资、合作的医疗机构中由中方担任董事长，最新的规定已取消了这一限制。

中外合资、合作医疗机构的设置与发展必须符合当地区域卫生规划和医疗机构设置规划，并执行卫生部制定的《医疗机构基本标准》。

申请设立中外合资、合作医疗机构的中外双方应是能够独立承担民事责任的法人。合资、合作的中外双方应当具有直接或间接从事医疗卫生投资与管理的经验，并符合下列要求之一：①能够提供国际先进的医疗机构管理经验、管理模式和服务模式；②能够提供具有国际领先水平的医学技术和设备；③可以补充或改善当地在医疗服务能力、医疗技术、资金和医疗设施方面的不足。

过去，中国政府并没有对外商的投资额做出限制，新的管理办法对外商投资医疗机构的投资规模提出具体的要求，主要是过去十几年来，外商在中国投资的医疗机构规模比较小，而且大多数做得不成功，为了加强监管，中国政府提出严格要求。

虽然根据中国外商投资企业法，中外合资或合作的公司，可在异地设立分支机构，但是，中外合资或合作的医疗机构，却不得设置分支机构。这是由于中外合资、合作医疗机构的特殊性决定的。

申请在中国中西部地区或老、少、边、穷地区设置中外合资、合作医疗机构或申请设置的中外合资、合作医疗机构所提供的医疗服务范围和内容属于国家鼓励的服务领域，可适当放宽设立的条件。

那些到中国中西部投资医疗机构的外商，将不必受到最低投资额限定、不准独资，以及中方人员必须参与管理的规定。为了配合中国推行中西部大开发的政策，外商申请在中国中西部地区或老、少、边、穷地区设置中外合资或合作医疗机构，则将受到中国政府的鼓励，并可适当放宽这些规定的条件。

中国关于医院在 WTO 中的对外承诺是：商业存在市场准入限制：允许外国服务提供者与中国合资伙伴一起设立合资医院或诊所，没有数量限制，以符合中国的需要，允许外资拥有多数股权。应允许持有其本国颁发的专业证书的外国医生，在获得卫生部的许可后，在中国提供短期的医疗服务。服务的期限为 6 个月，并可以延长至 1 年。

商业存在国民待遇限制：合资医院和诊所的大多数医生和医务人员应具有中国国籍。

22. 关于外商投资旅行社在投资比例、条件方面有何规定？中国在 WTO 中的有关承诺是什么？

外商投资旅行社是指外国旅游经营者同中国投资者依法共同投资设立的中外合资经营旅行社和中外合作经营旅行社。目前暂不允许设立外商独资的旅行社。中外合资经营旅行社各方投资者的出资比例，中外合作经营旅行社的注册资本最低限额，由国务院旅游行政主管部门会同国务院对外贸易经济主管部门按照有关规定确定。

中外合资经营旅行社的注册资本最低限额为人民币 400 万元。中外合资经营旅行社的注册资本最低限额可以进行调整，调整期限由国务院旅游行政主管部门会同国务院对外贸易经济主管部门确定。

外商投资旅行社的中国投资者应当符合下列条件：是依法设立的公司；最近 3 年无违法或者重大违规记录；符合国务院旅游

行政主管部门规定的审慎的和特定行业的要求。

外商投资旅行社的外国旅游经营者应当符合下列条件：是旅行社或者主要从事旅游经营业务的企业；年旅游经营总额 4000 万美元以上；是本国旅游行业协会的会员。

中国关于旅行社在 WTO 中的对外承诺是：旅行社和旅游经营者，商业存在市场准入限制：满足下列条件的外国服务提供者可以自加入时起以合资旅行社和旅游经营者的形式在中国政府指定的旅游度假区和北京、上海、广州和西安提供服务：a. 旅行社和旅游经营者主要从事旅游业务。b. 全球年收入超过 4000 万美元。合资旅行社/旅游经营者的注册资本金应不得少于 400 万人民币。中国加入 WTO 后 3 年内，注册资本不得少于 250 万人民币。加入后 3 年内，将允许外资拥有多数股权 。加入后 6 年内，将允许设立外资独资子公司，将取消地域限制。

旅行社/旅游经营者的业务范围如下：向外国旅游者提供可由在中国的交通和饭店经营者直接完成的旅行和饭店住宿服务；向国内旅游者提供可由在中国的交通和饭店经营者直接完成的旅行和饭店住宿服务；在中国境内为中、外旅游者提供导游及在中国境内提供旅行支票兑现业务。

加入后 6 年内，将取消对合资旅行社/旅游经营者设立分支机构的限制。且对于外资旅行社/旅游经营者注册资本要求将与国内旅行社/旅游经营者的要求相同。

商业存在国民待遇限制：合营或独资旅行社和旅游经营者不允许从事中国公民出境及赴中国香港、中国澳门和中国台湾地区的旅游业务。除此之外没有限制。

23. 中外合作办学的含义、条件是什么？中国在 WTO 中的有关承诺是什么？

中外合作办学，是指外国法人组织、个人以及有关国际组织

(不包括宗教组织和宗教人员)同中国具有法人资格的教育机构及其他社会组织，在中国境内合作设立以招收中国公民为主要对象的教育机构(以下称合作办学机构)，实施教育、教学的活动。

中外双方可以合作设立各级各类教育机构。但义务教育以及国家有特殊规定的教育、培训除外。国家鼓励在职业教育领域开展中外合作办学。中外合作办学必须遵守中国的法律、法规，贯彻中国的教育方针，符合中国教育事业发展的需要和人才培养的要求，保证教育质量，不得以营利为目的，不得损害国家和社会公共利益。在中国境内依照本规定实施的中外合作办学活动，受中国法律的管辖和保护。

申请合作办学，必须符合下列要求：有正确的办学宗旨；有健全的组织机构和熟悉业务的管理人员；有合格的教师；有符合办学需要的教学场所、图书和教学仪器设备及生活设施等必要条件；有必要的开办资金和稳定的经费来源。

申请合作办学，必须提供以下文件：合作办学申请书；合作办学机构的章程；可行性论证报告；中方合作者业务主管部门的审核意见；合作双方签署的合作意向书或合作协议；外方合作者经公证或认证的资信证明。

举办实施学历教育的合作办学机构的设置标准，依照中国有关同级同类教育机构的设置标准办理。

中国关于教育在 WTO 中的对外承诺是：教育服务(不包括特殊教育服务如：军事、警察、政治和党校教育)：a. 初等教育服务(CPC 921，不包括 CPC 92190 下的义务教育)；b. 中等教育服务(CPC 922，不包括 CPC 92210 下的义务教育)；c. 高等教育服务(CPC 923)；d. 成人教育服务(CPC 924)；e. 其它教育服务。

商业存在市场准入限制：允许中外合作办学，允许外资控股。

24. 外商如何投资道路运输业？基本要求是什么？中国在 WTO 中的有关承诺是什么？

允许外商采用以下形式投资经营道路运输业：①采用中外合资形式投资经营道路旅客运输；②采用中外合资、中外合作形式投资经营道路货物运输、道路货物搬运装卸、道路货物仓储和其他与道路运输相关的辅助性服务及车辆维修；③采用独资形式投资经营道路货物运输、道路货物搬运装卸、道路货物仓储和其他与道路运输相关的辅助性服务及车辆维修。外商独资道路运输业务对外开放时间由国务院对外贸易经济主管部门和交通主管部门另行公布。

外商投资从事道路旅客运输业务，还应当符合以下条件：主要投资者中至少一方必须是在中国境内从事 5 年以上道路旅客运输业务的企业；外资股份比例不得多于 49%；企业注册资本的 50%用于客运基础设施的建设与改造；投放的车辆应当是中级及以上的客车。

外商投资道路运输企业的经营期限一般不超过 12 年。但投资额中有 50%以上的资金用于客货运输站场基础设施建设的，经营期限可为 20 年。经营业务符合道路运输产业政策和发展规划，并且经营资质（质量信誉）考核合格的外商投资道路运输企业，经原审批机关批准，可以申请延长经营期限，每次延长的经营期限不超过 20 年。

申请延长经营期限的外商投资道路运输企业，应当在经营期满 6 个月前向企业所在地的省级交通主管部门提出申请，并上报企业经营资质（质量信誉）考核记录等有关材料，由省级交通主管部门审核后，报国务院交通主管部门，由国务院交通主管部门商对外贸易经济主管部门后批复。

中国道路运输业在 WTO 中的对外承诺是：公路卡车和汽车货运。

商业存在市场准入限制：只允许设立合营企业，外资比例不超过 49%；公路货运：中国加入 WTO 后 1 年内，允许外资控股，加入后 3 年内，允许设立独资子公司。

25. 外商可以何方式投资铁路运输业？条件是什么？中国在 WTO 中的有关承诺是什么？

为了推动铁路货物运输业的对外开放，促进铁路货物运输业的发展，保护投资者的合法权益，根据《中华人民共和国中外合资经营企业法》、《中华人民共和国中外合作经营企业法》和有关铁路行业的法律、法规，2000 年 8 月铁道部、对外贸易经济合作部联合发布了《外商投资铁路货物运输业审批与管理暂行办法》。外国投资者只能以合营方式（包括合资、合作两种方式）在中华人民共和国设立中外合营铁路货运公司。

设立中外合营铁路货运公司，外国主要投资者应是从事货运业务 10 年以上的货物运输公司，并具备较强的资金实力和良好的经营业绩。中方主要投资者应是从事货运业务 10 年以上的铁路运输企业。在中国政府规定期限内，中方投资股比不低于 51%。

设立的中外合营铁路货运公司应符合下列条件：①拥有与经营规模相适应的货运车辆和其他运载工具，拥有办理铁路货运业务所必需的场地、设施；②具有稳定的货源；③具有从事经营业务所需要的专业技术和管理人员；④注册资本额应满足从事业务的需要，最少不得低于 2500 万美元。

中国关于铁路运输在 WTO 中的对外承诺是：商业存在市场准入限制：仅限于合资企业形式，外资股比不超过 49%。对于铁路运输，中国加入 WTO 后 3 年内，将允许外资拥有多数股权，加入后 6 年内，将允许设立外资独资子公司。

26. 外商投资民用航空业有何最新规定?

2002 年 6 月 21 日中国民航总局、外经贸部、国家计委联合公布了《外商投资民用航空业规定》。本规定自 2002 年 8 月 1 日起施行。1994 年 5 月 6 日由民航总局与外经贸部发布的《关于外商投资民用航空业有关政策的通知》(民航总局函〔1994〕448 号)和 1994 年 10 月 25 日由民航总局与外经贸部发布的《关于发布〈关于外商投资民用航空业有关政策的通知〉若干问题的解释的通知》(民航总局发〔1994〕271 号)同时废止。

外商投资民航业范围包括民用机场、公共航空运输企业、通用航空企业和航空运输相关项目。禁止外商投资和管理空中交通管制系统。

(一) 鼓励外商投资建设民用机场。本规定所称"民用机场"不包括军民合用机场。外商投资民用机场分二类项目:

1. 民用机场飞行区,包括跑道、滑行道、联络道、停机坪、助航灯光;

2. 航站楼。

(二) 鼓励外商投资现有的公共航空运输企业。

鼓励外商投资从事农、林、渔业作业的通用航空企业。

允许外商投资从事公务飞行、空中游览或为工业服务的通用航空企业,但不得从事涉及国家机密的作业项目。

(三)"航空运输相关项目"包括航空油料、飞机维修、货运仓储、地面服务、航空食品、停车场和其他经批准的项目。

外商投资方式包括:

(一) 合资、合作经营(简称"合营");

(二) 购买民航企业的股份,包括民航企业在境外发行的股票以及在境内发行的上市外资股;

(三) 其他经批准的投资方式。

外商以合作经营方式投资公共航空运输和从事公务飞行、空中游览的通用航空企业，必须取得中国法人资格。

外商投资公共航空运输企业和民用机场，在同等条件下，对具有国际先进经营管理水平的外国同类企业予以优先考虑。

外商投资民用机场，应当由中方相对控股。外商投资公共航空运输企业，应当由中方控股，一家外商（包括其关联企业）投资比例不得超过25%。外商投资从事公务飞行、空中游览、为工业服务的通用航空企业，由中方控股；从事农、林、渔业作业的通用航空企业，外商投资比例由中外双方商定。外商投资飞机维修（有承揽国际维修市场业务的义务）和航空油料项目，由中方控股；货运仓储、地面服务、航空食品、停车场等项目，外商投资比例由中外双方商定。

外商投资的合营企业经营期限一般不超过30年。

外商投资的民用机场企业，其航空业务收费执行国家统一标准，非航空业务收费标准由企业商请当地物价部门确定。外商投资的公共航空运输企业和通用航空企业，必须执行国家价格政策。

外商投资建设民用机场所需使用的土地，按照国家有关土地管理的法律、法规及中国民用航空总局（以下简称民航总局）有关机场用地管理规定，办理土地评估及土地使用权处置审批手续。

投资建设民用机场的外商，可优先投资经营航空运输相关项目。

外商投资民航业限额以上的项目，按照项目性质，分别由国家发展计划委员会（基本建设项目）和国家经济贸易委员会（技术改造项目）在征得民航总局的同意后审批项目建议书和可行性研究报告；对外贸易经济合作部（以下简称外经贸部）审批合同、章程。限额以下的项目，由民航总局审批项目建议书和可行性研究报告，外经贸部审批合同、章程。

27. 外商可否投资设立国际货物运输代理企业？有何资格条件要求？中国在 WTO 中的有关承诺是什么？

外商投资国际货物运输代理企业是指境外的投资者以中外合资、中外合作以及外商独资形式设立的接受进出口货物收货人、发货人的委托，以委托人的名义或者以自己的名义，为委托人办理国际货物运输及相关业务并收取服务报酬的外商投资企业（以下称“外商投资国际货运代理企业”）。

外国投资者可以合资、合作、外商独资方式在中国境内设立外商投资国际货运代理企业 。设立外商控股的中外合资、中外合作的国际货运代理企业和外商独资的国际货运代理企业申请的具体受理时间由国务院对外贸易经济行政主管部门另行公布。在此之前，外商投资设立中外合资、中外合作的国际货运代理企业中国合营者的出资比例不应低于 50%。

设立外商投资国际货运代理企业必须符合如下要求：①注册资本最低限额为 100 万美元；②具有至少 5 名从事国际货运代理业务 3 年以上的业务人员；③有固定的营业场所；④有必要的通讯、运输、装卸、包装等营业设施。外商投资国际货运代理企业的经营期限一般不超过 20 年。

申请设立外商投资国际货运代理企业的中外合营者必须具备如下条件：①中方中至少有一家是从事国际货运代理业务 1 年以上的国际货运代理企业，或者是获得进出口经营权 1 年以上的企业，或者是从事相关的交通运输或仓储业务 1 年以上的企业，符合上述条件的中方合营者在中方中应为第一大股东；②外国合营者至少有一家是经营国际货运代理业务 3 年以上的企业，符合上述条件的外方合营者在外方中应为第一大股东；③中外合营者在申请之日前 3 年内没有违反行业规定的行为。

码头港口机场等可能对货运代理行为带来不公平竞争行为的企业不能作为合营方。同一个外国合营者（包括其关联企业）在中国境内投资设立国际货运代理企业经营不满2年，不得投资设立第二家国际货运代理企业。

申请国际快递业务的除符合一般性要求外，其主要合营方中必须具有从事国际快递业务的资质；申请从事国际多式联运业务的外商投资国际货运代理企业，除符合一般性要求外，还应具备下列条件：①从事国际货运代理业务3年以上；②具有相应的国内外代理网络；③拥有在外经贸部登记备案的国际货运代理提单。

中国关于国际货物运输代理在WTO中的对外承诺是：货物运输代理服务（不包括货检服务）。

商业存在市场准入限制：自加入时起，允许有至少连续3年经验的外国货运代理在华设立合资货运代理企业，外资比例不超过50%。中国加入WTO后1年，允许外资控股。加入后4年，允许设立外资独资子公司。合资企业的最低注册资本应不少于100万美元。加入后4年，在这方面将给予行国民待遇。合资企业的经营期限不得超过20年。在中国经营1年以后，合资企业在双方注册资本已全部到位后，可以设立分支机构。每设立一个分支机构，合资企业原注册资本应增加12万美元。中国加入WTO后2年，这一额外的注册资本金要求将在国民待遇基础上实施。外国货运代理在其第一家合资企业经营5年以后，可设立第二家合资企业。中国加入WTO后2年，这一要求将减至2年。

28. 对外商设立独资船务公司有何规定？中国在WTO中的有关承诺是什么？

设立独资船务公司，申请者须具备下列条件：①具有15年以上从事航运的资历；②在拟设独资船务公司的港口城市设立经交通部批准的常驻代表机构满3年；③其班轮船舶至少每月挂靠拟设独资船务公司所在城市港口一次（以共同派船、舱位互换、联合经营等合作形式经营航线，经批准取得航线经营权的，视同满足本条件）；经营不定期船运输的外国航商，须在中国有稳定的货源；④在中国的经营活动连续 2 年没有违反中国法律和行政法规、规章规定的行为。

独资船务公司根据业务需要，可申请在其它港口城市设立分分司。独资船务公司设立分公司需满足以下条件：①独资船务公司的注册资本已全部缴付，开业满 1 年；②独资船务公司的母公司已有班轮船舶（含共同派船、舱位互换、联合经营等合作形式）挂靠拟设分公司所在地港口；③独资船务公司的母公司在拟设分公司的城市有经交通部批准设立的常驻代表机构满 1 年以上；④独资船务公司及其母公司在中国的经营活动连续 1 年没有违反中国法律和行政法规、规章规定的行为。

独资船务公司设立分公司的申请程序按照设立企业的规定办理。独资船务公司每增设一家分公司，应增加注册资本 12 万美元以上。

中国关于船务公司在 WTO 中的对外承诺是：商业存在国民待遇限制：仅限于合资企业，外资股比不超过 49%。

29. 外商可否投资设立商检公司？相关条件是什么？中国在 WTO 中的有关承诺是什么？

外商投资进出口商品检验鉴定公司是指以中外合资、合作形式设立的接受进出口货物收、发货人及关系人的委托，以第三者身份为委托人办理进出口商品检验、鉴定、认证业务的外商投资企业。允许外商在中国境内设立中外合资、合作进出口商品检验鉴定公司。不得设立外商独资进出口商品检验鉴定公司。经批准，外商投资检验公司可以经营下列部分或全部业务：进出口商品品质、规格、数量、重量、包装、残损、价值、装运技术条件的委托检验、鉴定和认证等业务。

外商投资检验公司的中方投资者应是经主管部门批准、认可或指定的从事进出口商品检验鉴定工作的企业。外商投资检验公司的外方投资者应是从事3年以上进出口商品检验、鉴定、认证业务，有与申办业务相适应的经营管理人员、专业技术人员及技术设备，有较稳定的客户，有一定国际信誉的企业。

外商投资检验公司的最低注册资本为50万美元，并须有固定的场所和与其从事业务相适应的技术条件和专业人员。外商投资检验公司的经营期限一般不超过30年。

中国关于商检在WTO中的对外承诺是：商业存在市场准入限制：允许已在本国从事检验服务3年以上的外国服务提供者设立合资技术测试、分析和货物检验公司，注册资本金不少于35万美元。中国加入WTO后2年内，将允许外资拥有多数股权。中国加入WTO后4年内，将允许设立独资子公司。

30. 外商可否投资设立职业介绍机构？有关条件是什么？

目前不允许设立外商独资的职业介绍所，只能设立从事职业介绍的中外合资、中外合作机构。中外合资、中外合作职业介绍机构应当依法开展经营活动，其依法开展的经营活动受中国法律保护。

中外合资、中外合作职业介绍机构可以从事下列业务：①为中外求职者和用人单位提供职业介绍服务；②提供职业指导、咨询服务；③收集和发布劳动力市场信息；④经省级劳动保障行政部门或其授权的地市级劳动保障行政部门同意，举办职业招聘洽谈会；⑤经省级劳动保障行政部门或其授权的地市级劳动保障行政部门核准的其他服务项目。

申请设立中外合资、中外合作职业介绍机构应当具备以下条件：①申请设立中外合资、中外合作职业介绍机构的外方投资者应是从事职业介绍的法人，在注册国有开展职业介绍服务的经历，并具有良好信誉；②申请设立中外合资、中外合作职业介绍机构的中方投资者应是具有从事职业介绍资格的法人，并具有良好信誉；③拟设立的中外合资、中外合作职业介绍机构应具有不低于30万美元注册资本，有3名以上具备职业介绍资格的专职工作人员，有明确的业务范围、机构章程、管理制度，有与开展业务相适应的固定场所、办公设施，主要经营者应具有从事职业介绍服务工作经历。

31. 外商可否投资设立人才中介服务机构？应具备哪些条件？

人才中介服务机构是指为用人单位和人才提供中介服务及其他相关服务的专营或兼营的组织。人才中介服务机构的设置应当符合经济和社会发展的需要，根据人才市场发展的需求，统筹规划，合理布局。

开展人才中介或者相关业务的外国公司、企业和其他经济组织在中国境内从事人才中介服务活动的，必须与中国的人才中介服务机构合资经营。设立中外合资人才中介机构应当符合国家中外合资企业法律法规的规定，由拟设机构所在地省级政府人事行政部门审批，并报人事部备案同意后，颁发许可证，同时按有关规定办理其他手续。香港特别行政区、澳门特别行政区、台湾地区的投资者在祖国大陆设立合资人才中介机构，参照以上规定执行。

设立人才中介服务机构应具备下列条件：有与开展人才中介业务相适应的场所、设施，注册资本（金）不得少于10万元；有5名以上大专以上学历、取得人才中介服务资格证书的专职工作人员；有健全可行的工作章程和制度；有独立承担民事责任的能力；具备相关法律、法规规定的其他条件。

32. 何为涉外社会调查活动？有何限制？

涉外社会调查活动，是指中国境内的外资企业、外方控股的中外合资经营企业、外方占主导地位的中外合作经营企业、外国企业分支机构及外国企业常驻代表机构、其他国外组织驻华机构等（以下简称涉外机构）进行的社会调查活动；国内调查机构接受境外的组织、个人及涉外机构的委托、资助或以其他形式合作进行的各种社会调查活动。

境外的组织和个人、境内的外国企业分支机构及外国企业常驻代表机构、其他国外组织驻华机构不得在中国境内直接进行社会调查活动。需要调查的，应当通过国内具有涉外社会调查资格的机构进行。不具有涉外社会调查资格的机构不得接受委托调查。

涉外社会调查不得与国家统计调查、部门统计调查和地方统计调查相重复。进行涉外社会调查活动的机构和人员，不得以政府统计机构和政府统计人员的名义进行调查活动。任何单位和个人不得利用涉外社会调查活动，获取国家秘密，损害国家安全和利益，损害社会公共利益和进行欺诈活动。任何单位和个人不得利用涉外社会调查活动损害他人的利益；对在涉外社会调查活动中知悉的被调查者的单项调查资料，负有保密义务。

第三篇 《关于鼓励台湾同胞投资的规定》

1. 作为第一部专门鼓励和保护台商投资大陆的行政法规,《关于鼓励台湾同胞投资的规定》(简称《二十二条》)有什么特别的意义?

国务院《关于鼓励台湾同胞投资的规定》,简称《二十二条》,自1988年7月颁布至今,已经15年了。15年来,台商在祖国大陆的投资状况发生了巨大变化,大大推动了两岸间互补互利的经济交流与合作,密切了两岸联系,惠泽两岸同胞,强我民族实力。

这一可喜的变化,首先包含了《二十二条》的一份功劳。作为专门鼓励台胞投资的第一个单项行政法规,它的及时出台,以郑重的法律形式,迅速、准确地向广大台胞传达了一个重大信息——祖国大陆真诚欢迎他们回来开展投资经营活动,切实保护他们的合法权益。《二十二条》明确规定:“为促进大陆和台湾地区的经济技术交流,以利于祖国海峡两岸的共同繁荣,鼓励台湾的公司、企业和个人(以下统称台湾投资者)在大陆投资,制定本规定。”“台湾投资者在大陆的投资、购置的资产、工业产权、投资所得利润和其他合法权益受国家法律保护,并可以依法转让和继承。”别小看这简洁的条款,在当时它有千钧的号召力,给人以百倍的信心。事实表明,十几年来尤其是最初的一段时间里,许许多多的台商就是因为知道有这样一个国务院的《二十二条》，才最终拿定主意，冲破各种艰难险阻回到祖国大陆投资。即使在今天，《二十二条》也还是台商们最熟悉、知名度最高的法律规范之一。不仅如此，《二十二条》还为随后《台湾同胞投资保护法》等法律、法规的制定奠定了基础，提供了有益的参考。《二十二条》开鼓励台胞大陆投资之先河，目前其意义已远远超出本身具体规定的范畴，它将作为一种精神寄托扎根于广大台商的心里，贯穿投资经营活动始终。

回顾两岸不断热络的经贸交流合作情况，我们有理由相信，《二十二条》及随后的法律措施在进一步改善投资环境，积极推动两岸经贸关系发展方面，将发挥更大作用，取得更大成效。

2.《二十二条》在施行中对台湾投资者的适用范围和台湾投资者的证件是如何确定的?

台湾投资者是指台湾同胞在台湾或海外开设的公司、企业，在台湾或海外与外国厂商共同设立的合资经营企业和居住在台湾或海外以个人身份来投资的台湾同胞。台湾投资者的认定，按审批权限由对外经济贸易部门或地方人民政府指定的审批机关负责。

台湾投资者以公司、企业名义来大陆投资的，应出具下列证件之一：

（一）工商营业执照的副本；

（二）我国驻外使领馆签发的证明文件；

（三）外国政府颁发的有关证明文件；

（四）公证机关的证明文件等。

台湾同胞以个人名义来大陆投资的，应出具下列证件之一：

（一）户籍证；

（二）身份证或其他能够证明个人身份的文件。

3.《二十二条》在施行中对投资地区、投资方式和适用法律是如何确定的?

台湾投资者可在境内各省、自治区、直辖市、经济特区投资。

海南省及福建、广东、浙江等省可在沿海地带划定专供台湾投资者投资的岛屿和地区，并可在权限范围内制订具体管理办法，报国务院批准后执行。

台湾投资者的投资除执行《规定》外，可以参照执行有关涉外经济法律和法规。

台湾投资者举办的拥有全部资本的企业、合资经营企业和合作经营企业，分别参照执行《外资企业法》、《中外合资经营企业法》和《中外合作经营企业法》，并享受相应的外商投资企业待遇。

与台湾投资者合作进行的补偿贸易、来料加工装配、合作生产，参照执行与外商进行上述合作的有关规定。

4.《二十二条》在施行中对投资领域和项目审批是如何确定的?

台湾投资者的投资领域，参照执行国家有关引导外商投资方向的各项规定，在执行中应适当放宽。

台湾投资者举办企业的申请，由当地对外经济贸易部门或地方人民政府指定的审批机关统一受理。对于限额以上的项目，应将全部材料报对外经济贸易部；其中项目建议书和可行性研究报告由对外经济贸易部转送国家计委会同有关部门审批，合同、章程由对外经济贸易部审批。限额以下项目的审批，由各地方根据情况自行决定。

5.《二十二条》在施行中对台资企业进出口管理及其适用范围是如何确定的？

台胞投资企业在其投资总额内进口本企业所需的机器设备、生产用车辆和办公设备，台胞个人在企业工作期间运进自用的、合理数量的生活用品和交通工具，免领进口许可证，海关凭批准的文件（经批准的合资经营企业或合作经营企业合同及批件、台湾投资者拥有全部资本企业的批准文件）或上述物品的进口合同验放。

台胞投资企业进口用于生产出口产品的原材料、燃料等，免领进口许可证，由海关实行监管，凭批准的文件或进出口合同验放。

从《规定》发布施行之日起，停止执行1983年发布的《国务院关于台湾同胞到经济特区投资的特别优惠办法》和其他有关台胞投资的规定。在《规定》发布之前已批准并享受上述文件规定待遇的台胞投资企业，仍可继续享受，直到审批机关此前批准的期满为止。《规定》发布后，延长经营期限的，按《规定》执行。

《规定》发布之前，地方已制订的有关鼓励台胞投资的内部规定，与《规定》不一致的条款，一律停止执行。

第四篇　《中华人民共和国台湾同胞投资保护法》条文释义

1. 关于立法目的

第一条　为了保护和鼓励台湾同胞投资，促进海峡两岸的经济发展，制定本法。

[释义]　本条是对制定《中华人民共和国台湾同胞投资保护法》(以下简称“保护法”) 的目的的规定。

关于立法目的，本条规定了三层意思：一是保护台湾同胞投资，二是鼓励台湾同胞投资，三是促进海峡两岸的经济发展。以保护为重点，三者相互联系，互为依存。

国家一贯主张并积极推动两岸经济交流与合作，鼓励和保护台湾同胞在大陆投资。1979 年 1 月全国人大常委会发表《告台湾同胞书》提出直接通邮、通航、通商的“三通”主张后，国家采取了一系列措施，积极推动两岸人员往来和经贸交流的发展。1988 年和 1991 年先后制定了《关于鼓励台湾同胞投资的规定》(以下简称“二十二条”)、《中国公民往来台湾地区管理办法》等行政法规，对台湾同胞在大陆投资的法律适用、优惠待遇、保障措施及入出境便利等作出规定，改善了投资环境，使台湾同胞到大陆投资掀起了新一波热潮。据统计，到 1994 年底，台湾同胞在大陆投资项目累计达 3 万多项、协议台资金额超过 300 亿美元。台资已成为大陆吸引境外投资的重要来源，占境外在大陆投资的第二位，仅次于港澳地区。台资在大陆的发展，为繁荣两岸经济做出了重要贡献。从近几年台胞踊跃来大陆投资的状况看，大陆投资环境包括法律环境基本上是好的。当然，也存在一些不尽如人意的问题。一些台湾同胞尤其希望国家通过立法对保护台湾同胞投资做出明确规定。1993年4月，海峡两岸关系协会会长汪道涵先生与台湾海峡交流基金会董事长辜振甫先生在新加坡举行会谈，签署了《汪辜会谈共同协议》等四份文件，标志着海峡两岸关系发展迈出了历史性的重要一步。大陆方面十分重视巩固和发展汪辜会谈的成果，本着两岸各自采取措施、鼓励和保护台湾同胞投资的态度，在充分听取在大陆投资的台商、台湾海峡交流基金会以及台湾有关方面的意见和建议，对“二十二条”的执行情况作了调查总结，并在广泛征求主管部门和专家学者意见的基础上，为进一步增强台湾同胞的投资信心，提高保护水平，由国务院提议、八届全国人大常委会六次会议审议通过了“保护法”。这是国家首次以专门立法的形式保护和鼓励台湾同胞在大陆投资。“保护法”吸收了“二十二条”中关于保护台胞投资的重要内容以及大陆对外签订的投资保护协定中可以参照的内容，既保持了与大陆已颁布的吸收外资的法律、法规中相关条款的一致性，又能起到鼓励和保护台胞投资的作用。该法的内容是充实的、结构是严谨的，既明确了保护台胞投资合法权益的有关原则，又考虑了实践中的可操作性。“保护法”是基于两岸现实情况，为调整台胞大陆投资这种特殊的国内投资关系而采取的特别措施，开创了国家调整国内投资关系的立法先例，有利于从法律上保护台湾同胞的投资，有利于促进两岸的经济合作，比过去的有关法规、条例更全面、更权威。这充分体现了国家对保护台胞投资合法权益的重视和对台湾同胞的亲切关怀，说明了国家对涉台经贸立法工作的重视，再次表明了大陆方面扩大两岸经贸交流的诚意。“保护法”的通过，使国家在吸收台资工作中形成了由全国人大立法、国务院行政法规以及可参照执行的国家有关经济法律、法规和地方性法规组成的法律框架体系，使台胞投资者在大陆投资享受公平、公正的待遇，台资企业在税收、进出口、经营管理等诸方面与港澳同胞、海外侨胞和外国投资者在大陆举办的企业一样，有了最高水平和最充分的法律保护。"保护法"的公布实施，是两岸经贸关系中的一件大事，为台商继续、扩大在大陆的投资奠定了坚实的基础。

2. 关于台胞投资的法律适用、法律性质或范围

第二条　台湾同胞投资适用本法；本法未规定的，国家其他有关法律、行政法规对台湾同胞投资有规定的，依照该规定执行。

本法所称台湾同胞投资是指台湾地区的公司、企业、其他经济组织或者个人作为投资者在其他省、自治区和直辖市投资。

[释义]　本条是对台湾同胞投资适用法律原则和台湾同胞投资法律性质或范围的规定。

本条第一款就台湾同胞投资如何适用法律事宜规定了两层含义：

(一) 台湾同胞投资必须首先适用"保护法"的规定，"保护法"作为专门就台湾同胞投资而制定的特别法，它的适用范围或对象就是台湾同胞投资，在适用上有优先性。

(二)"保护法"没有规定、而国家其他有关法律、行政法规对台湾同胞投资又有相应规定的，按照该相应规定处理。"保护法"作为一部单行法，不可能、也没有必要包罗与台胞投资有关的全部事项，以至与其他相关法律完全脱离开来。"保护法"主要就台胞投资保护问题作出规定，至于台胞投资待遇及其他相关问题的法律适用问题，除"保护法"已有特别规定或国家另有规定的外，其他未规定的事项或者说绝大多数事项，尚需依照国家相关法律、行政法规的具体规定来加以处理。这是考虑了国家现

行法律体制与两岸现实状况后作出的最佳选择。比如，关于台胞投资可以享受的一些优惠待遇，“保护法”没有规定而“二十二条”有规定的，就可适用“二十二条”的有关规定；台湾同胞投资举办拥有全部资本的企业、合资经营企业和合作经营企业，分别执行《中华人民共和国外资企业法》、《中华人民共和国中外合资经营企业法》和《中华人民共和国合作经营企业法》的有关规定，并享受相应的外商投资企业待遇；台胞投资合作进行补偿贸易、来料加工装配、合作生产的，执行对外商进行上述合作的有关规定。又如，台胞投资企业纳税应按有关税法规定执行，成立台胞投资企业协会原则上应依《社会团体登记管理条例》申请，台胞投资的转让和继承根据《中华人民共和国民法通则》和《中华人民共和国继承法》办理，收益汇出照《外汇管理条例》来做等等。1986 年 10 月国务院发布的《关于鼓励外商投资的规定》第二十条规定：“香港、澳门、台湾的公司、企业和其他经济组织或个人投资举办的企业，参照本规定执行。”“二十二条”第五条规定：“台湾投资者在大陆投资举办拥有全部资本的企业、合资经营企业和合作经营企业（以下统称台胞投资企业），除适用本规定外，参照执行国家有关涉外经济法律、法规的规定，享受相应的外商投资企业待遇。台湾投资者在大陆进行其他形式的投资，以及在大陆没有设立营业机构，而有来源于大陆的股息、利息、租金、特许权使用费和其他所得，除适用本规定外，也可以参照执行国家有关涉外经济法律、法规的规定。”这两条规定所做的立法技术处理，旨在避免为解决台胞投资企业待遇问题而重复制定一系列类似于调整外商投资企业待遇的法律、法规，并不意味着将台胞投资企业定位为外商投资企业。为避免出现将台胞投资者当成外国投资者对待的误解，以至产生负面影响，“保护法”（第二条第一款）在此又做了一些立法技术上的处理，没有使用“参照适用”涉外经济法律、法规的提法。

本条第二款对“台胞投资”作了确定：

（一）台胞投资的法律性质，被明确界定为中国境内的特殊的国内投资。

（二）投资主体，包括作为投资者的台湾地区的公司、企业、其他经济组织或个人等四类。认定台湾同胞在大陆的投资者身份，其标准与做法与“二十二条”执行的情况相同，即作为投资者的台湾同胞是指台湾同胞在台湾地区或海外开设的公司、企业，在台湾或海外与外国厂商共同设立的合资经营企业和居住在台湾或海外以个人身份来投资的台湾同胞。台胞投资者的认定，按审批权限由国务院规定的部门或者国务院规定的地方人民政府（指定的审批机关）负责。台湾投资者以公司、企业名义来大陆投资的，应出具下列证件之一：①工商营业执照的副本；②我驻外使领馆签发的证明文件；③外国政府颁发的有关证明文件；④公证机关的证明文件等。台胞投资者以个人名义来大陆投资的，应出具下列证件之一：①户籍证；②身份证或其他能证明个人身份的文件。

（三）投资地区，包括除台湾以外的境内其他各省、自治区和直辖市。

台湾是中国领土不可分割的一部分，台湾同胞到大陆投资其性质属于特殊的国内投资，与外商来华投资相区别，完全由国内法调整。尽管台胞大陆投资许多事宜的处理得援用国家有关涉外经济法律、法规的规定，但绝不能因此而将台胞投资与外商投资、台胞投资者与外国投资者混同。

3. 关于投资权益保护和守法义务

第三条　国家依法保护台湾同胞投资者的投资、投资收益和其他合法权益。

台湾同胞投资必须遵守国家的法律、法规。

[释义]　本条是对国家保护台湾同胞投资者权益和台湾同胞投资必须履行守法义务的规定。

本条包括了两方面的含义：一方面，国家明确承诺将依照各种现行法律、法规的规定来保护台湾同胞投资者进行的投资活动以及由此产生的投资收益和其他一切合法权益，包括实体上的和程序上的、人身的和财产的、有形的和无形的权益在内。这是国家的责任。另一方面，作为投资者，台湾同胞的投资行为也必须严格遵守国家各项法律、法规的规定，尤其不得借投资之名从事违法犯罪活动。这是台胞投资者应尽的义务。否则，将依法追究民事、行政直至刑事责任。

本条的规定，消除了台湾同胞在两岸关系现有状态下，来大陆投资惟恐得不到法律保护的疑虑。值得注意的是，台湾同胞投资者在享受法律保护权利的同时，也应承担遵守国家法律规定的义务，权利义务是对等一致的。

4. 关于对台胞投资不实行国有化、征收及补偿

第四条　国家对台湾同胞投资者的投资不实行国有化和征收；在特殊情况下，根据社会公共利益的需要，对台湾同胞投资者的投资可以依照法律程序实行征收，并给予相应的补偿。

[释义]　本条是对台湾同胞投资不实行国有化、征收以及有关征收补偿的规定。

本条对国有化和征收问题作了非常严格的限制性规定。一、不实行国有化和征收，国家明确承诺对台湾同胞投资者的投资不进行国有化和征收，明确了在这个问题上的基本态度。二、特殊情况下的征收及补偿，作为例外的“但书”则明确了征收的特定条件，即只有在特殊情况下，根据社会公共利益的需要，依照法律程序的规定，并给予相应补偿时，才能对台湾同胞投资者的投资实行征收。

本条在“二十二条”的基础上，做出了较“二十二条”更为准确、严格的规定。“二十二条”第八条规定：“国家对台湾投资者的投资和其他资产不实行国有化。”第九条规定：“国家根据社会公共利益的需要，对台胞投资企业实行征收时，依照法律程序进行并给予相应的补偿。”“保护法”的这一规定，跟国家对境外其他投资的规定是一致的，体现了投资政策的一贯性。

5. 关于台胞投资者权益转让、继承

第五条 台湾同胞投资者投资的财产、工业产权、投资收益和其他合法权益，可以依法转让和继承。

[释义] 本条是对台湾同胞投资者合法权益转让、继承的规定。

本条规定包含以下主要内容：

（一）转让和继承的客体或对象，包括台湾同胞投资者用来投资的财产、工业产权以及因投资而产生的收益和其他一切合法权益，这主要是指财产方面的权益；

（二）依法转让和继承，台湾同胞投资者的上述财产权益既可以依照有关法律、法规的规定转让给他人，也可以在台胞投资者死后由其合法继承人根据《中华人民共和国继承法》的规定予以继承。关于转让方面的规定，如《中华人民共和国中外合资经营企业法实施条例》第二十二条规定：“合营一方如向第三者转让其全部或部分出资额，须经合营他方同意，并经审批机构批准。合营一方转让其全部或部分出资额时，合营他方有优先购买权。合营一方向第三者转让出资额的条件，不得比向合营他方转让的条件优惠。违反上述规定的，其转让无效。”

本条关于台胞投资者财产方面的权益可以依法继承的规定，是国家调整外商投资法律规范所没有的内容，而且本条关于可以转让的客体范围的规定，也较外商投资法规定的要宽得多。这不

能不说是国家在立法保护台湾同胞投资者权益方面的周全优厚之处。

6. 关于台胞投资者的投资工具

第六条　台湾同胞投资者可以用可自由兑换货币、机器设备或其他实物、工业产权、非专利技术等作为投资。

台湾同胞投资者可以用投资获得的收益进行再投资。

[释义]　本条是对台湾同胞投资者投资工具或出资种类的规定。

本条对台湾同胞投资者的出资方式作了宽泛的规定。

(一) 既可以用可自由兑换货币投资，也可以用机器设备或其他实物出资，还可以用工业产权、非专利技术即专有技术等投资。若是出资组成合资经营企业，按照《中华人民共和国中外合资经营企业法实施条例》第二十六、二十七、二十八、二十九、三十条的规定，出资的外币按缴款当日中华人民共和国国家外汇管理局公布的外汇牌价折算成人民币或套算成约定的外币。出资的机器设备或其他实物，必须符合下列各项条件：①为合资经营企业生产所必不可少的；②大陆不能生产，或能生产，但价格过高或在技术性能和供应时间上不能保证需要的；③作价不得高于同类机器设备或其他物料当时国际市场价格。出资的工业产权或专有技术，必须符合下列条件之一：①能生产中国急需的新产品或出口适销产品的；②能显著改进现有产品的性能、质量，提高生产效率的；③能显著节约原材料、燃料、动力的。此外，应提交该工业产权或专有技术的有关资料，包括专利证书或商标注册证书的复制件、有效状况及其技术特性、实用价值、作价的计算根据、与大陆合营者签订的价格协议等有关文件，作为合营合同的附件。台胞投资者出资的机器设备或其他实物、工业产权或专有技术，应经大陆合营方主管部门审查同意，报审批机构批准。

（二）台湾同胞投资者也可以用它从大陆投资获得的收益包括人民币利润和外汇利润等进行再投资，包括用这类收益作为部分出资或全部出资另行组建新的企业和追加注册资本扩大原投资经营规模等。用这类收益另行组建的企业其性质不受影响，仍为台湾同胞投资企业，并享受相应的待遇。

7. 关于投资形式和行业

第七条 台湾同胞投资，可以举办合资经营企业、合作经营企业和全部资本由台湾同胞投资者投资的企业（以下统称台湾同胞投资企业），也可以采用法律、行政法规规定的其他投资形式。

举办台湾同胞投资企业，应当符合国家的产业政策，有利于国民经济的发展。

[释义] 本条是对台湾同胞投资者投资形式和投资行业政策的规定。

本条主要包含以下两方面内容：

（一）投资形式，台湾同胞投资者在大陆除了可以与他方共同举办合资经营企业、合作经营企业以及单独举办拥有全部资本的独资企业外，还可采用国家法律、行政法规允许的其他投资形式，具体如“二十二条”第三条规定的开展补偿贸易、来料加工装配、合作生产；购买企业的股票和债券；购置房产；依法取得土地使用权，开发经营等等。实际操作当中具体采用哪种投资形式，台湾同胞投资者可以依照国家有关法律、行政法规的规定和自身的具体情况选择确定。

（二）台湾同胞投资者举办投资企业，包括合资经营企业、合作经营企业和独资企业，必须符合国家的产业政策，有利于国民经济的发展。否则不予批准。由于国家的产业政策随着情势的变化会做适当的调整，故台湾同胞投资者可以举办投资企业的行业范围也将随之发生相应的变化。“二十二条”第四条规定：“台湾投资者可以在大陆的工业、农业、服务业以及其他符合社会和经济发展方向的行业投资。台湾投资者可以从各地方人民政府有关部门公布的项目中选择投资项目，也可以自行提出投资项目意向，向拟投资地区对外经济贸易部门或者地方人民政府指定的审批机关申请。国家鼓励台湾投资者举办产品出口企业和先进技术企业，并给予相应的优惠待遇。”根据《中华人民共和国中外合资经营企业法实施条例》第三、四、五条的规定，允许设立合资经营企业的主要行业有：①能源开发、建筑材料工业、化学工业、冶金工业；②机械制造工业、仪器仪表工业、海上石油开采设备的制造业；③电子工业、计算机工业、通讯设备的制造业；④轻工业、纺织工业、食品工业、医药和医疗器械工业、包装工业；⑤农业、牧业、养殖业；⑥旅游和服务业。申请设立合资经营企业应注重经济效益，符合下列一项或数项要求：①采用先进技术设备和科学管理方法，能增加产品品种，提高产品质量和产量，节约能源和材料；②有利于企业技术改造，能做到投资少、见效快、收益大；③能扩大产品出口，增加外汇收入；④能培训技术人员和经营管理人员。申请设立合资经营企业有下列情形之一的，不予批准：①有损中国主权的；②违反中国法律的；③不符合中国国民经济发展要求的；④造成环境污染的；⑤签订的协议、合同、章程显属不公平，损害合资一方权益的。关于举办独资企业有关事宜，《中华人民共和国外资企业法实施细则》也有相应的规定。

8. 关于台资企业的设立程序

第八条　设立台湾同胞投资企业，应当向国务院规定的部门或者国务院规定的地方人民政府提出申请，接到申请的审批机关应当自接到全部申请文件之日起四十五天内决定批准或不批准。

设立台湾同胞投资企业的申请经批准后，申请人应当自接到批准证书之日起三十日内，依法向企业登记机关登记注册，领取营业执照。

[释义] 本条是对台湾同胞投资企业申请、批准、登记成立的程序性规定。

本条包含以下几方面的主要内容：

（一）申请的提出。要求设立台湾同胞投资企业，首先需向国务院规定的部门即对外经济贸易部门或国务院规定的地方人民政府指定的审批机关提出书面申请。其中，台湾同胞投资者在大陆投资举办合资经营企业、合作经营企业的，由大陆的合资、合作方负责申请；举办台胞投资者拥有全部资本的独资企业，由台湾同胞投资者直接申请或者委托在大陆的亲友、咨询服务机构等代为申请。

（二）申请的批准与不批准。按照国务院规定的权限，有关对外经济贸易部门或地方人民政府指定的审批机关必须在接到全部申请文件后四十五天内进行审查，并决定是否批准。审批机关如发现申请文件有不当之处，应通知申请人限期修正，否则不予批准。

（三）登记成立。申请人应当自接到批准证书三十天内，按照有关法律、行政法规的规定向企业登记机关即有关工商行政管理局登记注册，领取营业执照，开始营业。营业执照的签发日期，即台胞投资企业的成立日期。自接到批准证书起满三十天未向工商行政管理局登记的，批准证书自动失效。根据《中华人民共和国中外合资经营企业法实施条例》第八、九、十、十一条的规定，在大陆设立合营企业，必须经中华人民共和国对外经济贸易合作部审查批准。批准后，由经贸部发给批准证书。凡具备下列条件的，经贸部得委托有关省、自治区、直辖市人民政府或国务院有关部、局（以下简称受托机构）审批：①投资总额在国务院规定的金额内、大陆合营者的资金来源已落实的；②不需要国家增拨原材料，不影响燃料、动力、交通运输、外贸出口配额等的全国平衡的。受托机构批准设立合营企业后，应报经贸部备案，并由经贸部发给批准证书。设立合资经营企业的程序是：大陆合资方先向企业主管部门呈报拟与台胞投资者设立合资经营企业的项目建议书和初步可行性研究报告，经企业主管部门审查同意并转报审批机关批准后，合资各方才能进行以可行性研究为中心的各项工作，在此基础上商签合营企业协议、合同、章程。大陆合资方应负责向审批机关报送下列文件：①设立合营企业的申请书；②合营各方共同编制的可行性研究报告；③由合营各方授权代表签署的合营企业协议、合同和章程；④由合营各方委派的合营企业董事长、副董事长、董事人选名单；⑤大陆合营者的企业主管部门和合营企业所在地省、自治区、直辖市人民政府对设立该合营企业签署的意见。申请人应在收到批准证书一个月内，按《中华人民共和国中外合资经营企业登记管理办法》的规定，凭批准证书向合营企业所在地的省、自治区、直辖市工商行政管理机构办理登记手续。关于设立台胞独资企业的申请、批准、登记注册等程序性事宜，《中华人民共和国外资企业法实施细则》也有相应的具体规定。

本条有关四十五天批准时限的规定，较外商投资企业的审批期限缩短了一半，这不能不说是对台胞投资的一种特别优惠和便利。

9. 关于台资企业的经营管理

第九条　台湾同胞投资企业依照法律、行政法规和经审批机关批准的合同、章程进行经营管理活动，其经营管理的自主权不受干涉。

［释义］　本条是对台湾同胞投资企业经营管理规则和经营

管理自主权的规定。

本条涵盖了以下两方面的内容：

（一）经营管理规则。台湾同胞投资企业开展经营管理活动，必须严格遵照国家有关现行法律、行政法规的规定以及经审批机关批准生效的合同、章程条款进行，不能擅自从事超越经营范围、违背企业合同与章程既定权利义务和宗旨的活动，更不能借投资之名从事违法犯罪活动。这是台胞投资企业必须履行的法律义务。否则，就可能要承担相应的民事、行政乃至刑事方面的责任。

（二）经营管理自主权。台湾同胞投资企业有权按照国家有关法律、行政法规及经审批机关批准的合同、章程自主进行企业的一切经营和管理活动，不受其他任何机关、团体或个人的非法干涉。

本条上述两方面的规定是相辅相成的，它是台湾同胞投资企业得以顺利发展的重要保证。

10. 关于台资企业协会

第十条 在台湾同胞投资企业集中的地区，可以依法成立台湾同胞投资企业协会，其合法权益受法律保护。

［释义］ 本条是对台湾同胞投资企业协会的规定。

本条包括以下两层含义：

（一）设立台湾同胞投资企业协会，应符合规定的条件，即必须是在台湾同胞投资企业集中的地区，而且必须按照有关法律、法规的规定进行。包括向当地人民政府提出书面申请，经批准后，按照《社会团体登记管理条例》等相关规定进行登记管理等。

（二）依法成立并开展活动的台资企业协会，其权益受法律保护。台湾同胞投资企业协会，作为依法在当地登记成立的社团法人，自当严格遵守有关法律法规的规定，不得从事违反章程宗旨的活动不得进行危害国家利益的活动，而应真正起到沟通台胞投资企业与政府关系的纽带作用。

本条关于台资企业协会的规定，较“二十二条”第十八条“在台胞投资企业集中的地区，台湾投资者可以向当地人民政府申请成立台商协会”的规定，更加全面、准确，更符合目前的实际情况。台湾同胞投资属于特殊的国内投资，不同于外商的国际投资，台湾同胞投资企业协会的构成与外商协会的自不相同。

11. 关于投资收益汇出

第十一条　台湾同胞投资者依法获得的投资收益、其他合法收入和清算后的资金，可以依法汇回台湾或者汇往境外。

[释义]　本条是对台湾同胞投资者可依法汇出其投资收益等的规定。

本条明确了台湾同胞投资者在大陆投资，通过合法经营而获得的投资收益，其他各种合法收入以及清算后的资金（包括撤资在内），依法纳税后，均可按照《中华人民共和国外汇管理条例》等的规定，向中国银行或国家外汇管理局或分局申请汇回台湾，也可以汇往外国或其他地区。

本条专门强调台湾同胞投资者的合法投资收益等均可汇回台湾的规定，较“二十二条”第十条“台湾投资者投资获得的合法利润，其他合法收入和清算后的资金，可以依法汇往境外”的规定，更进一步，十分明确，让台商放心。

12. 关于投资代理

第十二条　台湾同胞投资者可以委托亲友作为其投资的代理人。

[释义]　本条是对台湾同胞投资者委托亲友作为投资代理

人的规定。

本条以法律形式明确了台湾同胞投资者可以委托亲友作为其在大陆投资的代理人，也就是说，台湾同胞投资者可以通过委托亲友作为代理人的方式在大陆进行投资。关于委托的条件或方式，根据“二十二条”第十七条“台湾投资者在大陆投资可以委托大陆的亲友为其代理人。代理人应当持有具有法律效力的委托书”的规定，一方面，被委托者必须是台湾同胞投资者在大陆的亲戚或朋友，而不是在大陆以外的其他人（包括亲戚朋友）；另一方面，被委托的代理人应当持有具有法律效力的委托书，这种委托书必须是书面的，并经有关部门、机构公证或认证。委托书应明确委托人和代理人之间的权利义务关系以及代理人的权限范围。一般来说，从企业的申请设立到经营管理活动的开展，整个过程都可以委托代理人来进行。有关代理的法律关系问题，可按照《中华人民共和国民法通则》等有关规定处理。

本条关于台湾同胞投资者可以委托亲友作为其投资代理人的规定，是有关外商投资立法中所没有的。这是考虑到海峡两岸间的特殊情况而设置的优惠便利条款，有助于台胞投资这种特殊国内投资活动的开展。

13. 关于台资企业优惠待遇

第十三条 台湾同胞投资企业依照国务院关于鼓励台湾同胞投资的有关规定，享受优惠待遇。

[释义] 本条是对台湾同胞投资企业如何享受优惠待遇的总括性规定。

本条用非常简洁的措词表明了这样一种外延宽泛、内涵深远的意思，即台湾同胞投资企业将依照国务院有关鼓励台湾同胞投资的所有规定，享受各种相应的优惠待遇，也就是说，只要国务院规定有关于鼓励台湾同胞投资的各种优惠待遇的，台湾同胞投资企业都可以享受。国务院关于鼓励台湾同胞投资的有关规定，包含在一系列的行政法规和政策性文件当中，它们涵盖着相当广博的内容，可以说贯穿了台湾同胞投资从申请到收益汇出的全过程，而不单指“二十二条”中的一些条款。

如上所述，“保护法”的主要立法目的乃在于保护台湾同胞的投资，为此，该法用了过半的条款自始至终体现着这一重要精神。为不至于喧宾夺主，冲淡“保护”的色彩，该法仅用本条就鼓励台湾同胞投资以及台湾同胞投资企业怎样享受优惠待遇事宜作一简要而概括的规定，恰到好处。

14. 关于投资争议处理

第十四条　台湾同胞投资者与其他省、自治区和直辖市的公司、企业、其他经济组织或者个人之间发生的与投资有关的争议，当事人可以通过协商或者调解解决。

当事人不愿协商、调解的，或者经协商、调解不成的，可以依据合同中的仲裁条款或者事后达成的书面仲裁协议，提交仲裁机构仲裁。

当事人未在合同中订立仲裁条款，事后又未达成书面仲裁协议的，可以向人民法院提起诉讼。

[释义]　本条是对有关台湾同胞投资者投资争议处理的规定。

本条主要包含以下内容：

(一) 争议，是指作为投资者的台湾地区的公司、企业、其他经济组织或个人与其他省、自治区和直辖市的公司、企业、其他经济组织或个人之间发生的，与投资有关的争议，而不包括台湾同胞投资者与政府有关主管部门之间发生的争议和与投资无关的其他纠纷。

(二) 争议的解决方法，包括当事人协商和解、第三者调解、仲裁和诉讼等四种。协商、调解，不是必经程序，主要由当事人自己视需要和可能选用。当事人之间有仲裁约定的，不论这种约定是存在于争议发生前有关投资合同的仲裁条款中，还是反映在事后另行达成的书面仲裁协议里，在当事人不愿协商、调解或协商、调解不成时，当事人任何一方都可以依仲裁约定将争议提请有关仲裁机构仲裁解决，此时，法院不能受理按照仲裁约定已提交仲裁处理的争议。在协商、调解手段行不通，当事人之间又无仲裁约定因而未能提起仲裁的情况下，任何一方当事人都可以(通常也才会)提起诉讼，人民法院受理后，即通过司法程序来解决当事人之间的纷争。

"二十二条"第二十条第二款规定："当事人不愿协商、调解的，或者协商调解不成的，可以依据合同中的仲裁条款或者事后达成的书面仲裁协议，提交大陆或者香港的仲裁机构仲裁。"本条第二款是在"二十二条"上述规定的基础上，正值全国人大常委会审议《中华人民共和国仲裁法》时确立的。当中关于可以"提交仲裁机构仲裁"的规定，为当事人选择仲裁方式解决投资争议提供了法律上的依据和更大的余地。另外，本条第一款的规定，与"二十二条"第一款"台湾投资者在大陆投资因履行合同发生的或者与合同有关的争议，当事人应当尽可能通过协商或者调解解决"的规定，似也有些差异，值得注意。

15. 关于生效日期

第十五条　本法自公布之日起施行。

[释义]　本条是对"保护法"施行日期的规定。

本条确定"保护法"从公布之日，即1994年3月5日起，开始生效实施。

"保护法"是由中华人民共和国第八届全国人民代表大会常务委员会第六次会议于1994年3月5日审议通过的。同日，中华人民共和国主席江泽民以中华人民共和国主席令（第二十号）的形式公布了这部法律。本法公布施行后，其他关于台湾同胞投资的规定不能与本法相抵触，否则，一律停止执行；本法未规定、而其他有关法律、法规（如“二十二条”）有规定的，其规定仍然有效。

第五篇 《中华人民共和国台湾同胞投资保护法实施细则》

1.《实施细则》出台前，以《台湾同胞投资保护法》为核心的台胞投资保护情况及效果如何？

1994年3月5日，八届全国人大常委会第六次会议审议通过了《中华人民共和国台湾同胞投资保护法》，并于当日公布实施。这是首次以专门立法的形式保护和鼓励台湾同胞大陆投资，标志着在台胞大陆投资方面由全国人大常委会的专门立法、国务院的单项行政法规和可参照执行的有关经济法律、法规以及地方性法规组成的法律框架体系，已初步成形，台胞大陆投资有了比较充分的法律保障。《保护法》开宗明义，旨在保护和鼓励台胞投资，促进两岸经济发展。其总共15个条文，对立法目的、适用范围、保护台胞投资权益、对台胞投资不实行国有化和征收、台胞投资工具和投资形式、台胞投资企业申请、批准、登记成立的程序、台胞投资企业的权利义务、台胞投资企业享受优惠待遇、台胞委托投资代理人、台胞投资企业协会的成立与活动以及台胞投资争议处理等事项均作了相应规定。《保护法》的公布施行，进一步改善了台胞在祖国大陆投资的法律环境，为台湾同胞继续、扩大在大陆投资奠定了坚实的法律基础，受到普遍欢迎。

在执行《保护法》的过程中，中央和地方做了大量卓有成效的工作，掀起了一次又一次宣传、贯彻《保护法》的热潮。尤其是1995年春节前夕，江泽民主席在《为促进祖国统一大业的完成而继续奋斗》的重要讲话中，强调“我们将继续长期执行鼓励台商投资的政策，贯彻《中华人民共和国台湾同胞投资保护法》。不论在什么情况下，我们都将切实维护台商的一切正当权益”，更将鼓励台商投资、保护台商合法权益的活动推向高潮。

1995年11月，全国人大常委会及全国人大财经委员会、华侨委员会部分成员，有关省人大常委会负责人和全国人大代表分别组成福建、广东两个检查组，对《保护法》的实施情况进行了检查，同时全国人大常委会还安排浙江、江苏、山东三省进行自查。这次执法检查连同同期全国政协台港澳联络委员会对福建、广东台胞投资状况的调查，对推动保护台商正当权益，稳定和促进台商在大陆投资，产生了重要作用。

最高人民法院和国务院有关部门与地方一道，也积极开展了一系列组织宣传、检查落实《保护法》，维护台商正当权益的工作。1994年和1995年，国务院台办组织了多个工作组，由办领导带队，分头到全国各地检查了解《保护法》的宣传落实情况。从1995年底起，除协助、配合全国人大常委会检查《保护法》执行情况外，根据国务院领导的指示，国务院台办协调国务院15个部门及福建、广东、浙江、江苏、山东5省，按照全国人大常委会执法检查组执法检查报告的要求，结合全国政协台港澳侨联络委员会的有关调查总结与建议，研究提出了进一步改进台胞投资保护执法工作的意见。这些意见经国务院审定，并经八届全国人大常委会第22次会议同意，发往各部门各地方，要求在以后的实际工作中采取有效措施加以落实。此外，1995年5月国务院台办负责组建了全国性的台商投诉协调机构，印发了《台商投诉协调工作办法》，随后不少地方也陆续成立了台商投诉协调处。由此，形成了保护台商合法权益的投诉受理网络。

各地在保护台胞投资方面同样做了大量工作。《保护法》公布后，不少省、自治区、市为进一步贯彻落实《保护法》，除认真加以宣传外，还结合当地实际，先后制定了相应的鼓励、保护台商投资的地方性法规或地方政府规章。福建、四川、江西、湖北、浙江、广东、河南、海南、广西、黑龙江、北京、天津、厦门、福州、南京、深圳、宁波等30多个地方出台了实施《保护法》的具体办法等。有些地方还针对台商反映比较集中的热点问题，及时制定单项规范性文件，从源头上加以预防和解决，取得较好效果。

从《保护法》生效到《实施细则》出台的5年间，台胞投资项目增加约2万项，协议台资金额扩大约200亿美元，实际投资亦相应提高。台资持续成为境外投资的重要来源，占境外在大陆投资的第二位，仅次于港澳地区。并形成了投资项目规模从中小型向大型发展，投资领域由劳动密集型、下游产业向技术密集型、中上游产业发展，投资地域从沿海向内地延伸的良好态势。台商投资农业、基础产业、金融业、国有企业改造的势头看好。台胞投资在大陆的发展，带动和促进了两岸贸易、人员往来及其他交往交流活动的开展，对密切两岸联系做出了重要贡献。

2. 制定《实施细则》的背景和过程怎样?

毋庸讳言，在《保护法》的执行过程中，也出现了一些新情况、新问题，有关部门、团体、学者及台商亦有一些不同反映，有的还就《保护法》提出了一些意见或建议。如认为《保护法》有些规定比较原则，对该法是否适用于台胞经第三地到大陆的投资不明确，对有些比较重要的事项如征收补偿标准、税费法定、台商入出境及居留便利、台胞投资融资、子女入学等，未涉及或强调等。

为使《保护法》更加落实、更具可操作性，同时根据新情况及时完善有关规定，外经贸部和国务院台办加紧开展了《保护法》实施细则的制定工作，海峡两岸关系协会也发挥自身优势，自始至终有力地配合了《实施细则》的调研、制定工作。根据1995年底全国人大常委会执法检查组提出的立法建议，从1996年4月起，外经贸部和国务院台办就开始了《实施细则》的调研、起草活动。广泛听取了台资企业较集中的15个省市的台商意见，并赴江苏、上海、广东、广西、深圳等台商较为集中的地区进行调研。1996年8月完成第一稿，下发各有关地方外经贸委（厅、局）和台办征求意见。意见汇总后对第一稿进行修改形成第二稿。1997年4月将第二稿发给国务院有关部门和全国人大、政协等有关单位再次征求意见。再赴辽宁、山东、四川、湖北、重庆、北京等地征求当地政府有关部门和台商的意见，之后形成第三稿。

1998年4月开始，征求意见的范围进一步扩大到台湾岛内的工商团体，如“工业总会”、“商业总会”、“工商企业联合会”、海峡两岸商务协调会等等。同时邀请台湾岛内由新党、国民党、民进党人士组成的访问团如工商建研会组织的200人访问团，来大陆与有关方面就《实施细则》草案进行讨论，提出修改意见。在征求意见过程中，各地台商对国家主管部门在立法中征求其意见的做法深表肯定和欢迎，认为这充分体现了对台湾同胞的信任和关心，体现了改善台胞投资环境的决心和诚意。台商普遍认为，《实施细则》草案的基本框架和主要内容很好，涵盖了保护台商利益的主要方面，增加了台商关心的内容，有助于今后指导地方部门实际操作。各地台商对《实施细则》草案进行了认真研究，提出了很有价值的意见或建议，如要突出“保护”，真正体现“保护”的宗旨；在强调保护的同时，希望继续给台胞投资一些实实在在的优惠和便利；应明确其监督执行单位；强化各级台办的职责以及增加规定台商依法纳税等守法义务、台商子女就读、规范行政收费、行政争议处理、审批部门操作程序、台资纠纷处理、违法处罚责任追究以及投资融资问题等等。征求意见活动也受到台湾岛内新闻媒体的广泛关注。台湾《经济日报》开设专栏“探索大陆台商投资保护新规定”，系列报道《实施细则》修订情况。岛内知名学者、组织、团体也纷纷发表意见。“中国投资顾问社”负责人在比较了近百个与我签订的双边投资保障协定后认为，“《实施细则》草案订出来的几乎是一个顶级条款”。

在广泛征求意见基础上反复多次修改后形成的第四稿，经国务院法制办认真协调、整理，从文字、结构到内容又做了进一步的完善，然后才正式报送国务院，获得通过。《实施细则》从调研起草到发布实施，历经4年，数易其稿，是包括台商在内的方方面面共同努力的结果。

3. 起草《实施细则》过程中，真的征求了台商和各地有关方面的意见吗？请举例说明

按照外经贸部、国台办《关于再次征求〈台胞投资保护法实施条例〉（草案）修改意见的函》的安排，1997年5月26日至6月5日，外经贸部台港澳司、外资司、条法司与国台办综合局的有关人员组成征求意见组，赴成都、重庆、武汉，分别召开了由当地人大、政协、计委、教委、公安、税务、法制、外经委、台办等部门参加的座谈会，以及部分台商座谈会，直接听取了36名部门同志和35名台商对《台胞投资保护法实施条例》（草案）（以下简称《条例》）的修改意见。

各地有关部门和台商对国家主管部门在立法中征求地方和台商意见的做法普遍表示肯定和欢迎。认为这是对台胞投资者的尊重，体现了保护台商投资权益的诚意。各地有关部门和台商作了认真准备，对《条例》从基本框架到标点符号都进行了认真研究，提出了很有价值的修改意见。

一、制定《条例》非常必要、及时。

地方有关部门和台商一致认为，在《台湾同胞投资保护法》(以下简称《保护法》) 公布施行 3 年后的今天，制定《条例》很有必要，也很及时，条件已经成熟。四川省台办的同志说："尽管省政府领导和有关部门作了很大努力，《保护法》在四川的贯彻落实仍然有困难，需要通过中央制定《条例》自上而下来全面推动。"重庆市政协的同志说："《保护法》的贯彻还不是很理想。现在制定《条例》很必要，很紧迫，对落实《保护法》是一个新的推动。"成都的台商讲：《条例》可弥补《保护法》过于概括原则、欠缺操作性的不足，有助于贯彻落实《保护法》，我们早就盼望有个实施办法了。参加成都、重庆、武汉座谈会的部门同志都认为，《条例》对进一步保护台胞投资合法权益，增强已投资台商的信心，吸引利用更多台资必将产生重要作用。这次赴地方考察、征求意见活动本身，对宣传、贯彻落实《保护法》也产生了积极的推动作用，尤其是在座谈中就台商关心的一些问题所做的解释和说明，在台商中引起较大反响，收到了良好的效果。

二、《条例》(草案) 基本框架和主要内容可取，可以作为进一步修改的基础。

重庆市法制局的同志讲，如果说当时《保护法》的出台主要是解决法律位阶问题、进行政治宣示的话，那么现在《条例》的制定就要承担起具体可操作的重任了，难度很大。地方有关部门的同志和台商均表示，《条例》能有现在这个样子，很不容易，看得出外经贸部、国台办等主管部门做了大量艰苦细致的工作，尽了很大努力。《条例》的基本框架和主要内容是可取的。总的说《条例》细化了《保护法》，涵盖了保护台商利益的主要方面，并增加了一些台商关心的内容，对今后指导地方部门的实际操作有较大作用。这在第三章"投资待遇及保护"部分表现尤为突出。武汉台商余先生对《条例》中有保护台商及家属生命财产安全的条款表现十分激动，说这一条太重要了。大家认为该《条例》草案可以作为下一步完善的基础。

三、对《条例》的主要修改意见。

各地主要对《条例》31 条中的 17 条提出了修改意见。其中第一章主要集中于增加规定台商义务、依法纳税、享受优惠待遇、台办地位作用等内容。第二章主要集中于减少审批部门操作中的随意性、企业组织机构的建立方式、劳动合同等内容。第三章主要集中于国民待遇、税收优惠、公安机关管理职能、台商子女就读、行政收费、行政复议、仲裁等内容。第四章主要集中于台胞在外国或其他地区的投资企业来祖国大陆投资的地位、条例解释机构、行政违法处罚等内容。三地台商及有关部门同志建议，台资企业内部纠纷、劳资纠纷的处理问题；台胞在大陆投资的融资问题；乱收费滥摊派的治理问题，以及对台胞投资者入出境、住宿、申办户口、违法犯罪处置的统一规范问题等，《条例》也应考虑加以规定。

另外，有关部门和台商还建议，《条例》在措词上要更严谨、准确、规范，避免使用诸如“经批准、如需要、可以”等弹性用语，不能使执法人员有太大的空间，尽量减少随意性。

各地有关部门和台商认为，《条例》还须进一步充实内容，细化条款规定，增强可操作性，真正发挥《条例》的独特效用。

(一)《条例》要突出自身特点。

重庆市外经委外资处的同志认为，《条例》是专门规定保护和鼓励台胞投资的法律，但重复太多，意图不明，特点不突出，对那些与其他境外投资相同的、一般性的东西，一是《条例》不宜再作规定，转致即可。二是若要区别于外资，《条例》就要突出台资自身特点，更细一些。重庆市人大的同志说，这个《条例》初看起来还可以、很好，但细看一下，没有解决当前的主要问题。湖北省法制局的同志认为，《条例》重在将保护台资的特点展示出来，要在新、细上下功夫，让人觉得《条例》确有一些实实在在、可具体操作的内容。重庆台资协会会长杨先生说，“《条例》强调的重点是什么，是否优先执行不清楚。”

（二）《条例》要真正体现“保护”的旨意。

四川外经委和台办的同志指出，《条例》要突出保护，而且所强调的“保护”应有区别于其他保护的具体表现，尤其是要落实1995年初江泽民总书记关于“不论在什么情况下，我们都将切实维护台商的一切正当权益”的重要讲话精神。成都、重庆、武汉的台商讲，《条例》要有具体的保护措施，要能落到实处，不能是花架子、做官样文章。《条例》的规定要能使台商切实感觉到在祖国大陆投资受到充分的保护，对自己的人身、财产安全放心。杜绝或尽量少出现司法不公、地方保护主义、“公安将人带走十多天无消息”等现象。重庆市台办的同志说：《条例》关于保护台商人身财产安全等规定还要加强。重庆市外经委法规处的同志也认为，《条例》保护的内容不够、不全，还要细一些。湖北省外经贸厅的同志说，《条例》要把重点放在“保护”上，现在保护的条款不突出，也不具体。

（三）《条例》不可缺少“优惠”内容。

四川、湖北台办、政协的同志讲，台胞来祖国大陆投资，因受两岸政治关系影响，没有双边投资保护协议作后盾，政治风险较其他境外投资大，作为一种特殊的国内投资，它与港澳投资、外国投资还是有相当差异的。在强调保护的同时，继续给台胞投资一些实实在在的优惠，在某些方面先走一步，是必要的，也是可行的。重庆市人大、外经委的同志认为，《条例》第三章“投资保护及待遇”部分是重点，但内容不足，要把外资法中的一些优惠等内容加进去。湖北台办、四川台办的同志均强调，《条例》要充分体现对台商投资领域、项目、方式，采取同等优先、适当放宽的原则，否则都与外商投资基本相同，就没有意义了。参加座谈会的三地台商强烈反映，在大陆长期投资甚至安家落户的台商与进行观光的一般台胞不同，《条例》应考虑在住宿、交通、旅游等日常生活方面给予台胞投资者大陆居民同等待遇，让台商安居乐业，确实觉得自己不是外人。各地台商对目前购买飞机票、旅游景点门票，各种收费，包括体检费等实行双重标准意见很大，迫切希望《条例》出台能够得到解决。

（四）《条例》应明确各级台办的职能。

地方各部门和所有台商一致反映，各级台办在台胞投资的整个过程中发挥了重大作用，是台胞联系接触最多的政府部门。成都、重庆、武汉的台商说，“台办是台商的婆家，是主心骨，台胞有什么事就去找台办，台办为台商跑来跑去，忙忙碌碌，做了很多实事，功不可没，我们台胞说实在的从内心非常感激。但由于地位、权能所限，台办又常办不成事，地方一些部门、人士不把台办放在眼里，说台办算什么、找台办没用等，甚至出口伤人，侮辱人格。台办的同志常常是心有余而力不足。有时为给台商办成点事，台办的主任处长们不顾自己的脸面、尊严，到处叩头作揖、烧香拜佛，甚至痛哭流涕，连我们台商都看不过去、过意不去。”三地的台商都强烈要求《条例》明确台办地位，强化台办职能，使台办有责有权，真正发挥跨部门的协调作用，中央授权台办归口管理台胞投资保护事务。并建议《条例》明确规定，由台办负责对台胞投资性质的认定，并凭此认定享受台胞投资的相关优惠待遇。

（五）《条例》应明确其监督执行单位。

地方各部门和台商都积极建议，为保护台胞投资权益，认真制定好《条例》固然重要，这是前提条件，但关键还在于不折不扣的执行。重庆、武汉一些部门说，《条例》规定了审批部门的职责，而工商、经贸委、台办等有关部门的职责未予规定。而台商投资的管理、服务不只是一个审批问题。还有一个重要的问题就是保护台商的主管部门，就是要明确保护法由哪个单位来执行。这就要求《条例》必须明确一个牵头负责监督执行的单位，各有关主管部门要积极配合它的工作。重庆市的台商说，投资一旦出了问题不知找谁。武汉台商主张，该监督执行单位一定要加强对《条例》的宣传，使各有关部门、办事人员、群众了解台胞投资是受国家专门法律保护的，且一旦发生违反《条例》规定，侵害台商正当权益的事件，台商能及时投诉，并可预期获至结果，使触犯《条例》者受到应有的惩处。许多台商提出，《条例》不仅要规定怎样保护台商，同时要规定不保护台商、侵害台商权益的要追究法律责任。武汉台资协会会长黄先生说，《条例》应明确违反规定的怎么办，上面说了下面不照办怎么处理，要有专门的督促。只有这样，《条例》才能最终落到实处。四川政协的同志还提议考虑抽调相关部门的人员组成一个国家级的临时办公机构，来负责监督《条例》的执行。

（注：对条文的具体修改意见略）

4.《实施细则》与《台湾同胞投资保护法》等以往的规定相比，有什么特点和新意？主要表现在哪些方面？进一步解决了哪些热点问题？

1999 年 12 月 5 日，海峡两岸广泛关注的《中华人民共和国台湾同胞投资保护法实施细则》（以下简称《实施细则》），由国务院发布实施。这是自 1994 年《中华人民共和国台湾同胞投资保护法》（以下简称《保护法》）公布施行以来，针对台胞投资制定的又一部重要的、配套性行政法规。《实施细则》的出台，对进一步保护和鼓励台胞投资，密切两岸经济联系，扩大两岸交往交流，已经发挥并将继续发挥重要而积极的作用。从 1988 年国务院《关于鼓励台湾同胞投资的规定》（通称《二十二条》），到《保护法》，再到《实施细则》，一项项强有力的法律举措，充分体现了政府积极鼓励和保护台湾同胞回祖国大陆投资的一贯立场和极大诚意。

《实施细则》重点在于细化《保护法》条文，充实内容，增强可操作性，但又没有拘泥于《保护法》的规定，而是以母法为基础，增加了解决台商关心的热点问题的内容，进一步强化了对当事人合法权益的保护，规定条款较《保护法》翻了一倍，达31条之多。

一、《实施细则》细化了《保护法》条文，充实了内容，增强了可操作性。

（一）进一步明确何为台胞投资及其法律适用。台湾同胞投资适用《保护法》及其《实施细则》，《保护法》和《实施细则》未规定的，比照适用国家有关涉外经济法律、行政法规。台湾同胞投资是指台湾地区的公司、企业、其他经济组织或者个人作为投资者在其他省、自治区和直辖市投资。台湾同胞以其设在其他国家或者地区的公司、企业或者其他经济组织作为投资者在大陆投资的，可以比照适用《实施细则》。

（二）突出"保护"，明确"鼓励"。国家依法保护台湾同胞投资；台湾同胞投资者的投资、投资收益和其他合法权益受国家法律保护，任何机关、单位或者个人不得侵占、损害。国家依法鼓励台湾同胞投资，台湾同胞投资企业依照国家有关法律、行政法规和《实施细则》的规定，享受优惠待遇。

（三）增列台商投资形式。除举办合资、合作或独资企业外，"合作勘探开发自然资源"，"开展补偿贸易、加工装配、合作生产"，"购买企业的股票、债券"，"购置房产"，"取得土地使用权，开发经营"，"购买国有小型企业或者集体企业、私营企业"以及"法律、行政法规允许的其他投资形式"，均可作为台胞投资的具体形式。

（四）指明投资方向。台胞投资应当与国家国民经济和社会发展规划相适应，符合国家产业政策和投资导向的要求，比照适用国家关于指导外商投资方向的规定。

（五）合法收益可依法汇出。台湾同胞投资者依法获得的投资收益、其他合法收入和清算后的资金，可以依法汇回台湾或者汇往境外。台湾同胞投资企业中台湾同胞职工的合法收入，可以依法汇回台湾或者汇往境外。

（六）征收补偿具体化。《实施细则》规定，国家对台湾同胞投资者的投资不实行国有化和征收；在特殊情况下，根据社会公共利益的需要，对台湾同胞投资者的投资可以依照法律程序实行征收，并给予相应的补偿。补偿相当于该投资在征收决定前一刻的价值，包括从征收之日至支付之日按合理利率计算的利息，并可以依法兑换外汇、汇回台湾或者汇往境外。

（七）强化经营管理自主权。台湾同胞投资企业依照国家有关法律、行政法规和经审批机关批准的合同、章程，享有经营管理的自主权。台湾同胞投资企业经营管理的自主权受国家法律保护，不受任何机关、单位或者个人的非法干预和侵犯。

（八）规范委托代理投资。台湾同胞投资者可以委托其亲友或者他人作为投资代理人，代理人应当持有具有法律效力的授权委托书。

（九）台资企业协会合法权益保护。在台资企业集中的地区依法成立的台湾同胞投资企业协会的合法权益以及按照其章程所进行的合法活动，受法律保护。

（十）依法提起行政复议或行政诉讼。台湾同胞投资者、台湾同胞投资企业、台湾同胞投资企业协会认为行政机关或者行政机关工作人员的具体行政行为侵犯其合法权益的，可以依照国家有关法律、行政法规的规定，申请行政复议或者提起行政诉讼。

二、《实施细则》对台商普遍关心的一些热点问题，作了较为详细的规定。

（一）规范台胞投资审批程序。“审批机关审批台湾同胞投资，应当提高办事效率，减少管理层次，简化审批程序，做到管理制度统一、公开、透明”。审批机关指对外贸易经济合作部或者国务院授权的部门和地方人民政府。设立台资企业，台湾同胞投资者应当依法向审批机关提交申请文件，必要时，应当附具由国务院台湾事务办公室或地方人民政府台湾事务办事机构出具的有关证明文件。审批机关应当自接到全部申请文件之日起 45 日内决定批准或者不批准。

（二）惩治干扰企业正常经营的各种非法行为。《实施细则》明确规定，国家机关对台胞投资企业收费的项目和标准，应当与大陆其他同类企业相同。任何机关或者单位不得对台胞投资企业另立收费项目或者提高收费标准。任何机关或者单位不得向台湾同胞投资企业摊派人力、物力、财力，不得对台湾同胞投资企业进行法律、法规规定以外的检查、罚款，不得违反国家规定强制或者变相强制台湾同胞投资企业参加各种培训、评比、鉴定、考核等活动。台湾同胞投资企业对违反上述规定的行为，有权拒绝并向政府有关部门举报。接受举报的政府部门应当依法做出处理，并为举报人保密。

（三）信贷支持，税收优惠。针对一些台资企业反映的融资不便问题，《实施细则》专门规定，台胞投资企业符合贷款原则的，可以按照国家有关规定获得必要的信贷支持。台胞投资企业依照国家有关法律、行政法规的规定享受税收优惠待遇。

（四）特别鼓励台胞投资中西部。对投资于大陆中西部地区的台湾同胞投资项目，可以按照国家有关规定给予鼓励或者适当放宽限制。

（五）台胞投资企业及台胞个人享受有关同等待遇。《实施细则》规定，台胞投资企业在购买机器设备、原材料及辅料等物资以及获得水、电、热、货物运输、劳务、广告、通信等服务方面，享有与大陆其他同类企业同等的待遇。台胞投资者个人和台胞投资企业中的台湾同胞职工，在交通、通信、旅游、旅馆住宿等方面，享有与大陆同胞同等的待遇。

（六）强化台商人身安全保障。《实施细则》明确规定，国家依法保护台胞投资者个人及其随行家属和台胞投资企业中的台湾同胞职工及其随行家属的人身自由和人身安全。除依照国家有关法律规定办理的外，不得对台湾同胞采取限制人身自由的强制措施。

（七）方便台胞投资者个人及其家属等入出境和暂住。台胞投资者个人及其随行家属和台胞投资企业中的台湾同胞职工及其随行家属，可以依照国家有关法律、行政法规的规定，向公安机关申请办理一定期限多次入出境手续和相应期限的暂住手续。台湾同胞投资企业中的外籍职工的入出境和暂住手续，依照国家有关法律、行政法规的规定办理。

（八）解决台胞子女入学教育问题。台胞投资者个人的子女和台胞投资企业中的台胞职工的子女，可以按照国家有关规定进入大陆的小学、中学和高等学校接受教育。台胞投资者或者台胞投资企业协会在台胞投资集中的地区，可以按照国家有关规定申请设立台胞子女学校。经批准设立的台胞子女学校应当接受教育行政部门的监督。

（九）聘请台湾同胞担任仲裁员。《实施细则》规定，台胞投资者与大陆的公司、企业、其他经济组织或者个人之间发生的与投资有关的争议，当事人可以依照合同中的仲裁条款或者事后达成的书面仲裁协议，提交中国的仲裁机构仲裁。大陆的仲裁机构可以按照国家有关规定聘请台湾同胞担任仲裁员。

三、进一步明确各级政府及台办在台胞投资方面的相关职责。

为进一步提高各级人民政府和有关部门对台胞投资的认识和重视程度，明确职责，保证各项鼓励和保护台胞投资的法律、法规和政策落到实处，根据广大台商、地方及有关部门、单位、专家学者的意见或建议，结合现实情况，《实施细则》做出专门规定：各级人民政府应当对台湾同胞投资提供优质、规范、方便的服务。各级人民政府台湾事务办事机构应当做好台湾同胞投资的法律宣传与咨询、投诉受理和纠纷解决等工作。

此外，《实施细则》还重申了一些重要规定。如第七条：“台湾同胞投资者可以用可自由兑换货币、机器设备或者其他实物、工业产权、非专利技术等作为投资。台湾同胞投资者可以用投资获得的收益进行再投资。”第二十条：“台湾同胞投资者投资的财产、工业产权、投资收益和其他合法权益，可以依法转让和继承。”

《实施细则》的适时出台，对进一步保护台湾同胞的合法权益，增强投资信心，已经产生并将继续产生重要而深远的影响。随着祖国大陆改革开放的不断深入，社会主义市场经济体制的建立健全和投资环境包括法律环境的不断完善，相信台湾同胞会更踊跃地前来投资经商，为两岸经济互补互利、共同发展，为中华民族振兴，做出新的贡献。

5.《实施细则》对保障台商人身安全有规定吗?

大家知道，作为单行法，任何一部法律、法规都有其相对确定的调整范围。关于台湾同胞投资方面的立法，自应针对台胞投资权益保护事宜。人身安全保护乃是国家《宪法》、《刑法》、《刑事诉讼法》、《治安管理处罚条例》等法律规范的主要对象。如《宪法》第三十七条规定，中国公民的人身自由不受侵犯。《刑法》则对侵犯公民各种人身权利所要承担的相应罪刑作了具体规定。因而，早在 1994 年初就公布施行的《台湾同胞投资保护法》未专门涉及台商人身安全问题。

在制定《实施细则》征求意见过程中，有些台商反映，两岸关系目前比较特殊，希望规定中还是有所体现为好。鉴此，主管部门经认真研究，最后采纳了台商的意见。在《实施细则》中专设一条强调："国家依法保护台湾同胞投资者个人及其随行家属和台湾同胞投资企业中台湾同胞职工及其随行家属的人身自由和人身安全。除依照国家有关法律规定办理的外，不得对台湾同胞采取限制人身自由的强制措施。"这里需要作些说明的是，《行政处罚法》和《立法法》均明确规定，除国家最高权力机关全国人大及其常委会有权通过法律形式设定限制公民人身自由的处罚外，其他任何部门、机关、组织、团体或个人都无权设立此项处罚。也就是说，只有法律而不是其他行政法规包括地方性法规或行政规章明确规定有限制人身自由处罚情形的，才能严格依法定程序实施，而且通常只能由公安机关执行。《刑事诉讼法》关于"强制措施"部分明确规定，逮捕犯罪嫌疑人、被告人，必须经过人民检察院批准或人民法院决定，由公安机关执行。公安机关实施拘留或逮捕后，除有碍侦察或无法通知的情形外，应当把拘留或逮捕的原因和羁押的处所，在 24 小时内通知其家属或他的所在单位；并必须在拘留或逮捕后的 24 小时内进行讯问；在发现不应拘留或逮捕的时候，必须立即释放，发给释放证明。可见，大陆方面在对待限制人身自由这项重大强制措施上，是极其认真、严肃和负责任的，这一点毋庸置疑。

应该说，大陆的社会秩序和治安状况总的是好的。在大陆，台湾同胞无论是来投资经商，还是探亲、旅游、交流，其人身安全与大陆居民的一样，享有充分的保障，这也是政府最起码的职责。为进一步确保台胞的人身安全，有关主管部门和地方还想方设法采取了一些特有的措施。如广东省许多地方建立了台资企业治安联防机制，效果很好。东莞市公安局实施 5 项具体措施，切实保护台商人身安全：一是各公安分局和派出所专人负责此项工作；二是提高台商自身安全防范意识；三是台资企业保安人员由公安机关统一招聘、集中培训和管理；四是采取人防和技防相结合，企业保安与当地治安部门联防，动员台资企业安装电脑联网报警设施，提高安全系数；五是要求台商在厂区集中居住，建造专门房舍，以便安全保卫。近些年，每年来大陆的台湾同胞高达300万人次，由于种种原因，难免发生一些人身伤害事件，这是令人痛心的，也是人们所不愿看到的。对此，大陆方面都极为重视，依法办事，惩办违法犯罪者，抚慰保护受害者，及时做出妥善处理，为当事人及家属所肯定。个别人借此类偶发事件，造谣中伤、煽情惑众，只能是别有用心。

大陆方面将一如既往地执行国家有关法律，认真落实《实施细则》的新规定，继续采取有效措施确保台胞的人身安全，尽量把工作做得更好，让台胞投资者更加放心，更加安居乐业。

6. 按照《实施细则》的规定，台胞在第三地（如新加坡）的公司到祖国大陆（如江西）投资，这算不算台胞投资？能否享受相关待遇？新投资开办的企业属于台资企业吗？

《实施细则》第二条明确规定：本实施细则所称台湾同胞投资是指台湾地区的公司、企业、其他经济组织或者个人作为投资者在其他省、自治区、直辖市（简称大陆）的投资。第三十条又规定：台湾同胞以其设在其他国家或者地区的公司、企业或者其他经济组织作为投资者在大陆投资的，可以比照适用本实施细则。据此，台胞通过设在新加坡的公司到江西的投资不属于《实施细则》规定的严格意义上的台胞投资，因为该公司不是台湾地区的公司、企业或其他经济组织。但是，这项投资却可以比照适用《实施细则》的有关规定，获得相应的台胞投资待遇，享受《实施细则》为台胞投资提供的一些便利和保护措施，条件是设在新加坡的公司必须是为台胞所拥有或实际控股，这一情况和台胞本人台湾同胞身份的真实性均需取得大陆方面主管机关或有关受权部门（如台办）的认定或证明。为获得此类认定或证明，台胞应出具下列证件之一部或全部：①新加坡公司的工商营业执照副本；②中国驻新加坡使领馆的证明文件；③新加坡颁发的有关证明文件；④公证机关的证明文件；⑤台胞个人户籍证、身份证或其他能证明其个人身份的文件。

至于台胞通过其新加坡公司在江西投资新开办的企业是否属于台湾同胞投资企业，则还要取决于一个因素，即这家新企业是否为台胞在新加坡的公司所拥有、控股或其出资占新企业注册资金的25%以上等。若回答是肯定的，则这家新企业就可作为台湾同胞投资企业对待，进而享受《实施细则》及其他相关法律、法规为台胞投资企业规定的一系列优惠待遇。

最后顺便说一句，台湾同胞无论居住在台湾地区或海外，凡以个人投资者名义来大陆投资的，只要出具能证明其台湾同胞身份的文件并经大陆有关方面认定，其投资就可适用或比照适用台湾同胞投资的规定；出资份额达到注册资金规定比例的（如25%），所投资的企业就可作为台湾同胞投资企业对待。

7.《实施细则》对台办在台商投诉受理和纠纷解决方面的职能是如何规定的？实际情况怎样？

《实施细则》第二十七条规定，各级人民政府台湾事务办事机构应当做好台湾同胞投资的法律宣传与咨询、投诉受理和纠纷解决等工作。这是基于现实状况和方方面面尤其是广大台商的强烈要求，而新设立的重要内容。进一步明确了各级台办在台胞投资方面的职能，加大了台办的责任，也体现了对台办的信任和多年来开展相关工作的肯定。可以预言，台商“投诉无门”的现象将由此而消失，台商投诉和纠纷解决工作将朝更加规范、更加高效的方向发展。

早在1995年5月5日，为更好地贯彻执行《台湾同胞投资保护法》，及时受理台商投诉，妥善处理台胞投资纠纷，使台商投诉协调工作有效、有序地进行，经中央批准，国务院台办负责组建了台商投诉协调处，并印发了《台商投诉协调工作暂行办法》。随后许多地方台办也陆续成立了台商投诉协调机构。负责受理台商与其他省、自治区、直辖市的公司、企业、其他经济组织、个人或者机关、事业单位之间，在投资、贸易、金融、租赁、房地产、知识产权、企业经营、劳资关系等方面出现的纠纷投诉。根据《台商投诉协调工作暂行办法》的规定，各地、各级台商投诉协调机构对台商投诉热情接待，耐心倾听，认真办理；协调政府有关部门，深入基层，加强调查研究，听取台商意见，做好案情分析和资料收集工作；坚持以事实为依据、以法律为准绳的原则，对纠纷作客观、公正、及时、有效的协调处理，依法保护台商的合法权益；根据协调结果，书写“行政调解书”，以便事后有关方面遵循；台商投诉协调工作坚持为台商服务的宗旨，在受理台商投诉时不收受理费。数年来，仅国务院台办投诉协调处就受理台商各种投诉近千件，大部分作了妥善处理。目前，各地相继成立的台商投诉协调机构已初步形成全国性的投诉受理网络，按照就近投诉、就地处理的原则，它们在受理投诉，协调解决纠纷，切实保护当事人合法权益方面，正发挥着越来越重要的作用，受到包括台商在内的各方面的好评。

这里还有必要说明一下的是，新出台的《实施细则》与以往有关法律、法规相比，进一步强化了对有关经济纠纷和行政争议处理的规定。突出表现在两个方面：一是具体明确，台湾同胞投资者、台湾同胞投资企业、台湾同胞投资企业协会认为行政机关或行政机关工作人员的具体行政行为侵犯其合法权益的，可以依照国家有关法律、行政法规（如行政诉讼法、行政复议法、国家赔偿法、行政处罚法等）的规定，申请行政复议或提起行政诉讼(第二十八条)。二是台湾同胞投资者与大陆的公司、企业、其他经济组织或者个人之间发生的与投资有关的争议，当事人可以通过协商、调解、仲裁、诉讼等4种方式解决（第二十九条)。

8.《实施细则》出台后在台湾方面的反响如何?

《实施细则》公布后，台湾各界反响强烈，大多给予充分肯定和高度评价。台湾股市在此利好消息带动下，次日一开市就大幅上扬，全日加权指数上涨了149点。

一、台工商界热烈欢迎。

认为这个法令有利于增强台商前往大陆投资的信心，有利于促进两岸经贸的交流与合作。《实施细则》使台商在新世纪投资祖国大陆更有保障，对数万家已在祖国大陆投资的台商来说，更是期待已久的好消息，将有利于台商扩大在大陆的投资。

不少台商认为，《实施细则》对一些原来欲赴祖国大陆投资但仍有疑虑的台商，将起到极大的鼓舞作用。因为《实施细则》在台商待遇、人身及财产安全等方面都提供了更完善的保障。北京台资企业协会理事长谢坤宗表示，《实施细则》基本参照了大陆台商提出的重要意见来规划，其中包括台商的人身保护、明确台办作为投诉机构，都是首次形诸文字，将有利于台商未来投资大陆。和过去几个保护台商的法规相比，《实施细则》更为完整、更具可操作性。

多家已在大陆进行投资的化纤业者表示，《实施细则》对业者而言相当正面，尤其对原本欲赴大陆投资但对当地投资环境存有疑虑者，将有挹注信心的作用，加上大陆加入WTO后将有助于降低台商进口原料成本，对目前已在大陆设厂者，扩大投资意愿也会增强。

台湾工业总会理事长高清愿表示，大陆公布的《实施细则》

非常好，这也是台商一直向大陆方面建议的。他认为《实施细则》可以保障台商既有的利益。他说，统一集团今年大陆投资事业开始有几千万元的盈余，虽然统一到大陆投资额度已经达到极限，但是有机会的话，还是会考虑继续到大陆投资。

台湾工业总会常务理事何浩表示，赴大陆投资的台商，对人身安全、财产保障及依法执行税法等都相当关注，《实施细则》生效后，可让台商有明确规范可依据，“台商在心理上、感情上及行动上会较有安全感”。

中华汽车公司经理张世和指出，《实施细则》中明订台商可以向大陆融资贷款，购并大陆小型企业、私营及集体企业，以及购买大陆企业股票及债券等，都有助于台湾车辆业对大陆的投资考量，有所助益。

台湾石化公会理事长陈武雄指出，《实施细则》的公布，会让台湾中小型的下游塑胶加工厂商受到鼓舞，提高石化业者在大陆投资的信心。

台湾证券业人士的反应则更为热烈，早在 12 日便有不少业界人士如康和证券执行副总经理陈忠瑞、新宝证券副总经理李雅彬等估计，由于大陆公布《实施细则》，台湾投资大陆的企业可直接受惠，台湾股市通称的“中国概念股”，可能受到这项重大利好消息的激励，吸引买盘推动股价升高。

果不其然，13 日台湾股市在这一有利因素激励下，气势如虹，一扫上周连挫 5 个交易日的颓势，全日劲升 149.84 点，以 7888.61 点作收。而所有著名的“中国概念股”如统一、华通、台达电、正新、建大、宝成、巨大等全部大幅上涨，其中华通股更是激涨至停板。

二、台舆论界高度评价，重点推介。

《实施细则》发表后，台湾多家报纸都在头版报道了这一消息，台《工商时报》、《经济日报》和《中国时报》还刊登了《实施细则》全文。舆论认为，《实施细则》研议多年，多方征求台商的意见，几经修改才定案，显见祖国大陆对台商在大陆投资合法权益的重视；《实施细则》的颁布也显示，祖国大陆鼓励和保护台商在祖国大陆的合法权益。

台《中国时报》在题为《乐见大陆发布加强保护台商新措施》的社论中说，祖国大陆对保护台商，吸引台商赴祖国大陆扩大投资，有一贯、长期的政策。为进一步吸引台商赴祖国大陆投资，有关单位一直在积极研拟《实施细则》。观察这31条《实施细则》，“可发现新规定有颇多突破之处”，“有颇多可称道之处”。这个《实施细则》不但彰显祖国大陆对保护台商的高度重视，也使台商更受具体、明确的保障。因此，这一新措施无疑对台商发展有正面帮助。

《工商时报》的文章说，对于《实施细则》的颁布实施，大多数台商表示高兴，认为这是台商的护身符，台商在大陆的投资权益保障终于有了法源基础。

《经济日报》的文章认为，新推出的《实施细则》，的确在提供台商待遇、保障台商人身自由和人身安全等方面，比过去更为完善，这就大大加强了对台商权益的实际保障。

三、台法律界、经济界充分肯定。

台湾律师、会计师以及相关经济学者等社会各界人士对于《实施细则》也大多给予充分肯定和评价。中国投资顾问社社长朱伟雄对《实施细则》中规定的征收补偿的待遇，认为优于其他国家的投资企业，值得肯定。

蔚理法律事务所律师吕荣海对《实施细则》的第29条给予最高评价，他指出，第29条明文规定大陆仲裁机构可以聘请台湾人士担任仲裁员，是首次在中央级的正式法规中出现，也在进行仲裁的程序正义上多了一层保障。第15条对于台资企业的信贷支持、第18条的经营自主权、第23条对乱收费与摊派的禁止都是值得肯定的等等。

中华经济研究院第一所所长高长认为，《实施细则》有缓和两岸关系、向台商宣示、重申保障态度的意义。对于台商而言，应有稳定的效果。

海峡两岸经贸协调会会长张平沼说，《实施细则》一出来，台湾的股市马上涨了一百多点，这个反应是直接的。对台商的保护越周严，会有越多的台商来投资。

四、台湾当局高度关注。

台湾当局对大陆公布实施《实施细则》也表示了“高度关切”，但重弹老调，呼吁两岸应透过正式的沟通管道，共同协议保护台商大陆投资权益，签订投资保护协定等。

“陆委会”13日针对大陆公布实施《实施细则》指出，这是大陆的内部法律，并未尊重两岸对等分治的事实。这项立法的宣示意义大于实质，不可能引起新一波台商投资大陆热潮。并声称大陆应及早恢复两岸制度化协商，并就台商关切的经贸议题，尽快展开沟通对话。大陆公布《实施细则》的主要动机除基于统战考量外，也是鉴于近年来两岸关系变化及台商赴大陆投资成长明显减缓的现象，期望借此一细则的发布实施，达到稳定台商心理及扩大吸引台商投资的效果。“陆委会”表示，《实施细则》虽对若干台商关心的问题作了必要规范，但并未符合台商的根本利益，例如人身安全、纠纷仲裁、台商小学与智慧财产权等，应有更为具体的规范。目前大陆经济情势尚非十分稳定，企业界应该审慎评估赴大陆投资的风险，本着“根留台湾”的思考，先壮大岛内企业的实力，有余力再到大陆投资，才能达到互利双赢的目标。

12月27日，“陆委会”召开委员会议，针对《实施细则》提出立场说明，其中包括两岸应协商解决问题、有关台商尚未解决问题甚多、善意务实、互利双赢等三部分，认为大陆片面规定

《实施细则》，并未尊重两岸对等分治事实，对此，台方持保留态度。

台“经建会”主任秘书叶明峰表示，只要有助中共经贸体制更健全，台方都乐见其成，中共公布这个法规的初期，对台商有鼓励作用，将有更多的台商赴大陆投资。中共公布这个法规，主要是希望吸引更多的台商前往大陆投资，同时对于已在大陆投资的台商给予鼓励，吃下定心丸，表示将来加入世贸组织后，仍会继续照顾台商。但他也表示，台商赴大陆投资主要仍是考虑有无政治风险、当地的经营环境等。

“经济部部长”王志刚则说，大陆任何加强对台商的人身或投资保护他们都乐见其成，但两岸还是应该透过正式的沟通管道，讨论对台商的保护，最好签署台商投资保障协议，否则，《实施细则》对台商保护的规范仍然很不明确，内容仍空泛。

第六篇　台胞投资政策法律的执行、监督

1. 哪些地方在落实国家鼓励和保护台资立法方面进一步制定了地方性法规或政府规章?

在台湾同胞投资事宜上，不少省、自治区、市为进一步贯彻落实《台湾同胞投资保护法》等国家有关法律、行政法规，除认真加以宣传外，还结合当地实际，先后制定了相应的、更具操作性的鼓励、保护台商投资的地方性法规或地方政府规章。目前，已有福建、四川、江西、湖北、浙江、广东、河南、海南、广西、黑龙江、北京、天津、厦门、福州、南京、深圳、宁波等30多个地方出台了有关专门规定。如《广西壮族自治区实施〈中华人民共和国台湾同胞投资保护法〉办法》、《黑龙江省鼓励台湾同胞投资的规定》、《宁波市台湾同胞投资保障条例》、《重庆市台湾同胞投资保护条例》等等。有些地方还针对台商反映比较集中的热点问题，及时制定单项规范性文件，从源头上加以预防和解决，取得较好效果。如《海南省关于在琼台湾同胞待遇的若干规定》。

2. 地方在鼓励和保护台资方面是如何规定的?

从已颁布施行的台资地方性法规或政府规章看，结构上可分

设“章”和不设“章”两种类型。前者如厦门、南京、浙江等地的台湾同胞投资保障条例，后者有福建、四川、河南、天津的实施《保护法》办法等，此类型占大多数。各地立法的条款数目从20条到40条不等，目前条款最多的是《厦门市台湾同胞投资保障条例》，计48条。各地的台资立法尽管有这样那样的不同，包括名称在内，但它们的宗旨是一致的，主要内容也具共性。一般分八个部分：一“总则”，二“投资”，三“企业设立”，四“优惠待遇”，五“入出镜”，六“居民待遇”，七“投资保护”，八“附则”。涵盖广博，包蕴丰富。

“总则”部分主要规定立法宗旨、依据，台胞投资的概念或立法适用范围，台胞投资者人身财产安全保护，台胞投资者的守法义务，以及政府有关部门为台胞投资提供高效服务等。如天津规定，“为鼓励台湾同胞在本市投资，保障台湾同胞投资者的合法权益，促进本市与台湾两地的经济发展，根据《台湾同胞投资保护法》和有关法律、法规，结合本市实际情况，制定本办法。”厦门规定：“本条例所称台湾同胞投资系指台湾地区的公司、企业、其他经济组织或个人作为投资者在厦门市投资。台湾同胞以其在港澳地区和外国投资的公司、企业、其他经济组织或个人名义在厦门市的投资可视为台湾同胞投资。”

“投资”部分的主要内容包括：台胞投资形式、鼓励投资项目、特殊投资行业或投资活动等。黑龙江规定，台湾同胞投资者在本省可以下列形式进行投资：①兴办合资经营企业、合作经营企业；②兴办台湾同胞投资者拥有全部资本的企业；③开展补偿贸易和来料、进料及来件加工装配；④承包经营或租赁经营企业；⑤购买股票、债券或参股经营；⑥购买公司、企业；⑦购置房产；⑧依法取得土地使用权成片开发经营；⑨经批准设立股份公司、投资性公司；⑩国家允许的其他投资形式。浙江规定，台湾同胞投资应当符合国家的产业政策和本省的有关规定，有利于国民经济和社会的发展。鼓励台湾同胞投资者投资下列产业和项目：①交通、能源、原材料以及其他基础设施、基础工业；②引进农业新技术或者优良品种的项目，农业综合开发以及农业基础设施项目；③高新技术产业以及新兴产业；④技术先进、产品新颖、适应市场需求的生产性项目；⑤出口创汇项目；⑥大中型企业技术改造项目；⑦资源综合利用项目；⑧环境保护项目；⑨旧城改造以及安居工程建设项目；⑩国家和本省鼓励投资的其他产业项目。台湾同胞投资者根据国家有关规定，经批准可以投资下列领域的项目：①在本省金融对外开放试点城市设立金融机构；②兴办合资、合作商业贸易企业；③参与旅游设施开发建设，在国家级旅游度假区内合资、合作举办国际旅行社；④设立合资、合作会计师事务所、广告公司等中介服务机构；⑤参与科学技术研究开发以及医疗卫生、教育、文化等设施建设；⑥国家允许投资的其他领域。

“企业设立”部分大多规定投资申办、批准、登记程序、企业内部组织机构、经营管理自主权、员工招聘等。黑龙江规定：台湾同胞投资企业的审批，按国家有关规定办理。审批部门应当在收到全部文件之日起，在5个工作日内做出准或不批准的决定。台湾同胞投资者持批准证书及有关文件向工商行政管理部门申请登记，工商行政管理部门在5个工作日内作出准予登记或不准予登记的决定。市级以上人民政府台湾事务办公室凭台湾同胞投资企业的《批准证书》和《营业执照》等文件，办理《台商投资证书》。厦门规定：台湾同胞投资企业依照国家法律、行政法规、本条例和经审批机关批准的合同、章程进行经营管理活动，其经营管理自主权不受干涉。四川规定：台湾同胞投资者及其企业可以依法招收员工，有关部门应依法办理手续。台湾同胞投资兴办的企业应依法建立工会，维护员工的合法权益，并为开展工会工作提供必要的条件。

“优惠待遇”部分一般包括税收减免、特殊投资项目优惠、再投资，原料、水、电、气、运输、通讯等生产生活设施的优先提供，融资、土地使用等。南京规定：台湾同胞投资者投资举办下列行业的生产性企业，减按24%的税率缴纳企业所得税；经营期在10年以上的，从开始获利的年度起，第1年至第2年免缴企业所得税，第3年至第5年减半缴纳企业所得税：①机械制造、电子工业；②能源工业（不含开采石油、天然气）；③冶金、化学、建材工业；④轻工、纺织、包装工业；⑤医疗器械、制药工业；⑥农业、林业、畜牧业、渔业和水利业；⑦建筑业；⑧货物运输业；⑨直接为生产服务的科技开发、地质普查、产业信息咨询和生产设备、精密仪器维修服务业；⑩经国务院税务主管部门确定的其他行业。先进技术企业和产品出口企业在规定的减免企业所得税期满后，先进技术企业可以按照税法规定的税率延长3年减半缴纳企业所得税；产品出口企业凡当年企业出口产品产值达到当年企业产品产值70%以上的，可以按照税法的税率减半缴纳企业所得税。四川规定：台湾同胞投资者投资企业所需水、电、热、气、通讯、川内和出川铁路、水路、航空运输，有关部门应统筹优先安排，收费标准视同本省同行同类企业。河南规定，台湾同胞投资企业在生产和经营过程中所需的资金，在同等条件下银行应优先贷款。

“入出境”部分的主要内容有多次有效入出境签注、暂住手续、延期、因商务需要的护照办理以及例外“落地办证”等。浙江规定：在本省投资的台湾同胞和随行眷属，以及受聘于台湾同胞投资企业的台湾员工，需要多次来往本省的，可以申请办理一定期限内多次往返有效的入出境签注。台湾同胞在台湾地区或其他国家、地区取得的有效健康证明，经本省口岸卫生检疫机构确认合格的，可以免予健康检查，并发给验证证明。天津规定：台湾同胞投资者因商务或其他活动需要出境前往其他国家的，可以到市公安机关申请办理中华人民共和国护照。厦门规定：台湾同胞凭《台湾居民来往大陆通行证》及有效签注来往厦门经济特区。未办妥上述证件或签注，到达厦门口岸的，可向口岸签证机关申请办理一次有效的《台湾居民来往大陆通行证》。台湾渔、船民乘渔船进入厦门市，可凭台湾地区渔民证、身份证及有效证件在指定的码头申请办理有效的通行证。

"居民待遇"部分规定台资企业台方员工及其随行眷属在游览、住宿、购房、医疗、通讯等方面与当地居民同等对待，以及子女入托入学、驾驶证换领、卫生检疫、荣誉称号的获得等。黑龙江规定：台湾同胞投资者本人和随行眷属及受聘于台湾同胞投资企业的台湾同胞，凭《台商投资证书》享受下列待遇：

（三）在本省乘坐车、船，购物，住宿，就医，旅游，安装私人电话等，其支付费用与本省居民相同；

（四）在台湾取得的有效汽车驾驶证，经省公安交通管理机关及其授权的公安交通管理机关认证，可以换发《中华人民共和国机动驾驶证》；

（五）亲属、子女可在本省入托、入中小学，享受与本省居民同等待遇；

（六）按照有关规定购买商品房或者建造自用房屋的，可以申办房产权；

（七）成绩突出的，可以获得本省各级人民政府及有关团体颁发的荣誉证书。

"投资保护"部分包括国有化和征收补偿、财产转让与继承、资金汇出、知识产权保护、拒绝和举报乱收费乱摊派、台资企业协会、协商和解、调解、仲裁、诉讼等投资纠纷解决办法，投诉受理、行政复议和行政诉讼以及国家赔偿等。四川规定：依据《台湾同胞投资保护法》第四条的规定，对台湾同胞投资者的投资不实行国有化和征收。因社会公共利益特殊需要进行征收时，须经四川省人民政府批准，并根据评估机构的评估作价，给予相应的补偿。资产评估按照国家有关规定执行，补偿款额从实施征收之日起计算，并计算利息；征收方应在实施征收之日起 90 天内付清补偿本金和到期利息。被征收方对补偿标准有异议，经协商未达成协议的，可依法向法院提起诉讼。天津规定：台湾同胞投资者的人身权、财产权以及其他合法权益受法律保护。除依据法律、法规以及市人民政府有关规定之外，任何部门和单位不得对台湾同胞投资企业另立收费项目或提高收费标准；不得强制台湾同胞投资企业参加各类培训、评比、赞助等活动。对违反前款规定的，台湾同胞投资者有权拒绝并向有关主管部门举报。厦门规定：台湾同胞投资者合法权益受侵害或发生纠纷的，可以依法选择下列途径解决：①协商和解或调解；②向有关部门或机构投诉；③申请行政复议；④提交仲裁机构裁决；⑤向人民法院提起诉讼；⑥向人民检察院提出申诉。厦门市人民政府设立投诉受理机构，接受台湾同胞投资者的投诉。投诉受理机构受理投诉后，应在 30 日内将处理结果答复投诉人。投诉事项复杂，不能按时处理完毕的，应向投诉人说明情况。厦门市国家机关及其工作人员违法行使职权侵犯台湾同胞投资者的合法权益造成损害的，台湾同胞投资者可依照《中华人民共和国国家赔偿法》的规定请求取得国家赔偿。

"附则"部分，规定生效日期、解释机关以及主管部门等。如四川规定：本办法实施中的具体问题由四川省人民政府台湾事务办公室负责解释。本办法自 1995 年 8 月 1 日起施行；四川省各级国家机关过去制发的有关规定与本办法不一致的，以本办法为准。

实践情况表明，这些关于鼓励和保护台胞投资的地方性立法，尽管其中有些规定还不尽如人意，尚待进一步完善，但在整体上产生了预期的良好效果这一点却是不容置疑的。它们对改善投资环境，保护投资权益，促进台胞在当地投资，扩大两岸经济交流与合作，产生了积极的影响，为社会各界，尤其是广大台商所欢迎。各地台胞投资的持续升温，各种台胞投资纠纷的妥善处理，台商事业的不断发展，所得实惠的大幅增加，两岸经贸关系的日益热络，应该说，在相当程度上得益于这些地方性法规或政府规章。制度化、法制化、规范化的举措，为台湾同胞在祖国大陆各地投资、开展经营活动，营造了良好的软、硬环境，并将继续发挥积极而深远的影响。

（详见《台商投资优惠政策汇编》一书，九州出版社，2001年9月出版。）

3. 全国人大常委会对《台湾同胞投资保护法》执行情况进行专项检查的结果怎样?

为了推动《中华人民共和国台湾同胞投资保护法》（以下简称台胞投资保护法）的贯彻实施，切实保护台胞投资者的合法权益，促进海峡两岸的经济交流与合作，推动祖国和平统一进程，1995年全国人大常委会组织检查组，对台胞投资保护法执行情况进行了检查。

检查组由全国人大常委会和全国人大财经委员会、华侨委员会部分组成人员、有关省的人大常委会负责人和全国人大代表组成。1995年10月底，检查组在京听取了最高人民法院、外经贸部和国务院台办关于台胞投资保护法实施情况的汇报。11月上中旬，检查组分赴福建、广东两省进行了检查。检查期间，听取了上述两省及其所属8个城市人大、政府和台办、外经贸委、工商、税务等有关部门的汇报，召开了6次台商座谈会，考察了14家台资企业，广泛了解了情况。

与此同时，浙江、江苏、山东三省根据全国人大常委会的安排，对台胞投资保护法执行情况进行了自查。

从检查、自查的情况看，各地贯彻实施台胞投资保护法积极认真，做了大量工作，法律的各项规定基本落实，台胞投资者的合法权益得到较好保护，台商普遍比较满意，吸收利用台资成效显著。但也存在一些问题，需要在今后工作中进一步解决。

一、实施台胞投资保护法所做的主要工作与取得的成效。

（一）广泛开展学习、宣传活动，提高执法的自觉性。

台胞投资保护法 1994 年 3 月颁布后，各地都很重视，很快开展了形式多样、内容丰富的学习、宣传活动。充分利用广播、电视、报刊等各种新闻媒介，大力宣传台胞投资保护法的各项规定和贯彻实施这部法律的重要意义。不少省、市有关领导就学习贯彻这部法律发表广播、电视谈话，各级政府及其有关部门组织各种培训班，召开台商、台属和机关干部参加的座谈会，宣传这部法律的宗旨和内容；各级涉台部门把台胞投资保护法与当地有关法规汇编成册，印发有关部门、单位和台资企业；不少地方还举办了学习班和法律咨询服务、知识竞赛活动 。通过以上工作，广大干部、群众普遍受到一次对台政策特别是保护台胞投资权益政策的教育，各级领导干部和有关涉台工作人员提高了执法的自觉性，台商进一步增强了在大陆投资的信心，对贯彻实施台胞投资保护法起了重要作用。

（二）及时制定地方性法规，增强法律的可操作性。

台胞投资保护法颁布后，各地人大、政府以这部法律为依据，结合本地区的实际情况，积极研究和制定了一批配套法规和规章，对该法作了补充和细化，增强了可操作性。福建省人大常委会于 1994 年 9 月通过了福建省实施台胞投资保护法办法，增加了具有地方特色的内容，着重就台胞投资者十分关注的税收征管、投资导向以及防止乱收费、乱摊派、乱罚款和受理投诉等问题作了操作性较强的规定。厦门市人大常委会于 1994 年 9 月通过了厦门市台胞投资保障条例，对优惠待遇、企业设立、入出境、居民待遇、投诉受理等问题作了具体规定，体现了对台胞投资实行“同等优先、适当放宽”的原则。广东省惠州市、山东省青岛市、浙江省宁波市和江苏省南京、无锡、常州、镇江、扬州等市都制定了鼓励和保护台胞投资的条例和规定。

（三）搞好协调和服务，努力提高办事效率。

各地政府及有关部门积极改进工作作风，简化办事手续，加强内部协调。有的地区建立了台商接待日、现场办公会和重点项目挂钩联系、跟踪服务等制度，及时为台商排忧解难。广东省及有关城市外经贸委、公安、工商、台办等部门，想台商所想、急台商所急，简化程序，提高效率，尽可能地缩短审批时间。南京市建立了台资项目会审制度，不少项目从申报到批准一般不超过10天。青岛市今年上半年召开了一次台商恳谈会，有关部门将台商提出的6个方面11个问题在一个月内全部调查落实，并及时向台商反馈了解决情况。厦门市政府今年6月颁布了改进行政机关作风和提高办事效率的规定，对政府机关及其工作人员依法、文明、高效行政提出了严格的要求，各有关部门根据这一规定，分别采取了相应措施。

（四）积极清理税外收费项目，减轻台资企业不合理负担。

针对乱收费、乱罚款、乱摊派问题突出，台资企业负担加重的状况，各地政府采取有力措施，积极进行治理，取得一定成效。福建省莆田市政府专门制定了清理税外收费和加强管理工作的暂行规定和统一收取税外规费的实施办法，规定了税外收费的范围和标准，取消了一些不合理的收费项目，暂停了一些项目。广州市今年3月颁布了全市统一收费项目和标准，并设立专窗，负责统一收费，还规定企业有权拒交额外收费，并可向市政府投诉。惠州市制定了《企业行政性、服务性费用汇编》，取消了56项乱收费项目。深圳市对合法收费实行收费卡制度，照卡收费，对卡外收费的，企业可以拒交。

（五）积极提供法律服务，认真受理台商投诉。

各地政府和有关部门十分重视这项工作，许多地方建立了台商投诉中心，及时受理台商投诉，协调解决台资企业生产经营中遇到的困难和问题，受到台商的欢迎。厦门市台商投诉中心1995年1月以来，共受理台商投诉57件，已办结47件，为台商追回货款25.4万元。深圳市台商投诉中心今年4月成立，迄今已受理台商投诉50件，一半以上已得到妥善处理。东莞市台办针对某些台商不了解国家规定，违规进出口物品的现象，及时协助海关调查情况，弄清事实，既使台商受到教育，又避免其受到过重处理。苏州、无锡、扬州、南京、南通等市台办，还相继成立了涉台经济律师事务所或法律咨询中心，接待台商来访，受理台商投诉，积极协调解决各种投资纠纷，基本做到件件有登记，事事有回音。1994年以来，江苏省各级台办累计接受台商和台资企业投诉60余件，其中台办会同有关部门协调处理和解决的有30余件，由当地政府或主管部门处理解决的20余件，只有少数几件诉诸司法部门。

（六）加强治安管理，保护台商的人身财产安全。

各地政府及公安部门一直把维护台资企业的正常生产经营和保护台商、台资企业的人身、财产安全列为重点工作，严厉打击涉及台商、台资企业的违法犯罪行为。广东省于今年7月召开了部分城市“打击防范侵害台商犯罪活动”工作会议，就保护台商人身财产安全，打击有关犯罪活动专门作了部署。去年，东莞市一台商被杀，市公安局迅速组织警力100多人，追踪几个省，克服种种困难，抓获全部犯罪分子。福州市各级公安机关设立专项投诉电话，指定一名领导同志负责此项工作，并组织专门力量受理台资企业发生的刑事案件，及时严厉打击各种扰乱、破坏台资企业正常生产、经营的违法犯罪行为。

（七）加强执法检查，推动法律实施。

今年以来，许多地方的人大、政府对台胞投资保护法的贯彻实施情况进行了检查，并及时研究和解决检查中发现的问题。在这项工作中，各级人大起了十分重要的作用。今年9月，福建省人大常委会执法检查组检查了台资企业比较集中的福州、厦门、泉州、莆田四市台胞投资保护法的贯彻实施情况，对检查中发现的问题，责成有关政府部门认真研究解决。此事在福建日报、省电视台、广播电台作了三次公开报道，台商反应较好。今年8月，莆田市人大和政府联合对台胞投资保护法实施情况进行检查，对进一步改善和优化投资环境，保障台资企业正常生产经营，更好地吸引台资，提出了进一步明确收费范围、规范收费办法、加强治安管理、统一征地和拆迁补偿、安置标准等8条建议。同时，把检查中发现的22个问题分解到各有关部门，并限期研究解决，收到良好效果，台商予以好评，增强了投资信心。深圳市人大曾三次组织检查团，检查台胞投资保护法的执行情况。今年4月至10月，江苏省人大组织省台办、外经贸委、计经委等部门，先后两次到南京、无锡、苏州、南通等地，实地考察了12个县（市）、23个部门和18家台资企业。

总之，各地政府都把贯彻实施台胞投资保护法作为吸引台资、推动两岸经济往来的基础性工作来抓，切实有效地保护了台胞投资者的合法权益，进一步改善了投资环境，保障了台资企业能够正常开展生产经营活动，促进了台商继续来大陆投资。截止1995年上半年，全国共批准台商投资项目29501个，占全国批准外商投资项目总数的12%；协议利用台资金额257.4亿美元，占全国协议利用外资总额的8%；实际利用台资金额100.3亿美元，占全国实际利用外资的9%。上述三项指标仅次于港澳地区在大陆投资的规模，居我吸引境外投资的第二位。近年来，台商投资已开始呈现以下特点和趋势：投资项目从中小型向大型发展，投资规模不断扩大；投资领域由劳动密集型产业向技术、资金密集型产业发展；投资地域从沿海向内地延伸，全国各省、自治区、直辖市都有了台资企业。

二、存在的问题。

主要表现在：①有些政府部门办事效率低，手续繁琐；②税外收费与年检仍然过多、过滥，税率调整频繁；③有些地方社会治安状况较差。

4. 各地各部门在落实全国人大常委会执法检查报告的精神方面，采取了哪些进一步改进台胞投资保护执法工作的措施？

1996年初，根据国务院有关负责同志的批示，国务院台办会同国家计委、经贸委、教委、公安部、司法部、财政部、外经贸部、中国人民银行、税务总局、工商总局、旅游局、民航总局、国务院纠风办、特区办、贸促会等十五个部门以及福建、广东、浙江、江苏、山东五省，按照八届全国人大常委会第十七次会议审议同意的“检查报告”的要求，研究进一步改进台胞投资保护执法工作的意见。福建、广东等省和国家计委等有关部门对这一工作十分重视，普遍结合本地区本部门的工作及时研究提出了改进措施。

一、已采取的改进措施及取得的初步效果。

各地党委、政府对人大检查组提出的问题和建议十分重视，普遍召开了专门会议，研究改进措施。广东、浙江省人大已决定制定台胞投资保护法实施办法。山东省召开了全省改善投资软环境电话会议，制定整改措施，并进一步完善省市县三级外经外贸专题例会、台商恳谈会和台资企业调研等项制度。福建省委、省政府要求各级部门下大决心、下苦功夫对台商反映强烈的问题进行综合治理。

各地注意转变政府部门及其工作人员的工作作风，提高办事效率和服务质量。福建省进一步完善对台资项目联合审批制度，简化企业设立程序。漳州市实行“一栋楼”审批办法。福州市经济技术开发区制定了台商投资审批否决报备制度，增强了项目审批的透明度；对重点台商或项目实行跟踪服务责任制。厦门投诉中心实行24小时电话举报，并聘请八名特邀督察员，定期召开协调会。仅第一季度就受理台商投诉25件，办转21件，在办4件。浙江省外经贸、工商、税务、公安、台办等部门积极开展为台商办实事活动，尽量简化手续，提高办事效率。去年底设立投资服务中心，实行“一条龙”服务，台商投资只要符合产业政策，几个工作日就可批准。深圳市根据国务院批准的《深圳口岸管理体制改革试点方案》，从体制、查验、收费、管理服务等11个方面进行改革，对投资3000万美元以上的台资企业发给通关优检证。东莞海关加强对关员的管理教育，设立投诉箱，对被投诉三次以上并经查实属违纪违法的关员进行严肃处理，直至开除公职。

各地政府认真清理税外收费。福建省调整本省涉及台商投资企业税外收费项目和标准，取消税外收费18项，降低收费标准51项，实现总体收费水平降低30%，同时发布了《福建省涉及外商投资企业行政事业性收费管理办法》，抓紧建章立制和健全监督体系工作。广东省重新核定了收费项目和标准，并在全省推行“两证一簿”制度（即收费时须出示收费许可证和收费凭证，在收费登记簿上签名）。惠州市取消了54项收费，调整了21项收费。

各地公安、司法机关在省委、省政府领导下，加大打击违法犯罪活动，加强对台资企业的治安管理。福建省开展了外资企业的社会治安专项治理，使治安状况有所好转。福州市公安局设立了三资企业治安问题专项投诉电话，市（县）公安局及各派出所明确分管领导，组织专门力量负责三资企业治安问题。厦门市制定了三资企业治安管理办法，为台资企业营造良好的经营环境。广东省各地公安机关加大打击侵害台商犯罪活动的力度，保护台商生命财产安全。深圳市台办和市公安局密切配合，联合举办培训班或讲座，培训台资企业负责人和保安员，提高台商的防范意识和保安员的业务、思想素质。

国务院各有关部门认真研究人大检查组“检查报告”提出的问题，积极采取改进措施。4、5月间国务院台办、外经贸部组成联合工作组，到江苏、上海、广东、广西等省区市，就制定台胞投资保护法实施条例进行调查研究，听取台商意见 。5月8日国家教委、国务院台办等8个部门发出通知，为在大陆高等院校学习的台湾学生在入学、学费、乘火车、出入境等方面提供方便条件和优惠待遇 。5月22日司法部下发《关于贯彻〈中华人民共和国台湾同胞投资保护法〉的通知》，提出了加大宣传、贯彻台胞投资保护法力度，积极开展涉台法律服务工作的意见。此外，国家计委、国家经贸委、公安部、财政部、国家工商行政管理局、国家税务局、国家旅游局、人民银行、贸促会也分别就相关问题提出了贯彻台胞投资保护法的初步建议或意见。

自1995年6月以来，特别是1996年3月前后，通过各地的努力工作，总的看在大陆投资的绝大多数台资企业是稳定的。据掌握的情况，台胞投资仍然呈稳步增长的趋势，没有出现台商撤资情况。1995年福建省共批准台资项目601项，协议台资金额18亿美元，协议金额比1994年增长92.2%，成为改革开放以来吸收台资最多、台资增幅最大、台资项目平均规模最大、台资大项目最多的一年。1996年势头依然看好，到4月底，全省新批台资项目135项，协议台资金额4.2亿美元，台资金额比1995年同期增长10.5%。

二、进一步贯彻实施台胞投资保护法的意见。

全国人大常委会执法检查组“检查报告”指出在保护台商投

资方面存在的问题，大多是国家经济体制转换过程中内、外资企业普遍遇到的问题，其中有些在台胞投资企业中表现得更为突出。这些问题的解决，一方面有待于国家宏观经济环境的全面改善；另一方面也需要各地各部门从促进祖国统一大业着眼，积极采取有效措施，改进工作，切实保护台胞投资的合法权益。

（一）提高认识，加大吸引、保护台资工作的力度。

近年来，在祖国大陆积极推动下，台商到大陆投资，不论在数量上和投资领域上都具有相当的规模和深度。但由于台湾当局的限制，两岸经济交流与合作的潜能还没有完全发挥出来。随着我国进一步深化改革和扩大开放，为了与国际经贸运行规则相衔接，我们将逐步对外资企业实行国民待遇，创造各类企业平等竞争的条件，但这并不意味着对台经贸工作作用的降低。根据“一个中国”的原则，台胞在大陆的投资本质上属于特殊的国内投资。各地各部门应继续充分利用我实施“九五”计划和2010年远景目标规划的契机，全面推进两岸经济交流与合作。要继续对台商投资的领域、项目、方式，实行“同等优先、适当放宽”的原则。要特别重视做好台湾大财团、大企业来大陆投资的工作；要做好已在大陆投资生产的三万余家台资企业的工作。建议各地组织力量，对现有台资企业逐个调查，针对他们在生产经营过程中存在的问题，实行分类指导，解决实际问题。

（二）采取多种形式，进一步学习、宣传、贯彻台胞投资保护法。

各级行政、司法机关及其工作人员特别是领导干部，应切实提高对贯彻实施这部法律重要性的认识。今后一个时期，各地各部门应继续采取多种形式，进一步学习、宣传台胞投资保护法。在开展“三五”普法过程中，可结合本地台胞投资的实际情况，将学习这部法律摆在应有的位置。在台商相对集中的地区，省市以下各级普法主管部门应做到学习宣传工作有计划、有安排、有检查和督促。各级涉台部门应利用同广大台商接触广的机会，向他们宣传台胞投资保护法和鼓励台商投资的各项政策，使台胞投资者增强投资信心，并能依法维护自己的合法权益。

在台胞投资保护法实施条例出台时，各地各部门可结合开展一次广泛、深入的宣传活动，增强各级行政、司法机关及其工作人员执行这部法律的自觉性。要继续加强对台胞投资保护法执行情况的检查。

（三）认真清理整顿税外收费和年检，坚决纠正不正之风。

应继续对乱收费问题进行清理，要将制止乱收费与纠正行业不正之风结合起来。不仅注意抓基层行政执法人员、管理人员和行业职工中的问题，更要重视解决政府行为和部门行为中存在的问题。建议国务院明确规定：今后，没有法律、法规依据，任何部门和单位均不得设立收费项目；对虽有法律、法规依据，但设立不够合理或收费过高的项目，要依照法定程序加以调整；对新项目的设立要严格控制，行政事业性收费的立项权应集中到中央和省两级，重要的收费项目和标准报国务院或省级人民政府批准，省级以下（包括计划单列市）政府和部门，均无权审批行政事业性收费项目和标准；同时，应严格票据管理，改进收费方式，有关部门在实施行政事业性收费时，必须使用省级以上财政部门统一印制或监制的票据，坚持亮证收费。建议财政部、全国纠风办、国务院台办对台资企业行政事业性收费执收、管理情况进行一次检查，及时查处违纪行为。

针对台商反映强烈的过多的年度检查问题，建议国务院采取以下措施予以解决：一是取消不必要的年检，对于可有可无、内容重复以及可纳入正常法律管理范围的年度检查，由国务院发文取消，必要的检查项目须经国务院同意；二是进行综合年检，对必要的年检内容进行归并，统一进行综合年检；三是把检查监督与为企业服务结合起来，在进行年检的同时，注意了解企业在生产经营过程中遇到的问题，并及时加以解决。

（四）加强社会治安综合治理工作，严厉打击侵害台商人身安全的犯罪活动。

各级公安、司法机关应充分发挥职能作用，积极配合其他部门做好社会治安综合治理工作。在台资企业集中的地区，公安机关要组织业务精、能力强的专业力量负责处理涉台案件，加强对侵害台资企业案件的处理。继续把侵害台商的案件列为严打斗争的重要内容。台资企业发生重大恶性案件后，当地公安部门的主要领导应亲临现场，组织警力迅速侦破；对直接威胁台商人身安全的犯罪活动要依法从重从快处理；对台商投资区实行重点保护，加强警力巡逻，为台商创造一个良好的社会治安环境。

（五）健全制度，明确职责，统一协调，进一步提高办事效率。

今后应结合政府机构改革、转变政府部门及其工作人员工作作风、健全对政府部门的监督制约机制，确保政府依法行政，增强服务意识，提高办事效率，并将这项工作作为改善当地投资环境的一项重要工作来抓。对于全国人大常委会执法检查组报告中所提的一些地方和部门办事效率低下的情况，各主管部门应限期予以解决。要采取切实措施，坚决纠正一些职能部门的个别人员对台资企业“吃、拿、卡、要”的腐败现象。

台胞投资保护法的贯彻落实，涉及到许多部门。各部门应明确自己的职责范围，切实履行自己的职能。对于一些涉及多个部门的事件，相关部门应统一行动，协调配合，服从大局。国务院台办及各级台办应履行“组织、管理、指导、协调”的职能，统一协调相关部门的工作，认真研究解决台胞投资保护执法工作中的问题。

应把做好台商投诉纠纷处理工作，看成是保护台商合法权益的重要一环。各地应建立和健全台商投诉机构，具体受理台商的投资纠纷，并在当地政府的领导下协调、配合有关部门做好查处工作，真正做到使台商投诉有门，违法必究。要加强仲裁机构建设，做好台商投诉纠纷的仲裁工作。切实做好涉台经济案件的审判工作，在处理台商投诉案件时，应克服地方保护主义，对于处理不公的案件，法院应切实采取措施予以纠正。建议最高人民法院组织调查组，对台商长时间申诉、而又久拖未决的案件进行调查，提出结案意见。

在保护台商投资合法权益时，也应坚决依法打击不法台商的违法犯罪活动，保护大陆企业的合法权益。

今后各级政府每年应将贯彻台胞投资保护法的情况，书面报告同级人大和上级政府。

5. 关于企业联合年检是怎么规定的？

相当一段时间以来，企业年检中的问题，台商一直反映比较激烈。为改善投资环境，方便台资企业的年检申报和政府主管部门之间的协调，使年检工作不影响企业正常的生产经营活动，节约人力、物力，联合年检措施便应运而生。近年来的实际情况表明，联合年检总的来说产生了较好的预期效果，受到企业界的普遍欢迎。

一、联合年检的工作时间和程序。

每年 1 月 1 日至 5 月 31 日为联合年检的工作时间。

参检企业应自行到工商行政管理机关领取年检报告书，按照经会计师事务所审计的企业财务报告如实、准确、完整地填写后，于 4 月 30 日以前向联合年检各部门申报年检。

采取联合办公的地区，可根据参检企业的数量适当集中一段时间受理企业申报，以节约联合办公费用。但不得将企业申报截止时间（4 月 30 日）提前。

企业向联合年检各部门提交的文件如下：

外经贸部门：

①年检报告书复印件；②批准证书副本和副本复印件；③营业执照副本复印件；④验资报告复印件（仅限应在本年度缴纳出资的企业提交）。

工商行政管理部门：

①年检报告书；②经会计师事务所审计的年度资产负债表和损益表；③营业执照正、副本（如要求企业同时提交全部正、副本，应不影响企业正常经营）；④验资报告（仅限应在本年度缴纳出资的企业提交）。

经贸部门：

①年检报告书复印件；②经会计师事务所审计的年度资产负债表和损益表。

财政部门：

①年检报告书复印件；②财政登记证副本；③企业上年度会计决算报表及查账报告；④验资报告复印件（仅限应在本年度缴纳出资的企业提交）。

外汇管理部门：

①年检报告书复印件；②投资企业外汇登记证及外汇账户开户通知书企业留存联；③企业年度财务审计报告复印件、验资报告复印件；④外债登记证、外汇（转）贷款登记证及签约情况表、变动反馈表（仅限有外债的企业提交）。

税务部门（国税、地税局各一套）：

①年检报告书复印件；②税务登记证副本；③税务登记表；④营业执照副本复印件。

海关：

①年检报告书复印件；②经会计师事务所审计的年度资产负债表和损益表复印件；③报关注册登记证正本及全部报关员证件；④企业进出口报关业务情况表（由海关提供）。

企业应将上述文件按照要求同时送达联合年检部门。为方便企业，未实行联合办公的地区，确定一个部门统一收文。

联合年检各部门审核年检文件时，如发现报检企业具有不予通过年检情节的，应在收到报检文件之日起10个工作日内提出处理意见，并通知工商行政管理部门。工商行政管理部门应留出10个工作日的协调时间，并及时向其他联合年检各部门通报上述情况及不予通过年检的企业名单。

经审查合格并在10个工作日内未收到有关部门不予企业通过年检意见的，工商行政管理部门应予企业通过年检，并在企业营业执照上加贴年检合格的标识。

未加贴年检标识的企业营业执照，不能作为申办有关手续的凭证。

联合年检各部门的审核工作应于5月31日前完成。

对于年检中反映出的企业经营中带有普遍性的问题，由经贸部门（经委、计经委）会同有关部门提出加强和改善管理的政策措施。

二、年检的标准及处罚措施。

年检不合格企业是指：严重违反法律法规；没有经营地址；投资者在规定期限内没有出资；连续1年或开业半年以上没有经营活动。

工商行政管理部门将通知年检不合格企业限期整改。对逾期未改者，要依法予以处罚；情节严重者，外经贸部门将依法撤销其批准证书，工商行政管理部门依法注销或吊销其营业执照。

对逾期不申报年检的企业，将按照国家有关法律、法规做出处理，直至依法撤销其批准证书，注销或吊销其营业执照。

对联后年检中发现有其他违规行为的企业，联合年检各部门在企业通过年检后，仍应依据法律、法规单独或联合采取处罚措施。

三、年检的核查。

每年联合年检结束后，各部门应对企业进行抽查。如发现企业不如实申报年检情况，要依法予以处罚。

为保证企业申报年检的真实性，财政部门要负责对有关会计（审计）师事务所进行抽查，对在企业年度审计中有弄虚作假行为的中介机构要依照有关法律法规予以处罚，并取消该中介机构为外商投资企业作年度审计的资格。

四、其他相关规定。

年检报告书由联合年检各部门共同编制，并由工商行政管理部门统一印制发放。

联合年检的联合办公费用由地方财政解决。除工商行政管理部门仍按原标准收费外，联合年检各部门不得增加新的收费。

联合年检各部门要严格依法办事，不得随意增加审查内容，不提擅自提高或降低审查标准。

联合年检各部门不得在本系统内另行组织对境外投资企业的年度检查。除参加联合年检的七个部门外，未经国务院批准，任何部门和单位不得对此类企业实行年检。

6. 在严格控制对企业进行经济检查方面有何具体规定？

为了规范行政机关对企业进行经济检查的行为，减轻企业负担，维护社会主义市场经济秩序，国家经济贸易委员会、国家发展计划委员会、财政部、人事部、审计署、国家税务总局、国家统计局、国家工商行政管理局、国家质量技术监督局、国家外汇管理局联合制定，国务院 1999 年 7 月 9 日批准，国家经济贸易委员会 1999 年 7 月 23 日发布实施《控制对企业进行经济检查的规定》。

本规定所称经济检查，是指行政机关对企业生产、经营活动遵守法律、法规情况进行的检查。行政机关包括经贸、财政、审计、价格、税务、工商行政管理、质量技术监督、外汇管理、统计等部门。除法律、法规明确规定外，任何行政机关不得擅自对企业进行经济检查。行政机关依照法律、法规对企业进行经济检查，应当统筹安排、注重效率、保证质量、避免重复。行政机关对企业进行经济检查，应当事先拟订检查计划。检查计划应当包括检查依据、检查时间、检查对象、检查事项等内容。

行政机关应当将检查计划报同级人民政府指定的部门（以下统称指定部门）备案。指定部门应当对有关行政机关的检查计划进行必要的协调，能够合并的，应当合并；可以联合实施的，应当组织有关行政机关联合实施检查。实行垂直管理体制的行政机关对企业进行经济检查，应当将检查计划报上一级机关备案。上一级机关应当对下一级行政机关的检查计划进行必要的协调，能够合并的，应当合并。

同一行政机关对同一企业的经济检查每年一般不得超过一次；法律、行政法规和本规定另有规定的除外。税务机关对企业进行税务检查，应当按照归口管理、统一检查的原则，由国税机关、地税机关按照检查计划联合组织实施，省（自治区、直辖市）、市（州、盟）、县（旗）三级统筹协调。税务机关对同一企业的税务检查，每年不得超过两次。质量技术监督机关对同一企业的产品质量进行监督抽查，除质量抽查不合格的外，每年不得超过两次。对已经派入国务院稽查特派员的国有重点大型企业，除法律、行政法规另有规定外，有关行政机关不再对企业进行财务检查。

行政机关对企业进行经济检查时，应当出具检查通知书。检查通知书应当包括下列内容；

（一）检查的法律、法规依据；

（二）检查内容；

（三）检查时限；

（四）实施检查的人员及其负责人。

行政机关在对企业进行经济检查结束后，应当及时提出客观、真实、明确的检查报告，并报指定部门或者上级部门备案。指定部门或者上级部门应当根据情况，将检查报告抄送有关行政机关。行政机关对企业的检查报告能够满足其他行政机关履行其职责需要的，其他行政机关应当加以利用，避免重复检查。

行政机关对企业进行经济检查，除法律、法规、国务院及财政部、国家计委以及省、自治区、直辖市人民政府规定的收费项目外，不得向企业收取任何费用，也不得以任何形式将检查费用转嫁给企业。行政机关的工作人员对企业进行经济检查时，不得接受被检查企业的任何馈赠、报酬、福利待遇，不得在被检查企业报销任何费用，不得参加被检查企业提供的宴请、娱乐、旅游等活动，不得通过检查工作为本人、亲友或者他人谋取利益。

行政机关有下列行为之一的，对直接负责的主管人员和其他直接责任人员依法给予行政处分：

（一）没有检查通知书，擅自对企业进行经济检查的；

（二）同一行政机关在一年内对同一企业的经济检查超过规定次数的；

（三）违法向被检查企业收取费用或者将检查费用转嫁给企业的。

行政机关的工作人员有下列行为之一的，依法给予警告直至开除的行政处分：

（一）违反规定，擅自到企业进行经济检查的；

（二）接受被检查企业的馈赠、报酬、福利待遇的；

（三）在被检查企业报销费用的；

（四）参加被检查企业提供的宴请、娱乐、旅游等活动的；

（五）通过检查工作为本人、亲友或者他人谋取利益的。

行政机关的工作人员接受的被检查企业的物品、报酬、福利待遇，依法予以没收、追缴或者责令退赔；在被检查企业报销的费用或者参加被检查企业提供的宴请、娱乐、旅游活动，责令退赔或者自行支付相关费用。

对违反本规定对企业的经济检查，企业有权抵制，任何单位和个人有权向监察等有关部门检举。收到检举的部门应当负责保密并及时处理。行政机关的工作人员对检举人进行报复陷害，构成犯罪的，依法追究刑事责任；尚不构成犯罪的，依法给予行政处分。

行政机关有理由认为企业存在违法行为或者违法嫌疑，依法进行调查的，不受本规定的有关限制。

国务院决定、国务院有关部门经国务院批准决定或者省、自治区、直辖市人民政府决定进行的专项检查，分别按照国务院或者省、自治区、直辖市人民政府确定的专项检查的范围、内容、时限和程序进行。其他行政机关对企业的检查，参照本规定执行。

7. 祖国大陆在治理向企业乱收费、乱罚款和乱摊派等问题上采取了哪些具体措施?

（一）坚决取消不符合规定的向企业的行政事业性收费、罚款、集资、基金项目和各种摊派。凡属国家法律法规、国务院及财政部、国家计委和省、自治区、直辖市人民政府明文规定之外向企业的行政事业性收费项目，国家法律法规规定之外向企业实施的罚款项目，国家法律法规和国务院明文规定（指农村集资办学，集资办电、修路、建住房等）之外向企业集资的项目，国务院及财政部规定之外向企业收取基金的项目，均一律取消。各种摊派和乱集资一律取消。向企业收取费用和罚款必须严格按规定标准执行，坚决制止超标准收费和罚款的行为。

过去已经省、自治区、直辖市人民政府财政、物价部门审批的收费项目，少数确需保留的，应经省、自治区、直辖市人民政府重新审批，并征得财政部、国家计委同意。

（二）全面清理按规定未被取消的向企业的行政事业性收费、罚款、集资、基金项目。对不合理的项目要坚决取消并向社会公布；合理的保留，但标准过高的要把标准降下来；重复收取的要予以合并。凡需保留的包括降低标准和合并的项目，要按照管理权限从严重新审批。其中，行政事业性收费项目按照隶属关系分别报国务院或省、自治区、直辖市人民政府审批，集资、基金项目报国务院审批。凡需国务院审批的项目，由国务院减轻企业负担部际联席会议审核后报国务院。

清理期间，除国家法律法规规定之外，暂停审批新的向企业的行政事业性收费、集资、基金项目。凡利用行政权力和垄断地位强行进行的经营服务性收费，属于乱收费行为，要一律严肃查处。事业单位及其所属机构向企业的经营服务性收费项目，由物价部门负责清理。清理向乡镇企业的乱收费、乱集资、乱罚款和各种摊派，按照《中共中央、国务院关于切实做好减轻农民负担工作的决定》（中发［1996］13号）的有关规定执行。

（三）建立健全向企业的行政事业性收费、罚款、集资、基金项目的审批管理制度。今后，所有新增加向企业的行政事业性收费项目和标准，必须按隶属关系分别报财政部、国家计委或省、自治区、直辖市人民政府审批，重要的报国务院审批。各省、自治区、直辖市人民政府审批的收费项目和收费标准，要分别征得财政部和国家计委同意。向企业实施罚款，必须严格按照国家法律法规的规定执行。向企业集资，必须依据国家法律法规和国务院的规定进行。向企业收取基金，必须按照规定报财政部会同有关部门审批，重要的要报国务院审批。

（四）加强对行政事业性收费、罚款、集资、基金的收缴和使用管理的监督，防止截留、挤占和挪作他用。行政事业性收费，要按照《国务院关于加强预算外资金管理的决定》（国发

［1996］29 号）进行管理。罚款要全部上缴同级国库，取消和禁止各种形式的罚款收入提留分成办法。执法部门所需办案和业务经费，一律列入同级财政预算。集资、基金实行收支两条线管理。

向企业收取行政事业性费用，必须凭物价部门颁发的《收费许可证》和财政部或省、自治区、直辖市人民政府财政部门统一制发的行政事业性收费票据，依法征税的必须使用税务部门统一印制的发票。否则，企业应拒绝交费。可进行“企业交费登记卡”制度试点，有条件的地方可以实行统一征管的办法，规范收费行为。企业要建立健全内部监督约束机制，严格执行各项财务制度，定期向职工代表大会报告企业交费情况。

（五）严格执行国家规定，坚决做到令行禁止。严禁擅自设立行政事业性收费、罚款、集资、基金项目；严禁擅自提高收取标准，扩大收取范围；严禁向企业摊派、索要赞助和无偿占用企业的人财物；严禁向企业强买强卖，强制企业接受指定服务，从中牟利；严禁在公务活动中通过中介组织对企业进行收费；严禁将应由企业自愿接受的咨询、信息、检测、商业保险等服务变为强制性服务，强行收费；严禁强制企业参加不必要的会议、培训、学术研讨、技术考核、检查评比和学会、协会、研究会等；严禁强行向企业拉广告，强制企业订购书报刊物、音像制品等；严禁机关、事业单位及其工作人员到企业报销各种费用。

（六）加强监督检查，加大执法力度。要组织力量对重点地区、部门和单位进行重点检查和审计。各级经贸、计划（物价）、财政、监察、纠风、审计等有关部门要建立举报制度，并设立联系点。任何单位和个人都有权举报向企业乱收费、乱罚款和各种摊派等行为。有关部门受理举报后，要认真进行调查处理。对于造成恶劣影响和严重后果的重大案件，要追究主要负责人和当事人的责任，根据情节轻重给予相应的党纪政纪处分，触犯刑律的要移交司法机关依法处理。对于顶风作案和打击报复举报人或刁难企业的，要依法从重处理，决不姑息。

（七）充分发挥新闻舆论的监督作用。中央和地方新闻单位要紧密配合这项工作，突出宣传党和政府减轻企业负担的方针政策，宣传各地的好经验好做法。对于违反本决定精神、情节恶劣的典型案件，要予以曝光。

（八）加强领导，建立责任制。治理向企业乱收费、乱罚款和各种摊派等问题的工作，涉及面广，政策性强，情况复杂，难度很大，要实行统一领导、分级负责、采取自查自纠与监督检查相结合的方式进行。各地区、各有关部门要按照党中央、国务院的部署和要求，切实加强领导，并指定一位领导同志负责，明确责任制，及时研究解决存在的问题。为更好地开展这项工作，中央确定，由国家经贸委牵头，国家计委、财政部、监察部、国务院纠风办和审计署参加，建立国务院减轻企业负担部际联席会议制度，并设立办公室，负责工作指导、监督检查和组织协调。各地区、各有关部门贯彻落实本决定情况，要报告党中央、国务院。

8. 为进一步整顿和规范市场经济秩序，大陆方面已经采取或即将采取哪些主要措施？

（一）明确主要任务。整顿和规范市场经济秩序是一项涉及面广、十分复杂的工作。必须坚持深化改革与加强法制并举的指导思想，标本兼治，边整边改，着力治本。针对市场经济秩序方面存在的问题，“十五”时期整顿和规范市场经济秩序的主要内容包括以下几个方面：

1. 打击制售假冒伪劣商品、偷税、骗税、骗汇、走私、制贩假币等违法犯罪活动。继续查处制假售假问题突出的重点商品、重点市场、重点地区和大案要案。打击伪造、倒卖、虚开增值税专用发票进行涉税犯罪活动的专业化作案团伙。取缔非法买卖外汇。严防走私回潮。

2. 整顿建筑市场。查处在工程建设中规避招标和招投标中的弄虚作假、转包、违法分包和无证、越级承包工程，以及违反法定建设程序及不执行强制性技术标准、偷工减料、以次充好等行为。

3. 整顿和规范金融秩序。查处银行、证券、保险机构的违法违规经营活动。取缔非法金融机构和非法变相从事金融业务的活动。打击和制止金融欺诈、操纵证券市场和内幕交易、恶意逃废债务等行为。

4. 严肃财经纪律。加强对财政资金、重大投资项目、重点专项资金、国有金融机构和国有企业资产质量的审计。查处私设“小金库”、账外经营、截留、坐支、挪用国家资金等违反财经法纪行为。打击伪造各种票据、会计凭证、会计账簿和提供虚假财务会计报告等违法行为。

5. 规范中介机构的行为，实行中介机构市场准入制度 。整顿经济鉴证服务市场。严肃查处中介机构出具虚假资信证明、虚假评估、虚假鉴证等不法行为，对严重违法违规的中介机构和人员实行禁入制度。

6. 推进文化和旅游市场整顿。开展“扫黄打非”斗争，打击侵权盗版、制贩非法出版物等违法犯罪活动。加强对电子游戏、歌舞娱乐经营场所的监管。查处非法经营的各类“网吧”。整顿文物市场。规范旅游业经营秩序。

7. 打破地区封锁和部门、行业垄断。查处行政机关、事业单位、垄断性行业和公用企业妨碍公平竞争，阻挠外地产品或工程建设类服务进入本地市场的行为，以及其他各种限制企业竞争的做法。

8. 强化安全生产管理和安全监察。抓紧重点行业的安全整顿，加强对事故隐患及危险源的综合治理。对不符合基本安全生产条件或整改无效的企业和经营单位，坚决予以关闭。

（二）确定当前的工作重点。在全面整顿和规范市场经济秩序的基础上，根据每个时期的不同特点，分别确定各阶段整治的重点。当前，要紧紧抓住直接关系广大群众切身利益、群众反映强烈、社会危害严重的几个突出问题，主要包括：以食品、药品、农资、棉花以及拼装汽车等为重点，打击制售假冒伪劣商品的行为；以查处规避招标、假招标和转包为重点，整顿和规范建筑市场；以查处偷税、骗税、非法减免税为重点，强化税收征管；以查处地区封锁和部门、行业垄断为重点，打击地方保护主义；以清理压缩音像集中经营场所，查处非法经营的“网吧”、“游戏机房”为重点，整顿文化市场。

经过全国范围内的集中整顿和打击，争取用一年左右的时间，使严重破坏市场经济秩序违法犯罪活动蔓延的势头得到明显遏制；后果严重、影响恶劣的大案要案得到揭露和处理；触犯刑律的犯罪分子移送司法机关得到严厉惩处；有关法律、法规得到进一步完善；执法队伍和执法力度得到加强；群众对市场经济秩序的满意程度明显提高，整顿和规范市场经济秩序的工作取得阶段性的成果。

（三）加大打击违法犯罪活动的力度。依法严惩破坏市场经济秩序的违法犯罪行为，是整顿和规范市场经济秩序的重要措施。行政主管部门与执法部门要加强协调配合，始终保持严打的高压态势。行政执法部门在查处违法行为中发现的犯罪线索，必须及时通报并依法移送公安部门及其他有关部门，坚决制止一些地方和部门存在的瞒案不报、以罚代管、以罚代刑现象，造成严重后果的要严肃追究责任。依法加大对破坏市场经济秩序行为的处罚力度，让违法犯罪者为其行为付出巨大代价，切实起到震慑作用。

（四）严惩各种违法犯罪分子。集中力量侦破一批涉及面广、数额巨大、影响恶劣、严重破坏市场经济秩序的大案要案，依法严惩一批违法犯罪的首恶分子和惯犯。对国家机关中与犯罪分子相互勾结，包庇、纵容违法犯罪活动的人员，要一查到底，绝不姑息。违纪的必须严肃处理，触犯刑律的必须依法追究刑事责任。

（五）建立健全举报奖励制度。各地区、各部门要建立通畅的渠道，认真受理群众和企业的举报、投诉，制定并完善举报奖励办法，筹措奖励经费，对举报有功人员予以重奖，并采取有效的保护措施。

（六）进一步理顺政府部门职能，明确分工。规范市场经济秩序，首先要规范政府行为。各级政府都要与各类生产经营活动和中介机构彻底脱钩，把培育市场体系、监督市场运行、维护公平竞争、调整经济结构、推进营销方式改革、创造良好的经济运行环境，作为自己的重要责任。政府部门之间要明确职责分工，避免因职能交叉造成管理上的重复或疏漏，影响市场经济秩序。

（七）切实减少行政性审批。加快清理政府审批事项，大幅度减少行政性审批，主要发挥市场在资源配置中的基础性作用。对没有法律、法规依据，或可以用市场机制代替的行政审批，坚决予以废止。依法需要保留的行政性审批，要程序公开，手续简便，除法定规费外，一律不准收费。按照审批权力与责任挂钩的原则，建立行政审批责任追究制度。

（八）打破地方封锁和行业垄断。彻底清理并废除各地区、各部门制定的带有地方封锁和行业垄断内容的规章。禁止任何单位或个人违反法律、行政法规，以任何形式阻挠、干预外地产品或工程建设类等服务进入本地市场，或者对阻挠、干预外地产品或工程建设类等服务进入本地市场的行为纵容、包庇，限制公平竞争。进一步加快垄断行业的改革和重组，推进政企分开，强化竞争机制，推行现代化服务方式，实现规模经营。

（九）完善市场法律法规体系。根据整顿和规范市场经济秩序的需要，清理不符合市场经济要求的法律法规。按照立法的法定程序适时提出制定、修订有关法律的建议，制定、修订行政法规。加强现有法律法规的宣传教育，在全社会树立政府部门必须依法行政、企业和公民必须守法经营的观念。

（十）坚决纠正执法不严、违法不究的现象。依法行政、有法必依、严格执法是政府的重要职责，对扰乱市场经济秩序行为不予制止是政府的失职。加强行政执法与刑事执法的衔接，建立信息共享、沟通便捷、防范有力、查处及时的打击经济犯罪的协作机制，对破坏市场经济秩序构成犯罪行为的，及时移送司法机关处理。

（十一）加强行政执法机构和执法队伍建设。进一步改善执法机构装备，加强执法系统基础设施建设。严格执行行政性收费和罚没收入“收支两条线”的规定，坚决纠正各种形式的收支挂钩现象。同时，要增加财政投入，保证办案经费需要。加强执法队伍建设，努力提高执法人员的业务素质的执法水平，提高工作效率，从严惩治并清除执法队伍中的腐败分子。

（十二）加快建设“金关”、“金税”、“金卡”、“金盾”工程等信息网络监管系统。以信息技术为手段，强化市场监督管理。已经建成的电子监管系统要尽快实现全国联网，并加快相关部门之间的网络互联，实现监管信息交流和共享，充分发挥高新技术在整顿和规范市场经济秩序中的作用。信息网格监管手段建设进展迟缓的部门和单位，可视情节轻重追究主管领导的责任；故意设置障碍严重影响市场监管的，要撤销其领导职务。

（十三）建立健全以行业自律、新闻监督、群众参与为主要内容的社会监督体系。充分发挥商会、行业协会等组织的作用，教育、监督、约束企业自觉遵守法律法规。进一步加强电视、广播、报刊、网络等媒体的舆论监督，加大对大案要案的披露和对查处工作的宣传报道力度，扶正压邪，形成整顿和规范市场经济秩序的浓厚舆论氛围。提高全民质量意识和安全意识，人人自觉抵制假冒伪劣商品，制止违反安全规程的行为，维护自身合法权益。社会中介机构作为维护市场经济秩序的重要力量，要进一步发挥其服务、沟通、公证、监督的功能。

（十四）把依法治国和以德治国结合起来。在全社会进行诚实守信的思想道德教育，努力建立适应社会主义市场经济发展的思想道德体系，使全体人民自觉遵守市场经济秩序，形成良好的道德风尚，带动和促进社会风气的进一步好转。

（十五）建立健全符合市场经济体制要求的社会信用制度。缺乏信用不仅造成经济关系的扭曲，社会交易成本增加，而且败坏社会风气，已经成为当前影响我国经济健康运行的一个突出问题。因此，要逐步建立企业经济档案制度和个人信用体系，防止商业欺诈、恶意拖欠及逃废债务等不法行为的发生。

（十六）建立“全国统一领导，地方政府负责，部门指导协调，各方联合行动”的工作格局。

1. 成立全国整顿和规范市场经济秩序领导小组，并设立办公室（设在国家经贸委）。领导小组的主要任务是统一领导全国整顿和规范市场经济秩序的工作，指导、部署和协调各项专项整治行动；定期检查各地区、各部门的工作进展情况，及时向国务院报告整顿和规范市场经济秩序中的重大事项。

2. 实行省长（主席、市长）负责制，由省（区、市）政府组织领导本地区的整顿和规范市场经济秩序工作。各地区也要确定本地的整顿工作重点，进行具体部署并加强监督检查。对整顿工作不力，市场经济秩序混乱而又长期得不到有效治理的地区，要依法、依纪追究当地政府主要负责人和有关负责人的责任，构成犯罪的要依法追究刑事责任。

3. 国务院各部门要按照职责分工，对主管领域市场经济秩序的整顿和规范工作，切实负起责任。对列入全国重点整顿范围的问题，要按照国务院的统一部署，深入开展专项整治；没有列入全国重点整治范围的，也要确定整顿和规范的具体内容，提出标本兼治的措施。各部门要尽快提出同本决定配套的法规和政策，协助搞好对各级政府公务员的培训，并指导地方政府抓好在全国有影响的大案要案的查处工作。要严肃执法，边整边改，转变职能，建章立制，完善法律法规，不断巩固整顿和规范市场经济秩序的成果。

4. 各行政主管部门和执法部门，在整顿和规范市场经济秩序工作中，要相互支持，密切合作，加强协调，形成合力。在查处跨地区的违法活动时，地区、部门之间要联合行动，相互配合。各部门在工作中要从大局出发，力戒政出多门、互相推诿扯皮。

第七篇 两岸贸易与航运

1. 大陆方面哪些企业拥有对台贸易经营权？

大陆各类依法从事对外贸易经营活动的法人或其他组织（包括境外投资企业），均可以在其经营范围内与台湾地区的公司、企业和其他经济组织或个人进行对台贸易。

2. 关于对台贸易有什么特别规定？

为进一步推动和规范两岸间现有的贸易活动，促进海峡两岸经济发展，在总结以往管理经验和实际情况的基础上，遵循一个中国原则和有关市场经济规则，2000 年 12 月 29 日，外经贸部发布实施了《对台湾地区贸易管理办法》（以下简称《办法》）。《办法》共 15 条，对有关适用范围、管理方式、纠纷解决等作了明确规定。

《办法》适用于大陆与台湾地区间的各种贸易，包括货物贸易、技术贸易和服务贸易。从事对台贸易应当遵守国家法律、行政法规和其他有关规定，不得损害国家安全和社会公共利益。对台贸易的主管机关是外经贸部，有关省、自治区、直辖市的外经贸部门负责本行政区域内的对台贸易工作。

对台贸易合同以及货物上不得出现违反一个中国原则的字样和标记，不得出现有碍祖国统一的内容。对台贸易货物及其包装上需要标明原产地的，台湾货物及其包装上应当标明原产地为台湾，大陆货物及其包装上根据实际情况可以采用中性包装。间接进行对台贸易的，应当通过在香港或者澳门特别行政区登记注册的工商企业进行。大陆货物经香港或澳门特别行政区转口、转运至台湾地区的，应当遵守国家对香港或澳门特别行政区贸易的有关规定。

对台贸易中涉及国家统一、联合经营或者总量控制的商品，以及许可证、配额管理的商品，按照国家有关进出口的规定办理。对台贸易货物由海关根据有关法律法规，按照优惠税率征收关税，并依法征收进口环节税。

《办法》未规定的对台贸易事项，参照国家有关货物进出口、技术进出口和国际服务贸易的规定执行。两岸小额贸易，适用《对台湾地区小额贸易的管理办法》。

对台贸易发生纠纷时，由当事人通过协商或者调解解决。当事人不愿协商、调解的或者协商、调解不成的，可以依据合同中的仲裁条款或事后达成的书面仲裁协议，提交中国的仲裁机构仲裁。当事人未在合同中订立仲裁条款，事后又未达成书面仲裁协议的，可以依法向人民法院提起诉讼。

3. 什么是对台小额贸易？有何具体规定？

对台小额贸易有着很深的历史渊源。它是两岸一般贸易的补充形式，它的存在与发展增进了两岸人民的了解，改善了沿海居民生活，对促进两岸直接通商有积极影响。为了使对台小额贸易更加有序地进行，1993 年 9 月 25 日，外经贸部和海关总署联合发布实施了《对台湾地区小额贸易的管理办法》（以下简称《办法》）。《办法》就对台小额贸易事项作了具体规范。

（一）概念。对台小额贸易是指台湾地区居民在大陆沿海指定口岸（福建、广东、浙江、江苏、山东、上海、海南），依照有关规定进行的货物交易。

（二）经营主体资格。对台小额贸易只能由台湾地区居民同大陆的对台小额贸易公司进行。台湾居民是指持有有效、完整的台湾渔民证、身份证等有关身份证明的人员。对台小额贸易公司应由外经贸部授权的上述沿海省、市对外经贸主管机关批准，并在工商行政管理部门登记注册。

（三）经营对象。对台小额贸易公司只准开展对台小额贸易，不得经营一般进出口业务。对台小额贸易所经营的货物限于非国家专营、禁止、限制进出口的，非进出口配额许可证管理的货物。确需出口少量配额许可证管理货物的，应由对台小额贸易公司报上级外经贸机关按照一般贸易和对台贸易的有关规定办理审批手续，经批准同意后申领出口许可证，海关凭证验放。对台小额贸易进口的货物仅限于原产地为台湾的货物，海关必要时应审阅进口货物的产地证明书。

（四）运载工具和限额。对台小额贸易只能使用100吨以下（含100吨）的台湾船只。台湾船只系指在台湾地区正式登记注册、可供海上正常作业和航行的载体。对台小额贸易每船每航次进出口限额各为10万美元（据了解，拟分别修订为200吨和20万美元）。

（五）交易口岸。对台小额贸易只能在指定口岸进行。交易口岸由外经贸部授权的上述沿海省、市对外经贸主管机关商当地公安、边检、海关、交通、台办等部门指定。

（六）交易形式与结算。对台小额贸易应以易货形式为主进行，易货货物均需以美元计价。采用现汇形式进行的对台小额贸易，应以国家允许兑换的外币进行结算。对台出口所得现汇均应按国家外汇管理规定处理，由对台小额贸易公司全额留成。

（七）税收征管。对台小额贸易进出口货物由海关按照《海关进出口税则》规定的优惠税率和《产品税条例》、《增值税条例》征税，并按海关有关征税规定进行管理。

（八）贸易监管。所有对台小额贸易进出口货物、船只及船上人员必须接受当地海关、边检及其他港口联检部门的监管，并照章交纳税、费。对台小额贸易船只所载未成交的货物，应原船退回。船员个人携带自用物品应以自用合理数量为限。船员不得携带规定禁止进出境物品，个人不得利用船舶为他人携带物品。船舶带进的航行必需的设备、燃料、物件，应原船带出。上述物品不得作为货物交易。未向海关申报并办理验放手续，不得擅自卸、装货物。

对台小额贸易货物和船只均不得出现违反一个中国原则的字样及旗、徽、号等标记。

（九）处罚。对台小额贸易公司违反《办法》规定的，原审批机关可视情节轻重分别给予警告、严重警告、撤销其经营资格的处罚。对违反海关规定的，由海关按《海关法》等规定查处。构成犯罪的，移交司法机关追究刑事责任。

4. 大陆方面对两岸间的海上航运是如何规定的？两岸间的海运现状怎样？

按照“一个中国、双向直航、互惠互利”原则，交通部于1996年8月制定颁布了《台湾海峡两岸间航运管理办法》。办法明确，中国大陆港口与台湾地区港口之间的海上直达客货运输（简称两岸航运），属于特殊管理的国内运输，由交通部主管。在中国大陆和台湾地区登记注册的符合下列条件的航运公司，经交通部批准，方可以其所有的或经营的船舶，从事两岸航运业务：①中国大陆或台湾地区的独资航运公司；②中国大陆和台湾地区的合资航运公司。

申请经营两岸航运业务的，在中国大陆注册的地方航运公司应当经所在地省级交通主管部门审核后转报交通部批准；国务院各部门所属航运公司由有关部门核转交通部批准。在台湾地区注册的航运公司应当委托其在大陆的船舶代理公司代为提出申请，经代理公司所在的省级交通主管部门审核后转报交通部批准。经批准的航运公司及其船舶，由交通部核发《台湾海峡两岸间水路运输许可证》和《台湾海峡两岸间船舶营运证》，有效期1年。

非经交通部批准，外国航运公司不得经营台湾海峡两岸间双向直达的或中转的客、货运输。这是维护国家主权和两岸航运利益的需要，也是符合《联合国海洋法公约》及有关国际惯例的。为两岸航运业务提供服务的大陆港口和船舶代理公司，由交通部批准并公布。

未经批准擅自经营两岸航运及其相关业务的，由交通部给予警告、没收违法所得；对港口经营人、船舶代理人为没有两岸航运经营资格的航运公司的船舶提供相关服务，情节严重的，还可并处取消从事与两岸航运相关服务的资格。

由于台湾当局的原因，目前海峡两岸还没有实现真正意义上的直接通航。两岸间的海上货物运输采用的还是间接运输形式。货物须随船经第三方港口（换单不换船），然后才能抵达台湾本岛港口，进入台湾岛内市场。显然，这给两岸物品流通造成极大不便，费时费力又费钱。

1997年4月19日，厦门轮船公司的方便旗船“盛达轮”装运着大陆的外贸货物直驶台湾的高雄港，揭开了福州、厦门港至高雄港之间试点直航的序幕，恢复了40多年来台湾海峡两岸商船直达通航。但是，由于台湾当局的限制，两岸注册船舶还不能直接运送两岸的货物在台湾本岛“通关入境”；两岸在第三地注册挂方便旗的船舶（即所谓“权宜轮”）也只能经高雄港转运祖国大陆的外贸货物。

5. 两岸货物运输代理业管理办法的主要内容是什么?

为促进台湾海峡两岸间经济贸易交流和航海运输业发展，维护正常的货物运输代理经营秩序，根据国家有关法律、法规以及“一个中国、双向直航、互惠互利”的原则，对外贸易经济合作部于1996年8月21日发布实施了《关于台湾海峡两岸间货物运输代理业管理办法》。

本办法适用于对从事代理台湾海峡两岸间直达航海货物运输业务的管理。中国大陆港口与台湾地区港口之间的海上直达货物运输属于特殊管理的国内运输。中华人民共和国对外贸易经济合作部（以下简称外经贸部）是台湾海峡两岸间货物运输代理业务的主管机关。外经贸部根据国家有关法律规定和台湾海峡两岸间货物运输市场的供求情况，对经营有关货物运输代理业务的企业实施行业管理。

从事经营台湾海峡两岸间货物运输代理业务必须经外经贸部批准。未经外经贸部批准的任何企业和个人一律不得从事该项业务。申请经营台湾海峡两岸间货物运输代理业务的企业仅限于以下两类:

（一）经外经贸部批准设立的全部资本来源于中国大陆的国际货物运输代理企业;

（二）经外经贸部批准设立的中国大陆和台湾地区投资者合资或合作的国际货物运输代理企业。

申请经营台湾海峡两岸间货物运输代理业务的企业，应经所在省、自治区、直辖市、经济特区对外贸易经济合作主管部门审核后转报外经贸部批准。外经贸部自收到本办法第七条规定的申请文件之日起45天内决定批准或不批准。外经贸部向批准经营台湾海峡两岸间货物运输代理业务的企业核发经营许可证。经营许可证有效期为3年。经营许可证有效期届满时，需要继续从事有关代理业务的，应在经营许可证有效期届满的30天前向外经贸部申请换领经营许可证。未依照本款规定申请换领经营许可证的，其从事有关代理业务的资格自经营许可证有效期届满时自动取消。

申请经营台湾海峡两岸间货物运输代理业务的企业，应提交下列文件：

（一）申请书；

（二）可行性研究报告；

（三）资信证明；

（四）外经贸部要求的其他文件。

外经贸部定期集中公布从事台湾海峡两岸间货物运输代理业务的企业名录。从事台湾海峡两岸间直达航海货物运输业务的企业必须在外经贸部公布的从事有关货物运输代理业务的企业中选择代理。海关不得为未经外经贸部批准从事有关代理业务的企业办理清关手续。

经批准的从事代理台湾海峡两岸间直达航海货物运输业务的企业应遵照国家法律、法规及有关行业管理规定，为台湾海峡两岸货物收发货人和直达航运船舶提供优质服务，每季度第一个月上旬将上一季度有关经营情况以书面形式报企业所在地外经贸主管部门并抄报外经贸部。对违反国家有关法律、法规及本办法规定的从事台湾海峡两岸间货物运输代理业务的企业，外经贸部将根据国家有关法律予以处罚。

关于从事台湾海峡两岸间货物运输代理业务，本办法未规定的有关事宜参照《中华人民共和国国际货物运输代理业管理规定》执行。

6. 两岸空中通航有何规定，情况怎样？

关于两岸空中通航，1990年3月10日，国家民航总局颁发了《中国大陆与台湾间民用航空运输不定期飞行的申请和批准程序的暂行规定》。明确从事中国大陆与台湾地区间民用航空运输不定期飞行，必须向中国民用航空总局提出书面申请，经批准后方可飞行。申请此类飞行的企业要保证在从事两岸航空运输时，不以任何形式利用飞机或其商务活动进行或参与制造“两个中国”或“一中一台”的政治宣传活动，不在飞机设备和其他物件上出现有违一个中国的标识。如有违反，中国民用航空总局有权不予批准或立即撤销已给予的经营许可。

目前，虽有澳门、港龙航空公司的飞机分别经停澳门、香港机场换航班号后，一机到底飞行两岸，但两岸仍处于空中间接通航的局面，这也是台湾当局一手造成的。

对未来两岸实现海上、空中直航所涉及的旗、籍、证问题，只要两岸双方都坚持一个中国原则，按国内特殊事务对待，抱有推动直航的诚意和积极态度，完全可以通过协商找到解决办法。根据有关国际民用航空公约及附件的规定，航空器要有国籍标志，国籍标志须从国际电信联盟分配给登记国的无线临时性呼叫信号中的国籍代号系列中选择。分配给中国的是英文字母“B”，祖国大陆和台湾地区的飞机国籍标志都是“B”，因而两岸直航的飞机已不存在国籍和旗帜的问题了。1997年港台航线通航船舶挂旗问题已经解决，未来两岸直航船舶的挂旗问题，无疑也是可以妥善解决的。

7. 如何办理两岸贸易货物运输保险及索赔事项？

对台出口的货物，要从大陆运到台湾，有些则要通过台湾的高雄港运到世界各地，手续繁杂，运输距离远，商品在途时间长。在此过程中，难免因自然环境的变化或其他原因，遭受损失。为了不使这种可能发生的情况影响自己的经营，必须投保运输保险，以便一旦发生风险时能及时得到经济补偿。在对台贸易实践中，运输保险是货物买卖合同不可缺少的必要组成部分。

一、运输保险承保范围

（一）承保的风险类别

两岸货物运输中的风险，主要有两大类，一类是海上风险，另一类是外来风险。

海上风险包括自然灾害和意外事故两个方面。自然灾害是指因恶劣气候如台风、雷电、海啸、地震、洪水等而引起的风险。意外事故是指由于偶然的难以预料的原因所造成的事故，如船舶搁浅、触礁、沉没、船只与船只、流水及其他物体碰撞、失火、爆炸等原因引起的各种事故。

外来风险是指海上风险以外的其他外来原因所引起的风险。外来风险可分为以下三类：

1. 一般外来风险，指因偷盗、雨淋、渗漏、受热受潮、串味、玷污、破碎、生锈、钩损等外来原因所引起的风险；

2. 特别外来风险，指交货不到、拒收、进口关税、黄曲霉素、舱面货物损失、转口在港澳存仓火灾等风险；

3. 特殊外来风险，指运输过程中由于政治、军事等特殊原因而造成的风险和损失。这些特殊原因包括战争、敌对行为、罢工、台湾当局政策及行政措施变化等引起的风险。

（二）承保的损失

1. 海上损失

海上损失，是指被保险货物在海峡两岸运输过程中因遭受海上风险所造成的损失和引起的费用。它包括两个方面：一是货物本身遭到损坏或灭失；二是为营救货物而支出的费用。按照惯例，海上损失和费用，也包括与海运相连接的陆上或内河运输过程中所发生的损失和费用。

海上损失按其损失程度可分为全部损失和部分损失。

（1）全部损失　全部损失简称全损，系指整批或不可分割的一批被保险的货物在运输中全部遭受损失。全损又分为实际全损与推定全损。

实际全损是指该批被保险的货物完全失踪（如被盗）、灭失（如船只货物发生火灾被烧毁），或者货物因变质、变形而完全失去原有使用价值及其价值，如水泥、茶叶等经海水浸泡而丧失原有的使用价值和价值。

推定全损是指被保险货物虽未遭到全部灭失或损坏，但为避免实际全损，对货物进行恢复、修复、施救及将货物运送到原目的地所需的费用，超过获救货物的价值，推定为全损。

在保险货物发生推定全损时，被保险人可以要求保险公司按投保货物的部分损失赔偿，也可以要求按推定全损赔付。但被保险人需向保险公司提出委付通知，并经保险公司同意，才能按推定全损赔付。所谓委付，是被保险人先将保险标的的一切权利和义务转让给保险人而要求保险人按照实际全损进行赔付的行为。

（2）部分损失　部分损失是指保险标的没有达到全损，而只是部分损坏或丧失。部分损失又分为共同海损与单独海损。

共同海损是指载货的船舶在海运途中遭到自然灾害或意外事故，为了共同的安全，船长有意采取合理措施而引起的特殊损失和额外费用。

共同海损的成立，应具备以下条件：A. 必须确实有危及船货共同安全的危险存在；B. 船方有意采取的合理措施，必须是为了解除船货的共同危险；C. 所作出的牺牲具有特殊性，支出的费用是额外的，是为了解除危险，而不是由危险直接造成的；D. 牺牲和费用的支出最终必须是有效的，经采取措施，船货全部或者部分抵达目的港，从而避免船货同归于尽。

共同海损的费用由船方、货方和运方按最后获救的价值多少，按比例进行分摊。

单独海损是指被保险货物遭受海上风险受损，不属共同海损，而是共同海损以外的部分损失，其损失由受损失方单独负担。

共同海损是船方为船货共同安全而有意采取的措施，单独海损不是船方为安全目的而有意采取造成的损失，而是由海上风险直接造成的部分损失。

2. 外来风险损失

外来风险损失是指海上风险以外的其他外来风险给保险标的所造成的损失。按其发生的原因，又可分为一般外来风险和特殊外来损失。前者是指在运输途中由于钩损、碰损、偷盗、短量、雨淋、玷污等一般外来风险造成的损失，后者是指由于政治、军事、法令和政策、行政措施造成的损失。

（三）承保的费用

海上货运承保的费用，是指为营救被保险货物所支出的费用，对保险人来讲，是承保费用的损失。承保费用包括施救费用和救助费用。

1. 施救费用

指保险标的在遭遇保险责任范围内的灾害事故时，被保险人或其代理人、雇佣人员和保单受让人为抢救保险货物，防止或减少货损的措施而支出的全部费用。这种费用由保险人负责赔偿。

2. 救助费用

指保险标的在运输途中遇到承保责任范围内的灾害事故时，由保险人和被保险人以外的无契约关系的第三者采取救助措施而向其支付的报酬。救助如成功，保险人负责赔偿救助费用。

3. 特别费用

指运输工具遭遇海难后在避难港、中途港卸货、存仓以及运送货物所引起的损失和费用。这类费用也属于保险公司赔付的范围。

4. 额外费用

指海难发生后为确定货物损失的原因以判定是否属于保险范围内的损失而支付的费用。只要是属于保险范围内的损失而支付的费用，均由保险公司一并支付。

二、海洋货物运输保险

(一) 险别

货物运输保险，按照能否单独投保，可分为基本险和附加险两类。基本险可以单独投保，附加险不能单独投保，只有在投保某一种基本险的基础上才能加保附加险。

1. 基本险

中国人民保险公司 1981 年 1 月 1 日修订的《海洋运输货物保险条款》规定，海洋运输货物保险的基本险别分为平安险、水渍险和一切险三种。

(1) 平安险

平安险是大陆的习惯说法，其英文（free from patcular average）原意为“不负单独海损责任”。

平安险承保的责任范围主要包括：

①因恶劣气候、狂风、雷电、暴雨、海啸、地震、洪水等自然灾害造成的整批货物的全损或推定全损。

②运输工具遭受搁浅、触礁、沉没、互撞或其他物体碰撞以及爆炸、火灾等不测事故造成的货物全部或部分损失。

③货物在运输工具遭受搁浅等意外事故前后，在海上又遭受恶劣气候、雷电、海啸等自然灾害所造成的部分损失。

④装卸转运时部分货物落海造成的全部或部分损失。

⑤被保险人为防止或减少货损对遭受承保范围内危险的货物采取抢救措施而支付的合理费用，但以不超过该货物的保险金额为限。

⑥运输工具遭受自然灾害或意外事故，在避风港卸货、装货、存仓和运送货物所引起的被保险货物全部或部分损失以及产

生的特殊费用。

⑦共同海损所引起的牺牲、分摊和救助费用。

⑧根据运输契约“船舶互撞责任”条款，货方应偿还船方的损失费用。

(2) 水渍险

水渍险，英文（with partxalar average，W. P. A）愿意为“单独海损也赔”。保险公司承保的范围除了包括平安险的各项责任外，还负责保险标的由于恶劣气候、雷电、海啸、地震、洪水等自然灾害所造成的部分损失。

(3) 一切险

一切险除包括水渍险的各项责任外，还包括被保险货物在运输途中由于一般外来风险所造成的全部或部分损失。也就是说一切险包括一般附加险的责任，但不包括特别附加险和特殊附加险的责任。

进出口公司可根据货物的特点和台湾海峡两岸气候的变化，投保三种基本险中的任何一种险。

2. 附加险

附加险是基本险的延伸和扩充，包括一般附加险、特别附加险、特殊附加险三类。

(1) 一般附加险，包括偷盗险、提货不着险、淡水雨淋险、短量险、混杂玷污险、渗漏险、破损破碎险、串味险、受热受潮险、钩损险、包装破裂险、锈损险等 11 种险别。

(2) 特别附加险，包括交货不着险、进口关税险、舱面险、拒收险、黄曲霉素险、港澳转口存仓火险等 6 种。这 6 种险不包括在一切险承保范围之内。

(3) 特殊附加险，包括战争险和罢工险两种。这两种险也不包括在一切险承保范围之内。投保人在投保基本险的基础上，可以增投附加险。但是，由于“一切险”中已经包括一般附加险的承保范围，所以投保一切险时，不要增加投保一般附加险。

海峡两岸关系还存在许多不确定因素，因此在投保基本险的基础上，可考虑根据两岸关系发展变化实际投保特殊附加险中的战争险。

投保战争险后另加罢工险，不另增收保险费；但如要求单独投保罢工险，则需按战争险费率收费。

（二）保险公司的除外责任

保险公司规定，被保险人的故意行为、过失行为、被保险货物的本质缺陷、潜在的缺点引起的货物损失、自然损耗或因运输延迟而引起的商品价格上涨或下跌所造成的损失等，保险公司不予承保。战争险中，对原子及其他核武器所造成的损失，保险公司也排除在外。

（三）承保责任的起迄期限

1. 基本险的责任起迄期限

中国人民保险公司按照国际保险业中惯例，采用“仓至仓”条款规定的办法。即保险公司的保险责任自被保险货物运离保险单所载明的起运地发货人仓库或储存处所时生效，直至该项货物到达保险单所载明的目的地收货人的最后仓库，或储存处所，或被保险人用作分配、分派或非正常运输的其他储存处所为止。包括正常运输过程中的海上、陆上、内河和驳船运输在内。但如果在卸货港货物卸离海轮，不进入收货人仓库或储存处所，则以被保险货物在最后卸载港全部卸离海轮后满60天为止。如在上述60天内被保险货物需转运至非保险单所载明的目的地，则以该项货物转运时为止。

2. 海运战争险的责任期限

海运战争险的责任期限只限于水上危险或运输工具上的危险。其责任限保单所载明的启运港装上海轮或驳轮时为止。如果货物不卸离运输海轮或驳船，则保险责任最长延至货物到达目的港之日午夜起 15 天止。

三、其他运输方式保险

（一）航空货物运输保险

航空货物运输保险包括两种基本险别，即航空运输险和航空一切险，其承保的范围相当于海上货物运输的“水渍险”和“一切险”。在“航空货物运输险中”，保险人负责赔付被保险物在运输途中遭受雷电、火灾、爆炸所引起的损失，飞机遭受恶劣气候或其他危难事故而被抛弃货物的损失，以及因遭受碰撞、坠落或失踪等自然灾害和意外事故所造成的损失。

在“航空货物运输一切险”中，保险人除承保“航空货物运输险”责任外，还负责承保被保险货物因一般外来原因所造成的全部或部分损失。

此外，还有各种附加险（战争险除外）也适合于航空货物运输险。

航空货物运输保险的责任起讫也采用“仓至仓”条款。但是货物运抵保险单载明的目的地而未运抵保险仓库或储存处所，则被保险货物在最后卸离飞机满 30 天时责任终止。如在上述 30 天内被保险货物需转送到非保单所载明的目的地，则该货物保险责任自开始转运时终止。

（二）邮包运输保险

邮包险也包括邮包险和邮包一切险两种基本险，其承保范围与前述两种货运保险相同。除此之处，还有邮包战争险。保险公司对被保险邮包在运输过程中由于战争、类似战争行为、敌对行为、武装冲突或海盗行为以及各种常规武器，如水雷、鱼雷、炸弹等所造成的损失，共同海损的牺牲、分摊和救助费用等，负赔偿的责任。海洋运输货物保险中的一般附加险和特殊附加险（战争险除外）也可适用邮政运输货物保险。

邮包战争险的保险责任是自保险邮包经邮政部门收讫后自储

存处所开始运送时生效，到该邮包运达保险单所载明的目的地邮政机构送交收货人为止。

四、伦敦保险协会海运货物保险条款

有些台商在签订合同时，希望按照“协会货物条款”投保。“协会货物条款”是英国伦敦保险协会制定的，新的修订本1983年4月1日实施。伦敦“协会货物条款”的基本险有A、B、C三类，附加险有战争险、罢工险及恶意损害险。

（一）协会货物条款〈A〉（Instiute Cargo Clause〈A〉，I. C. C.〈A〉，简称〈A〉险）承保责任与除外责任

〈A〉险的保险范围较广，采用“一切风险减除外责任”的方式，大体相当于大陆的“一切险”。

〈A〉险的除外责任包括一般除外责任，不适航、不适货除外责任，战争险除外责任，罢工险除外责任。但“海盗行为”和“恶意损害险条款”包括在保险责任范围之内。

（二）协会货物条款〈B〉（Instiute Cargo Clause〈B〉，I. C. C.〈B〉，简称〈B〉险）承保责任与除外责任

〈B〉险采用“列名风险”方式，其范围仅次于〈A〉险，类似于“水渍险”。其承保范围包括以下原因所造成的货物灭失与损害：①火灾、爆炸；②船舶（含驳船）触礁、搁浅、倾覆、沉没；③陆上运输工具倾覆或出轨；④船舶（含驳船）或运输工具同水以外的外界物体碰撞；⑤船在避难港卸货；⑥雷电、地震、火山爆发；⑦共同海损牺牲；⑧抛货；⑨浪击入海；⑩海水、河水、湖水进入水陆运输工具及集装箱、海运箱或储存处所；⑪货物在装卸时落海造成整件的全损。

〈B〉险对被保险人的任何个人或数人故意损害和破坏标的物或其他任何部分的损失不负赔偿责任，同时对海盗行为也不负赔偿责任。其他除外责任与〈A〉险的除外责任基本相同。

（三）协会货物条款〈C〉（Institute Cargo Clause〈C〉，I.

C. C〈C〉，简称〈C〉险）承保责任与除外责任

〈C〉险也采用“列名风险”形式，承保范围更小，只承保“重大意外事故”。其承保范围包括：①火灾、爆炸；②船舶（含驳船）触礁、搁浅、倾覆、沉没；③陆上运输工具倾覆或出轨；④船舶（含驳船）或运输工具同水以外的外界物体碰撞；⑤船在避难港卸货；⑥共同海损牺牲；⑦抛货。〈C〉险除外责任与〈B〉险相同。

五、保险投保实务

对台进出口货物的保险，与一般进出口货物的保险相同，保险公司并没有为对台进出口制定特殊的保险办法。

对台进出口货物是由买方投保还是由卖方投保，一般是由买卖双方通过价格条件的确定来体现的。如按离岸价格（FOB）加运费（CFR）成交，保险由买方投保；而按到岸价格（CIF）成交，则保险由卖方办理。

（一）选择保险险别

保险种类繁多，不同的险别，投保人与保险人的责任范围不同，需要缴纳的费用也不同。投保人应根据货物的性质、包装、运输工具、装载、季节、气候及祖国大陆、台港澳、国外政治、经济形势，进行全面考虑，选择合适的保险险别。比如，笨重而不易损坏、短失的钢铁制品，可保平安险；易碎的玻璃制品，最好保一切险；散装的稻米、小麦、玉米等，要保短量险。

（二）保险金额的确定

保险金额是指保险人承担赔偿或者给付保险金额的最高限额，也是保险人计算保险费的基础。投保人在申办运输货物保险时，应申报保险金额。保险金额是根据保险价值确定的。保险价值一般包括货价、运费、保险费以及预期利润等。在海峡两岸贸易中，凡按 CIF 或 CIP 条件成交的合同一般均规定保险金额。若合同未作规定，根据惯例，卖方有义务按 CIF 或 CIP 价格的

总值另加10%作为保险金额。增加的保险金额即买方为这笔交易支付的费用和预期利润。

保险金额也可以由保险人与被保险人约定，但保险金额不能超过保险价值，超过保险价值的，超过部分无效。

保险金额的计算公式是：

保险金额＝CIF(或CIP)价×(1＋投保加成率)

在仅有货价与运费（即已确定CFR或CPT价）的情况下，CIF或CIP价可按下列公式计算：

$$\text{CIF（或 CIP）价}=\frac{\text{CFR（或 CPT）价}}{1-[\text{保险费率}\times(1+\text{投保加成率})]}$$

为了简化计算程序，中国人民保险公司印制了保险费率常用表，将CFR或CPT价格直接乘以表内所列常数，便可算出CIF或CIP价格。

进口货物的保险金额，也可按进口货物的CIF或CIP价格计算。但大陆出口合同大都采用FOB或FCA条件，为方便计算，一些外贸企业和具有外贸经营权的企业与保险公司签订预约保险合同，共同商定平均运费率和平均保险费率。其保险金额的计算公式是：

保险金额＝FOB（或FCA）价格×（1＋平均运费率＋平均保险费率）

这里的保险金额是估算的CIF价或CIP价，不另加成。如投保人要求在CIF或CIP价的基础上加成投保，保险公司也可以接受。

（三）办理投保和交付保险费

在CIF合同条款下，卖方办理投保手续时，应根据买卖合同或信用证规定，准备好货物，确定装运工具和装运日期后，填制投保单，送交保险公司投保，并交付保险费。保险费是保险人向被保险人收取的费用，是保险人经营业务的基本收入，也是保险人用作损失赔偿金的主要来源。交付保险费是保险合同生效的条件。

保险费率是计算保险费的依据。保险费率是保险公司根据一定时期货物的损失率（赔付率），并参考国外和台港澳地区的保险费率水平制定的。不同的商品、不同的目的地、不同的保险种类，其保险费率也是不同的。目前大陆保险公司的出口货物保险费率有“一般货物费率”和“指明货物加费费率”两大类，前者适用于所有的货物，后者适用于特别订明的货物。凡属“指明货物加费费率表”中所列的货物，如投保一切险，则在计算费率时，应先查出“一般货物费率”，然后再加上“指明货物加费费率”。如从厦门通过海运运往高雄货物投保“一切险”，一般货物费率为0.5%，指明货物另加1.6%，则保险收费率应为2.1%。

保险费的计算公式为：

保险费＝保险金额×保险费率

如按CIF或CIP价加成投保，则：

保险费＝CIF(CIP)价×(1＋投保加成率)×保险费率

进口货物保险费率有“进口货物保险费率”和“特约费率”两种。“进口货物保险费率”分“一般货物费率”和“指明货物加费费率”。“一般货物费率”按不同运输方式，分险别和地区制定，适用于一切货物。“指明货物加费费率”，是对一些指定商品投保一切险时的加费费率。“特约费率”是各保险公司与各外贸企业和具有外贸经营权的生产企业协商制定的，是一种优惠的费率，主要适用于预约合同项下的进口货物保险。

（四）取得保险单据

保险单据是保险人与被保险人之间订立保险合同单据，也是保险人出具的承保证明，是被保险人向保险人索赔，或保险人向被保险人理赔的依据。需要注意的是，办理投保手续的日期不得迟于货物装运日期。常用的保险单据有：

1. 保险单

保险单，俗称大保单，是保险实践中使用最广的一种保险单据。货运保险单是承保一个指定运程内某一批货物的运输保险。保险单作为一种合同单据，具有法律上的效力，对双方当事人的约束力受法律保护。保险单包括保险契约的全部条款，是通过银行办理结汇的必要凭证之一。

2. 保险凭证

保险凭证，是一种简化的保险单据，俗称小保单。凭证的背面没有载明保险人与被保险人之间的权利和义务等保险条款，但它包括保险单的基本内容，与保险单一样，具有同等法律效力。

3. 预约保单

预约保单，是一种预约保险合同。被保险人（一般为进口人）为简化保险手续，与保险人之间订立总合同，在合同规定范围内的进口货物，一经起运，保险公司即自动按预约保单所订立的条件承保。但投保人必须在每批货物装运时，及时将装运通知书送交保险公司，并按约定的办法缴纳保险费，即完成了投保手续。

4. 批单

保险人在取得保单后，需要更改险别、船舶、航程、保险期限等，可向保险公司提出申请，要求修改或补充保单内容，此一行为即为批单。批单过程中，如果涉及保险责任范围扩大、保险金额增加，保险公司只有在证实该批货物未发生出险事故的情况下，才会同意办理。批单须粘贴在保险单上，并加盖骑缝章，方能有效。保险公司按批改后的内容承担保险责任。

（五）索赔

保险货物在保险责任有效期内遭受损失时，被保险人按照保险单的约定，可以向保险人提出赔偿要求。索赔过程中，被保险人应做好下列工作：

1. 损失通知

被保险人在得知保险货物遭受损失时，应立即通知保险公司或保险单上载明的保险公司在当地的检验、理赔代理人，并申请检验。被保险人应向保险公司或保险公司在当地的检验、理赔代理人取得检验报告。检验报告是被保险人向保险公司申请索赔时的重要凭证。

2. 向承运人等有关方面提出索赔

被保险人除向保险人提出索赔外，还应向承运人或有关当局（如海关、港务局等）索取货损货差证明。如涉及承运人等方面的责任，还应及时以书面形式向有关责任方提出索赔。

3. 采取合理的施救、整理措施

被保险货物遭受损失后，被保险人在可能的情况下，应迅速对受损货物采取必要而合理的措施进行施救、整理，避免损失的进一步扩大。

4. 备妥索赔单证

被保险人在提出索赔时，必须向保险公司提交检验报告、保险单（或保险凭证）、运输单据、发票、装箱单或重量单、货损货差证明等证件。

5. 签署权益转让书

被保险人在获得赔偿时，需与保险公司签署一份权益转让书，将相关的权益转让给保险公司。保险公司在取得代位权后，可以向有关责任方取得追偿权。

8. 两岸通邮情况如何？

1993年4月，海峡两岸关系协会与台海峡交流基金会在新加坡签署了《两岸挂号函件查询、补偿事宜协议》。随之，两岸邮政部门开始互办包括信函、明信片、邮简、印刷物、新闻纸、杂志及盲人文件在内的挂号函件业务。

协议约定，两岸挂号函件的查询由中国通信学会邮政专业委员会与海基会或其指定的邮件处理中心（航邮中心）相互联系，其他相关事宜由两会联系。挂号函件通过第三地（主要是港澳）转运办理。对挂号函件的查询，应自原寄件人交寄次日起 12 个月内提出。接受查询一方应于收受查询文件之日起 3 个月内答复。一方接收他方封来的函件总包，遇有挂号函件遗失、被窃或毁损等情形，应立即缮发验单，由对方迅予查复。挂号函件发生遗失、被窃或毁损等情形，概由原寄一方负责补偿，不相互结算。双方的查询表格、验单、答复函及简函，各依邮政惯例印制，相互认可后使用。

目前，台湾当局仍不允许两岸邮政部门直接办理包裹邮寄、邮政汇兑和保价信函等项业务，也不委托相关行业团体就扩大两岸邮政业务进行协商，显然侵害了两岸民众的用邮权利。

第八篇　合同法实务

1. 大陆方面关于合同法的适用范围是怎么规定的?

合同法适用于平等主体的个人、法人、其他组织之间设立、变更、终止民事权利义务关系的协议。婚姻、收养、监护等有关身份关系的协议，不适用合同法。

这里说的“个人”包括中国人，也包括外国人和无国籍人。“法人”是指依法成立，能够独立享有民事权利和承担民事义务的组织，包括公司、企业事业单位、机关、团体等。“其他组织”指不具备法人资格的合伙组织以及分支机构等。

合同法的适用范围与原来的三部合同法相比，作了适当扩大。经济合同法、涉外经济合同法和技术合同法的适用范围各有侧重。经济合同法适用范围是平等民事主体的法人、其他经济组织、个体工商户、农村承包经营户相互之间，为实现一定经济目的，明确相互权利义务关系而订立的合同，不包括公民之间以及公民与法人、其他经济组织之间的合同。涉外经济合同法适用范围是中国的企业或者其他经济组织同外国企业和其他经济组织或者个人之间订立的经济合同，不包括我国公民同外国企业和其他组织或者个人之间的经济合同。技术合同法适用范围是法人之间、公民之间以及公民同法人相互之间订立的技术合同，但不包括涉外技术合同。而统一的合同法的适用范围扩大了：一是合同主体，包括中国、外国的个人之间、组织之间以及个人与组织之间订立的合同；二是合同的种类，不仅是经济合同、技术合同，而且包括所有当事人设立、变更、终止民事权利义务关系的协议。

这里所说的民事权利义务关系，主要是指财产关系，不属于民事法律关系的其他活动，不适用合同法。

（一）政府对经济的管理活动，属于行政管理关系，不适用合同法。如财政拨款、征用、征购等，是政府行使行政管理职权，属于行政关系，适用有关行政法。

（二）企业、单位内部的管理关系，是管理与被管理的关系，不是平等主体之间的关系，也不适用合同法。如工厂车间内的生产责任制，是企业的一种管理措施，不适用合同法。

关于政府机关参与的合同，应当区别不同情况分别处理。

（一）政府机关作为平等的主体与对方签订合同的，如购买办公用品，属于一般的合同关系，适用合同法。

（二）属于行政管理关系的协议，如有关综合治理、计划生育、环境保护等协议，这些是行政管理关系，不是民事合同，不适用合同法。

（三）政府的采购活动。对政府的采购行为应加以规范，目的是为了防止浪费，杜绝腐败，保护民族工业等。但这种规范，仅是对政府的采购行为加以约束，并不是约束对方，政府与对方之间订立的合同要适用合同法。对于政府采购行为本身，要专门制定政府采购法来规范。

2. 订立和履行合同应当遵守哪些基本原则？

合同法规定了当事人法律地位平等原则、订立合同自愿原则、公平原则和诚实信用原则。分别说明如下：

一、平等原则

平等原则是指地位平等的合同当事人，在权利义务对等的基础上，经充分协商达成一致，以实现互利互惠的经济利益目的的原则。这一原则包括三方面内容：

（一）合同当事人的法律地位一律平等。在法律上，合同当事人是平等主体，没有高低、主从之分，不存在命令者与被命令者、管理者与被管理者。这意味着不论所有制性质，也不问单位大小和经济实力的强弱，其地位都是平等的。

（二）合同中的权利义务对等。所谓“对等”，是指享有权利，同时就应承担义务，而且，彼此的权利、义务是相应的。这要求当事人所取得财产、劳务或工作成果与其履行的义务大体相当；要求一方不得无偿占有另一方的财产，侵犯他人权益；要求禁止平调和无偿调拨。

（三）合同当事人必须就合同条款充分协商，取得一致，合同才能成立。合同是双方当事人意思表示一致的结果，是在互利互惠基础上充分表达各自意见，并就合同条款取得一致后达成的协议。因此，任何一方都不得凌驾于另一方之上，不得把自己的意志强加给另一方，更不得以强迫命令、胁迫等手段签订合同。例如，工商行政管理部门在依法维护市场秩序时，与企业之间是管理与被管理的关系，但在购买商品时，与企业的法律地位是平等的，不能因为是工商行政管理部门就可以不管企业愿意不愿意，将自己的意志强加给企业。法律地位平等是自愿原则的前提，如果当事人的法律地位不平等，就谈不上协商一致，谈不上什么自愿。

二、自愿原则

自愿原则是合同法的重要基本原则，合同当事人通过协商，自愿决定和调整相互权利义务关系。自愿原则体现了民事活动的基本特征，是民事关系区别于行政法律关系、刑事法律关系的特有原则。民事活动除法律强制性的规定外，由当事人自愿约定。自愿原则也是发展社会主义市场经济的要求，随着社会主义市场经济的发展，合同自愿原则就越来越显得重要了。

自愿原则是贯彻合同活动的全过程的，包括：第一，订不订立合同自愿，当事人依自己意愿自主决定是否签订合同；第二，与谁订合同自愿，在签订合同时，有权选择对方当事人；第三，合同内容由当事人在不违法的情况下自愿约定；第四，在合同履行过程中，当事人可以协议补充、变更有关内容；第五，双方也可以协议解除合同；第六，可以约定违约责任，在发生争议时，当事人可以自愿选择解决争议的方式。总之，只要不违背法律、行政法规强制性的规定，合同当事人有权自愿决定。

当然，自愿也不是绝对的，不是想怎样就怎样，当事人订立合同、履行合同，应当遵守法律、行政法规，尊重社会公德，不得扰乱社会经济秩序，损害社会公共利益。当事人有权按照自己的意愿订立合同，但订立合同必须依法进行。依法订立合同，包括在内容上应当遵守法律、行政法规，违反法律、行政法规的强制性规定的合同无效，也包括在程序上应当遵守法律、行政法规、法律、行政法规规定应当办理批准、登记等手续的，依照其规定。比如，金融领域里发生的高息揽储情况，是违反有关金融法律、行政法规规定的，即使当事人双方自愿，该合同也是无效的，对违法者还应当依法追究法律责任。

三、公平原则

公平原则要求合同双方当事人之间的权利义务要公平合理，要大体上平衡，强调一方给付与对方给付之间的等值性，合同上的负担和风险的合理分配。具体包括：第一，在订立合同时，要根据公平原则确定双方的权利和义务，不得滥用权利，不得欺诈，不得假借订立合同恶意进行磋商；第二，根据公平原则确定风险的合理分配；第三，根据公平原则确定违约责任。公平原则作为合同法的基本原则，其意义和作用是：公平原则是社会公德的体现，符合商业道德的要求。将公平原则作为合同当事人的行为准则，可以防止当事人滥用权力，有利于保护当事人的合法权益，维护和平衡当事人之间的利益。

四、诚实信用原则

诚实信用原则要求当事人在订立、履行合同，以及合同终止后的全过程中，都要诚实，讲信用，相互协作。诚实信用原则具体包括：第一，在订立合同时，不得有欺诈或其他违背诚实信用的行为；第二，在履行合同义务时，当事人应当遵循诚实信用的原则，根据合同的性质、目的和交易习惯履行及时通知、协助、提供必要的条件、防止损失扩大、保密等义务；第三，合同终止后，当事人也应当遵循诚实信用的原则，根据交易习惯履行通知、协助、保密等义务，称为后合同义务。

诚实信用原则作为合同法基本原则的意义和作用是：第一，将诚实信用原则作为指导合同当事人订立合同、履行合同的行为准则，有利于保护合同当事人的合法权益，更好地履行合同义务。第二，合同没有约定或约定不明确而法律又没有规定的，可以根据诚实信用原则进行解释。

3. 如何处理好自愿订立合同与遵守法律的关系？

当事人订立合同完全按照自己的意愿，但是当事人订立合同也必须遵守法律、行政法规的规定，必须遵守社会公德，不得利用合同扰乱社会经济秩序，不得损害社会公共利益。

遵守法律，尊重公德，不得扰乱社会经济秩序，不得损害社会公共利益，是合同法的重要基本原则。一般来讲，合同的订立和履行，属于合同当事人之间的民事权利义务关系，主要涉及当事人的利益，只要当事人的意思不与强制性规范、社会公共利益和社会公德相抵触，就承认合同的法律效力。

必须遵守法律的原则与自愿原则是不是矛盾呢？如何正确理解和把握这两个原则的关系呢？一方面，自愿原则鼓励交易，促进交易的开展，发挥当事人的主动性、积极性和创造性，以活跃市场经济；另一方面必须遵守法律的原则保证交易在遵守公共秩序和善良风俗的前提下进行，使市场经济有一个健康、正常的道德秩序和法律秩序。所以说，遵守法律原则和自愿原则是不矛盾的，自愿是以遵守法律、不损害社会公共利益为前提；同时，只有遵守合同法，依法订立合同、履行合同，才能更好地体现和保护当事人在合同活动中的自愿原则。依法保护当事人的合法权益同依法禁止滥用民事权利是统一的。法律、行政法规有关合同条文的规定，有不同的情况，有强制性的规定，有非强制性规定。对强制性规定当事人在合同活动中是必须执行的。例如，禁止非法借贷，不得恶意串通损害国家、集体或者第三人利益等。对非强制性规定，由当事人自愿选择。例如：合同法规定，合同内容由当事人约定，合同生效后当事人对质量、价款或者报酬、履行地点等内容没有约定或者约定不明确的，首先是由当事人协议补充。正确认识以上两种不同的规定，有助于指导当事人在遵守法律、行政法规的前提下自主、自愿地从事订立合同、履行合同等合同活动。

4. 订立合同必须采用书面形式吗?

按照合同法的规定，当事人订立合同，可以采用书面形式、口头形式和其他形式。但法律、行政法规规定采用书面形式的，应当采用书面形式。当事人约定采用书面形式的，也应当采用书面形式。

书面形式包括合同书、信件等多种形式，还包括电报、电传、传真、电子数据交换和电子邮件。

合同的书面形式有多种，最通常的是当事人双方对合同有关内容进行协商订立的并由双方签字（或者同时盖章）的合同文本，也称作合同书或者书面合同。通常合同书中明确地记载合同的双方当事人的权利义务、解决争议的方法等具体内容。因此，发生争议可以按照合同的规定进行处理，比较容易解决纠纷，摆脱了“口说无凭”的状况。所以，除即时清结的合同以外，最后采用签订合同书的形式。合同书有多种多样，有政府有关部门、行业协会制定的标准合同文本、示范性合同文本，国际上也有通行的某种行业的标准文本，也有营业者提供的由营业者制订的格式合同文本，大量的还有双方当事人自己签订的合同文本。因此，合同书可以是很正式、印刷精美、项目齐全的文本，也可以是一张便条。但一般来说，作为合同书应当符合如下条件：①必须以某种文字、符号书写。合同书不必写得很正规，也不必一定写在正规的公文纸上，也不必铅印、打印，即使用铅笔写在便条上也可以。②必须有双方当事人（或者代理人）的签字（或者同时盖章）。合同的当事人必须是确定的，表明合同是由谁与谁订立的。③必须规定当事人的权利义务，无论规定得多么简单，只要其内容足以构成一个合同即可。

合同也可以信件订立，也就是平时我们所说的书信。通过书信不仅可以叙事问候，也可以签订合同。书信有平信、邮政快件、挂号信以及特快专递等多种形式。

电报、电传、传真也是传统的通讯方式，大量的合同通过这三种形式订立。一般法律均将其作为合同的书面形式。

5. 订立合同一般应当包括哪些条款？

合同的条款是合同中经双方当事人协商一致、规定双方当事人权利义务的具体条文。合同的条款就是合同的内容。合同的权利义务，除法律规定的以外，主要由合同的条款确定。合同的条款是否齐备、准确，决定了合同能否成立、生效以及能否顺利地履行、实现订立合同的目的。合同的条款一般包括：①当事人的名称或者姓名和住所。②标的。比如买卖合同中买卖的是什么东西。③数量。④质量。⑤价款或者报酬。⑥履行期限、地点和方式。⑦违约责任。⑧解决争议的方法。此外，当事人还可以参照各类合同的示范文本订立合同。

但是，并不是说当事人签订的合同中缺了其中任何一项就会导致合同的不成立或者无效。合同的主要条款或者合同的内容要由当事人约定，一般包括这些条款，但不限于这些条款。不同的合同，由其类型与性质决定，其主要条款或者必备条款可能是不同的。比如，买卖合同中有价格条款，而在无偿合同如赠与合同中就没有此项。在订立合同的过程中，如果一方当事人坚持合同的订立以对特定事项达成协议为条件，则在这些特定事项未达成协议前，合同不成立。如果当事人各方在订立合同时，有意将一项合同的内容留待进一步商定，则尽管这一项条款没有确定，也不妨碍合同的成立。

6. 何为格式条款，它在什么情况下是无效的，对它的理解发生争议时怎么办？

格式条款，又称为标准条款、标准合同、格式合同、定式合同等，是当事人为了重复使用而预先拟定，并在订立合同时未与对方协商的条款。

格式条款，是自 19 世纪以来发展起来的，是由于某些行业进行频繁地、重复性地交易的过程中为了简化合同订立的程序而形成的。这些行业一般是发展较大的具有一定规模的企业，往往具有垄断性。如水、电、热力、燃气、邮电、电信、保险、铁路、航空、公路、海运等等行业，有公用事业，也有一般的大企业。格式条款具有以下特点：

（一）作为要约，其对象具有广泛性。要约向公众发出，任何人只要同意要约的规定就可以签订合同。

（二）条款具有持久性。格式条款一般是经过认真研究拟定的，在一个相当长的时期内不会改变。

（三）条款具体细致。格式条款往往内容繁复，条款甚多，具体细致。

（四）由事业者提出。不论是由事业者自行拟定或由某行业协会拟定，无论以何种形式表现，可以合同书形式、票证形式或者其他形式，甚至其条款并不在书面形式上记载，但是由事业者一方提出。但如果格式合同是由政府部门拟定的，一般不作为格式条款。

使用格式条款的好处是，简捷、省时、方便、降低交易成本，但其弊端在于，提供商品或者服务的一方往往利用其优势地位，制定有利于自己而不利于交易对方的条款，这一点在消费者作为合同相对方时特别突出。

采用格式条款订立合同的，提供格式条款的一方应当遵循公平原则确定当事人之间的权利和义务，并采取合理的方式提请对方注意免除或者限制其责任的条款，按照对方的要求，对该条款予以说明。如果提供格式条款一方没有提请对方注意免除或者限制其责任的条款，这些条款是否一定无效？这要看情况而定。原则上，当事人一旦接受了对方的格式条款，就要受约束，无论其是否知道这些条款的详细内容，或是否完全了解含义。然而，如果这些格式条款是当事人根本不能合理预见的、是意外的，如果当事人知道这些条款就根本不会接受，则这些条款应当是无效的。

如果格式条款有合同法规定的无效情形则是无效的，如果格式条款中有免除人身伤害责任的条款，或者有免除因故意或者重大过失造成对方财产损失责任的条款，也是无效的。

对格式条款的理解发生争议，对该条款的解释，不适用一般的合同解释的原则。因为格式条款是一方当事人提供的，理解发生争议的情况下有必要倾向于其相对方，因此，理解发生争议按通常理解予以解释，有两种以上解释的，应当做出不利于提供格式条款一方的解释，也就是做出有利于其相对方的解释。这里所谓对格式条款的理解发生争议的，是指按照一般的标准，一般人、业内人士来看条款，有两种以上的解释，由于对该条款的理解不一致，因此发生争议。

非格式条款一般是在格式条款外另行商定的条款，或对原来的格式条款重新协商修改的条款，是当事人特别约定的，如果与格式条款不一致，当然采用非格式条款。

7. 订立合同过程中一方当事人违背诚信原则给对方造成损失的怎么办?

根据自愿原则,当事人可以自由决定是否订合同,与谁订合同,订什么样的合同。为订立合同与他人进行协商,协商不成的,一般不承担责任。但是,当事人进行合同的谈判,应当遵循诚实信用原则。如果一方当事人违背诚实信用和公平交易的原则,进行恶意谈判,给对方当事人造成损失的，应当承担缔约过失责任。缔约过失责任指因当事人在无意与对方订立合同的情况下，恶意进行谈判，使合同不能成立或者不能生效所应当承担的责任。

所谓恶意谈判，一般是指一方当事人在无意与对方达成协议的情况下，开始或继续进行谈判。如果一方当事人以恶意进行谈判，或恶意终止谈判，则该方当事人应对因此给另一方当事人所造成的损失承担缔约过失责任。缔约过失的情况主要有：

（一）假借订立合同，恶意进行磋商。所谓“假借”就是根本没有与对方订立合同的目的，与对方进行谈判只是个借口，目的是损害对方或者第三人的利益，恶意地与对方进行合同谈判。如：甲知道乙有转让餐馆的意图，甲并不想购买该餐馆，但为了阻止乙将餐馆卖给竞争对手丙，却假意与乙进行了长时间的谈判。当丙买了另一家餐馆后，甲中断了谈判。后来乙以比丙出价更低的价格将餐馆转让了。乙的损失是两种价格的差价。

（二）在订立合同中隐瞒重要事实或者提供虚假情况。在订立合同的过程中，一方当事人已知悉了与合同有关的重要情况，知道合同是成立不了的，但不告诉对方，在无意与对方达成协议的情况下，继续与对方进行谈判，给对方造成损失，应当予以赔偿。有一例可以说明这个问题：甲为推销乙生产的特种设备，正与乙进行谈判。甲了解到乙将不可能从政府的主管部门取得必要的出口许可证，而这正是甲向乙付款的先决条件。但甲不告知乙这一事实，且最后签订了合同，该合同由于没有取得许可证不可能生效。甲要承担在了解情况后乙所发生的一切费用。

（三）其他违背诚实信用原则的行为。当事人按照诚实信用的原则进行谈判，有谈成的，有谈不成的，都不足为奇，中途停止谈判也是正常的。但是，如果当事人违背诚实信用的原则终止谈判，就是不正常的，如果损害对方当事人的利益则要承担缔约过失的责任，赔偿损失。比如，甲向乙保证，如果乙努力取得经验并准备投资 15 万美元，则向乙授予专营许可。此后的两年间，乙为订立该合同作了大量工作，且一直深信将会得到甲的专营许可。当订立协议的一切准备工作就绪时，甲通知乙必须投资更多的金额。乙有权拒绝这一要求，同时也有权要求甲补偿其为准备订立合同所发生的费用。

负有缔约过失责任的当事人，应当赔偿受损害的当事人。赔偿应当以受损害的当事人的损失为限。这个损失包括直接利益的减少，如谈判中发生的费用，还应当包括受损害的当事人因此失去的与第三人订立合同的机会的损失。如在餐馆的例子中要赔偿差价。

8. 未经你的授权用你的名义订立合同，对你发生效力吗？

未经他人授权而以他人名义订立合同，属于无权代理的行为，行为人没有代理权、超越代理权或者代理权终止后以被代理人名义订立的合同，未经被代理人追认，对被代理人不发生效力，由行为人承担责任。

也就是说，别人未经你的授权用你的名义订立合同，这个合同对你不发生法律效力，所产生的一切后果由使用你名义的人自己承担。然而，你如果愿意接受这个合同，可以对该合同进行追认，追认之后，就要承担合同义务并享有合同权利。

必须注意的是，在无权代理的情况下，如果符合了法律规定的条件，则代理行为有效。这个条件就是，被代理人知道他人以本人名义订立合同而不表示否认或者相对人有理由相信该人有代理权的。比如，某人长期代理某公司与某相对人从事经济事务。后该公司解除了对该人的代理授权，而未通知该相对人，该相对人也没有理由知道此事。那么，在代理授权解除后该人继续以该公司名义与该相对人订立合同的，该公司就应当承担相应的法律后果。

9. 何为无效合同、可撤销合同，有什么条件？

有下列情形之一的，合同无效：①一方以欺诈、胁迫的手段订立合同，损害国家利益；②恶意串通，损害国家、集体或者第三人利益；③以合法形式掩盖非法目的；④损害社会公共利益；⑤违反法律、行政法规的强制性规定。从这些情形中可以归纳出两点：一是违反了法律的强制性规定。一般情况下，只有符合法律、行政法规的合同才会产生一定的法律效力，而对于违法的合同则不会产生法律效力。合同违法可以分为目的违法、标的违法、条件违法和方式违法等。例如，行为人旨在从事走私的委托行为，以禁止流通物为标的物的合同行为，附加不法条件的赠与行为，行为方式将产生违法后果的合同等等。二是损害了社会公共利益。这方面有的属于法律未做出强制性规定，有的是不宜由法律做出强制性规定。然而，在合同法制度中，为了保障公共利益、公共秩序不被破坏，依然要针对这类情形做出合同无效的处理。

此外，如果合同的条款免除了一方造成对方人身伤害的责任或者因故意或者重大过失造成对方财产损失的责任，这样的条款是无效的，尽管它在形式上表现为是经过当事人双方同意的。因为这些合同条款明显有失公平，严重损害一方当事人的利益。

合同订立后，如果符合法律规定的条件，合同的一方当事人有权请求变更或者撤销合同。撤销合同的请求要向人民法院或者仲裁机构提出。法律规定的条件有以下三个：①合同是因重大误解订立的。这种情况是指合同当事人对合同的性质，对方当事人，标的物的品种、质量、规格和数量等重大事项有错误的认识，从而使订立合同的后果与自己的真实意思相违背，并可能或者已经造成较大损失。②在订立合同时显失公平的。实际生活中显失公平的情况可能多种多样，比如一方当事人不公平地利用了对方当事人的依赖、经济困境或紧急需要，或者不公平地利用了对方当事人的缺乏远见、无知、无经验或缺乏谈判技巧的事实等。是否构成显失公平，需要考虑到合同的目的和性质以及所造成的实际影响等情况进行综合判断。③合同是在一方以欺诈、胁迫的手段或者乘人之危，使对方在违背真实意思的情况下订立的。对于欺诈、胁迫的情形有两种情况。属于损害国家利益的，如前所述，应当认定无效。如不属于损害国家利益的，受损害方有权请求人民法院或者仲裁机构变更或者撤销合同。

可撤销合同中，因重大误解而订立的合同、订立合同时显失公平的，当事人一方有权请求撤销合同，主要是误解方或者受害方有权请求撤销合同；一方以欺诈、胁迫手段或者乘人之危而订立的合同中，则只有受害方当事人才有权请求撤销合同。

当事人的撤销权并不是无限期存在的，具有撤销权的当事人自知道或者应当知道撤销事由之日起 1 年内如果不行使撤销权，则撤销权消灭。当事人也可以明确表示放弃撤销权，当事人放弃的，撤销权也消灭。

无效的合同或者被撤销的合同从该合同订立时起就没有法律约束力。如果是合同部分无效，而无效部分又不影响其他部分效力的，其他部分仍然有效。

如果一个合同已经履行了一部分，而后被确认为无效或者被撤销，那么合同一方因该合同取得的财产，就应当返还给对方；不能返还或者没有必要返还的，应当折价补偿。有过错的一方应当赔偿对方因此所受到的损失，双方都有过错的，应当各自承担相应的责任。

如果是合同的当事人恶意串通，损害国家、集体或者第三人利益，那么他们因此而取得的财产应当收归国家所有或者返还集体、第三人。

10. 按照合同应先履行的一方发现对方已经无履约能力时，怎么办？

如果在履行合同时发现对方的经营或者财务状况出现了严重的问题，自己的履行很有可能得不到对应的履行，那么可以运用合同法规定的措施保护自己的利益。具体说，就是中止履行自己的义务。

合同的约定对当事人具有法律约束力，当事人应当按约定全面地履行义务。法律只是为了保护应当先履行义务的当事人免受将来极有可能产生的损失，才做出这种可以中止履行的规定。也正是因为如此，合同法对这项制度规定了严格的条件。当事人面临的情形必须符合了法律规定的条件才能运用这项保护措施。

合同法规定的具体条件是：应当先履行债务的当事人，有确切证据证明对方有下列情形之一的，可以中止履行：①经营状况严重恶化；②转移财产、抽逃资金，以逃避债务；③丧失商业信誉；④有丧失或者可能丧失履行债务能力的其他情形。如果对方存在这些情形，应当先履行的一方就可以中止履行自己的义务。但是，应当及时通知对方。对方如果对其将来的履行提供了适当担保，应当先履行的一方就应当恢复履行。如果中止履行后，对方在合理期限内未恢复履行能力并且未提供适当担保的，中止履行的一方就可以解除合同。

11. 合同履行期未满，当事人一方即明示或者以自身行为表明不履行合同的怎么办？

在合同履行期限届满之前，当事人一方明确表示或者以自己的行为表明不履行主要债务的，叫做“预期违约”或“先期违约”。其法律特征是：①是在履行期到来之前表示不履行未来的义务，侵害的是期待的债权而不是现实的债权。因而被称为“预期”，以此区别履行期届满后的实际违约。②是以明示或者行为肯定地向对方表示将不履行其义务。③是能够履行义务，而无正当理由拒绝履行未来的义务。④拒绝履行的是主要债务，而非细小义务。

合同法赋予当事人在对方预期违约时以解除合同的权利，并可以在履行期限届满之前要求对方承担违约责任。其理由在于：当事人虽未实际违约，但已表示他已置合同于不顾，根本漠视其应负的合同义务。遇此情形，如果仍让守约方坐等履行期届至才能向对方主张权利，要求赔偿损失，那将损害守约方的利益。因此建立这一规则，允许守约方行使解除权，并可以在履行期限届满之前要求对方承担违约责任，对保护守约方是十分必要的。当然守约方也可以不解除合同，等到履行期届至后再要求对方承担违约责任。

12. 当事人一方不履行合同或履行合同不符合约定的，对方当事人可以要求其继续履行吗?

在一方当事人不履行合同或者履行合同不符合约定时，对方当事人可以要求其继续履行。继续履行，也叫强制履行、实际履行，是违约方不履行合同时，守约方请求法院或仲裁机构强制其履行合同义务的责任方式。比如通过判决或裁决要求债务人交付货物、完成工作成果，或支付价款、报酬等。

继续履行虽然是原合同履行的继续，但与当事人依约自觉履行不同。它是法律规定的对违约方的一种强制形式，介入了法律的强制力。不论违约方是否愿意，只要存在履行的可能就要履行，它表明了对违约行为的否定性评价。

是否要求继续履行，可以由当事人根据情况和需要加以选择。如果一方未支付价款或者报酬的，对方可以要求其支付价款或者报酬。一方不履行非金钱债务或者履行非金钱债务不符合约定的，对方可以要求其履行，以便使当事人实现订约时所期望达到的目的。但是，并不是什么情况下都可以继续履行。对于非金钱债务有下列情形之一的，不能采取继续履行的方式。

(一) 法律上或者事实上不能履行。比如已属破产财产的债权，已过诉讼时效的债务，特定的标的物已经毁损、灭失的。这些都表明已不能继续履行。

(二) 债务的标的不适于强制履行。比如基于人身信赖关系产生的合同和提供服务的合同，包括委托、合伙、雇佣等基于信任关系的合同，以及表演等依赖于当事人的特殊技能的合同。

(三) 履行费用过高。即在经济上不合理，履行将导致与所获利益不平衡，或需耗费大量时间。比如船已沉没，如果打涝则拆船合同的履行费用过高，得不偿失。

(四) 债权人在合理期限内未要求履行。

在这几种情况下，当事人只能采取解除合同并要求违约方赔偿损失的方法予以补救。

13. 违反合同造成对方当事人损失的，应如何承担损害赔偿责任？

损害赔偿，又称赔偿损失，是违约方不履行合同时，依法赔偿守约方所受损失的责任。它是违约责任中常用的方式之一，其主要目的在于弥补守约方因对方违约所遭受的损失。

一、赔偿损失应当遵循完全赔偿的原则。

完全赔偿原则，是指守约方因违约方的违约所受到的损失，都应当由违约方予以赔偿，它是充分、全面地保护守约方利益的有效措施。赔偿损失应当以守约方有损失为前提；同时，守约方所受到的损失，违约方也要全部赔偿，通过赔偿使守约方的利益能够达到合同得到履行的相应状态。

当事人一方不履行合同义务或者履行合同义务不符合约定，给对方造成损失的，损失赔偿额应当相当于因违约所造成的损失，包括合同履行后可以获得的利益，但不得超过违反合同一方订立合同时预见到或者应当预见到的因违反合同可能造成的损失。赔偿损失不仅要包括赔偿守约方的全部的现实的损失，即守约方现实的财产减少、丧失和费用的支出，还应当包括可得利益的损失。

可得利益的损失，虽然不是现实的财产损失，但它是合同如约履行后当事人本来可以获得的财产利益。例如，在涉及转卖的合同关系中，买方因卖方不交货而无法转售，其所遭受的利润损失，就是可得利益损失，违约方应予赔偿。可得利益有以下特征：①可得利益是一种未来利益，是通过合同的实际履行才能获得的利益。②可得利益具备实现的条件，只要合同如约履行，就会被当事人获得。③可得利益是当事人订立合同时，期望通过合同的履行能够获得的利益，也是在订约时能够合理预见到的利益。

在赔偿可得利益时，应当采用“合理预见”规则。即赔偿额限于违约方在订立合同时预见到或者应当预见到的因其违反合同可能给对方造成的损失。在这里，预见的主体是违约方而非守约方，以维护公平；预见的时间为订立合同时而非违约时，以排除市场变化对赔偿额的影响；预见的标准应当是一个理性的、通常的标准。

二、损失赔偿的计算方法可以由当事人事先约定。

当事人可以约定因违约产生的损失赔偿额的计算方法。也就是说，对有关赔偿损失的问题可以由当事人在订立合同时事先做出安排。它不同于损失发生后由当事人协商确定损失赔偿额的计算方法。由于损失赔偿要以守约方受有损失为前提，当损害发生后，会遇到确定赔偿额的困难，且其计算又要花费大量的时间。因此，约定的损失赔偿的计算方法有助于损失赔偿额的确定，有助于纠纷的及时解决。

三、赔偿损失的补偿性与惩罚性。

赔偿损失，是以弥补守约方所受到的损失为目的的。因此它以实际损害的发生为前提，以实际发生的损害为赔偿范围的确定标准，这便是损失赔偿的补偿性特征。同时，在特定情况下，赔偿损失还具有惩罚性。例如，经营者对消费者提供商品或者服务有欺诈行为的，应当依照《消费者权益保护法》的规定承担加倍赔偿的责任。

四、赔偿损失与其他违约责任形式的关系。

当事人一方不履行合同义务或者履行合同义务不符合约定的，在履行义务或者采取补救措施后，对方还有其他损失的，应当赔偿损失。约定的违约金低于造成的损失的，当事人可以请求法院予以增加。由此可见：①违约方继续履行后，如果不足以弥补守约方的损失的，应予赔偿。比如迟延支付价款或者报酬的，还应当支付逾期利息。②在采取补救措施后还有损失的应予赔偿。如为修理商品所支出的交通费用。③在违约金低于造成的损失的，可以要求增加，即还应予以赔偿，以弥补不足的部分。

14. 何为违约金，违约金过高或低于损失时怎么办？

当事人在订立合同时可以约定一方违约时应当根据违约情况向对方支付一定数额的违约金。违约金是合同当事人在订约时普遍采用的一种制约违约行为的责任方式。它有如下几个特征：

（一）可以由当事人在订立合同时协商确定。当事人可以约定违反合同的一揽子违约金，也可以仅就迟延履行、瑕疵履行、不完全履行等约定单项违约金。

（二）违约金的数额是预先确定的。它使对损失的补偿变得简便迅速，是守约方寻求弥补损失的捷径。一旦有违约，不必具体计算损害范围即可要求支付，避免了采用赔偿损失的方式在适用中遇到的举证和计算损失数额的困难，节省了费用，还可避免诉讼程序的拖延。

（三）违约金的适用不完全以实际损害为前提，也不以损失大小为绝对的支付标准。不管是否发生了损害，是否给对方造成了损失，违约方都应当支付违约金。只是明显不合理的或过分高于损失的，依当事人的请求可以减少。也就是说，违约金的支付与损失大小既不要求完全一致，同时也不宜过分悬殊。

（四）支付违约金不等于可以替代合同履行。如果当事人就迟延履行约定违约金的，违约方支付违约金后还应当履行债务，除非是专门对不履行约定的违约金。

对于违约金的增减问题，当事人在合同中约定的违约金低于造成的损失的，可以请求人民法院或者仲裁机构予以增加；约定的违约金过分高于造成的损失的，可以请求人民法院或者仲裁机构予以适当减少。也就是说，如果约定的违约金低于给对方造成的损失的，还应进行赔偿，补足违约金不足的部分；如果违约金的数额过分高于因违约给对方造成的损失的，可予以适当减少。即低了要补，过高的才减。它体现了保护守约方的利益和公平原则。当然，违约金是否增减需由当事人提出请求，不提出的，法院和仲裁机构不要主动干预。

15. 如何适用定金责任，定金与预付款有什么区别?

定金是当事人为了保证合同的履行，依法或依当事人的约定，由当事人一方在合同订立的前后，按照合同标的额的一定比例，预先给付对方当事人的金钱。定金是一种债的担保形式，其担保作用是通过定金罚则来实现的。由于它包含了对不履行合同的制裁作用，因而就违约定金来说是一种违约责任形式。

当事人可以依照《担保法》的规定，约定一方向对方给付定金作为债权的担保。债务人履行债务后，定金应当抵作价款或者收回。给付定金的一方不履行约定的债务的，无权要求返还定金；收受定金的一方不履行约定的债务的，应当双倍返还定金。但适用定金应针对根本违约的情况。如果一方只有轻微违约就适用定金罚则，比如迟延几天交货，则有悖于公平和诚信原则。

对于定金与违约金能否并用，如果当事人既约定了违约金，又约定了定金的，一方违约时，对方可以选择适用违约金或者定金条款，两者不能并用，只能选择其一。如果违约金不足以弥补损失的，可以要求增加；定金不足以弥补损失的，可以要求赔偿损失。

定金与预付款不同。①定金是一种债的担保方式，是为保障债的履行而设定的；预付款是当事人将合同总价款的一部分预先支付给对方当事人，其交付是债的履行行为，具有对对方当事人履行合同的资助作用。②定金的数额有法定的最高比例限制，即不得超过合同标的额的 20%；而预付款的数额，全由当事人自主约定，于合同标的额没有法定比例限制。③定金罚则是违约责任的一种，具有对违约的制裁性质。给付定金的一方不履行约定的债务的，无权要求返还定金；收受定金的一方不履行约定的债务的，应当双倍返还定金。预付款则不能作为制裁性质的给付，如没有履行合同，可以要求不履行合同约定的当事人支付违约金或赔偿损失，而对于预付款应当退还给支付该款项的当事人。

16. 何为不可抗力，因此而不能履行合同的，是否承担责任？

不可抗力，是指不能预见、不能避免并不能克服的客观情况。不能预见是指当事人对某一事件是否会发生是不可能预见到的。不能避免是指当事人客观上不能阻止这一意外情况的发生。不能克服是指当事人对于意外发生的客观情况所造成的后果不能排除。而客观情况，是指当事人不可抗拒的外来力量，如地震、水灾等。

不可抗力是当事人不能履行合同时的法定免责事由，但当事人主张免责，应当注意以下方面：

（一）不能履行合同包括完全不能履行、部分不能履行和不能按期履行。如果不可抗力只导致部分不能履行，其他部分仍应履行；如果只是影响按期履行，当事人仍应适时履行。

（二）根据不可抗力的影响，部分或全部免除责任。不是发生不可抗力就可以主张免除全部责任，只是确受其影响而不能履行的部分才能免责。

（三）当事人迟延履行后发生不可抗力的，不能免除责任，而仍应承担违约责任。

（四）法律对遇不可抗力也不能免责有特别规定的，依照该规定不能免责。如在客运合同中，承运人对因不可抗力造成旅客人身伤害的，仍要承担赔偿责任。

此外，当事人一方因不可抗力不能履行合同的，应当及时通知对方，以减轻可能给对方造成的损失，并应当在合理期限内提供证明。

17. 涉外合同当事人可以选择处理合同争议的法律吗？

涉外合同的当事人不仅可以商定双方的权利义务，也可以协商选择处理合同争议所适用的法律。但是法律另有规定的则不能选择适用的法律。在中华人民共和国境内履行的中外合资经营企业合同、中外合作经营企业合同、中外合作勘探开发自然资源合同的当事人不能选择其他国家或地区的法律，只能适用中华人民共和国的法律。

合同的双方当事人没有选择所适用的法律的，可以适用与合同有最密切联系的国家的法律。与合同有最密切联系的法律，包括合同签订地法、合同履行地法、标的物所在地法、当事人本国法、当事人住所地法等。这项原则的适用，应当根据合同的实际情况确定。通行的作法是，不动产买卖、租赁合同，适用不动产所在地法；国际货物或旅客运输合同，适用承运人所在地法；银行贷款或担保合同，适用贷款或担保银行所在地法；保险合同，适用保险人所在地法；劳务合同，适用合同履行地法。

18. 买受人收到货物后应在什么时间内检验，有异议时怎么办？

买卖合同的履行过程中，在出卖人交付标的物后，一个重要问题就是买受人对标的物的检验。检验的目的是查明出卖人交付的标的物是否与合同的约定相符，因此它密切关系着买受人的合同利益。在国际贸易中，大都采用交单付款方式。买方通常都是在卖方移交提单时支付货款，等货物运达目的地后再进行检验。在这种情况下，买方虽已按合同约定支付了货款，但并不构成对货物的接受，也不影响买方检验的权利以及对卖方违约采取各种法律补救措施的权利。

对标的物的及时检验，可以尽快地确定标的物的质量状况，明确责任，及时解决纠纷，有利于加速商品的流转。否则，就会使合同当事人之间的法律关系长期处于不稳定的状态，不利于维护健康正常的交易秩序。因此，合同法规定，买受人收到标的物时应当在约定的检验期间内检验。没有约定检验期间的，应当及时检验。

买受人通过对标的物的检验，如果发现标的物的数量、品种、型号、规格、花色的质量不符合同规定，应当一面对标的物妥为保管，一面向出卖人发出异议通知。

当 事人如果约定了检验期间，买受人就应当在检验期间内将标的物的数量或者质量不符合约定的情形通知出卖人。买受人在检验期间内没有通知的，视为标的物的数量或者质量符合约定。

当事人没有约定检验期间的，买受人应当在发现或者应当发现标的物的数量或者质量不符合约定的合同期间内通知出卖人。这个合理期间要针对不同的买卖合同，不同的标的物，不同的质量违约情形进行个案的分析确定。买受人如果在合同期间内没有向出卖人发出异议通知，就视为标的物的质量或者数量符合约定，即视为买受人认可了标的物。"买受人发现或者应当发现"可能是在收到标的物的当时，也可能是在之后的几天，甚至可能是之后的几年。而在市场经济条件下为便捷和加快商品的流传，要求当事人之间的法律关系不应当过长时间地处于不稳定的状态。因此，合同法规定，买受人自标的物收到之日起两年内未通知出卖人的，视为标的物的质量或者数量符合约定。但是，如果合同对标的物的质量保证期作了约定，如某啤酒在做出了保质期180天，就应当认为，这构成了当事人对此问题做出了约定。这时就不适用本法“两年”法定期间的规定，而适用这个质量保证期。即买受人自标的物收到之日起在质量保证期内未通知出卖人的，视为标的物的质量或者数量符合约定。

必须说明的是，依照合同法的规定，如果出卖人知道或者应当知道提供的标的物不符合约定，买受人不受上述通知时间的限制。法律规定通知时间的限制是为了让出卖人尽快知道情况，及时解决纠纷，加速和促进商品交易。在出卖人明知或者应当知道标的物有问题的情况下，这显然就没有再适用的必要。况且此时出卖人还可能已经构成了欺诈，那就更不应当让买受人承担法律上的不利后果了。

19. 何为供用电合同，它包括哪些内容，其履行地点怎样确定?

供用电合同是供电人与用电人订立的，由供电人供应电力，用电人使用该电力并支付电费的协议。合同的标的，是一种特殊的商品——“电”，由于其具有客观物质性并能为人们所使用，因而属于民法上“物”的一种。供电人将自己所有的电力供应给用电人使用，用电人支付一定数额的价款，双方当事人之间实际上是一种买卖关系。

供用电合同具有以下特点：①合同的当事人是供电人和用电人。供电人是指供电企业或者依法取得供电营业资格的非法人单位。用电人包括自然人、法人以及其他组织。②合同的标的是一种无形物质——电力，虽然客观存在，却看不见，只有在连续使用的过程中才能表现出来。③供用电合同属于持续供给合同。供电人在发电、供电系统正常的情况下，应当连续向用电人供电，不得中断。④供用电合同一般按照格式条款订立。供电企业为了与不特定的多个用电人订立合同而预先拟定格式条款，双方当事人按照格式条款订立合同。对供用电方式有特殊要求的用电人，可采用非格式条款订立合同。⑤电力的价格实行统一定价原则。

供用电合同一般应包括以下内容：

（一）供电的方式、质量和时间。供电方式包括主供电源、备用电源、保安电源的供电方式以及委托转供电等内容。供电质量，是指供电频率、电压和供电可靠性三项指标。

（二）用电容量、地址和性质。用电容量是指供电人认定的用电人受电设备的总容量，以千瓦（千伏安）表示。用电地址是指用电人使用电力的地址。用电性质包括用电人行业分类和用电分类。行业分类分为农业、工业、建筑业等七大类和城乡居民生活用电。用电分类包括大工业用电、农业生产用电、商业用电、居民生活用电等。

（三）计量方式和电价、电费的结算方式。计量方式，是指供电人如何计算用电人使用的电量。供电企业应在用户每一个受电点内安装用电计量装置，该装置的记录作为向用电人计算电费的依据。电价是指供电企业向用电人供应电力的价格，电费是电力资源实现商品交换的货币形式。为防止电费的拖欠，当事人可以在合同中约定采取下列结算方式：①收取电费保证金；②采取预付电费制；③有账务往来的，可商订价款互抵协议；④提倡采用商业承兑汇票或银行承兑汇票的结算方式；5. 由供、用、银行三方商签每月电费有期划拨协议。

（四）供用电设施的维护责任。在合同中双方应当协商确认供电设施运行管理责任的分界点，分界点电源侧供电设施属于供电人，由供电人负责运行维护管理，分界点负荷侧供电设施属于用电人，由用电人负责运行维护管理。

除前四项合同应当具备的内容外，当事人还可以约定其他认为需要的事项，如合同的有效期限、违约责任等。

供用电合同的履行地点，是指供电人将电力的所有权转移于用电人的转移点。由于电力系统具有网络性，电力的生产、供应与使用同时完成，这就使供用电合同的履行地点具有一定的特殊性。供用电双方可以在合同中约定该履行地点，约定了履行地点的，供电人应当按照约定履行供电义务。

如果供用电双方对履行地点没有约定或者约定不明确的，供电设施的产权分界处为履行地点。近十多年来，由于用电人参与电力设施的投资建设，电力设施投资多元化已呈发展趋势，供用电双方根据这一特殊性，在实践中形成并确定了以供电设施的产权分界处作为合同的履行地点。在用电人为单位时，供电设施的产权分界处通常为该单位变电设备的第一个瓷瓶或开关；在用电人为散用户时，供电设施的产权分界处通常为进户墙的第一个接收点。上述供电设施的产权分界处为供用电合同的履行地点。

以供电设施的产权分界处作为供用电合同的履行地点，对于履行供用电合同、确定供电设施的维护管理责任，具有重要的作用。供用电双方应当根据供电设施的产权归属，承担供电设施的安装、维护、检修和管理责任。

具类似特性的供用水、气、热力合同，均比照供用电合同的规定执行。

20. 承揽人可以把自己承揽的工作交给其他人完成吗？

原则上讲，承揽人应当以自己的设备、技术和劳力，完成所有承揽工作。因为由承揽人完成工作的成果既可以是体力劳动成果，也可以是脑力劳动成果；可以是物，也可以是其他财产。但其必须具有特定性，只能由承揽人为满足定作人特殊需求通过自己与众不同的劳动技能而完成。如果定作人所需的承揽物能够从市场上任意买到，定作人就不必通过订立承揽合同要求承揽人来完成。因此，承揽合同的本质特点要求该合同是建立在对承揽人的工作能力信任的基础上，承揽人应当以自己的设备、技术和劳力完成承揽工作。现代化社会生产要求工作分工越来越细，因此，承揽人有时不一定要完成全部工作，但必须完成工作的主要部分。这里的“主要工作”一般是指对工作成果的质量起决定性作用的工作，也可以说是技术要求高的那部分工作；如订制服装，量体裁剪和整体缝制是其主要工作。主要工作的质量将决定工作成果是否符合定作人的要求，因此，承揽人作为定作人选择的对象，应当以自己的设备、技术和劳力完成主要工作，否则会影响定作人订立合同的目的。

当然当事人如果约定，承揽人必须完成所有的承揽工作的，承揽人不仅应当亲自完成主要工作，其他工作也要由承揽人本人完成。如果当事人约定，承揽人可以将工作的主要部分交由第三人完成的，承揽人可以将所承揽的工作交给第三人完成，但承揽人应当对第三人的工作对定作人负责。

承揽人擅自将工作交由第三人完成的，将构成根本违约，此时，定作人可以选择两种方式要求承揽人承担违约责任。一种是通知承揽人解除合同。因解除合同给定作人造成损失的，定作人可以要求承揽人承担损害赔偿责任。如甲到某著名的服装公司定作一批西装，该公司未经定作人同意将承揽的服装交由其他服装公司制作，在这种情况下，甲就可以解除合同。另一种是定作人可以不解除合同，合同继续履行，承揽人对其所承揽的全部工作向定作人负责。比如，定作人对承揽人设备、技术和劳力无特别要求，只要求工作成果按时按量完成的情况下，承揽人擅自将承揽工作交由第三人完成，定作人认为工作成果的质量、数量、交付时间等能够接受，可以不解除合同。定作人不解除合同的，第三人完成工作的，由承揽人对第三人的工作向定作人负责。当工作成果质量不符合合同约定的质量要求的，定作人有权要求承担承揽人重作、修理、更换和赔偿损失等违约责任。工作成果数量不符合约定的，定作人有权要求承揽人在合理的期限内补齐，造成定作人损失的，承揽人承担损害赔偿责任。工作成果交付迟延的，承揽人应当承担迟延交付的违约责任，并赔偿定作人的损失。

根据交易习惯，承揽人可以将其承揽的工作中辅助性工作交由第三人完成，承揽人对第三人的工作向定作人负责。这里的"辅助工作"是指承揽工作中主要工作之外的部分，是相对于"主要工作"而言的。"主要工作"一般是指对工作成果的质量起决定性作用的工作，也可以说是技术要求高的那部分工作。主要工作之外的工作就可以理解为辅助性工作。如订制服装合同，量体裁剪和整体缝制是承揽人的主要工作，缝扣子、熨烫是其辅助性工作。对于辅助工作，承揽人可以交由第三人完成而不必经过定作人的同意，这种做法符合承揽工作的一般交易习惯，虽然承揽人可以根据工作需要，自行决定将辅助工作交由第三人完成，但是承揽人应当根据诚实信用原则，认真考察第三人的工作能力，合理地选择第三人。确定第三人后，如果第三人同意完成该部分工作的，承揽人应当将定作人对工作的要求或者是合同中的质量、数量、交付期限的约定如实告知第三人，第三人应当根据承揽人提供的情况，按质按量，按时完成工作。承揽人应当保证第三人完成的工作成果符合定作人的要求。如果当事人有约定，承揽工作必须全部由承揽人独自完成的，承揽人不得将工作转由第三人完成，即使辅助工作也不例外，承揽人违反约定将辅助工作交由第三人完成的，承揽人应当承担违约责任，赔偿定作人损失。

21. 在承揽人工作期间，定作人可以监督检验承揽工作吗?

可以。根据承揽工作的性质，承揽人是按照定作人的要求完成一定工作的，因此，定作人有权在工作期间对承揽的工作进行必要的监督检验，这是保证工作质量、预防工作成果瑕疵的必要措施。监督检验主要是指对进度、材料的使用、是否符合图纸或者技术要求等方面是否符合合同约定和定作人的要求。定作人行使的监督检验权，应当符合以下两个条件：

第一，定作人的监督检验必须是必要的。这里“必要”的含义是指，如果合同中已经约定定作人监督检验的范围的，定作人应当按照约定的内容按时进行检验。如果合同中未约定检验范围的，定作人应当根据承揽工作的性质，对承揽工作质量进行检验，如承揽人是否使用符合约定的材料、承揽人是否按照定作人提供的图纸或者技术要求工作。如果定作人发现承揽人的工作不符合约定，可以要求承揽人返工，修理或者更换。

第二，定作人的监督检验行为不得妨碍承揽人的正常工作。定作人有权对承揽工作进行监督检验，但根据公平原则，定作人监督检验行为不得给承揽人带来不合理的负担，不得影响承揽人正常工作秩序。承揽合同中约定监督检验时间的，定作人应当按照约定的时间进行检验，定作人在检验前，应当通知承揽人检验的时间和内容，以便于承揽人对工作做出适当的安排。定作人的监督检验行为妨碍承揽人正常工作的，承揽人可以拒绝定作人的监督检验。定作人的监督检验行为给承揽人造成损失的，应当承担损害赔偿责任。

接受定作人的监督检验是法律为承揽人规定的义务，承揽人不得以合同未约定为由拒绝定作人的合理监督检验。承揽人应当为定作人的监督检验提供方便和条件，并应当如实地向定作人反映工作情况，不得故意隐瞒工作中存在的问题，对于定作人提出的合理建议和指示，应当及时采纳，改进自己的工作。

22. 建设工程怎样进行招标投标活动？

招标投标是市场经济条件下进行大宗货物买卖或者建设工程

发包与承包时通常采用的竞争交易方式。所谓的建设工程招标投标活动是指建设工程的发包人作为招标方采用适当的方式，发布拟建工程的有关信息，如工程的内容和主要的技术条件，对承包人的资质要求等，但不标明工程的造价，通过这些行为表明发包人将选择符合条件的承包人与之订立建设工程合同的意向，由各有意承包该工程项目的承包人作为投标方向招标方提出自己的工程报价和其他承包条件，参加投标竞争，经招标方对各投标方的报价和其他条件进行审查比较后，从中择优选定中标者，并与之签订建设工程合同的活动。

建设工程实行公开招标的，一般包括以下几个主要过程：

（一）发标。发标是指发包人作为招标方依照法定程序和方式，发布招标公告，提供载有招标工程的主要技术要求、主要合同条款、评标的标准和方法以及开标、评标、定标的程序等内容的招标文件。

（二）开标。招标方在投标截止日期届满后，在规定的时间内，将收到的投标书启封打开，查阅其内容，以便对各标书载明的承包条件进行评审活动。开标应当在招标文件规定的时间、地点公开进行，通常采取召开开标会的形式，所有参加投标的承包人都有资格参加开标会，对开标过程进行监督。招标方应当在开标会上当众查验各标书的密封情况，逐一开启标书，公开唱标，宣读各标书中载明的投标人名称、投标价格和其他主要内容，并对唱标作好记录以备查验。开标后，任何人不得再更改标书的报价和其他内容。

（三）评标。评标是指在开标后招标方按照招标文件规定的评标标准和程序对标书进行评价、比较，在具备相应资质条件的投标者中，择优选定中标者。评标应当按照招标文件规定的标准和程序对标书进行客观、公正的评价和比较，任何人不得更改或违反规定的评标标准和程序。实际中通常由招标方组织由项目法人、主要投资方、招标代理机构的代表以及有关技术、经济、法律方面等专家组成一个评标机构，对各投标人的标书的有效性、标书所提供的技术方案的科学性、合理性、可行性，技术力量的状况和质量保证措施的有效性等做出技术评审，对工程报价及各项费用构成的合理性做出经济评审，在此基础上做出评标报告，提出几名推荐中标人的名单，供发包人从中选择。

（四）定标。定标又称决标，是指发包人从投标者中最终选定中标者作为工程承包人的活动。定标必须遵守平等竞争、择优选定的原则，按照规定的程序，从评标机构推荐的中标候选人中择优选定中标人，并与之订立建设工程合同。在国际上通行的作法是，在技术、资信等其他条件相当的情况下，应当以报价最低的投标人作为中标人。

建设工程的招标投标应当按照公开、公平和公正的原则进行。所谓的公开，是指进行招标投标活动的有关信息要公开，招标方应当通过新闻媒体上刊发广告或者以其他适当形式，发布建设工程招标信息，并在公开提供的招标文件中，载明招标工程的主要技术要求以及投标人的资格要求等内容，使所有符合条件的承包商都能有机会参与投标竞争。同时，招标投标的程序要公开，包括领取招标文件的时间、地点，投标的截止日期，开标的时间、地点以及评标与定标的标准、方法等，都应当公开透明，以便各方面监督，不允许进行“黑箱操作”。所谓的公平，就是指招标方平等地对待每一份投标，投标方也要以正当手段进行竞争，不得向投标方及其工作人员行贿、提供回扣等不正当竞争行为，以保证竞争的平等。所谓的公正，是指招标方在招标过程中要严格按照公开的招标文件和程序办事，严格按照既定的评标标准和定标，公平地对待每一个投标者，不得厚此薄彼、亲亲疏疏。

23. 何为隐蔽工程，隐蔽工程应如何操作?

隐蔽工程是指地基、电气管线、供水供热管线等需要覆盖、掩盖的工程。由于隐蔽工程在隐蔽后，如果发生质量问题，还得重新覆盖和掩盖，会造成返工等非常大的损失，为了避免资源的浪费和当事人双方的损失，保证工程的质量和工程顺利完成，承包人在隐蔽工程隐蔽以前，应当通知发包人检查，发包人检查合格的，方可进行隐蔽工程。实践中，当工程具备覆盖、掩盖条件的，承包人应当先进行自检，自检合格后，在隐蔽工程进行隐蔽前及时通知发包人或发包人派驻的工地代表对隐蔽工程的条件进行检查并参加隐蔽工程的作业。通知包括承包人的自检记录、隐蔽的内容、检查时间和地点。发包人或其派驻的工地代表接到通知后，应当在要求的时间内到达隐蔽现场，对隐蔽工程的条件进行检查，检查合格的，发包人或者其派驻的工地代表在检查记录上签字，承包人检查合格后方可进行隐蔽施工。发包人检查发现隐蔽工程条件不合格的，有权要求承包人在一定期限内完善工程条件。隐蔽工程条件符合规范要求，发包人检查合格后，发包人或者其派驻工地代表在检查后拒绝在检查记录上签字的，在实践中可视为发包人已经批准，承包人可以进行隐蔽工程施工。

发包人在接到通知后，没有按期对隐蔽工程条件进行检查的，承包人应当催告发包人在合理期限内进行检查。因为发包人不进行检查，承包人就无法进行隐蔽施工，因此承包人通知发包人检查而发包人未能及时进行检查的，承包人有权暂停施工。承包人可以顺延工期，并要求发包人赔偿因此造成的停工、窝工、材料和构件积压等损失。

如果承包人未通知发包人检查而自行进行隐蔽工程的，事后发包人有权要求对已隐蔽的工程进行检查，承包人应当按照要求进行剥露，并在检查后重新隐蔽或者修复后隐蔽。如果经检查隐蔽工程不符合要求的，承包人应当返工，重新进行隐蔽。在这种情况下检查隐蔽工程所发生的费用如检查费用、返工费用、材料费用等由承包人负担，承包人还应承担工期延误的违约责任。

24. 运输货物有毁损的，应如何计算承运人的损失赔偿额？货物在运输中因不可抗力而灭失的，承运人还可以收取运费吗？如何行使货物留置权？

在货物发生毁损、灭失的情况下，承运人的损失赔偿额应当依据以下四个原则计算：

（一）当事人对货物毁损、灭失的赔偿额有约定的，就应当按约定数额进行赔偿。当事人在合同中可能规定了一个总的赔偿数额，也可能规定了一个赔偿额的计算方法。但有的情况下，当事人办理了保价运输。所谓保价运输就是承运人处理托运人、收货人提出赔偿要求的一种方式，即托运人在办理托运货物的手续时或者与承运人签订合同时，向承运人要求进行保价运输，声明货物的价格，并支付保价费。这实际上是当事人之间对货物损害赔偿额的一种约定。一般情况下，保价额相当于货物的价值。托运人办理保价运输的，承运人应当按照实际损失进行赔偿，但最高不得超过保价额。实际损失低于保价额的，按照实际损失进行赔偿。

（二）当事人对赔偿额没有约定或者约定不明确的，可以协议补充；不能达成补充协议的，按照合同有关条款或者交易习惯确定。

（三）如果依照前一原则仍不能确定的，则按照交付或者应当交付时货物到达地的市场价格计算。这里的“交付时”是指货物按时到达了目的地，货物有毁损的情况下，计算市场价格的起算时间；“应当交付时”是指货物没有按时到达，而货物毁损、灭失的情况下，市场价格的起算时间。

（四）法律、行政法规对赔偿额的计算方法和赔偿限额另有规定的，应当依照其规定进行赔偿。例如民用航空法规定，国内航空运输承运人的赔偿责任限额由国务院民用航空主管部门制定，报国务院批准后公布执行。对托运行李或者货物的赔偿责任限额，每公斤为17计算单位。对于法律、行政法规的这些规定，应当在计算承运人的赔偿额时予以遵守。

需要注意的是，如果托运人在托运货物时自愿办理了货物运输保险的，在发生货物的毁损、灭失等保险事故时，应根据保险合同向保险人索赔 。但保险人给付保险赔偿金后取得对承运人的赔偿金的代位求偿权。

在运输活动中，常常出现这样一种情况，即托运的货物在运输过程中因不可抗力灭失了，货物的这种灭失不是因为承运人的原因而造成的，也不是因为托运人、收货人的过错造成的。在这种情况下，承运人不承担货物的损害赔偿责任，但承运人还可以收取运费吗？根据合同法的规定，货物在运输过程中因不可抗力灭失，未收取运费的，承运人不得请求支付运费；已收取运费的，托运人可以请求返还。

货物的留置权，就是货物托运人或者收货人不按合同约定支付运费、保管费以及其他运输费用的，承运人对相应的运输货物进行留置，以留置财产折价或者以拍卖、变卖该留置的货物，从所得价款中优先受偿的权利。

承运人在行使留置权时，应当注意下列问题：

（一）除法律另有规定外，承运人可以自行留置货物，不必通过法定程序留置货物。

（二）留置“相应的货物”包括两层含义：①对于可分的货物，承运人留置的货物应当合理和适当，其价值应包括未支付的运费、保管费以及其他运输费用加上可能因诉讼产生的费用，而不能留置过多的货物；②对于不可分的货物，承运人可以对全部货物进行留置，即使承运人已取得了大部分运费、保管费以及其他运输费用。

（三）当事人如果在合同中约定在运费、保管费以及其他运输费用没有付清的情况下，承运人不能留置货物的，承运人就不能留置货物。如果托运人或者收货人提供了适当的担保，承运人也不能留置货物。

25. 个人对作为单位工作任务完成的技术成果享有权利吗？研究开发人和委托人对委托开发完成的技术成果各有什么权利？技术转让合同中后续改进的技术成果应归谁享有？

完成作为单位工作任务的技术成果的个人不包括仅提供资金、设备、材料、试验条件的人员，进行组织管理的人员，协助绘制图纸、整理资料、翻译文献等辅助服务人员。技术成果文件是指专利申请书、科学技术奖励申报书、科技成果登记书等确认技术成果完成者身份和授予荣誉的证书和文件。

根据法律的规定，职务技术成果的使用权、转让权等财产权利应当由单位享有。个人未经单位同意，擅自以生产经营为目的使用、转让单位的职务成果，是侵犯单位技术权益的侵权行为。虽然个人对于作为单位工作任务完成的技术成果不享有财产权利，但是，根据法律的规定，单位还应当根据使用和转让该项技术成果所取得的经济效益，给予职务技术成果的完成者一定的奖励和报酬。同时，单位订立技术转让合同转让职务技术成果的，职务技术成果的完成者享有以同等条件优先受让的权利。

在委托开发合同中，当事人可以约定技术开发成果的归属和分享。如果当事人在合同中没有约定或者约定不明确的，委托开发完成的技术成果属于发明创造的，申请专利的权利属于研究开发人，但研究开发人取得专利权的，委托人可以免费实施该专利。研究开发人转让专利申请权的，委托人可以优先受让该专利申请权。委托开发完成的技术成果属于技术秘密的，技术秘密的使用权、转让权以及利益的分配办法，当事人可以在合同中约定。如果当事人没有约定或者约定不清楚的，可以协议补充；不能达成补充协议的，根据合同的有关条款或者交易习惯确定，仍不能确定的，当事人各方对技术秘密都有使用和转让的权利，但委托开发合同中研究开发人在向委托人交付研究开发成果前，不得擅自将研究开发成果转让给第三人。

后续改进，是指技术转让合同有效期内，一方或者双方对作为合同标的的专利技术或者技术秘密成果所作的革新和改良。对于后续改进的技术成果，技术转让合同的双方当事人可以按照互利的原则，在合同中约定使用技术秘密后续改进的技术成果的分享办法。没有约定或者约定不明确的，当事人可以协议补充，不能达成补充协议的，可以按照合同有关条款或者交易习惯确定。按照合同有关条款或者交易习惯仍不能确定的，一方后续改进的技术成果，应当由完成该项后续改进的人享有，其他各方无权分享。

26. 外贸公司以自己的名义代理甲企业与乙企业签订合同，乙企业知道外贸公司与甲企业之间的委托关系的，合同责任由谁承担？

外贸公司以自己的名义代理甲企业与乙企业签订合同，乙企业知道外贸公司与甲企业之间的委托关系的，即乙企业知道外贸公司是甲企业的代理人的，如果因为甲的原因，致使外贸公司违约，乙企业可以要求外贸公司承担违约责任。也可以要求甲企业承担违约责任，如甲企业委托某外贸公司和乙企业出口 10 万台电视机，由该外贸企业与乙企业作为合同当事人签署货物买卖合同，并说明该外贸企业为甲企业生产的电视机进行外贸代理。如果甲企业生产的电视机有严重的质量问题，乙企业可以直接向甲企业索赔。

如果有确切证据证明该合同只约束该外贸公司与乙企业的，因为甲企业的原因，导致该外贸公司违约的，乙企业只可以要求该外贸公司承担违约责任而不能要求甲企业承担违约责任。如甲企业委托某外贸公司向乙企业出口10万台电视机，由该外贸企业与乙企业作为合同当事人签署货物买卖合同，并在合同中说明，该外贸公司违约的，由该外贸企业承担违约责任。如果甲企业生产的电视机有严重的质量问题，乙企业可以要求该外贸公司承担退货或赔偿等违约责任。

27. 外贸公司以自己的名义与乙企业签订合同，乙企业不知道外贸公司与甲公司之间的委托关系的，合同责任由谁承担？

外贸公司以自己的名义与乙企业签订合同，乙企业不知道外贸公司与甲公司之间的委托关系，该合同对该外贸公司和乙企业具有约束力 。但如果因为甲公司的原因，致使该外贸公司不能履行合同义务，这时该外贸公司可以向乙企业说明甲公司与该外贸公司的委托关系。这时候，乙企业可以选择要求该外贸公司或甲公司承担违约责任。乙企业选择承担违约责任方后，不能再更改。如某一机电产品进出口公司与乙企业签订货物买卖合同，约定由该进出口公司向乙企业提供100台车床。由于其中20台有质量问题，乙企业向该进出口公司索赔。该进出口公司向乙企业披露，该批车床由甲公司生产，委托该进出口公司出口。这时，乙企业也可以选择向甲公司索赔。

同样，甲公司委托外贸公司对其产品进行外贸代理，由外贸公司以自己的名义与乙企业签订合同。但如果因为乙企业的原因，致使该外贸公司不能履行与甲公司的委托合同义务，这时该外贸公司可以向甲公司披露说明乙企业。这时候，甲公司可以要求乙企业承担违约责任。如甲公司委托某一机电产品进出口公司出口100台车床。该进出口公司以自己的名义与乙企业签订合同，约定由该进出口公司向国外的乙企业提供100台车床，乙企业向该进出口公司支付价款人民币1000万元。由于乙企业未能支付这些价款，该进出口公司向甲公司披露乙企业的名称、注册地、账号等信息，这时，甲公司可以直接向乙企业索赔。

第九篇　公司、企业法实务

1. 外商投资企业如何适用公司法?

外商投资企业一般是指中外合资经营企业、中外合作经营企业、外资企业（全部资本由外国投资者投资的企业）。对这三种企业又分别制定了中外合资经营企业法、中外合作经营企业法、外资企业法进行规范，在这三部法律中，又涉及、删除“到”有限责任公司的组织形式和某些行为。在公司法制定后，虽然与上述三部法律总的方向是一致的，但是有些具体规定是有差别的，为了保持外商投资政策和法律规定上的一致性，前后衔接，因此明确了外商投资企业中的有限责任公司适用公司法，中外合资经营企业、中外合作经营企业、外资企业的法律另有规定的，适用其规定。这样，在法律适用上公司法与三部外资企业法是衔接的，同时又保持了必要的连续性。

2. 何为分公司、子公司，怎样设立?

分公司是指公司在其住所以外设立的以自己的名义从事活动的机构。分公司的主要特点为：

（一）分公司是由隶属公司依法设立的；

（二）分公司没有自己独立的财产，与隶属公司在经济上是统一核算，其在经营活动中的负债由隶属公司负责清偿；

（三）分公司不独立承担民事责任，没有自己的章程，没有董事会等形式的公司经营决策和业务执行机关；

（四）分公司没有独立的名称，其名称只要在总公司名称后加上分公司字样即可。

公司设立分公司的，应当向分公司所在地工商行政管理局申请登记；经核准的，发给《营业执照》。分公司的登记事项包括：名称、营业场所、负责人、经营范围等。分公司名称应当符合国家有关规定；其经营范围不得超出总公司的经营范围。

设立分公司应提交以下文件：

（一）公司法定代表人签署的设立分公司的登记申请书；

（二）公司章程以及由公司的公司登记机关加盖印章的《企业法人营业执照》复印件；

（三）营业场所使用证明；

（四）公司登记机关要求提交的其他文件。

子公司是与母公司相对应的法律概念。母公司是指掌握其他公司的股份，从而能够在实际上控制这些公司经营活动的公司，也称控股公司。子公司是指其一定比例以上的股份被另一公司所掌握而受其实际控制的公司。子公司也可以通过控制其他公司一定比例以上的股份而成为控股公司，被控制的公司成为孙公司。子公司具有法人地位，可以独立承担民事责任。

公司可以设立独资子公司和控股子公司。设立独资子公司应符合《公司法》有关国有独资公司的规定，按国有独资有限责任公司办理设立登记。设立控股公司应符合《公司法》对于有限责任公司的规定，并按有限责任公司办理设立登记。

控股子公司的名称经母公司同意，可以使用母公司的字号或商号，但不得使用母公司的全名称。

3. 何为公司转投资，有何限制？

公司转投资，就是一个公司向其他的公司进行投资，这种投资活动是允许的，因为公司作为法人，有自主运用资金的权利，可以将自己的资金投入到其他公司的经营中去。但是，这种权利不是无限制的，不能将公司的所有资金或者是绝大部分资金都转出去，而使公司成为一个空壳子。对一般的公司而言，仍然要求是一个经济实体，有一定的自主运用的资产、相当的经营业务和承担责任的能力，也就是作为法人实体而存在。因此对公司的转投资做出了限制规定，具体的要求为公司向其他有限责任公司、股份有限公司投资的，除国务院规定的投资公司和控股公司外，所累计投资额不得超过公司净资产的 50%，在投资后，接受被投资公司以利润转增的资本，其增加额不包括在内。这项要求，只适用于一般的公司，而不适用于按照国务院规定设立的投资公司和控股公司，这些公司的资金是专门用于投资和控股的，所以不受转投资的限制。这样的区分是合情合理的，既适应了投资公司和控股公司的业务需要，也可防止产生一批只见虚名，不见其实的公司，有利于维护经济秩序。

4. 关于有限责任公司转让出资有何规定?

有限责任公司股东出资后，不能退股，但是允许转让，这样就保障了股东有收回出资的权利。由于有限责任公司除了资本联合外，还有人合的因素，带有封闭性，为了保持公司内股东之间有一定相互了解，相互信任的关系，因此，股东转让出资不是完全自由的、无拘束的，而是有一定条件的限制，并在一定条件下股东有优先购买权。因此，有以下几项规定：

（一）有限责任公司股东之间可以相互转让其全部出资或者部分出资。这明确了股东有权转让出资，至于全部转让还是部分转让则不受限制。

（二）股东向股东以外的人转让其出资时，必须经全体股东过半数同意；不同意转让的股东应当购买该转让的出资，如果不购买该转让的出资视为同意转让。这里要明确两点：一是在公司股东之间转让出资是完全自由的；二是如果股东向股东以外的人转让，则要经过其他股东同意，但也不是要经过每一个股东的同意，而只要全体股东的过半数同意就行，不同意转让的股东不仅有否决权，他们还有购买该转让出资的义务，如果不购买的，就要被视为是同意转让，这里是既加以限制，又使股东转让出资在一定条件下有路可走，这也是从根本上肯定了转让出资的权利。

（三）经股东同意转让的出资，在同等条件下，其他股东对该出资有优先购买权。也就是说本公司股东有优先受让权，它的作用是有利于维护公司的人合因素，有益于公司稳定。实现这项权利的前提为同等条件才能先买，而并非是绝对的优先受让。

5. 公司增加、减少注册资本应注意哪些事项？

办理公司增加注册资本变更登记手续，需要向工商局提交下列文件：

①变更登记申请书；②指定委托书；③股东会关于增加注册资本的决议；④验资报告（评估报告）；⑤修改后的公司章程或章程修正案；⑥公司营业执照正、副本。

在办理变更登记手续时，应注意以下几个方面：

（一）公司变更注册资本，应由公司的股东会依据公司的章程作出决议，而不是董事会；

（二）办理变更登记的时间，应在股东会作出决议之日起30日内申请变更登记手续；

（三）根据新增注册资本的来源及形式，在办理验资报告和评估报告时的程序有所不同，具体说来有以下几种情况：

1. 新增资本来源于公司的利润，可以向验资机构（评估机构）提交公司的资产负债表；

2. 新增资本是股东以货币形式投资的，应将股款存入工商局指定的银行账户上，凭银行出具的入资凭证办理验资手续；

3. 新增资本是股东以非货币的形式投资的，应先办理该部分资产的过户手续，再由评估机构进行评估。

公司减少注册资本应向公司登记机构提交下列文件、证件：

①变更登记申请书；②指定委托书；③股东会关于减少注册资本的决议；④验资报告（评估报告）；⑤修改后的公司章程或章程修正方案；⑥公司营业执照正、副本；⑦在报刊上登载减少公司注册资本的3次报样。

由此可以看出，减少注册资本的变更与办理增加注册资本的变更相比，两者向工商局提交的文件、证件是相同的，但是，对于减少注册资本变更登记，有一个特殊要求，即在公司股东会做出减少注册资本的决议之日起的90日内，分3次在指定的报刊上登载公司拟减少注册资本的公告，通知公司的债权人、债务人。在提交文件时，应提交登载公告的3次报样。

另外，由于注册资本的减少，而引起经营范围的变化时，须同时进行经营范围的变更登记。

6. 什么样的人不得担任公司的董事、监事、经理？违反有关规定的后果怎样？

公司负责人对公司、对社会都是承担了相当的责任的，应当由有判断能力、信誉良好、有经营业绩、无劣迹的人担任。为了防止不合格的、不能胜任公司负责人的人员担任公司负责人，公司法明确规定下列几种人员不得担任公司的董事、监事、经理：

（一）无民事行为能力或者限制民事行为能力；

（二）因犯有贪污、贿赂、侵占财产、挪用财产罪或者破坏社会经济秩序罪，被判处刑罚，执行期满未逾5年，或者因犯罪被剥夺政治权利，执行期满未逾5年；

（三）担任因经营不善破产清算的公司、企业的董事或者厂长、经理，并对该公司、企业的破产负有个人责任的，自该公司、企业破产清算完结之日起未逾3年；

（四）担任因违法被吊销营业执照的公司、企业的法定代表人，并负有个人责任的，自该公司、企业被吊销营业执照之日起未逾3年；

（五）个人所负数额较大的债务到期未清偿。

以上几项是对任职资格的限制性规定，又称消极资格的规定。这些规定保护了社会的利益、公司的利益，也维护了公司股东的利益和债权人的利益，必须重视和保证公司负责人的素质，使之符合社会利益、公司利益、股东利益的要求。

在现实中有一些公司或者机构、部门违反了关于公司负责人任职消极资格的规定，选举、委派或者聘任了一些不得担任公司董事、监事、经理的人员担任这些职务。对于违反法律规定的任职，一律不予承认其合法性，就是从法律上予以否认。所以对于违反消极资格规定，选举、委派董事、监事或者聘任经理的，该选举、委派或者聘任无效。这里所指的无效，一是指选举、委派或者聘任的行为是无效的、不能成立的；二是指不得任职的人所任职务是非法的、不能产生效力的。

7. 董事、监事、经理执行职务违反公司法的，如何追究其法律责任？

董事、监事、经理违反公司法的行为必须受到惩处，追究有关的法律责任，主要规定如下：

（一）董事、监事、经理利用职权收受贿赂、其他非法收入或者侵占公司财产的，没收违法所得，责令退还公司财产，由公司给予处分。构成犯罪的，依法追究刑事责任。

（二）董事、经理挪用公司资金或者将公司资金借贷给他人的，责令退还公司的资金，由公司给予处分，将其所得归公司所有。构成犯罪的，依法追究刑事责任。

（三）董事、经理违反本法规定，以公司资产为本公司的股东或者其他个人债务提供担保的，责令取消担保，并依法承担赔偿责任，将违法提供担保取得的收入归公司所有。情节严重的，由公司给予处分。

（四）董事、经理违反公司法规定自营或者为他人经营与其所任职公司同类的营业的，除将其所得收入归公司所有外，并可由公司给予处分。

以上各点中凡提到构成犯罪的，依法追究刑事责任，就是违法行为达到犯罪程度的，依照刑法进行处罚。与上述几点有联系的，在刑法中还规定了公司、企业人员受贿罪，职务侵占罪，挪用资金罪，非法经营同类营业罪等。

8. 公司登记时有虚假、欺诈行为的应承担什么法律责任？

违反公司法的规定，办理公司登记时虚报注册资本、提交虚假证明文件或者采取其他欺诈手段隐瞒重要事实取得公司登记的，责令改正，对虚报注册资本的公司，处以虚报注册资本金额5%以上10%以下的罚款；对提交虚假证明文件或者采取其他欺诈手段隐瞒重要事实的公司，处以1万元以上10万元以下的罚款；情节特别严重的撤销公司登记。构成犯罪的，依法追究刑事责任。

在中国刑法中规定了虚报注册资本罪、虚假出资、抽逃注册资本罪。对于申请公司登记使用虚假证明文件或者采取其他欺诈手段虚报注册资本，欺骗公司登记主管部门，取得公司登记，虚报注册资本数额巨大、后果严重或者有其他严重情节的，处3年以下有期徒刑或者拘役，并处或者单处虚报注册资本金额1%以上5%以下罚金。单位犯虚假注册资本罪的，对单位判处罚金，并对其直接负责的主管人员和其他责任人员，处 3 年以下有期徒刑或者拘役。

9. 公司提供虚假财务报告和侵占国有资产的应承担什么法律责任?

公司向股东和社会公众提供虚假的或者隐瞒重要事实的财务会计报告的，对直接负责的主管人员和其他直接责任人员处以 1 万元以上 10 万元以下的罚款；构成犯罪的，依法追究刑事责任。刑法中对此设有虚假财务报告罪，公司犯本罪的，对于直接负责的主管人员和其他直接责任人员，处 3 年以下有期徒刑或者拘役，并处或者单处 2 万元以上 20 万元以下罚金。

违反公司法的规定，将国有资产低价折股、低价出售或者无偿分给个人的，对直接负责的主管人员和其他直接责任人员依法给予行政处分。构成犯罪的，依法追究刑事责任。与这种违法犯罪行为有关的，在刑法中规定了国有公司、企业或者其上级主管部门直接负责的主管人员，徇私舞弊，将国有资产低价折股或者低价出售，致使国家利益遭受重大损失的，处 3 年以下有期徒刑或者拘役；致使国家利益遭受特别重大损失的，处 3 年以上 7 年以下有期徒刑。

10. 设立中外合资、合作经营企业的程序怎样?

举办中外合资合作经营企业，大体分为以下四个阶段：

一、编报项目建议书及申请立项。

编报项目建议书及申请立项的具体手续是，由中方合营者向企业主管部门呈报拟与外国合营者设立合营企业的项目建议书和初步可行性研究分析，经企业主管部门审查同意，并转报审批机关批准，即告立项成立。

此阶段需要提供的主要文件有：

①申请立项报告；②合营各方签订的意向书；③合营各方营业执照；④外商资信证明；⑤项目建议书；⑥有关部门对主要物料、资金安排的意向书。

二、编报可行性研究报告，申请国有资产评估、确认，办理土地出让手续。

项目建议书和初步可行性研究分析获批准后，中外双方应进行可行性研究，编制可行性研究报告。可行性研究报告要对项目的各个方面进行认真、科学、详细的测算分析，具体论证项目的设立在经济上的必要性、合理性、现实性；技术和装备上的先进性、适用性、可靠性；财务上的盈利性以及合法性等。可行性研究报告是项目投资决策的主要依据。可行性研究报告需要经国家的认可和批准。对审批机关及审批权限，国家有专项规定，大体与项目建议书的审批部门及审批权限相同。在进行可行性研究的同时，还应向当地工商行政管理局申请名称预先核准登记；中方合营者有利用国有资产作价投资的项目，应向当地国有资产管理部门申请国有资产评估；国有资产评估、确认完成后，再到主管部门办理土地出让手续。

三、编报合同、章程。

可行性研究报告获批准后，就进入了协议、合同、章程的谈判、草拟、签订阶段。合营各方根据可行性研究报告的内容，对具体问题进行磋商，明确各自相应的权利、义务；达成一致意见后，签署正式的合同及章程。合同及章程一经有关部门，一般为当地政府外经贸部门代表国家批准，即有法律效力，作为合营企业在今后经营活动中的准则和依据。

此阶段报批的主要文件有：

①批准企业合同、章程及董事会组成的请示；

②合同、章程；

③可行性研究报告、项目的评估报告及批准文件；

④项目建议书及立项批复；

⑤产品销售协议；

⑥技术引进、购买设备协议；

⑦董事会组成人员名单及中外方董事、总经理、副总经理的简历表、委任书、身份证明；

⑧董事长授权书；

⑨中外方的合法证明及外方的资信证明；

⑨合营企业名称预先登记表；

⑪资产评估报告和确认通知书或裁定书；

⑫取得土地使用权证明。

四、申请批准证书，办理注册登记手续。

举办外商投资企业得到批准，具有法律效力的凭证就是批准证书。合营企业合同、章程批准生效后，将办理领取批准证书和向工商行政管理局申请登记注册手续，注册日期为合营企业正式成立时间。

11. 外商投资企业名称登记有何规定？申请企业法人登记需提交什么文件？

（一）外商投资企业的名称，不得使用国家（地区）名称、国家与国家（地区）、国家（地区）与行政区划联名及其简称作商号；外商独资企业可以在名称的中间使用行政区划名称“中国”。

（二）外商投资企业名称的商号，在全国范围内同行业不得重名。经中外投资者同意，可以使用中方或外方投资者的商号，但不得使用不属于投资者的驰名商号。

（三）外商投资企业名称中使用“股份”称谓的，应是经国务院授权的审批机关批准并依照《股份有限公司规范意见》中外股份有限公司。

（四）外商投资企业名称使用“集团”称谓的，应是以该外商投资企业为核心，由同一外商投资举办的五个以上外商投资企业为成员形成的集团。

（五）外商投资企业的名称一般仍应按《企业名称登记管理规定》标明行业；具有驰名商号的公司，在我国举办注册资本在1000万美元以上的独资经营企业，可以在名称中不标明行业。

（六）外商投资企业申请登记的名称不冠以行政区划的，使用“中国”、“中华”和标明“投资”字样的不标明行业或行业特点不明确的；或开展投资业务的外商投资企业的名称，应报外商投资企业申请企业法人登记时，应提交以下文件：

①由董事长、副董事长签署的外商投资企业登记申请书；②项目建议书、可行性研究报告及其批准文件；③合营企业名称预先核准通知书；④合同、章程以及审批机关的批准文件和批准证书；⑤投资者的资信证明；⑥董事会名单以及董事会成员、总经理、副总经理的委派（任职）文件和上述中方人员的身份证明；⑦申报资产评估的有关文件及确认通知书或裁决通知书；⑧其他有关文件、证件。

12. 外商投资企业申请变更登记、注销登记应分别提交哪些文件?

外商投资企业申请变更登记时，应提交以下文件：

①董事长签署的变更登记申请书；②董事会的决议；③原审批机关的批准文件（变更董事长、副董事长，总经理、副总经理除外）。

变更住所、经营场所应提交住所、经营场所的使用证明；变更企业类别，应提交修改原合同、章程的补充协议；变更董事长、副董事长，应提交委派证明和被委派中方人员的身份证明。变更总经理、副总经理，应提交被聘任中方人员的身份证明。转让注册资本，转让合同和修改原合同、章程的补充协议以及受让方的合法开业证明和资信证明。

外商投资企业设立的分支机构和办事机构改变主要登记事项时，亦应参照以上规定，向原登记主管机关申请变更登记。

外商投资企业申请注销登记时，应提交以下文件：

①由董事长、副董事长签署的注销登记申请书；②董事会决议；③清理债权、债务完结的报告或者清算组织负责清理债权债务的文件；④税务机关、海关出具的完税证明。

法律、法规规定的必须经原审批机关批准的，还应提交原审批机关的批准文件。不能提交董事会决议的以及有关国家对外商投资企业的注销另有规定的，按国家有关规定办理。

外商投资企业撤销其分支机构和办事机构，也应提交由隶属企业董事长签署的注销登记申请书和隶属企业董事会的决议，向原登记主管机关申请注销登记。

13. 关于外商投资企业注册资本与投资总额的比例有什么规定?

（一）中外合资经营企业的投资总额在 300 万美元以下（含 300 万美元）的，其注册资本最少应占投资总额的 7/10；

（二）中外合资经营企业的投资总额在 300 万美元以上至 1000 万美元（含 1000 万美元）的，其注册资本最少应占投资总额的 1/2，其中投资总额在 420 万美元以下的，其注册资本不得低于 210 万美元；

（三）中外合资经营企业的投资总额在 1000 万美元以上至 3000 万美元（含 3000 万美元）的，其注册资本最少应占投资总额的 2/5，其中投资总额在 1250 万美元以下的，其注册资本不得低于 500 万美元；

（四）中外合资经营企业的投资总额在 3000 万美元以上的，

其注册资本最少应占投资总额的1/3，其中投资总额在3600万美元以下的，其注册资本不得低于1200万美元；

（五）中外合资经营企业如遇特殊情况，不能执行上述规定，由对外经济贸易部会同国家工商行政管理局批准；

（六）中外合资经营企业增加投资的，其追加的注册资本与增加的投资总额的比例，也按上述规定执行；

（七）中外合作经营企业、外商独资企业的注册资本与投资总额的比例，亦参照以上规定执行。

14. 关于外商投资企业在境内再投资有何最新规定？在鼓励类、允许类、限制类领域再投资是否需要报批？

2000年以来国家出台了一系列鼓励外商投资的政策措施，其中最重要的一项就是允许外商投资企业在境内进行再投资，对外贸易经济合作部和国家工商行政管理局联合发布了《关于外商投资企业境内投资的暂行规定》（2000年7月25日），这一新的政策措施对于进一步扩大吸收外商投资具有十分重要的意义。

这里特别需要指出的是，外商投资企业在鼓励类或允许类领域投资已不再需要政府的审批，直接就可以到登记机关进行登记注册。向被投资公司所在地公司登记机关提出申请，并应提供下列材料：外商投资企业关于投资的一致通过的董事会决议；外商投资企业的批准证书和营业执照（复印件）；法定验资机构出具的注册资本已经缴足的验资报告；外商投资企业经审计的资产负债表；外商投资企业缴纳所得税或减免所得税的证明材料；法律、法规及规章规定的其他材料。

公司登记机关依《公司法》、《中华人民共和国公司登记管理条例》的有关规定，决定准予登记或不予登记。准予登记的，发给《企业法人营业执照》，并在企业类别栏目加注“外商投资企业投资”字样。

外商投资企业在限制类领域投资设立公司还需要政府的审批。应向被投资公司所在地省级外经贸主管部门提出申请，并应提供下列材料：外商投资企业关于投资的一致通过的董事会决议；外商投资企业的批准证书和营业执照（复印件）；法定验资机构出具的注册资本已经缴足的验资报告；外商投资企业经审计的资产负债表；外商投资企业缴纳所得税或减免所得税的证明材料；法律、法规及规章规定的其他材料；被投资公司的章程。

被投资公司的章程应当载明下列事项：公司名称和住所；公司经营范围；公司注册资本；投资者的名称或姓名；投资者的权利和义务；投资者的出资方式和出资额；投资者转让出资的条件；公司的机构及其产生办法、职权、议事规则；公司的法定代表人；公司的解散事由与清算办法；投资者认为需要规定的其他事项。投资者应当在公司章程上签名、盖章。

省级审批机关接到上述申请后，按照被投资公司的经营范围，征求同级或国家行业管理部门的意见。省级审批机关应自收到同级或国家行业管理部门同意或不同意的意见起 10 日之内，做出书面批复。

省级审批机关对外商投资企业做出同意批复的，外商投资企业凭该批复文件向被投资公司所在地公司登记机关申请设立登记。

公司登记机关依《公司登记管理条例》的有关规定，决定准予登记或不予登记。准予登记的，发给《（加注）营业执照》。

15. 关于外商投资举办投资性公司有哪些基本规定？

（一）以中国企业法人的身份去投资。允许其以中国企业法人的身份去投资组建合资、合作或独资企业，其所投资的企业即是外商投资企业。虽然，投资性公司是以中国企业法人的身份去投资，似乎与法律相悖，但其所投资新建的企业中，其所拥有的股份资金来源还是直接来自于境外，或者是在中国投资取得的利润，即使是依法获得人民币利润与外资也没有质的区别，在这个意义上还是真正的外国资本。

投资性公司下设的公司是独立的企业法人。投资性公司与所投资企业的法律关系十分重要。这里需要指出的是，投资性公司所投资的企业不管是独资企业还是中外合资经营企业，都是独立的经济实体，独立的法人，单独登记注册，并独立核算，投资性公司要为所投资企业提供某项服务，必须征得所投资企业的同意，重要的业务活动还要有所投资企业的书面委托并经董事会一致通过，这完全是两个企业之间的商业行为。

（二）投资性公司为有限责任公司。投资性公司的公司形式为有限责任公司，投资性公司的投资者，仅就其出资额为限对公司负责，对公司的债权人不负直接责任，而投资性公司以其资产独立承担民事责任。也就是说投资性公司一旦发生无力偿还债务以及其他经济民事责任，只能由投资性公司自身来承担，而其投资者只按其出资额承担有限的责任，不能要求投资者承担连带的无限责任。

（三）投资性公司本身没有生产经营活动。投资性公司的功能主要是从事投资业务，适当为所投资企业做一些服务业务，但本身没有生产厂房、车间，不进行具体的工业生产，也不能进行房地产买卖。

（四）投资性公司无投资总额的要求。一般的外商投资企业无论是中外合营企业，还是外资企业，投入资本分为投资总额和注册资本。按照中国政府管理投资性公司的规定，只对注册资本做了规定，对投资总额并无要求。投资性公司在经营过程中，往往需要大量的贷款（主要是境外贷款），其贷款额不得超过已缴付注册资本额的 4 倍。投资性公司因经营需要，贷款额拟超过已缴付的注册资本额的 4 倍，应当报对外贸易经济合作部批准。

（五）投资性公司的注册资本不低于 3000 万美元。中国政府在一开始设立投资性公司时对投资性公司的注册资本并无特殊的要求，但数量不要太低，一般要求投资性公司的注册资本应不低于 500 万美元。进入 20 世纪 90 年代以后，特别是在 1992 年以后，对投资性公司的注册资本数量规定开始严格起来，要求外国投资者设立投资性公司的注册资本不低于 1000 万美元。到 1995 年，中国政府在制定《关于外商投资举办投资性公司的暂行规定》时将投资性公司的注册资本定位不低于 3000 万美元。之所以把投资性公司注册资本数量定为 3000 万美元，主要是考虑到投资性公司太少的注册资本难以开展投资业务，更谈不上承担相应的投资风险责任，况且 3000 万美元注册资本对大的跨国公司来说根本不成为问题，它们是有足够的能力来出资的。

（六）必须以现金作为投资性公司的注册资本的出资。中国政府规定中外投资者必须以现金作为投资性公司的注册资本的出资，也就是说外国投资者必须以可自由兑换的货币作为投资性公司注册资本的出资，即以现汇出资。中国投资者可以以外汇和人民币出资。这一点与一般的外商投资企业有明显的区别。其他外商投资企业投资者可以用货币出资，也可以用建筑物、厂房、机器设备、或其他物件、工业产权、专有技术、场地使用权等作价出资。但投资性公司仅限于投资者用现金出资，这是考虑到投资性公司本身并无生产经营活动的需要，如果投资者用实物出资也并不是投资性公司本身来使用，这些实物还是要用于所投资的企业。况且，对于投资者的实物出资的验资、管理都存在一定的复杂性，投资者用现汇出资政府便于监管。中国政府对投资性公司的出资期限规定比较严格，要求投资者应在营业执照签发之日起 2 年内全部缴清。

投资者不能用已经设立的企业的出资作为投资性公司注册资本的出资，当然，如果外国投资者在中国设立的一些企业投资正在建设过程当中，在投资性公司成立以后对这些项目的继续投资，可由投资性公司来进行，换句话说，将已在中国投资设立的企业的出资由投资性公司来完成，并作为投资性公司的注册资本的出资。

（七）投资性公司的投资领域。中国政府对投资性公司投资的领域有严格的限制，规定只允许在国家鼓励和允许外商投资的工业、农业、基础设施、能源等领域进行投资，不允许外商在非生产性等限制性领域进行投资。

（八）投资性公司的经营期限。中国政府对投资性公司本身的经营期限并无明确的规定，主要是根据投资性公司设立的项目性质，按照国家有关外商投资企业经营期限的规定核定投资性公司的期限。按照中国政府的法律规定，中外合资经营企业的合营期限，按不同行业、不同情况，作不同的规定。有的行业的合营企业，应当约定合营期限，有的行业的合营企业可以约定合营期限，也可以不约定合营期限。

（九）投资性公司投资者的资格条件。外国投资者必须是资信良好，拥有足够经济实力的大公司，申请设立投资性公司前 1 年的资产总额不低于 4 亿美元。大多数跨国公司是能达到这一标准的，对欧美日跨国公司根本不成问题，即使对东南亚等一些中小国家的大公司也是具备这一实力的。对外国投资者本身的组织形式无特殊的要求，不管是公司、财团只要符合设立投资性公司的各项规定都可以申请在华设立投资性公司。

外国投资者在中国要已开展相应的投资业务。也就是说外国投资者在中国没有任何投资活动，一开始就要求设立投资性公司是不允许的，投资者在中国境内必须已经设立了外商投资企业，其实际缴获的注册资本的出资额要超过 1000 万美元。在这里并没有对已投资的外商投资企业做出具体数量规定，不管是一个还是若干个，只要实际出资额超过 1000 万美元即可。

投资者必须有相应的投资计划。所谓投资性公司的主要含义就是要继续扩大在中国的投资，因此，中国政府要求投资者必须有3个以上拟投资项目，拟投资项目的项目建议书要已获得批准。如果在设立投资性公司的报批过程中（有的投资性公司因种种原因可能审批的时间很长），拟投资的项目已设立，那么，政府在最终审批投资性公司设立时仍承认投资者已满足了拟投资项目的条件。

有些投资者主要是来自港澳台地区，在资产总额上还难以达到上述条件（4亿美元）。但他们在中国内地拥有大量的投资业务，确有设立投资性公司的必要，为此，中国政府也做出了特殊的规定，只要投资者资信良好，拥有举办投资性公司所必需的经济实力，该投资者在中国境内已设立了10个以上从事生产和基础设施建设（房地产等服务业项目是不行的）的外商投资企业，其实际缴付的注册资本的出资额超过3000万美元。

设立投资性公司的外国投资者应为一家外国公司、企业和经济组织，但有些外国投资者出于其投资需要可能与其他投资者一同来举办投资性公司，在这种情况下，外国投资者中应当至少有一名占大股的外国投资者符合上述对外国投资者要求的条件。

有些投资性公司是采用合资的方式设立的，对中国投资者的资格条件也有相应的规定，应为资信良好，拥有举办投资性公司所必需的经济实力，其资产总额在1亿元人民币以上。中国政府的本意是希望中国有实力的公司与外国大公司合作，实力相当的投资者应更容易开展合作。当然，考虑到中国投资者的具体情况，大公司的数量实在有限，中国政府也就相应地降低了中国投资者的资格条件。

16. 何为外商投资股份有限公司？有何行业限制？设立的条件是什么？

外商投资股份有限公司是指通过发行股票筹集资本，全部资本由等额股份构成，股东以其所认购的股份对公司承担责任，公司以全部资产对公司债务承担责任，中外股东共同持有公司股份。外国股东以可自由兑换外币购买并持有的股份占公司注册资本25%以上的企业法人。外商投资股份有限公司必须遵守国家法律、法规，维护国家利益和社会公共利益，接受国家有关部门的监督。

外国的公司、企业和其他经济组织或个人，按照平等互利的原则，可与中国的公司、企业或其他经济组织在中国境内，共同举办外商投资股份有限公司。

设立外商投资股份有限公司应符合中国吸收外商投资的产业政策，目前应限于国家鼓励和允许外商投资的行业。国家禁止设立外商投资企业的行业，不能设立外商投资股份有限公司。

中外合资经营企业合营期限的暂行规定中应当约定合营期限的行业一般应严格限制举办外商投资股份有限公司，如：服务性行业的，如饭店、公寓、写字楼、娱乐、饮食、出租汽车、彩扩洗印、维修、咨询等；从事土地开发及经营房地产的；从事资源勘探开发的；国家规定限制投资项目的。

外商投资股份有限公司是企业法人，其全部资本分为等额股份，股东以其所持股份为限对公司承担责任，公司以其全部资产对公司的债务承担责任。在世界任何一个国家，要想设立股份有限公司，都必须符合法定的条件。在中国设立外商投资股份有限公司应当具备的条件是：①发起人符合法定人数；②发起人认缴和社会公开募集的股份达到法定资本最低限额；③股份发行、筹办事项符合法律规定；④发起人制定公司章程，并经创立大会通过；⑤有公司名称，建立符合外商投资股份有限公司要求的组织机构；⑥有固定的生产经营场所和必要的生产经营条件。

外商投资股份有限公司的注册资本为在公司登记机关登记的实收股本总额。外商投资股份有限公司注册资本的最低限额为人民币3000万元，其中外国股东认购并持有的股份不得低于公司认缴出资本的25%。

发起人可以用货币出资，也可以用实物、工业产权、非专利技术或者土地使用权作价出资。对作为出资的实物、工业产权、非专利技术或者土地使用权，必须进行评估作价，核实财产，并折合为股份，不得高估或者低估作价。土地使用权的评估作价，依照法律、行政法规的规定办理。发起人以工业产权、非专利技术作价出资的金额不得超过外商投资股份有限公司注册资本的20%。

17. 已设立的外商投资企业可否申请转变为外商投资股份有限公司？

已设立的外商投资企业申请转变为外商投资股份有限公司的，应至少正式营业5年并有最近连续3年的赢利纪录。由原有企业的投资者作为外商投资股份有限公司的发起人（或与其他发起人）签订公司的协议、章程，报原企业所在地审批部门初审同意后转报对外贸易经济合作部审批。

申请转变应报送下列文件：原企业的合同、章程；原企业董事会关于中止原合同、章程的决议；原企业投资者关于中止原合同、章程的决议；原企业清算报告、清算公告；发起人（包括但不限于原企业投资者）协议；外商投资股份有限公司章程；原企业的营业执照、批准证书，最近连续5年的资产负债表；发起人的资信证明。

上述申请经外经贸部批准后，发起人应自批准证书签发之日起30日内向工商行政管理机关办理变更登记手续。

外商投资企业变更登记为外商投资股份有限公司后，原外商投资企业的一切权利、义务全部转移由外商投资股份有限公司承担。外商投资企业的中外投资者在原外商投资企业合同、章程中承诺的义务，同样适用于新设立的外商投资股份有限公司。凡属外商投资企业改组成外商投资股份有限公司的，其减免税的优惠期限，不再重新计算。

外商投资企业依法经批准变更为外商投资股份有限公司后，为增加资本，可以向社会公开募集股份，具体办法参照募集方式设立外商投资股份有限公司的规定办理。

18. 外商投资股份有限公司发行股票应具备什么条件?

外商投资股份有限公司在境内发行股票（A股与B股），必须符合外商投资产业政策及上市发行股票的要求，如外商投资企业在境内发行上市的基本法定条件是：与内资企业一样，外商投资企业申请在境内发行股票和上市必须符合《公司法》规定的基本条件。《公司法》规定公司发行新股的条件主要有：前一次发行的股份已募足，并间隔1年以上；公司在最近3年内连续赢利，并可向股东支付股利；公司在最近3年内财务会计文件无虚假记载；公司预期利润率可达同期银行存款利率。

《公司法》规定公司申请其股票上市的条件主要有：股票经国务院证券管理部门批准已向社会公开发行；公司股本总额不少于人民币5000万元；开业时间在3年以上，最近3年连续赢利；持有股票面值达人民币1000元以上的股东人数不少于1000人，向社会公开发行的股份达股份总数的25%以上；公司股本总额超过4亿元的，其向社会公开发行股份的比例为10%以上；公司在最近3年内无重大违法行为，财务会计报告无虚假记载；国务院规定的其他条件。

首次公开发行股票并上市的外商投资股份有限公司，除符合《公司法》等法律、法规及中国证监会的有关规定外，还应符合下列条件：申请上市前3年均已通过外商投资企业联合年检；经营范围符合《指导外商投资方向暂行规定》与《外商投资产业指导目录》的要求；上市发行股票后，其外资股占总股本的比例不低于 10%；按规定需由中方控股（包括相对控股）或对中方持股比例有特殊规定的外商投资股份有限公司，上市后应按有关规定的要求继续保持中方控股地位或持股比例；符合发行上市股票有关法规要求的其他条件。

外商投资股份有限公司首次公开发行股票并上市，除向中国证监会提交规定的材料外，还应提供通过联合年检的外商投资股份有限公司的批准证书和营业执照；外商投资股份有限公司首次发行股票后，其增发股票及配股，应符合上述规定的条件以及增发股票与配股的有关规定。

19. 关于外商投资企业的合并与分立有何具体规定?

外商投资企业合并是指两个以上公司依照公司法有关规定，通过订立协议而归并成为一个公司。公司合并可以采取吸收合并和新设合并两种形式。吸收合并，是指公司接纳其他公司加入本公司，接纳方继续存在，加入方解散。新设合并，是指两个以上公司合并设立一个新的公司，合并各方解散。

外商投资企业的分立，是指一个公司依照公司法有关规定，通过公司最高权力机构决议分成两个以上的公司。公司分立可以采取存续分立和解散分立两种形式：存续分立，是指一个公司分离成两个以上公司，本公司继续存在并设立一个以上新的公司；解散分立，是指一个公司分解为两个以上公司，本公司解散并设立两个以上新的公司。

外商投资企业合并或分立，应当遵守中国的法律、法规遵循自愿、平等和公平竞争的原则，不得损害社会公共利益和债权人的合法权益。公司合并或分立，应符合《指导外商投资方向暂行规定》和《外商投资产业指导目录》的规定，不得导致外国投资者在不允许外商独资、控股或占主导地位的产业的公司中独资控股或占主导地位。公司因合并或分立而导致其所从事的行业或经营范围发生变更的，应符合有关法律、法规及国家产业政策的规定并办理必要的审批手续。

公司合并或分立，应当符合海关、税务和外汇管理等有关部门颁布的规定。合并或分立后存续或新设的公司，经审批机关、海关和税务等机关核定，继续享受原公司所享受的各项外商投资企业待遇。合并后存续的公司或者新设的公司全部承继因合并而解散的公司的债权、债务。分立后的公司按照分立协议承继原公司的债权、债务。

有限责任公司之间合并后为有限责任公司。股份有限公司之间合并后为股份有限公司。上市的股份有限公司与有限责任公司合并后为股份有限公司。非上市的股份有限公司与有限责任公司合并后可以是股份有限公司，也可以是有限责任公司。

股份有限公司之间合并或者公司合并后为有限责任公司的，合并后公司的注册资本为原公司注册资本额之和。有限责任公司与股份有限公司合并后为股份有限公司的，合并后公司的注册资本为原有限责任公司净资产额根据拟合并的股份有限公司每股所含净资产额折成的股份额与原股份有限公司股份总额之和。

各方投资者在合并后的公司中的股权比例，根据国家有关规定，由投资者之间协商或根据资产评估机构对其在原公司股权价值的评估结果，在合并后的公司合同、章程中确定，但外国投资者的股权比例不得低于合并后公司注册资本的25%。

分立后公司的注册资本额，由分立前公司的最高权力机构，依照有关外商投资企业法律、法规和登记机关的有关规定确定，但分立后各公司的注册资本额之和应为分立前公司的注册资本额。各方投资者在分立后的公司中的股权比例，由投资者在分立后的公司合同、章程中确定，但外国投资者的股权比例不得低于分立后公司注册资本的25%。

公司合并协议应包括下列主要内容：合并协议各方的名称、住所、法定代表人；合并后公司的名称、住所、法定代表人；合并后公司的投资总额和注册资本；合并形式；合并协议各方债权、债务的承继方案；职工安置办法；违约责任；解决争议的方式；签约日期、地点；合并协议各方认为需要规定的其他事项。

公司分立协议应包括下列主要内容：分立协议各方拟足的名称、住所、法定代表人；分立后公司的投资总额和注册资本；分立形式；分立协议各方对拟分立公司财产的分割方案；分立协议各方对拟分立公司债权、债务的承继方案；职工安置办法；违约责任；解决争议的方式；签约日期、地点；分立协议各方认为需要规定的其他事项。

在投资者按照公司合同、章程规定缴清出资、提供合作条件且实际开始生产、经营之前，公司之间不得合并，公司不得分立。投资者已经按照公司合同、章程规定缴付出资、提供合作条件的，公司可以与中国内资企业合并。

20. 适应加入 WTO 的要求，中外合资、合作经营企业法和外资企业法主要作了哪些修改？

主要有以下几个方面：

一、关于外汇平衡条款

删除《中华人民共和国中外合作经营企业法》第二十条："合作企业应当自行解决外汇收支平衡。合作企业不能自行解决外汇收支平衡的，可以依照国家规定申请有关机关给予协助。"

删除《中华人民共和国外资企业法》第十八条第三款："外资企业应当自行解决外汇收支平衡。外资企业的产品经有关主管机关批准在中国市场销售的，因而造成企业外汇收支不平衡的，由批准其在中国市场销售的机关负责解决。"

取消对外商投资企业的关于外汇自行平衡的限制的原因是：

一方面，对外商投资企业外汇自行平衡的限制不符合中国外汇管理体制和社会主义市场经济的新形势。1994 年，中国就开始实行了人民币经常项下有条件可兑换，1996 年实现人民币经常项目可兑换，企业外汇自行平衡的规定已无必要。另一方面，规定也与 WTO 规则不符。按照 WTO《与贸易有关的投资措施协议》规定，不得通过外汇平衡的要求限制企业的进口。

取消对外商投资企业外汇自行平衡和尽先在中国购买的规定，也不会对中国国际收支平衡产生不利影响，外商投资企业的进出口近年来已约占中国进出口总额的近 50%，外商投资企业的外汇平衡情况，会对中国国际收支平衡状况产生重要影响。但是自 1986 年以来，中国对外商投资企业的强制性规定事实上早已弱化了。目前外商投资企业已完全进入外汇市场结售汇，并没有出现外汇收支状况恶化或者大幅逆差的现象，且每年均保持外汇总体自行平衡有余。我们相信，随着外商在华投资的稳步增加，外商投资企业外汇收支顺差的走势不会出现重大的逆转。

二、关于“当地含量”条款

《中华人民共和国外资企业法》第十五条修改为“外资企业在批准的经营范围内需要的原材料、燃料等物资，按照公平、合理的原则，可以在国内市场或者在国际市场购买。”删除了关于“在同等条件下，应当尽先在中国购买”的规定。

将《中华人民共和国中外合资经营企业法》第九条改为第十条，原第九条第二款改为第十条第一款，修改为：“合营企业在批准的经营范围内所需的原材料、燃料等物资，按照公平、合理的原则，可以在国内市场或者在国际市场购买。”

修改关于“尽先在中国购买”的规定是因为这一规定既不符合市场经济的规律，也不符合 WTO 的规则。在社会主义市场经济条件下，企业如何采购，应由企业根据市场情况自主决定，政府不应干预。外商投资企业同国内其他各类企业一样，均享有自由采购权。《与贸易有关的投资措施协议》规定，不得对企业提出当地含量的要求，要对各类企业给予国民待遇。

三、关于出口业绩要求

《中华人民共和国外资企业法》第三条第一款修改为："设立外资企业，必须有利于中国国民经济的发展。国家鼓励举办产品出口或者技术先进的外资企业。"删除了关于设立外资企业，必须"采用先进的技术和设备，或者产品全部出口或者大部分出口"。

取消关于外资企业产品必须全部或大部分出口的规定，是因为这种规定既不符合市场经济的要求，也不符合 WTO 规则。在社会主义市场经济条件下，企业产品不论是内销还是外销，应由企业根据国内外市场情况自主决定，政府不应干预。外商投资企业同国内其他各类企业一样，均享有产品销售的自主权。WTO《与贸易有关的投资措施协议》明确规定，各成员不得限制企业产品出口的数量、价值或者份额。关于外资企业产品必须全部出口或者大部分出口的规定，属于 WTO 规则所禁止的"出口实绩要求"。

四、关于企业生产计划备案条款

删除《中华人民共和国外资企业法》第十一条第一款规定："外资企业的生产经营计划应当报其主管部门备案。"

删除《中华人民共和国中外合资经营企业法》第九条第一款规定："合营企业生产经营计划，应报主管部门备案，并通过经济合同方式执行。"

修改关于"企业生产计划备案"的规定是因为中国对各类企业包括外商投资企业，一般不再要求其报生产经营计划，原有的法律规定事实上已没有实际意义。在社会主义市场经济条件下，企业享有充分的经营自主权，政府主要是进行宏观指导，不干预企业具体的生产经营活动。同时，这种要求也与 WTO 协议的非歧视原则不相符。

五、其他内容的修改

将《中华人民共和国中外合资经营企业法》第二条第二款修改为："合营企业的一切活动应遵守中华人民共和国法律、法规的规定。"按照中国现行法律的规范用语，将法令和有关条例规定为法规，便于理解和适用法律、法规。

将《中华人民共和国中外合资经营企业法》第六条第四款修改为："合营企业职工的录用、辞退、报酬、福利、劳动保护、劳动保险等事项，应当依法通过订立合同加以规定。"职工雇用、解雇等方面的规定需要参照《中华人民共和国中外合资经营企业法》颁布后制定的有关外资方面法律的规定加以补充，对职工的劳动保护、劳动保险等事项作出规定，《中华人民共和国中外合资经营企业法》增加一条，作为第七条："合营企业的职工依法建立工会组织，开展工会活动，维护职工的合法权益。""合营企业应当为本企业工会提供必要的活动条件。"中外合作经营企业法、外资企业法中对职工依法建立工会，开展工会活动做出了规定，中外合资经营企业法中也应当做出了这样的规定。

将《中华人民共和国中外合资经营企业法》第八条改为第九条，第四款修改为："合营企业的各项保险应向中国境内的保险公司投保。"现行中外合资经营企业法第八条第四款规定，合营企业的各项保险应向中国的保险公司投保。这一规定中所指的保险公司，应当与中外合作经营企业法和外资企业法的有关规定相一致，同时也与保险法的有关规定相衔接。

将《中华人民共和国中外合资经营企业法》第十四条改为第十五条，增加一款，作为第二款："合营各方没有在合同中订有仲裁条款的或者事后没有达成书面促仲协议的，可以向人民法院起诉。"合营各方发生纠纷时可以通过仲裁方式解决，除此之外还应当规定仲裁没有达成协议的或者没有在合营企业合同中订立仲裁条款的，可以向人民法院起诉。这样也可以与其他有关法律的规定协调一致。

删除《中华人民共和国中外合资经营企业法》第十五条中“本法修改权属于全国人民代表大会”的规定。亦即此法今后修改不必再通过全国人民代表大会，这样更便于今后随着情况的变化及时修改。

此外，对《中华人民共和国中外合资经营企业法》部分条文的顺序作了相应调整。

第十篇 税收、劳务和有关经济违法犯罪问题

1. 纳税人怎样申办开业税务登记和变更税务登记?

纳税人申报办理税务登记时，应当相应出示营业执照或其他核准执业证件；有关合同、章程、协议书；银行账号证明；居民身份证、护照或者其他证明身份的合法证件；组织机构统一代码证书。属于享受税收优惠政策的企业，应当提供相应的证明、资料。其他需要提供的有关证件、资料，由省、自治区、直辖市税务机关确定。纳税人能够提供上述规定证件、资料的，税务机关应当发放税务登记表和纳税人税种登记表，纳税人应当如实填写上述表格。对纳税人填报的登记表格、提供的证件和资料，税务机关应当自受理之日起 30 日内审核完毕；符合规定的，予以登记，发给税务登记证或注册税务登记证及其副本，并分税种填制税种登记表，确定纳税人所适用的税种、税目、税率、报缴税款的期限和征收方式和缴库方式等，逐户建立档案。

纳税人的税务登记内容发生变化时，应当依法向原税务登记机关申报办理变更税务登记。纳税人在工商行政管理机关办理变更登记的，应当自工商行政管理部门办理变更登记之日起 30 日内，持变更税务登记申请书；工商变更登记表及工商执照（注册登记执照）；纳税人变更登记内容的决议及有关证明文件；税务机关发放的原税务登记证件（登记证正、副本和登记表等）和其

他有关资料到原税务登记机关申报办理变更税务登记。

2. 目前，适用于台商的税种有哪些?

现行的大陆税制，主要是由税务机关征收的国内税和由海关征收的关税组成。已开征的国内税包括：增值税、消费税、营业税；企业所得税、外商投资企业和外国企业所得税、个人所得税；资源税、房产税、城市房地产税、契税、城镇土地使用税、车船使用税、车船使用牌照税、土地增值税、印花税（含证券交易)、城市维护建设税、固定资产投资方向调节税、耕地占用税、筵席税、屠宰税；农业税、农业特产农业税等22种。在1994年颁布的《工商税制改革实施方案》中所提到的证券交易税、遗产和赠与税，目前尚未开征。在现行的税制中，适用于台商的税种共有15个。根据大陆现行的分税制财政管理体制，税收收入分为中央收入、地方收入和中央与地方共享收入，现列表简述如下：

税种	台商、外商适用的税种	中央税	地方税	中央、地方共享税	备　注
增值税	√	√		√	海关代征的增值税为中央固定收入；其他为共享：中央分享75%，地方分享25%
消费税	√	√			含海关代征的消费税
营业税	√	√	√		铁道部门、各银行总行、各保险总公司等集中缴纳的营业税；金融、保险企业缴纳的营业税，按提高3%税率征收的部分，为中央固定收入，其他为地方固定收入

续表

税种	台商、外商适用的税种	中央税	地方税	中央、地方共享税	备注
关税	√	√			
外商投资企业和外国企业所得税	√	√	√		按企业隶属关系划分：中央企业所得税，地方银行和外资银行及非银行金融企业所得税，铁道部门、各银行总行、各保险总公司等集中缴纳的所得税为中央固定收入；其他为地方固定收入
个人所得税	√		√		
资源税	√			√	按不同的资源品种划分，大部分资源税作为地方税，海洋石油企业缴纳的资源税作为中央收入
城市房地产税	√		√		
契税	√		√		
车船使用牌照税及税吨	√		√		
土地增值税	√		√		
印花税	√		√		证券交易印花税，中央80%，地方20%
屠宰税	√		√		
农业税	√		√		
农业特产农业税	√		√		

注：表中的（√）表示“是”。

台商及其投资兴办的企业的纳税事宜，参照外籍人员、外商投资企业和外国企业办理。

为了吸引外资，大陆在涉外税收方面实行了许多税收优惠政策。

此外，台商投资企业应当缴纳的还有文化事业建设费和失业保险费等。

3. 在大陆的台资企业如何缴纳所得税?

《外商投资企业和外国企业所得税法》规定，外商投资企业和外国企业生产、经营所得和其他所得，应依法缴纳所得税。台商投资兴办的企业的纳税事宜，参照外商投资企业和外国企业办理。

台资企业在大陆设立的从事生产、经营的机构、场所每一纳税年度的收入总额，减除成本、费用以及损失后的余额，为应纳税的所得额。

台资企业就其在大陆设立的从事生产、经营的机构、场所的所得应纳的企业所得税，按应纳税的所得额计算，税率为30%；地方所得税，按应纳税的所得额计算，税率为3%。设在经济特区的外商投资企业，在经济特区设立机构、场所从事生产、经营的台资企业和设在经济技术开发区的生产性台资企业，减按15%的税率征收企业所得税。设在沿海经济开放区和经济特区、经济技术开发区所在城市的老城区的生产性的台资企业，减按24%的税率征收企业所得税。设在沿海经济开放区和经济特区、经济技术开发区所在城市的老市区或者设在国家规定的其他地区的台资企业，属于能源，交通、港口、码头或者国家鼓励的其他项目的，可以减按15%的税率征收企业所得税。

对生产性的台资企业，经营期在10年以上的，从开始获利的年度起，第1年和第2年免征企业所得税，第3年至第5年减半征收企业所得税，但是属于石油、天然气、稀有金属、贵重金属等资源开采项目的，由国家另行规定。台资企业实际经营期不满10年的，应当补缴已免征、减征的企业年得税税款。从事农业、林业、牧业的台资企业和设在经济不发达的边远地区的台资企业，依照上述规定享受免税、减税待遇期满后，经企业申请，国家税务主管部门批准，在以后的10年内可以继续按应纳税额减征 15%到 30%的企业所得税。对鼓励台商投资的行业、项目，省级政府可以根据实际情况决定免征、减征地方所得税。

台商将从企业取得的利润直接再投资于该企业，增加注册资本，或者作为资本在大陆投资开办其他台商投资企业，经营期不少于 5 年的，经投资者申请，税务机关批准，退还其再投资部分已缴纳所得税的 40%税款；再投资不满 5 年撤出的，应当缴回已退的税款。

台资企业在大陆设立的从事生产、经营的机构、场所发生年度亏损，可以用下一纳税年度的所得弥补；下一纳税年度的所得不足弥补的，可以逐年延续弥补，但最长不得超过 5 年。

台商投资企业来源于大陆境外的所得已在境外缴纳的所得税税款，准予在汇总纳税时，从其应纳税额中扣除，但扣除额不得超过其境外所得依照大陆税法规定计算的应纳税额。

台资企业在大陆设立的从事生产、经营的机构、场所与其关联企业之间的业务往来，应当按照独立企业之间的业务往来收取或者支付价款、费用。不按照独立企业之间的业务往来收取或者支付价款、费用，而减少其应纳税的所得额的，税务机关有权进行合理调整。

4. 台商如何在大陆缴纳个人所得税？

由于对大陆个人所得税同时行使居民管辖权和所得来源地管辖权，因此，在纳税义务的界定上，主要是要合理确定居民纳税人和非居民纳税人，以及所得来源地。

一、居民纳税义务

在大陆有住所，或者无住所而在境内居住满 1 年的个人，从大陆和大陆以外取得的所得，都应当依照个人所得税法的规定缴纳个人所得税。这里所说的在大陆有住所的个人，是指因户籍、家庭、经济利益关系而在大陆习惯性居住的个人；所说的在境内居住满1年，是指在一个纳税年度中在大陆居住365日。临时离境的，不扣减日数。此处所说的临时离境，是指在一个纳税年度中一次不超过30日或者多次累计不超过90日的离境。

在大陆无住所，但是居住1年以上5年以下的个人，其来源于大陆以外的所得，经主管税务机关批准，可以只就由大陆的公司、企业以及其他经济组织或者个人支付的部分缴纳个人所得税；居住超过5年的个人，从第6年起，应当就其来源于大陆境外的全部所得缴纳个人所得税。

二、非居民纳税人

在大陆无住所又不居住或者无住所而在境内居住不满1年的个人，从大陆取得的所得，依照税法规定缴纳个人所得税。在大陆无住所，但是在一个纳税年度中在大陆连续或者累计居住不超过90日的个人，其来源于大陆的所得，由境外雇主支付并且不由该雇主在大陆的机构、场所负担的部分，免予缴纳个人所得税。

三、所得来源地的认定

（一）下列所得，不论支付地点是否在大陆，均为来源于大陆的所得：因任职、受雇、履约等在大陆提供劳务取得的所得；将财产出租给承租人在大陆使用而取得的所得；转让在大陆的建筑物、土地使用权等财产或者在大陆转让其他财产取得的所得；许可各种特许权在大陆使用而取得的所得；从大陆的公司、企业以及其他经济组织或者个人取得的利息、股息、红利所得。

（二）在大陆有住所，并有来源于大陆以外所得的个人纳税人，其来源于大陆以外的各项应纳税所得（境外所得），应依照税法规定缴纳个人所得税。下列所得，不论支付地点是否在大陆以外，均为来源于大陆以外的所得：因任职、受雇、履约等而在大陆以外提供劳务取得的所得；将财产出租给承租人在大陆以外使用而取得的所得；转让大陆以外的建筑物、土地使用权等财产或者在大陆以外转让其他财产取得的所得；许可各种特许权在大陆以外使用而取得的所得；从大陆以外的公司、企业以及其他经济组织或者个人取得的利息、股息、红利所得。

纳税人的境外所得包括现金、实物和有价证券。纳税人的境外所得，应按税法规定确定应税项目，并分别计算其应纳税额。纳税人兼有来源于境内、境外所得的，应按税法规定分别减除费用并计算纳税。

如果台商是在大陆常驻，应当办理缴纳个人所得税并按规定进行纳税申报，其所得应按上述的居民纳税人的有关规定来确定。

大陆现行的个人所得税采用的是分类所得税制，即将个人取得的各种所得划分为11类：

工资、薪金所得，个体工商业户的生产、经营所得，对企事业单位的承包、承租经营所得，劳务报酬所得，稿酬所得，特许权使用费所得，利息、股息、红利所得，财产租赁所得，财产转让所得，偶然所得和其他所得，分别适用不同的费用减除规定、不同的税率表和不同的税收优惠。

大陆的个人所得税法分别不同的个人所得项目规定了超额累进税率和比例税率两种形式。具体说来，工资、薪金适用5%～45%的九级超额累进税率（见下表）。

个人所得税税率表（工资、薪金所得适用）

级数	全月应纳税所得额	税率
1	不超过500元的	5%
2	超过500元至2000元的部分	10%
3	超过2000元至5000元的部分	15%
4	超过5000元至20000元的部分	20%

续表

级数	全月应纳税所得额	税率
5	超过20000元至40000元的部分	25%
6	超过40000元至60000元的部分	30%
7	超过60000元至80000元的部分	35%
8	超过80000元至100000元的部分	40%
9	超过100000元的部分	45%

全月应纳税所得额是指依照税法规定，以每月收入额减除费用后的余额或者减除附加减除费用后的余额。对台商个人所得税的课税处理与处籍人员相同，按月工资、薪金收入减除费用4000元后的余额为应纳税所得额。

稿酬所得，劳务报酬所得，特许权使用费所得，利息、股息、红利所得，财产租赁所得，财产转让所得，偶然所得和其他所得，适用20%的比例税率。具体如下：

稿酬所得，适用比例税率，税率为20%，并按应纳税额减征30%。

5. 境外投资企业雇员的境外保险费如何处理？

企业直接为其在中国境内工作的雇员个人支付或负担的各类境外商业人身（人寿）保险费和境外社会保险费，不得在企业应纳税所得额中扣除。但上述境外保险费作为支付给雇员的薪金的，在企业应纳税所得额中扣除。

企业为其在中国境内工作的雇员个人支付或负担的各类境外保险费，凡以支付其雇员工资、薪金的名义已在企业应纳税所得额中扣除的，均应计入该雇员个人的工资、薪金所得，适用《中华人民共和国个人所得税法》和国际税收协定的有关规定申报缴纳个人所得税。企业未在其应纳税所得额中扣除而支付或负担的其中国境内工作雇员的境外保险费，原则上也应计入该雇员个人的工资、薪金所得，适用《中华人民共和国个人所得税法》和国际税收协定的有关规定申报缴纳个人所得税，但对其中确属于按照有关国家法律规定应由雇主负担的社会保障性质的费用，报经当地税务主管机关核准后，可不计入雇员个人的应纳税所得额。在中国境内工作的雇员个人支付的各类境外保险费，均不得从该雇员个人的应纳税所得额中扣除。

6. 什么是偷税罪、抗税罪、逃避追缴欠税罪和骗取出口退税罪，应受何处罚?

偷税罪是指有纳税义务的人或单位采取伪造、变造、隐匿、擅自销毁账簿、记账凭证、在账簿上多列支出或者不列、少列收入，经税务机关通知申报而拒不申报或者进行虚假的纳税申报手段，不缴或者少缴应纳的税款，数额较大或者情节严重的行为。所谓数额较大，是指偷税数额占应纳税额的10%以上并且偷税额在1万元以上的。所谓情节严重，是指因偷税被税务机关给予二次行政处罚又偷税的。

《刑法》第二百零一条规定，犯本罪的，偷税数额占应纳税额的10%以上不满30%并且偷税数额在1万元以上不满10万元的，或者因偷税被税务机关给予二次行政处罚又偷税的，处3年以下有期徒刑或者拘役，并处偷税数额一倍以上五倍以下罚金；偷税数额占应纳税额的30%以上并且偷税数额在10万元以上的，处3年以上7年以下有期徒刑，并处偷税数额一倍以上五倍以下罚金。扣缴义务人采取上述手段，不缴或者少缴已扣、已收税款，也以偷税罪按上述相同规定处罚。

抗税罪是指有纳税义务的人以暴力、威胁方法公开抗拒纳税的行为。

《刑法》第二百零二条规定，犯本罪的，处3年以下有期徒刑或者拘役，并处拒缴税款一倍以上五倍以下罚金；情节严重的，处 3 年以上 7 年以下有期徒刑，并处拒绝缴税一倍以上五倍以下罚金。

逃避追缴欠税罪是指纳税人或单位欠缴应纳税款，采取转移或者隐匿财产的手段，致税务机关无法追缴欠缴的税款，数额在 1 万元以上的行为。

《刑法》第二百零三条规定，犯本罪的，处 3 年以下有期徒刑或者拘役，并处或者单处欠缴税款一倍以上五倍以下罚金；数额在 10 万元以上的，处 3 年以上 7 年以下有期徒刑，并处欠缴税款一倍以上五倍以下罚金。

骗取出口退税罪是指企业事业单位采取对所生产或者经营的商品假报出口等欺骗手段，骗取国家出口退税款，数额较大的行为。

出口退税是国家为体现从税收上鼓励出口，提高我国商品在国际上的竞争力，依法向出口商品在工业环节已征收的产品税、增值税，退还给出口企业的一项税收政策。我国从 1985 年开始实行这一政策以来，一些不法单位和分子采取种种欺骗手段骗取国家税款，给国家造成了严重的经济损失。

《刑法》第二百零四条规定，犯本罪的，处五年以下有期徒刑或者拘役，并处骗取税款一倍以上五倍以下罚金；数额巨大或者有其他严重情节的，处 5 年以上 10 年以下有期徒刑，并处骗取税款一倍以上五倍以下罚金；数额特别巨大或者有其他特别严重情节的，处 10 年以上有期徒刑或者无期徒刑，并处骗取税款一倍以上五倍以下罚金或者没收财产。

《刑法》第二百一十一条规定，单位犯上述罪，对单位判处罚金；并对其直接负责的主管人员和其他直接责任人员依法判处。

7. 用人单位是否可以向劳动者收取“入厂押金”?“工伤事故责任自负”条款在劳动合同中是否有法律效力?

擅自向职工收取货币、实物等作为“入厂押金”或“风险金”，违反了国家关于劳动关系当事人平等、自愿和协商一致建立劳动关系的规定，侵害了职工的合法权益，必须予以制止。对擅自收取抵押金（品）的，劳动部门应责令企业立即退还本人，这一规定同样适用于国有企业和集体所有制企业。

1994 年 3 月 4 日劳动部、公安部、全国总工会联合下发的《关于加强外商投资企业和私营企业劳动管理，切实保障职工合法权益的通知》第二条明确规定：“企业不得向职工收取货币、实物等作为‘入厂押金’，也不得扣留或者抵押职工的居民身份证、暂住证和其他证明个人身份的证件。对擅自扣留、抵押职工居民身份证等证件和收取押金（品）的，公安部门、劳动监察机构应责令企业立即退还职工本人。”

在一些企业与职工签订的劳动合同中往往有类似“工伤事故责任由本人自负，企业概不负责”的条款。这在法律上是不允许的。根据最高人民法院的司法解释，这是无效的民事行为。劳动部劳部字〔1992〕27 号文件也规定：企业内部承包合同中关于“伤残亡由个人负责”的条款不具有合法性。因此，职工在生产过程中发生伤亡，即使在合同中订立了“伤残自理”的条款，企业同样要承担责任，按照有关工伤规定处理。

8. 女职工可享有哪些特殊保护?

禁止安排女职工从事矿山井下、国家规定的第四级体力劳动强度的劳动和其他禁忌从事的劳动。

女职工在月经期禁止从事高处、低温、冷水作业和国家规定的第三级体力劳动强度的劳动。

女职工在怀孕期间禁忌以下劳动：

（一）作业场所空气含铅及其化合物、汞及其化合物、苯、镉、铍、砷、氰氧化物、一氧化碳、二硫化碳、氯、己内酰胺、氯丁二烯、氯乙烯、环氧乙烷、苯胺、甲醛等有毒物质超过国家卫生标准的作业；

（二）制药行业中从事抗癌药物及已烯雌酚生产的作业；

（三）作业场所放射性物质超过《放射防护规定》中规定剂量的作业；

（四）人力进行的土方和石方作业，《体力劳动强度分级》标准第三级体力劳动强度的作业；

（五）伴有全身强烈振动的作业，如风钻、捣固机、锻造等作业，以及拖拉机驾驶等；

（六）工作中需要频繁弯腰、攀高、下蹲的作业，如焊接作业等；

（七）国家标准《高处作业分级》中规定一级高处作业，即凡在高度基准面2米以上（含2米）有可能坠落的高处进行的作业。对怀孕7个月以上的女职工，不得安排其延长工作时间和夜班劳动。

女职工哺乳期不得安排其从事国家规定的第三级体力劳动强度的劳动；不得安排其延长工作时间和夜班劳动。禁忌从事的劳动主要是接触有毒有害物质的工作。

女职工有不满1周岁婴儿的，其所在单位应当在每班劳动时间内给予其两次哺乳（含人工喂养）时间，每次30分钟，多胞胎生育的，每次哺乳一个婴儿，每次哺乳增加30分钟。女职工每班劳动时间内的两次哺乳时间可以合并使用，哺乳时间和在本单位内哺乳往返途中的时间算作劳动时间。女职工哺乳婴儿满周岁后，一般不再延长哺乳期。如果婴儿身体特别虚弱，经医疗部门证明，可将哺乳期酌情延长。如果哺乳期满正值夏季，也可延长一、二个月。

9. 在哪些情况下，用人单位解除劳动合同必须给予劳动者经济补偿？

《劳动法》第二十八条规定：“用人单位依据本法第二十四条、第二十六条、第二十七条的规定解除劳动合同的，应当依照国家有关规定给予经济补偿。”劳动部规定，对劳动者的经济补偿金，由用人单位一次性发给。

怎样对劳动者以经济补偿，劳动部在《违反和解除劳动合同的经济补偿办法》中作了以下具体规定：

（一）用人单位克扣或者无故拖欠劳动者工资的，以及拒不支付劳动者延长工作时间工资报酬的，除在规定的时间内全额支付劳动者工资报酬外，还需加发相当于工资报酬25%的经济补偿金。

（二）用人单位支付劳动者的工资报酬低于当地最低工资标准的，要在补足低于标准部分的同时，另外支付相当于低于部分25%的经济补偿金。

（三）经劳动合同当事人协商一致，由用人单位解除劳动合同的，用人单位应根据劳动者在本单位的工作年限，每满1年发给相当于1个月工资的经济补偿金，最多不超过12个月。工作时间不满1年的按1年的标准发给经济补偿金。

（四）劳动者患病或者非因工负伤，经劳动鉴定委员会确认不能从事原工作，也不能从事用人单位另行安排的工作而解除劳动合同的，用人单位应按期在本单位的工作年限，每满1年发给相当于1个月工资的经济补偿金，同时还应发给不低于6个月工资的医疗补助费。患重病和绝症的还应增加医疗补助费，患重病的增加部分不低于医疗补助费的50%。患绝症的增加部分不低于医疗补助费的100%。

（五）劳动者不能胜任工作，经过培训或者调整工作岗位仍不能胜任工作，由用人单位解除劳动合同的，用人单位应按其在本单位工作的年限，工作时间每满1年，发给相当于1个月工资的经济补偿金，最多不超过12个月。

（六）劳动合同订立时所依据的客观情况发生重大变化，致使原劳动合同无法履行，经当事人协商不能就变更劳动合同达成协议，由用人单位解除劳动合同的，用人单位按劳动者在本单位工作的年限，工作时间每满1年，发给相当于1个月工资的经济补偿金。

（七）用人单位濒临破产进行法定整顿期间或者生产经营状况发生严重困难，必须裁减人员，用人单位按被裁减人员在本单位工作的年限支付经济补偿金。在本单位工作的时间每满1年，发给相当于1个月工资的经济补偿金。

（八）用人单位解除劳动合同后，未按规定给予劳动者经济补偿的，除全额发给经济补偿金外，还须按该经济补偿金数额的50％支付额外经济补偿金。

经济补偿金的工资计算标准是指企业在正常生产情况下，劳动者解除合同前12个月的平均工资。其中用人单位依据上述（四）、（六）、（七）项解除劳动合同，劳动者的月平均工资低于企业月平均工资的，按企业月平均工资的标准支付。

（九）劳动合同解除后，用人单位对符合规定的劳动者应支付经济补偿金。不能因劳动者领取了失业救济金而拒付或者克扣经济补偿金，失业保险机构也不得以劳动者领取了经济补偿金为由，停发或减发失业救济金。

（十）请长病假的职工在医疗期满后，能从事原工作的，可以继续履行劳动合同；医疗期满后仍不能从事原工作也不能从事由单位另行安排的工作的，经劳动鉴定为1至4级的，应当退出劳动岗位，解除劳动关系，办理因病或非因工负伤退休退职手续，享受相应的退休退职待遇；被鉴定为5至10级的，用人单位可以解除劳动合同，并按规定支付经济补偿金和医疗补助费。

10. 用人单位违反劳动合同规定给劳动者造成损害的怎样赔偿?

（一）用人单位故意拖延不订立劳动合同，即招用后故意不按规定订立劳动合同以及劳动合同到期后故意不及时续订劳动合同的；

（二）由于用人单位的原因订立无效劳动合同，或订立部分无效劳动合同的；

（三）用人单位违反规定或劳动合同的约定解除劳动合同的。

具体赔偿办法如下：

（一）造成劳动者工资收入损失的，按劳动者本人应得工资收入支付给劳动者，并加付应得工资收入25%的赔偿费用；

（二）造成劳动者劳动保护待遇损失的，应按国家规定补足劳动者的劳动保护津贴和用品；

（三）造成劳动者工伤、医疗待遇损失的，除按国家规定为劳动者提供工伤、医疗待遇外，还应支付劳动者相当于医疗费用25%的赔偿费用；

（四）造成女职工和未成年职工身体健康损害的，除按国家规定提供治疗期间的医疗待遇外，还应支付相当于同期医疗费用25%的赔偿费用；

（五）劳动合同约定的其他赔偿费用。

有上述情形之一，给劳动者造成损害的用人单位应赔偿劳动者损失。

11. 员工违反公司规章即可当然予以解雇吗?

（一）员工违反公司的规章制度，不能成为公司解除合同的当然理由，根据《劳动法》第二十五条第二款规定："劳动者严重违反劳动纪律或用人单位规章制度的，用人单位可以解除劳动合同"。可见，劳动者违反规章制度的行为必须达到"严重"程度，用人单位才能有权解除劳动合同。至于何为"严重"，"严重"的程度如何认定，应当在用人单位内部规章制度中有明确、具体的规定，在实践中通常表现为列举式的规定。

（二）公司的内部规章制度应为有效制度。用人单位内部规章制度常常作为劳动合同的附件，成为用人单位行使合同解除权的重要依据。根据《劳动法》第四条规定："用人单位应当依法建立和完善规章制度，保障劳动者劳动权利和履行劳动义务"，最高人民法院《关于审理劳动争议案件适用法律若干问题的解释》第十九条规定："用人单位根据《劳动法》第四条之规定，通过民主程序制定的规章制度，不违反国家法律、行政法规及政策的规定，并已向劳动者公示的，可以作为法院审理劳动争议案件的依据"。由此可见，用人单位内部规章制度必须具备三个条件才能为有效，即：①制定主体合法。用人单位内部规章制度只能由用人单位制定，并以单位名义颁布的。②内容合法。用人单位内部规章制度的内容必须符合劳动法律法规、政策和集体合同的规定。③程序合法。用人单位内部规章制度的制定必须通过民主、公示程序。在实践中，"民主程序"通常采取听取工会或职工代表大会意见的形式，"公示程序"通常采取制度培训、会议宣讲等形式。

12. 在什么特殊情况下可不受法定工作时间的限制?

《劳动法》第四十一条规定："用人单位由于生产经营需要，经与工会和劳动者协商后可以延长工作时间，一般每日不得超过1小时；因特殊原因需要延长工作时间的，在保障劳动者身体健康的条件下延长工作时间每日不得超过3小时，但是每月不得超过36小时。”当然，某些特殊情况，可以不受限制。劳动部制定的《〈国务院关于职工工作时间的规定〉的实施办法》第七条规定，具有下列特殊情形的紧急任务之一的，延长工作时间不受《劳动法》第四十一条规定的限制：

（一）发生自然灾害、事故或者因其他原因，使人民的安全、健康和国家资产遭到严重威胁，需要紧急处理的；

（二）生产设备、交通运输线路、公共设施发生故障，影响生产和公众利益，必须及时抢修的；

（三）必须利用法定节日或公休假日的停产期间进行设备检修、保养的；

（四）为完成国防紧急任务，或者完成上级在国家计划外安排的其他紧急生产任务，以及商业、供销企业在旺季完成收购、运输、加工农副产品紧急任务的。

13. 什么是假冒、伪劣商品？

所谓假冒商品，是指生产者制造、生产商品时，逼真地模仿别人的产品外形，或未经授权，对已受知识产权保护的产品进行复制和销售，借以冒充别人的产品。其主要表现有冒用、伪造他人商标、标志；冒用他人特有的名称、包装、装潢、厂名厂址；冒用优质产品质量认证标志和生产许可证标识的产品。

伪劣商品，是指生产、经销的商品违反了我国现行法律、行政法规的规定，其质量、性能指标达不到我国已发布的国家标准、行业标准及地方标准所规定的要求，甚至是无标准可依而生产的产品，根据1989年国务院办公厅转发国家技术监督局《关于严厉惩处经销伪劣商品责任者的意见》的规定，下列商品为伪劣商品并禁止经销：

（一）失效、变质的产品；

（二）危及人身安全健康的产品；

（三）所标明质量指标与实际不符的产品；

（四）冒用优质或认证标志及伪造生产许可证标志的产品；

（五）掺杂使假，以假充真或以旧充新的产品；

（六）国家有关法律、法规明令禁止生产、经销的。

同时该意见还指出经销下列商品，经指出仍不改正的，即视为经销伪劣商品：

（一）无检验合格证或无有关单位允许销售证明的商品；

（二）未用中文标明商品名称、生产厂名（重要工业品未标明厂址）的商品；

（三）对限时使用的商品而未标明失效时间的；

（四）对实施生产（制造）许可证管理而未标明许可证编号和有效期的商品；

（五）按有关规定应用中文标明规格、等级、主要技术指标或成分、含量而未标明的商品；

（六）高档耐用消费品无中文使用说明书的；

（七）属处理品（含次品、等外品）而未在商品或包装的显著部位标明"处理品"或类似字样的；

（八）剧毒、易燃、易爆等危险品而未标明有关标识和使用说明的。

14. 就"伪劣产品"问题有关法律是怎样规定的？

一、反不正当竞争法

《反不正当竞争法》没有使用"伪劣产品"一词。该法第五条中列举了禁止经营者假冒的行为：

第五条　经营者不得采用下列不正当手段从事市场交易，损害竞争对手：

（1）假冒他人的注册商标；

（2）擅自使用知名商品特有的名称、包装、装潢，或者使用与知名商品近似的名称、包装、装潢、造成和他人的知名商品相混淆，使购买者误认为是该知名商品；

(3) 擅自使用他人的企业名称或者姓名，引人误认为是他人的商品；

(4) 在商品上伪造或者冒用认证标志、名优标志等质量标志，伪造产地，对商品质量作引人误解的虚假表示。

二、消费者权益保护法

《消费者权益保护法》也没有使用“伪劣产品”一词。在第四十条和第五十条中，分别列举了经营者应对商品的质量和假冒行为承担民事责任和行政责任的情形：

第四十条　经营者提供商品或者服务有下列情形之一的，除本法另有规定外，应当依照《中华人民共和国产品质量法》和其他有关法律、法规的规定，承担民事责任：

(1) 商品存在缺陷的；

(2) 不具备商品应当具备的使用性能而出售时未作说明的；

(3) 不符合在商品或者其包装上注明采用的商品标准的；

(4) 不符合商品说明、实物样品等方式表明的质量状况的；

(5) 生产国家明令淘汰的商品或者销售失效、变质的商品的。

第五十条　经营者有下列情形之一，《中华人民共和国产品质量法》和其他有关法律、法规对处罚机关和处罚方式有规定的，依照法律、法规的规定执行；法律、法规未规定的，由工商行政管理部门责令改正，可以根据情节单处或者并处警告、没收违法所得、处以违法所得一倍以上五倍以下的罚款，没有违法所得的，处一万元以下的罚款；情节严重的，责令停业整顿、吊销营业执照：

(1) 生产、销售的商品不符合保障人身、财产安全要求的；

(2) 在商品中掺杂、掺假，以假充真，以次充好，或者以不合格商品冒充合格商品的；

（3）生产国家明令淘汰的商品或者销售失效、变质的商品的；

（4）伪造商品的产地；伪造或者冒用他人厂名、厂址，伪造或者冒用认证标志、名优标志等质量标志的。

三、刑法

《刑法》第三章第一节规定了“生产、销售伪劣商品罪”，但对“伪劣商品”没有下定义。该节规定构成犯罪的生产、销售伪劣商品的行为包括：

（1）生产者、销售者在产品中掺杂、掺假，以假充真，以次充好或者以不合格产品冒充合格产品，销售金额五万元以上不满二十万元的；

（2）生产、销售假药、劣药的；

（3）生产、销售不符合卫生标准的食品的，足以造成严重食物中毒事故或者其他严重食源性疾患的；

（4）生产、销售的食品中掺入有毒、有害的非食品原料的，或者销售明知掺有有毒、有害的非食品原料的食品的；

（5）生产不符合保障人体健康的国家标准、行业标准的医疗器械、医用卫生材料，或者销售明知是不符合保障人体健康的国家标准、行业标准的医疗器械、医用卫生材料，对人体健康造成严重危害的；

（6）生产不符合保障人身、财产安全的国家标准、行业标准的电器、压力容器、易燃易爆产品或者其他不符合保障人身、财产安全的国家标准、行业标准的产品，或者销售明知是以上不符合保障人身、财产安全的国家标准、行业标准的产品，造成严重后果的；

（7）生产假农药、假兽药、假化肥，销售明知是假的或者失去使用效能的农药、兽药、化肥、种子，或者生产者、销售者以不合格的农药、兽药、化肥、种子冒充合格的农药、兽药、化肥、种子，使生产遭受较大损失的；

(8) 生产不符合卫生标准的化妆品，或者销售明知是不符合卫生标准的化妆品，造成严重后果的。

15. 什么是生产、销售伪劣产品罪？应负什么刑事责任？

生产、销售伪劣产品罪是指生产者、销售者在产品中掺杂掺假，以假充真，以次充好或者以不合格产品冒充合格产品，销售金额在5万元以上的行为。犯罪对象是除药品、食品、医疗器械、医用卫生材料、化妆品、电器、压力容器、易燃易爆产品、农药、化肥、种子以外的产品，但是，生产、销售上述产品虽未造成严重后果，而违法金额在5万元以上的，也应当以本罪论处。

《刑法》第一百四十条规定，犯本罪，销售金额在5万元以上不满20万元的，处2年以下有期徒刑或者拘役，并处或者单处销售金额50%以上二倍以下罚金；销售金额在20万元以上不满50万元的，处2年以上7年以下有期徒刑，并处销售金额50%以上二倍以下罚金；销售金额在50万元以上不满200万元的；处7年以上有期徒刑，并处销售额50%以上二倍以下罚金；销售金额在200万元以上的，处15年以上有期徒刑或者无期徒刑，并处销售金额50%以上二倍以下罚金或者没收财产。

16. 什么是假冒注册商标罪、销售假冒注册商标商品罪和非法制造，销售注册商标标识罪？应负何刑事责任？

假冒注册商标罪是指违反国家商标管理法规，未经注册商标所有人许可，在同一种商品上使用与其注册商标相同的商标，侵犯他人商标专用权，情节严重的行为。商标是商品的标志，是商品生产者或经营者为了标明其商品与他人商品的区别，而在自己的商品上附加的用文字、图形或这两者组合构成的显著标志。商标一经向国家商标局注册即受法律保护，其所有人即对该商标享有独占使用的权利。未经其许可，他人不得在同种商品上使用。否则，就是假冒他人注册商标，侵犯他人商标专用权的行为，情节严重的则构成犯罪。

《刑法》第二百一十三条规定，犯本罪的，处 3 年以下有期徒刑或者拘役，并处或者单处罚金；情节特别严重的，处 3 年以上 7 年以下有期徒刑，并处罚金。

销售假冒注册商标商品罪是指明知是假冒注册商标的商品而予以销售，违法所得数额较大的行为。本罪的主观要件要求，行为人必须明知是他人假冒注册商标的商品而故意予以销售的才构成犯罪，过失销售的不作为犯罪处理。

《刑法》第二百一十四条规定，犯本罪的，处 3 年以下有期徒刑或者拘役，并处或者单处罚金；销售金额数额巨大的，处 3 年以上 7 年以下有期徒刑，并处罚金。

制、售注册商标标识罪是指伪造、擅自制造他人注册商标标识，或者销售伪造、擅自制造的注册商标标识，情节严重的行为。所谓伪造，是指未经注册商标的所有人的委托授权，未取得工商行政管理部门签发的准印证，私自伪造他人注册商标标识的行为。所谓擅自制造，是指受注册商标所有人委托而印制商标的人，违反委托合同的规定，擅自超量印制注册商标标识的行为。

《刑法》第二百一十五条规定，犯这两种罪的，处 3 年以下有期徒刑、拘役或者管制，并处或者单处罚金；情节特别严重的，处 3 年以上 7 年以下有期徒刑，并处罚金。

17. 什么是假冒专利罪，应负何刑事责任？

假冒专利罪是指违反国家专利管理法规，在专利有效期限内，假冒他人专利，侵犯他人专利权，情节严重的行为。专利权是指国家专利管理机关依照专利法的规定，授予发明创造人对其发明创造成果在一定期限内享有的专用权。发明创造一旦被授予专利，专利人在法定专利有效期限内，享有对该项发明创造进行制造、使用或销售其产品的专用权利，并可将专利转让给他人或将专利使用权转让给他人。任何人未经专利权人许可，不得擅自使用其专利。所谓假冒他人专利，是指假冒他人被授予专利的发明创造、实用新型或外观设计的行为，情节严重的则构成犯罪。

《刑法》第二百一十六条规定，犯本罪的，处 3 年以下有期徒刑或者拘役，并处或者单处罚金。

18. 什么是侵犯商业秘密罪，应负何刑事责任？

侵犯商业秘密罪是指违反保密法的规定，侵犯他人商业秘密，给商业秘密的权利人造成重大损失的行为。所谓商业秘密，是指不为公众所知悉，能为权利人带来经济利益，具有实用性并经权利人采取保密措施的技术和经营信息。所谓权利人，是指商业秘密的所有人和经商业秘密所有人许可的商业秘密使用人。根据《刑法》规定，本罪在客观上表现为以下 3 种侵犯他人商业秘密的行为：①以盗窃、利诱、胁迫或者其他不正当手段获取权利人的商业秘密的；②披露、使用或者允许他人使用以前获取权利人的商业秘密的；③违反约定或者违反权利人有关保守商业秘密的。只要实施上述 3 种犯罪行为中的一种，给权利人造成重大损害的就可构成本罪。

《刑法》第二百一十九条规定，犯本罪的，处 3 年以下有期徒刑或者拘役，并处或者单处罚金；造成特别严重后果的，处 3 年以上 7 年以下有期徒刑，并处罚金。

《刑法》第二百二十条规定，单位犯上述侵犯知识产权罪，对单位判处罚金，并对其直接负责的主管人员和其他直接责任人员依法判处。

第十一篇　涉台经济法律纠纷的处理

1. 认真处理好涉台经济法律纠纷的意义何在?

由于当事人利益不同，观念有别，再加上其他各种内在的和外在的、人为的和自然的因素，发生这样或那样的经济法律纠纷也就在所难免。特别是基于两岸间政治、经济、社会、法律制度及生活方式的差异，两岸关系复杂多变，交往交流和资讯还不是那么通畅、正常，受各种历史因素与现实因素的交互影响，出现涉台经济法律纠纷就更不足为奇了。从某种意义上讲，涉台经济法律纠纷是涉台法律事务的一种特殊形态。有纠纷不可怕，关键是要应对处理好。

正确处理涉台经济法律纠纷，是促进两岸交往交流与合作的应有之义。熟练掌握、灵活运用、不断完善涉台经济法律纠纷的解决方法，对有效维护两岸当事人正当权益，保证两岸交往交流活动有序进行，推动两岸关系向前发展，现实意义尤为重大。1999 年 12 月出台的《中华人民共和国台湾同胞投资保护法实施细则》（以下简称《实施细则》）第二十七条即专门做出新的规定:“各级人民政府应当对台湾同胞投资提供优质、规范、方便的服务。各级人民政府台湾事务办事机构应当做好台湾同胞投资的法律宣传与咨询、投诉受理和纠纷解决等工作。”

2. 涉台经济法律纠纷有哪些类型?

涉台经济法律纠纷，从不同角度可以作不同的分类。不同的分类，具有不同的指引作用。

以纠纷的主体为标准，可分为私人（包括自然人、法人及其他组织、团体）之间或平等主体之间的纠纷，私人和公权力机关之间的纠纷等。纠纷主体地位的不同，关系到解决纠纷具体途径的选用。

以纠纷客体为标准，可分为民事类、经济类、行政类纠纷等，其中某一类又可分为若干小类，如投资、贸易纠纷等。纠纷客体的不同，主要关系到纠纷处理需要适用哪一个部门法的问题。

以纠纷的起因为标准，可分为契约性纠纷和非契约性纠纷、侵权性纠纷和无因管理或不当得利纠纷。纠纷起因的不同，关系到是否涉及当事人相关合同权利义务及法律适用等问题。

以纠纷的性质为标准，可分为商事性质的纠纷和非商事性质的纠纷。它也关系到解决纠纷具体办法的异同。有些私人和公权力机关之间发生的非商事纠纷（如税务纠纷、证照申领纠纷），一般只能通过行政和司法手段解决。

3. 当前涉台经贸领域的纠纷有何特点，主要成因是什么?

当前，涉台经贸纠纷主要涉及投资、贸易、金融、保险、税收、环保、企业管理、土地使用、市政规划等领域。此外，侵占、诈骗、走私、偷漏税、买卖和虚开增值税发票、贿赂、渎职、虚假注册、抽逃资金等涉台经济犯罪，也时有发生。涉台经贸领域中出现的纠纷，往往是民事、经济、行政乃至刑事等多种法律关系交织在一起，其特点主要表现为以下几个方面：

一、涉台经贸纠纷以投资纠纷居多。

投资方面的纠纷具体又呈现以下特点：①从纠纷的主体看，中小企业纠纷居多，大企业较少；合资合作企业纠纷多，独资企业少；②从纠纷的内容看，a. 台商主动告诉案件主要涉及权益过户、房地产投资、委托代理、承包经营、合作方擅自扩大投资规模、企业雇用人员侵占财产、台商内部股东权益分配以及专利侵权等；b. 大陆合作一方主动告诉的，多属台商资金不到位、引进设备以次充好、以旧充新、低价高报、欺诈贷款、企业倒闭一走了之等；c. 大陆员工主动申告的，多为劳动争议，一般发生在劳动密集型中小企业，责任也多在台商一方，主要表现在企业劳动环境差、工伤事故多、得不到合理赔偿，管理粗暴、对职工体罚、侮辱，加班加点没有加班工资、拖欠克扣工人工资、动辄解雇工人、欠薪逃跑等。

二、涉及行政执法的纠纷占相当比例。

在涉台经贸纠纷中，台商作为行政执法相对人一方，与行政机关之间的纠纷也占相当的比例。这方面的纠纷多数与行业风气不正、地方保护主义，特别是乱收费、乱摊派现象严重有关。具体情形有：①对行政执法部门处罚不当的申诉；②行政主管部门审批不当引发的争议；③拆迁工作处置不妥造成的纠纷；④公共设施配套方面某些不甚合理合法的“土政策”使投资者不堪忍受而提起的告诉，等等。

三、涉台经贸法律问题的处理难度大。

解决当前涉台经贸领域出现的法律问题难度大，表现在以下几个方面：①台商不愿意通过正常途径解决问题，往往用托人情、乱投诉、给领导人写信、开记者会造声势以及其他威胁、诬蔑、收买等过激的、不合理的甚至非法的手段来寻求问题的解决，增加了调处难度。②对台商独资企业缺乏有效的监督，使其从事违法犯罪活动有机可乘，难以发现，一旦发现也因缺乏证据而难以查处。③在合资企业中因委托或向台湾合作方买卖设备发生纠纷时，存在起诉主体资格不明或难以确定的问题，影响了受损方提起诉讼。④目前两岸尚无比较畅通的司法联系与协作渠道，存在传唤、送达、查证、保全、审理、执行难的问题。尤其是目前台湾方面尚不允许大陆当事人赴台进行民商事诉讼活动。⑤根据有关法律规定，对有未了结经济纠纷案件的当事人，可以限制出境，扣留其有效入出境证件。但由于相关证件可以“丢失”为名申请补发，实际上无法达到约束当事人履行法院裁决的目的，补证后当事人仍可自由往来。另外，在当事人在大陆无可执行的财产时，限制出境也难以解决问题。

当前涉台经贸领域出现的这些纠纷或法律问题，有其复杂的原因，主要有：

一、海峡两岸之间的特殊情势，是当前一些涉台经贸纠纷、犯罪发生的客观基础。

与此有关的法律问题集中体现为：①台商利用两岸合作打击犯罪活动不力的漏洞，心存侥幸，从事经济违法犯罪活动。②两岸资讯不畅，大陆主管部门或合作方缺乏核实台商资信的渠道。③台商在大陆通过合资、合作、来料加工等方式，仿冒生产他人商标、专利产品，一旦暴露，往往逃之夭夭，不了解实情的大陆企业因此承担侵权责任。

二、一方或双方当事人违反或规避国家法律的有关规定。

这方面的情况突出地表现为，合作双方存在投机心理，有的大陆合作方利用台商投资企业名义，骗取政策优惠，台商则钻大陆政策法律空子，捞取不义之财。有的甚至相互勾结共同实施经济违法犯罪活动。此外，合作一方或双方违反法律规定或合同的约定，资金不到位或到位率低，造成企业组建或运转困难，也是当前涉台经贸纠纷产生的一个重要原因。

三、某些行政机关不能依法行政。

比较明显的有：①一些部门的主管人员引资心切，越权应允，或因负责人变动，不守信用，不全面履行协议产生纠纷。②少数行政机关工作人员在审批、核查、登记等环节没有依法履行职责，把好源头关，甚至以权谋私，徇私舞弊，参与经济违法犯罪活动。

此外，台商不了解祖国大陆的法律政策、办事程序，又不善于请专业人员协助，或套用在台湾的做法，暗中另订合同等，也为日后纠纷的发生埋下了隐患。

4. 发生涉台经济纠纷后可以采取哪些方式解决？

从以往的实践情况看，解决涉台经济纠纷的方法大致可以分为两类：一是当事人自己解决，即当事人之间直接协商和解的方法；二是当事人求助于第三者解决的方法，具体包括调解、仲裁、行政复议、诉讼等。《实施细则》第二十九条规定："台湾同胞投资者与大陆的公司、企业、其他经济组织或者个人之间发生的与投资有关的争议，当事人可以通过协商或者调解解决。当事人不愿协商、调解的，或者经协商、调解不成的，可以依照合同中的仲裁条款或者事后达成的书面仲裁协议，提交中国的仲裁机构仲裁。大陆的仲裁机构可以按照国家有关规定聘请台湾同胞担任仲裁员。当事人未在合同中订立仲裁条款，事后又未达成书面仲裁协议的，可以向人民法院提起诉讼。"

2000 年 12 月 29 日发布实施的《对台湾地区贸易管理办法》，对对台贸易纠纷的处理也有类似的规定。从条文字面上理解，也就是说，台胞投资争议或对台贸易纠纷的解决办法，共有 4 种：当事人协商和解、第三者调解、仲裁和诉讼。协商和调解不是必经程序，主要由当事人自己视需要和可能选用。当事人之间有仲裁约定的，不论这种约定是存在于纠纷发生前有关合同的仲裁条款中，还是反映在事后另行订立的书面协议里，在当事人不愿协商、调解或协商、调解不成时，当事人任何一方都可以依仲裁约定将纠纷提交双方共同选定的中国的仲裁机构仲裁解决，此时法院不能受理按有效仲裁约定提交仲裁的案件。在协商、调解手段行不通，当事人之间又无仲裁约定的情况下，任何一方都可以向人民法院提起诉讼，人民法院受理后即通过司法程序解决当事人之间的纷争。此外，《实施细则》第二十八条还规定：“台湾同胞投资者、台湾同胞投资企业、台湾同胞投资企业协会认为行政机关或者行政机关工作人员的具体行政行为侵犯其合法权益的，可以依照国家有关法律、行政法规的规定，申请行政复议或者提起行政诉讼。”

协商，是争议各方当事人，在自愿互谅的基础上，按照有关法律法规、政策及合同条款的规定，直接进行磋商或谈判，自行达成协议，从而解决纠纷。通常情况下，这是当事人首先考虑采用的方法。

调解，是指第三者（调解人）应纠纷当事人的请求，根椐有关法律法规的规定和合同的约定，就纠纷居中对双方当事人进行劝说、沟通、协调，使双方当事人在互谅互让的基础上达成协议、解决纠纷。经国务院批准，1996 年国务院台办负责组建了全国性的台商投诉协调机构，印发了《台商投诉协调工作办法》，随后许多地方也相继设立了台商投诉协调机制。它们在受理台商投诉并协调有关方面客观、公正、及时、有效地处理涉台经济纠纷上，已经发挥并将继续发挥重要作用。

仲裁，是指各方当事人依据仲裁协议，自愿将他们之间发生的纠纷交给各方同意的仲裁机构进行处理，由它做出具有法律约束力的终局裁决。目前，祖国大陆已有北京、上海、厦门、广州、重庆、深圳、大连、青岛、苏州、宁波、武汉、长沙、成都、西安仲裁委员会和中国国际经济贸易仲裁委员会、中国海事仲裁委员会等 16 个试点仲裁委员会聘请了台湾地区专业人士担任仲裁员，列入仲裁员名册，供当事人选定，参与仲裁。

民事诉讼是指当事人依照民事诉讼的法定程序向人民法院起诉，通过法院运用审判手段来解决纠纷的一种法律活动。平等主体间发生的商事性涉台经济纠纷属民事纠纷的范畴，其诉讼成为民事诉讼的一种。

而当当事人一方认为行政机关和行政机关工作人员的具体行政行为侵犯其合法权益而产生行政争议时，则解决的主要法律途径是：①向做出具体行政行为的行政机关或其上级行政机关提出申诉，进行行政复议；②向人民法院提起行政诉讼。主要法律依据有《行政复议法》、《行政诉讼法》和《国家赔偿法》。

5. 如何通过协商解决涉台经济纠纷？

一、协商的概念

协商，是争议各方当事人，在自愿互谅的基础上，按照有关法律、政策及合同条款的规定，直接进行磋商或谈判，自行达成协议，从而解决纠纷的一种处理方法。协商解决的最大特点在于它无须第三者介入，而是完全依靠双方当事人自己解决。

用协商的办法解决已发生的纠纷，从性质上讲，是一种双方法律行为，双方在平等和自愿的基础上，协商达成的协议，实质上是成立了一项新的合同。因此，经协商达成的协议，原则上具有与合同相同的约束力，当事人应当予以执行。

二、协商的原则

采取协商方法解决纠纷，应贯彻以下原则：

自愿原则。协商必须是各方自觉自愿进行的，任何一方都有权拒绝协商或终止协商，而根据法律或合同规定直接采用其它方法解决纠纷，他方不得强迫对方同自己进行协商。当然，如果法律或合同规定双方发生争议，应首先协商解决，则当事人应首先协商解决。但即使在这种情况下，也并非双方有义务一定要通过协商达成解决。能否继续进行协商，能否达成解决协议，仍然要贯彻自愿的原则。

平等互利、协商一致原则。在协商过程中，应坚持各方地位平等，在充分协商、平衡利益、意思表示一致的基础上达成协议。任何一方不得采用胁迫、欺诈、诱骗的手段，使对方勉强接受自己的片面要求。

合法原则。协商应当根据有关法律要求进行，协商的事项和协商达成的协议，必须符合有关法律规定。法律规定必须执行的事项或不允许订立合同的事项，当事人就不能通过协商任意变更这种规定。

三、协商方案与程序

自行协商的当事人应当各自精心准备协商方案。方案的内容包括：如何维护自己最根本的权益，在什么方面可以做出必要的让步，在什么地方必须坚持不能让步，如何体谅对方的难处，以及不用自行协商来解决纠纷的弊处等等。

协商解决纠纷，一般是由一方当事人以口头或书面的方式向对方当事人提出解决问题的提议，然后确定协商会谈的时间、地点。在会谈时，提议一方可先提出方案，方案应是较为具体的而不是泛泛的或原则的，再由双方当事人共同对方案提出修改意见，经过反复协商直到达成一致的意见，产生“承诺”的法律后果。对因书面合同发生的纠纷用自行协商的方法来解决的，要订立书面协议，此协议亦可作为对原合同的变更或补充部分。对一般经过协商能够自行解决并能即时清结的纠纷也可以采用口头方式。

四、协商技巧

由于协商解决纠纷主要靠当事人自己的能力来达到解决纠纷的目的，因而掌握一定的技巧和方法是必要的。有时技巧、方法使用得当，自行协商就可能产生一个圆满的结局，反之就可能导致协商的失败。这种技巧包括：

（一）坚持平等协商的态度和原则，以诚相待，以礼相待，切忌发火，始终表现出宽容和善意。不要一味指责对方，伤及对方自尊。

（二）要恰当地使用协商语言，表述准确，情通意达，注意分寸，不要使用模棱两可的语言，也不可使用过激的语言。

（三）在协商过程中肯定要陈述事实和理由，但在陈述时一定要围绕中心，避免分散注意力，使中心问题能得到解决。

（四）在某些情况下要注意“得礼让人”，作一些必要的让步，让对方当事人感到自己一方的诚意，促使其也让步从而达成协商方案。

（五）切忌“得礼不让人”和别人让一步，我进一步或出尔反尔。

五、协商的积极作用

协商自始至终是在自愿基础上进行的，因此，达成的协议，当事人大都能自觉遵守。协商不需经过严格的法律程序，手续简便，能节省时间和费用。协商不必严格按照实体法规定做出决定，当事人可以在不违反法律基本原则和强制规定的前提下，根据实际需要灵活解决争议。协商是在互谅互让的友好气氛中进行的，其结果不仅可以解决双方的争议，而且还能够增进彼此的了解，促进双方合作关系进一步发展。

协商的这些优越性，使得当事人一般都愿意首先采用这种方法解决争议。从实践中看，许多纠纷都是由当事人自己协商解决的。

但是，协商方法也有一定的局限性。当争议双方分歧严重时，双方常常很难通过协商达成解决，而不得不求助于第三者解决。此外，协商解决往往取决于双方各自讨价还价的实力，力量较弱一方的利益常得不到应有的维护。

6. 如何通过调解解决涉台经济纠纷？

一、调解的概念

调解是指第三者（调解人）应纠纷当事人的请求，根据有关法律的规定和合同的约定，就双方当事人的纠纷居中对双方当事人进行劝说，使双方当事人在互谅互让的基础上达成协议、解决纠纷。

调解可以分为广义的调解和狭义的调解。狭义的调解又可称为“案外调解”，也就是说在仲裁程序和诉讼程序以外的调解。广义的调解除了包括狭义的调解外还包括更广泛意义的调解，主要包括：①纠纷双方当事人的主管机关或其他有关企事业单位、机关、团体或其负责人所进行的调解；②双方当事人信任并愿意接受其调解的任何公民所进行的调解；③有关仲裁机构在仲裁过程中对双方当事人进行的调解；④人民法院在审理经济纠纷案件中对双方当事人进行的调解。由于后两种调解是在仲裁和诉讼程序中进行的，所以又称案内调解或庭内调解。这两种调解将在下面介绍“仲裁”和“诉讼”方法时论及。通常说调解，一般是指狭义调解，即上述①、②两种调解。

二、调解与协商的关系

用调解方法来解决纠纷与当事人自行协商解决纠纷的主要区别在于：调解是有第三者在场并主要通过第三者的说服、协调达成解决纠纷的协议，而自行协商则是当事人在没有第三方参与下，通过协商、会谈达成共识从而解决纠纷。调解和协商这两种方法的共同之处则在于：它们都属“案外途径”，即都是在仲裁程序和诉讼程序外进行的，且达成的协议都是靠当事人自觉履行来实现的。这两种方法在有的情况下可以“同时”或“交叉”适用。如先由当事人自行协商，遇到障碍时可请第三者进行调解，最后当事人再行协商达成协议。

三、调解的可行性

是否进行调解或者是否继续进行调解，首先要注意的是，是否存在着调解的可能性。一般来说，这种可能性是指：

（一）双方对合同的争议是否很大，冲突是否激烈。如果争议很大、冲突激烈，调解就难于进行。

（二）双方当事人的原有关系是否和睦，在发生了争议后是否还能沟通和正常对话。如果关系和睦，还能正常对话，调解达成协议的可能性就比较大。

（三）是否有一个合适的第三者作为调解人，这个调解人是否对双方都有一定的影响力，如果调解人对双方都有较大的影响力，调解达成协议的可能性就比较大，反之，调解的效果就可能会不尽如人意。

（四）双方在交谈中有否接受调解的愿望，能否实事求是又能做出让步。如果一方或双方当事人根本没有接受调解的愿望，也不作丝毫让步，调解就不具备可行性。

四、调解人应遵循的原则

当纠纷发生时，当事人一方或双方都可以请求主管机关或其他有关组织，或对双方当事人有一定积极影响的公民（如有一定身份的负责人或是有一定社会威望的人士等）进行调解。调解人在进行调解时应当遵循以下原则：

（一）合法、合理原则。在任何情况下，调解人必须首先坚持合法、合理原则，其次要适当考虑合情因素。否则调解就不可能在法律规定或合同约定的范围内进行，调解就会变成无原则的“和稀泥”。

（二）公平维护当事人双方合法权益的原则。调解人应当站在”双方的立场上”，不偏不倚，对双方当事人作同样的说服工作，从而促使双方当事人自愿接受调解，达成一致意见。如果调解人站在一方的立场上片面批评另一方，就可能引起另一方的反感，使调解丧失基础。

（三）自愿原则。只有在双方当事人自愿接受调解的基础上，调解人才能进行调解。当一方当事人或双方当事人都反对或不愿意再调解时，调解人可以先行说服，不能说服时，即终止调解，否则调解会变得毫无意义。

五、调解的作用

用调解方法来解决纠纷，能使双方当事人在互谅互让的气氛下认真沟通，加深了解，达成协议，不伤和气，调解人的因势利导使双方当事人水到渠成达成一致，故在解决纠纷的实践中，调解也是被经常采用的一种方法。同时，调解的过程实际上也是一个说服教育、以理服人、加强法制观念的过程，当事人会从中吸取许多有益的经验和教训。

调解最圆满的结果就是产生了一个共同接受和认同的解决纠纷的方案，这个方案在最大限度上满足了双方当事人的愿望。因此，经调解达成的协议，一般当事人会自觉、主动履行。当然也有的当事人会反悔已签署的协议，不履行协议条款。但协议已经成立，即使纠纷被提请仲裁机关或人民法院仲裁、审判，只要调解达成的协议无违法或其他不当之处，仍会成为裁判者处理纠纷时考虑的重要因素。

7. 如何通过仲裁解决涉台经济纠纷?

一、仲裁的概念

仲裁，是指各方当事人依据仲裁协议，自愿将他们之间发生的纠纷交给各方同意的第三者居中进行审理，并作出具有法律约束力的终局裁决。国际国内的丰富实践，尤其是近二、三十年来的情况表明，仲裁已成为现代经济社会解决商务纠纷的有效手段，并因其独特的魅力而越来越受到各方面的欢迎。1995 年 9 月 1 日施行的《仲裁法》，是一部与国际通行的仲裁制度接轨、妥善解决经济纠纷的重要法律。据此，全国各地先后组建了 160 多家民间性质的、相互独立的仲裁委员会，为公正、及时地仲裁经济纠纷包括涉台经济纠纷，保护当事人的合法权益，维护正常的经济秩序，发挥了重要作用。近年来，仅中国贸促会所属的经济贸易仲裁委员会每年受理的涉台经济纠纷就在30宗以上；北京、厦门等仲裁委员会也已受理涉台经济案件多起，并呈明显增长之势。

根据《仲裁法》规定，可以仲裁方式解决的纠纷范围是：平等主体的公民、法人和其他组织之间发生的合同纠纷和其他财产权益纠纷。婚姻、收养、监护、扶养、继承纠纷，以及依法应当由行政机关处理的行政争议，则不属仲裁范围。

二、仲裁协议及仲裁受理

当事人采用仲裁方式解决纠纷，首先应当双方自愿，并达成仲裁协议，这是申请仲裁的前提条件。仲裁协议包括合同中订立的仲裁条款和以其他书面形式在纠纷发生前后达成的请求仲裁的协议。仲裁协议的有效性相对独立。

有效的仲裁协议应写明：①当事人请求仲裁的意思表示；②仲裁事项；③选定的仲裁委员会。若仲裁协议对仲裁事项或仲裁委员会未作约定或约定不明确，当事人可以补充协议；达不成补充协议的，该仲裁协议无效。没有仲裁协议，一方当事人申请仲裁的，仲裁委员会不予受理；当事人达成了仲裁协议，一方当事人向人民法院起诉的，人民法院不予受理。

仲裁委员会受到仲裁申请书之日起5日内决定是否受理并通知当事人。决定受理的，仲裁委员会应在仲裁规则规定的期限内将仲裁规则和仲裁员名册送达当事人，并将仲裁申请书副本和仲裁规则、仲裁委员会名册送达被申请人。被申请人应在仲裁规则规定的期限内向仲裁委员会提交答辩书，由仲裁委员会在规定的期限内将答辩书副本送达申请人。被申请人提交答辩书与否并不影响仲裁程序的进行。

三、仲裁员的选定

仲裁委员会一经受理，双方当事人就面临一个如何正确选定自己信任的仲裁员组成仲裁庭进行仲裁的问题。

根据《仲裁法》及《仲裁委员会仲裁暂行规则示范文本》的规定，仲裁庭可以由3名仲裁员或者1名仲裁员组成。由3名仲裁员组成的，设首席仲裁员。选择何种仲裁庭组成方式双方当事人可以约定。双方当事人约定由3名仲裁员组成仲裁庭的应当各自从仲裁委员会的仲裁员名册中选定或者各自委托仲裁委员会主任指定1名仲裁员，第三名仲裁员由当事人双方共同选定或者共同委托仲裁委员会主任指定。第三名仲裁员是首席仲裁员。双方当事人约定由1名仲裁员成立仲裁庭的，应由双方当事人共同选定或者共同委托仲裁委员会主任指定仲裁员。凡列入受理案件之仲裁委员会仲裁员名册的仲裁员，包括纠纷发生地及其之外的仲裁员、港澳地区的仲裁员以及外籍仲裁员，还有受聘的台湾仲裁员，都可以选定为解决其纠纷的仲裁庭的仲裁员。

一般来说，仲裁委员会应在受理仲裁申请后15日内将仲裁规则和仲裁员名册送达申请人及被申请人（双方当事人）。当事人双方应自受到受理仲裁通知之日起15日内约定仲裁庭的组成方式或者选定仲裁员，在此期限内没有约定的，由仲裁委员会主任指定。仲裁庭组成后，仲裁委员会应当自组成之日起5日内将仲裁庭的组成情况书面通知当事人，也可以在组成当日书面通知当事人。

四、仲裁的一些其他规定或做法

仲裁申请被受理后，一方当事人认为另一方的行为或其他原因，可能使仲裁裁决不能执行或难以执行的，可以申请财产保全。当然，若申请有错误，申请人应当赔偿被申请人因此所遭受的损失。仲裁当事人应当对自己的主张提供证据。在证据可能灭失或者以后难以取得的情况下，当事人可申请证据保全。仲裁庭对其认为有必要收集的证据，也可以自行收集。

当事人发现仲裁员是本案的当事人或者当事人、代理人的近亲属，或者与本案有利害关系，或者与本案当事人、代理人有其他关系，可能影响公正仲裁的，以及私自会见当事人、代理人，或接受当事人、代理人请客送礼的，有权提出回避申请，当事人申请仲裁员回避，应在首次开庭前提出，并说明理由。回避事由在首次开庭后知道的，可在最后一次开庭终结前提出。

在案件仲裁过程中，申请人可以放弃或变更仲裁请求，被申请人可以承认或反驳仲裁请求，有权提出反请求。当事人亦可以自行和解。达成和解协议的，可请求仲裁庭根据和解协议做出裁决书，也可以撤回仲裁申请，当事人撤回仲裁申请后反悔的可以根据仲裁协议重新申请仲裁。仲裁庭做出裁决前，可以先行调解，调解不成的，应当及时做出裁决。

除当事人协议不开庭外，仲裁一般开庭进行，但不公开。仲裁申请人经仲裁庭书面通知，无正当理由不到庭或未经仲裁庭许可中途退庭的，仲裁庭可视其为撤回仲裁申请，被申请人经书面通知，无 正当理由不到庭或者未经仲裁庭许可中途退庭的，仲裁庭可缺席裁决。

仲裁实行一裁终局制，裁决书自做出之日起即发生法律效力，当事人应自觉履行。一方当事人不履行仲裁裁决，另一方可依照民事诉讼法的有关规定向人民法院申请执行。

仲裁裁决一旦做出，当事人就同一纠纷再申请仲裁或向人民法院起诉的，仲裁委员会或人民法院不予受理。当事人有证据证明裁决是在没有仲裁协议或超出协议范围，或违反法定程序，或仲裁员索贿受贿、徇私舞弊等情况下作出的，可以向仲裁委员会所在地的中级人民法院申请撤消裁决，申请应于受到裁决书之日起 6 个月内提出。此外，人民法院认为该裁决违背社会公共利益的，也应裁定撤消裁决。裁决被人民法院依法撤消或不予执行的，可以向人民法院起诉。

《仲裁法》对仲裁时效也作了相应规定，即：法律对仲裁时效有规定的，适用此规定；法律对仲裁时效没有规定的，适用诉讼时效的规定。

五、仲裁裁决的申请执行

《仲裁法》第六十二条规定："当事人应当履行裁决。一方当事人不履行的，另一方当事人可以依照民事诉讼法的有关规定向人民法院申请执行。受申请的人民法院应当执行。"《民事诉讼法》第二百一十七条规定："对依法设立的仲裁机构的裁决，一方当事人不履行的，对方当事人可以向有管辖权的人民法院申请执行。受申请的人民法院应当执行。"

当事人向人民法院申请执行仲裁裁决应当注意以下几个问题：

（一）当事人应当向有管辖权的人民法院提出申请。根据《民事诉讼法》的有关规定，国内仲裁裁决和涉外仲裁裁决的执行管辖法院有所不同。如果是国内仲裁裁决，一方当事人不履行仲裁裁决的，则另一方当事人可以向被执行人住所地或者被执行财产所在地的人民法院申请执行。如果是涉外仲裁裁决，一方当事人拒绝履行义务时，对方当事人可以向被申请人住所地或者财产所在地的中级人民法院申请执行。

（二）申请执行人应当向人民法院递交申请执行书和据以执行的法律文书。申请执行书应写明：申请执行的事项和理由、被申请执行人拒不履行义务的事实和依据、需要执行的标的物的名称、数量及所在地、被申请执行人的经济状况和可供执行的财产状况。另外，申请执行人还应当提交据以执行的仲裁裁决书以及人民法院认为必须提交的其他材料。

（三）当事人申请执行仲裁裁决必须在法律规定的期限内提出。根据《民事诉讼法》第二百一十九条第 1 款规定，申请执行的期限因申请主体的不同而有所区别：双方或一方当事人是公民的为 1 年；双方是法人或者其他组织的为 6 个月。上述期限，从仲裁裁决书规定履行期间的最后一日起计算，仲裁裁决书规定分期履行的，从规定的每次履行期间的最后一日起计算。无正当理由超过申请执行期限的，申请人就失去了要求人民法院强制执行的权利。

六、仲裁中的和解

仲裁中的和解是指当事人在仲裁中自行协商、达成了解决争议的方案，从而使仲裁不再进行下去。当事人自行和解是在当事人提起仲裁后、仲裁庭正式裁决前达成的。仲裁中的和解与调解是有区别的。调解是在仲裁庭的主持下进行的，而和解是由当事人自行进行的，调解多由仲裁员在开庭时主持进行，而和解则一般是在庭外进行的。

当事人自行和解须达成书面协议，称为和解协议书或简称协议书。和解协议书应当包括这样一些内容：第一，双方当事人的基本情况；第二，和解针对事项；第三，和解的原因；第四，为了和解，当事人双方要承担什么义务，或一方当事人可以享有哪些权利，另一方当事人应该承担什么义务；第五，双方当事人达成协议后，对仲裁请求如何处理；第六，和解协议的生效是否有前提条件等。

当事人自行和解达成书面协议后，对仲裁请求可以做出如下两种处理：一种是由仲裁申请人写出书面请求，向仲裁机构撤回所提出的仲裁申请以此终结仲裁程序，另一种则是共同请求仲裁庭根据自行达成的和解协议制作裁决书进而终结仲裁程序。

当事人自行达成和解协议并由申请人向仲裁机构撤回仲裁申请后又反悔的，可以根据已签订的仲裁协议再次申请仲裁，仲裁机构应当在受理申请后依照仲裁规则进行仲裁直至做出裁决。

七、仲裁中的调解

仲裁庭在查清纠纷事实，确认证据并听取当事人双方辩论意见的基础上，对愿意进行调解的当事人可以先行调解，仲裁中的调解在仲裁庭的主持下进行。调解应基于事实和法律，有原则地进行，不是”和稀泥”。仲裁中的调解一般要注意以下几点：

（一）仲裁员要向双方分别讲清认定的事实，分析 原因，明确各方的责任。

（二）在此基础上，对各方当事人进行法制教育，准确引用有关规定对当事人进行劝说，促使接受调解方案。

（三）既然是进行调解，就要发挥一定的说理技巧，既要说服过错大的一方接受没有过错的一方或过错小的一方当事人提出的请求，又要说服无过错或过错小的一方当事人得理也让人，争取在互谅互让的基础上达成解决争议的协议。在一般情况下，调解总是需要双方当事人都做出让步的。

（四）调解可以在双方当事人都在场时进行，也可以先分别对各方当事人进行调解，再将双方当事人召集在一起提出最终调解方案，后者效果通常较好。

（五）在当事人各方提出的调解方案差距明显较大，经调解发现不易缩小的，就不必再勉强调解，而宜进行裁决。

当事人经仲裁庭调解达成协议后，仲裁庭应当制作调解书或者根据调解协议的结果制作裁决书。调解书应当包含这样一些内容：当事人双方的基本情况；当事人一方提起仲裁申请的原因；就何事项达成调解协议；当事人通过什么处理办法从而终结仲裁程序等。调解书和裁决书具有同等法律效力，即在当事人一方不履行调解书时，另一方当事人可以请求人民法院强制执行。

八、仲裁与狭义调解的异同

仲裁与狭义上的调解相比，既有共同点又有区别。两者的共同点：一是调解和仲裁都必须根据双方当事人自愿的原则进行，没有这个基础，调解和仲裁均无可能。二是调解和仲裁都是将当事人的争议提交第三者去调停。三是调解和仲裁程序比诉讼简单，能及时、迅速地解决纠纷，对当事人来说，比较节省时间、人力和物力。

两者的主要区别在于：

（一）当事人之间的调解意愿较之于仲裁意愿更具随意性。这种随意性表现在两个方面：一方面，在调解过程中的任何时候，任何一方当事人都可以退出调解或提出中止调解，在此情况下，调解人一般不能、也不太可能强行继续调解。另一方面，双方当事人在调解过程中能较随意地变更自己的意愿并由调解人在双方相互之间进行调整。而仲裁是由仲裁机构按一定的程序和规则来进行调解和仲裁的，当事人一般不能随意变更自己的仲裁请求，也不得随意决定是否退出或中止仲裁。如申请人无故不参加仲裁活动，可视其撤诉，如被申请人无正当理由不参加仲裁活动，仲裁机构可做出"缺席裁决"。

（二）调解较之仲裁具有更大的灵活性。在调解中，双方可以互谅互让，得理可让人，只要双方对调解方案共同认可。而仲裁，则必须由仲裁机构按照仲裁程序和规则来进行评判，尤其是在对双方进行调解并调解不成时，更要严格依据事实和法律或公平合理的规则来确定当事人的责任，做出裁决。

（三）调解人和仲裁员地位作用不同。调解人在调解中所起的主要是劝说、促进作用，调解协议必须经双方当事人同意后才能签署。而仲裁员在仲裁中的作用不仅是调停、促进，更重要的是具有独立评判权，仲裁员可以不经双方当事人同意独立做出仲裁裁决。

（四）调解产生的协议与仲裁裁决书的法律效力不同。调解协议由双方当事人自动履行，不具有强制执行的法律效力。而仲裁裁决是终局裁决，对双方当事人具有约束力，双方当事人必须执行。如果有一方当事人不执行，另一方当事人可依法向有管辖权的人民法院申请强制执行。

8. 大陆方面有哪些仲裁委员会聘请了台湾仲裁员？台湾地区专业人士怎样才能成为其仲裁员？

随着两岸经贸关系的发展，涉台民商事纠纷也在增多，在仲裁工作影响不断扩大的情况下，通过仲裁方式解决纠纷的数量日趋上升。仲裁也是WTO所提倡的最主要的商事纠纷解决办法。中国国际经济贸易仲裁委员会近年来受理的涉台仲裁案件每年都不少于30件，当事人对处理结果均比较满意。从实际情况看，对大陆台资企业发生的纠纷和名为港资、外资而实为台湾居民或公司出资或控股的企业发生的纠纷，处理上大多不作为涉台案件来统计。实际含有涉台因素的各类仲裁案件在不断增加。

为进一步完善涉台经贸纠纷解决机制，更好地保护台商合法权益，推动两岸互补互利经济关系的健康发展，在充分研究、论证的基础上，根据《仲裁法》等有关规定，按照先行试点、逐步展开的原则，自1998年10月起，大陆方面开始聘请台湾地区专业人士担任仲裁员的试点工作。首批试点的5个仲裁委员会是上海、重庆、广州、厦门仲裁委员会和中国国际经济贸易仲裁委员会。具备从事仲裁工作所需要的资历和水平、获聘为仲裁员的台湾地区专业人士将正式列入仲裁员名册，予以公布，经由当事人选定后参加两岸经贸仲裁案件的办理和裁决活动。5个仲裁委先后共聘请15名台湾仲裁员，均系法律和经贸界专业人士，有从事两岸交流活动的经验，年龄与专业结构也较合理。

台湾仲裁员的聘用，有助于对涉台经贸纠纷案情的了解和证据的获取，有助于相关文书的送达和裁决的最终执行，有助于进一步确保涉台仲裁案件的公证处理，增强台商投资经营信心，保护两岸当事人的正当权益；同时，对提高仲裁水平、扩大仲裁影响也有积极作用。因而，自始受到两岸各界尤其是台工商人士和法务人员的热烈欢迎。

据了解，被聘任的台湾仲裁员均能遵守仲裁委员会的仲裁规则和仲裁员守则，有的还积极向台湾媒体和工商界介绍我仲裁法及相关法律、法规，宣传大陆仲裁是公正的，能够保护台商的合法权益，鼓励台商到大陆投资。有台湾仲裁员感慨地说，“没想到大陆的仲裁制度如此先进，没想到大陆有如此众多的一流人才，没想到大陆的管理现代化能达到这样的程度”。台湾仲裁员在大陆成功办理涉台仲裁案件，在台湾地区更是引起强烈反响。

在积极、稳妥地开展好首批试点工作的基础上，2002 年 3 月，试点规模进一步扩大。根据有关规定，结合各仲裁委的实力、条件、意愿、区域分布、公平竞争和台商开展经贸投资活动状况等因素，确定了北京、深圳、青岛、武汉、长沙、西安、成都、大连、苏州、宁波仲裁委员会和中国海事仲裁委员会等 11 个仲裁委，为第二批试点单位。它们将吸纳那些更热心、更实干、更了解我法制、更便于联系和频繁往来两岸的台湾地区专业人士担任仲裁员。主要借重其专业能力，为保护两岸当事人正当权益，促进两岸经贸关系发展，踏踏实实地做些实事。台湾仲裁员要正确对待受聘事项，不在政治上作秀，更不得从事与其仲裁员身份不符的、仲裁业务范围以外的非法活动。

根据《仲裁法》的规定，大陆的仲裁委员会应当从公道正派的人员中聘任仲裁员。应聘的仲裁员须符合下列条件之一：①从事仲裁工作满 8 年；②从事律师工作满 8 年；③曾任审判员满 8 年；④从事法律研究、教学工作并具有高级职称；⑤具有法律知识、从事经济贸易等专业工作并具有高级职称或具有同等专业水平。这些条件或要求同样适用于目前应聘上述 16 个试点聘任台湾仲裁员的大陆仲裁委员会的台湾地区专业人士，这是在大陆从事仲裁工作所需要的资历和水平。只有这样，才可能保证仲裁的质量，保证仲裁工作的顺利开展。

原则上，大陆的各仲裁委员会主要从本地区（省、自治区、直辖市）范围内符合规定条件的人员中聘任仲裁员（贸促会所属中国国际经济贸易仲裁委员会除外）。根据需要也可以从本地区之外聘任少部分仲裁员以充实仲裁员名册。目前，大陆聘任台湾仲裁员的仅上述 16 个试点仲裁委员会，也就是说台湾地区有关专业人士只可能成为这 16 个仲裁委员会的仲裁员。

按照大陆现行《仲裁委员会章程示范文本》的规定，仲裁员名单由仲裁委员会主任会议提出，经仲裁委员会会议审议通过后，由仲裁委员会聘任，发给聘书。仲裁委员会主任会议所提仲裁员人选，是在综合考虑法定条件、专业、能力、声望、地理分布等多方面因素、听取有关方面意见的基础上确定的，并会事先与候选人取得必要的沟通。上述16个试点仲裁委员会在聘任台湾仲裁员时的做法也不例外。当然，自认为符合大陆仲裁员条件，有意并有能力到大陆实际从事仲裁工作，为两岸同胞服务的台湾地区专业人士也可以主动与试点仲裁委员会联系，提出申请或表达相关意愿，由仲裁委员会权衡并经过有关法定程序后，最终决定聘请与否。仲裁员的聘任期为3年，期满可以续聘。仲裁委员会按照不同专业设立仲裁员名册，一般不设专职或驻会仲裁员。仲裁员名册报中国仲裁协会备案。

大陆方面主动聘请台湾仲裁员的举措，致使台湾当局也做出相应的开放，于2000年5月出台了《台湾地区仲裁人担任大陆地区仲裁委员会仲裁员许可办法》。

9. 如何通过民商事诉讼解决涉台经济纠纷？

一、民事诉讼的概念和特点

民事诉讼是指当事人依照民事诉讼的程序向人民法院起诉，通过人民法院运用审判手段来解决纠纷的一种活动。商事性质的对台贸易纠纷属民事纠纷的范畴，其诉讼成为民事诉讼的一种。

用民事诉讼方法解决纠纷，必须严格遵守民事诉讼法规定的程序。它同协商、调解、仲裁的方法相比，具有如下特点：

（一）诉讼是基于一方当事人向人民法院起诉而开始的，人民法院一般不会主动干预当事人之间的纠纷，这也就是通常说的“不告不理”原则。

（二）纠纷当事人与人民法院在诉讼中所处的地位不同。当事人在诉讼中法律地位是完全相等的。他们具有相同的诉讼权利和义务，可以互相争辩和反驳，起诉者可能变成被诉者，而被诉者也可能变为起诉者。人民法院在整个诉讼中处于主导地位，具有决定性作用。当事人双方只有通过人民法院的判决、裁定才能实现自己的诉讼主张和请求。

（三）人民法院的判决、裁定对当事人具有强制约束力，当事人必须执行人民法院生效的终审判决，如不执行，当事人可以向管辖法院申请强制执行。

民事诉讼采用两审终审制。由于两审所需的时间较长，程序又比较繁琐，故当事人在其他方法能解决纠纷时，一般可不采用诉讼的方法。但诉讼的最大优点在于其权威性和公正性，用诉讼方法解决的纠纷一般不会有遗留问题。

二、诉讼的提起

诉讼在民间称为“打官司”，意即有关人员要对簿公堂，最终分清谁对谁错。按照中国人的一般心态，不到一定时候，决不上公堂评理。这样的心态虽不全对，但也有一定的道理，诉讼毕竟是一件很严肃的事情，而且要花费大量的人力、物力，当事人一旦上了公堂都不会轻易退步，为争一口气也要坚持将官司打到底，易伤感情。因此，在能用其他方法解决纠纷时，诉讼不一定是最好的选择。

当事人到底应该在怎样的情况下才采取诉讼的方法来解决纠纷呢？一般讲，有这样几个因素：第一，纠纷发生后，当事人意见分歧较大，缺乏自行协商解决纠纷的条件和基础；第二，双方当事人对调解人的调解不接受或调解协议达成后，一方当事人或双方当事人又反悔不履行；第三，双方当事人事前事后都没能达成仲裁协议；第四，双方争议的标的额较大，纠纷发生的原因和背景比较复杂；第五，有关合同自身条款简单，不完备，双方当事人在理解上有重大分歧。在上述情况下，当事人即应考虑尽快诉诸人民法院解决纠纷。

三、当事人的诉讼权利和义务

了解当事人在诉讼中享有什么权利，承担什么义务，这对当事人是十分重要的。人民法院通常会在受理案件后告知当事人在诉讼中的权利和义务，在开庭审理前还会再次告知当事人诉讼权利和义务。

当事人享有以下诉讼权利：

（一）要求人民法院依法公正审判，维护当事人诉讼请求的权利。包括请求司法保护，委托诉讼代理人进行诉讼，申请有关审判人员回避，使用本民族语言文字进行诉讼，收集、提供证据，进行辩论，查阅、复制与本案有关的材料和法律文书，请求传唤证人，要求鉴定或重新鉴定有关证据、调查和现场勘验，请求人民法院合议庭补正庭审笔录错误等。

（二）处分实体权利和诉讼权利的权利。当事人双方都有权请求以调解方式结束诉讼，原告有放弃、变更诉讼请求的权利，被告有反驳原告起诉、提起反诉的权利，双方当事人可以自行和解结束诉讼，双方均有权提起上诉和申诉等。

当事人在诉讼中应当承担如下义务：

（一）依法行使诉讼权利，不得滥用诉讼权利阻碍诉讼程序的顺利进行。

（二）遵守诉讼程序，服从法庭指挥，尊重对方当事人和其他诉讼参与人的诉讼权利，使诉讼按法定程序和方式正常进行。

（三）自觉履行发生法律效力的判决书、裁定书和调解书。

当事人行使诉讼权利与承担义务是一致的。依法既享有正当的诉讼权利，又必须履行一定的诉讼义务，如此才能保证诉讼的顺利进行。当事人不履行诉讼义务，将承担一定的法律责任。

四、诉讼证据的收集与准备

《民事诉讼法》规定了7种证据：一、书证。指以书面文字、符号、图案等内容和涵义来证明民事案件事实的证据。二、物证。指能够证明案件事实的物品及其痕迹。三、视听资料。指采用先进科学技术，利用图像、音响及电脑等储存反映的数据和资料来证明案件真实情况的一种证据。四、证人证言。指证人以所了解的案件事实向人民法院所作的陈述。五、当事人陈述。指当事人就有关案件的事实情况向人法院所作的陈述和认可。六、鉴定结论。指鉴定人运用专门知识对案件专门性问题所作的书面结论。七、勘验笔录。勘验是在诉讼过程中，为了查清案件事实，人民法院指派勘验人员对与案件有关的现场、物品、物体亲自进行查验、拍照、测量的行为。将查验的情况与结果制成的笔录即为勘验笔录。

当事人在收集诉讼证据时，应注意：

（一）收集书证、物证时尽量收集原件、原物，收集原件、原物确有困难的，再收集复印件、照片、副本、节录本和复制品。

（二）收集的证据要与案件事实有内在联系，能起到证明的效果。

（三）收集证据的途径、方式要合法。当事人不能以盗窃、欺骗等手段取得证据，不能自己或指使他人伪造证据，不能以暴力、威胁、欺骗、利诱、贿买方式取得证据，也不能阻止证人作证或指使证人作伪证。

（四）当事人可以自行收集证据，也可以委托律师或其他诉讼代理人收集证据。

在大多缘于合同的民事诉讼中，当事人可主要准备以下几方面的证据材料：一、有关主体是否具有法人资格或合法经营资格的材料，以及是否具有代理人资格和代理权限的材料。二、合同、借据、收条、协议书等证明原告被告之间存在权利义务关系，以及表明合同内容是否合法、合同主要条款是否完备的证据材料。三、涉及担保问题时，有关担保种类、担保人及承担何种责任等方面的材料。四、合同是否需有法定形式及审批手续，是否履行有关形式和报批的证据材料。五、一方当事人违约造成合同不能履行或不能完全履行的证据材料。六、当事人一方不履行、不适当履行、擅自变更、解除合同的证据材料，以及由此给自己造成损失的证据材料。

五、法院调解

《民事诉讼法》规定，人民法院在审理民事案件时应当根据合法和自愿的原则对当事人进行调解，调解不能使当事人达成协议的应当及时判决。这条规定表明，调解和判决都是人民法院解决民事纠纷的方法。人民法院在审理民事案件过程中，对于可能调解的案件，本着当事人自愿的原则，依法在查明事实、分清是非的基础上，对当事人进行法律宣传教育，使当事人认清自己要承担的法律责任，接受人民法院的调解，同对方当事人达成协议，从而以调解的方式来终结诉讼程序。法院调解，一、可简化诉讼程序，便利当事人；二、有利于纠纷的及时解决；三、当事人对调解结果在接受之后一般能自觉履行，使双方当事人继续保持一种较为和睦的关系。当然，人民法院进行调解，应当以需要和可能为前提，对不具备条件的案件不能久调不决，而应及时做出判决。

六、诉讼和仲裁的异同

诉讼和仲裁都是以保护当事人的合法权益为宗旨；仲裁委员会的裁决和法院的判决具有相同的法律效力，都能通过法院强制执行；都适用独立公正的原则。二者的区别主要如下：

（一）裁判权的来源不同。诉讼是人民法院根据国家赋予的审判权对案件进行审理，而仲裁是仲裁委员会根据当事人的授权（当事人签订的仲裁协议或仲裁条款）进行案件的审理。

（二）管辖的原则不同。诉讼依法实行地域管辖、级别管辖等原则，纠纷当事人不可以任意选定审理案件的人民法院；而仲裁不实行级别管辖和地域管辖原则，当事人可以协商确定自己信任的仲裁委员会来对纠纷进行审理。

（三）审理的原则不同。诉讼实行公开审理的原则，而仲裁以不公开审理为原则，除非案件当事人同意，否则一律不公开审理。

（四）裁判组织的产生不同。诉讼中合议庭的组成由人民法院内部决定，当事人没有任何选择权；而仲裁中当事人有权选择审理本案的仲裁员，协商组成仲裁庭。

（五）审理的程序不同。诉讼实行两审终审制度，而仲裁实行一裁终局制。仲裁程序比诉讼程序灵活简便。

10. 当事人在法院对案件做出判决后，不服怎么办？

根据《民事诉讼法》的规定，大陆对民事、经济纠纷案件的审理实行两审终审制。除最高人民法院外，如果当事人不服地方各级人民法院的第一审判决或裁定（仅指不予受理、驳回起诉和对管辖权异议等 3 种裁定），有权依法向上一级法院提起上诉。上级法院对上诉案件所作的判决或裁定是终审的判决或裁定。一审法院在送达判决书时应当告知当事人如何行使上诉权。提起上诉是法律给予一审案件当事人的权利，当事人有权行使，当然也可以不行使。在上诉期内行使与否直接关系到一审判决是否生效。当事人经慎重考虑，如果认为一审判决没有实事求是、分清是非或明显违法，应及时行使上诉权，以便在二审中得到公正结果。

当事人不服一审判决，应在接到判决书的第二天起 15 日（裁定的上诉期为 10 日）内通过原审法院向上一级法院提起上诉，逾期就丧失了上诉权。如果第 15 天正好是节假日，则往后顺延，但 15 日内包括的节假日不能扣除。当事人提出上诉，要以书面形式递交上诉状。上诉状应包含下列主要内容：①当事人姓名、名称及其法定代表人的姓名、住所、邮政编码等；②一审法院的名称、案件编号和案由；③上诉的请求和理由。其中第③

部分最重要，除了围绕当事人双方权利义务的争议之外，还要围绕一审判决的内容进行分析，如指出其实体和程序上的错误等。此外，当事人还可在上诉时提交新的证据。

上诉状一般由上诉人向一审法院提出，并按对方当事人的人数提供相应份数的副本。当事人邮寄诉状的，一定要挂号，以免因丢失而引起超过上诉期的后果。

一审法院收到上诉状和被上诉人的答辩状后，应当在5日内连同全部案卷和证据，报送二审法院，由二审法院开始对案件进行第二审的审理。提交上诉状时上诉人应预交上诉费用，否则会被视为撤回。当事人提出上诉后，在法院做出判决并宣告前，可以申请撤回，由法院做出准许或不准许的裁定。

此外顺便提一下的是，案件一审或二审判决生效后，当事人仍有重大理由不服的，还可提出申诉，要求再审。

11. 大陆方面对涉台民商事纠纷案件的管辖问题又作了什么最新的规定？

为正确审理涉外民商事案件，依法保护中外当事人的合法权益，根据《中华人民共和国民事诉讼法》第十九条的规定，最高人民法院2002年2月25日发布了《关于涉外民商事案件诉讼管辖若干问题的规定》(以下简称《规定》)，将于2002年3月1日起实施。《规定》实施后，人民法院将对涉外民商事案件实行集中管辖。涉及香港、澳门特别行政区和台湾地区当事人的民商事纠纷案件的管辖，参照本规定处理。

随着对外开放的不断扩大和对外经济贸易事业的蓬勃发展，尤其是我国“入世”和世界经济全球化进程的加快，我国与世界各国和地区的经济交往将更加频繁，商事活动中的各类纠纷会相应增多。世贸规则也向我们的涉外民商事审判提出了更高的要求。现行的涉外民商事审判体制已不能适应形势发展的要求。为适应新形势，迎接新挑战，忠实履行我国的“入世”承诺，使中国的涉外民商事审判与世界上的通行作法保持一致，最高人民法院依照《中华人民共和国民事诉讼法》的有关规定，以司法解释的形式对涉外民商事案件的管辖做出重大调整，将以往分散由各基层法院、中级法院管辖的涉外民商事案件集中由少数收案较多、审判力量较强的中级法院和基层法院管辖，优化司法资源的配置，这是法院推行司法改革的又一项重要举措，其根本目的就是要实现“公正与效率”主题，提升中国法治的权威性和公信力，为“入世”创造良好的司法环境。《规定》的实施将对涉外民商事案件管辖产生深刻影响，一是管辖具有跨区域性，只有少数基层、中级人民法院行使此类一审案件的管辖权；二是提高案件审级，大多数案件由高级人民法院终审；三是有利于排除地方干扰，维护司法统一。

《规定》明确第一审涉外民商事案件由下列人民法院管辖：

（一）国务院批准设立的经济技术开发区人民法院；

（二）省会、自治区首府、直辖市所在地的中级人民法院；

（三）经济特区、计划单列市中级人民法院；

（四）最高人民法院指定的其他中级人民法院；

（五）高级人民法院。

上述中级人民法院的区域管辖范围由所在地的高级人民法院确定。对国务院批准设立的经济技术开发区人民法院所作的第一审判决、裁定不服的，其第二审由所在地中级人民法院管辖。高级人民法院应当对涉外民商事案件的管辖实施监督，凡越权受理涉外民商事案件的，应当通知或者裁定将案件移送有管辖权的人民法院审理。

《规定》决定将涉外民商事案件交由三级法院管辖的主要目的是要把普通基层、中级人民法院的涉外民商事案件的管辖权集中由少数受理案件较多、审判力量较强、审判经验较丰富的中级人民法院和基层法院行使，以适应我国“入世”后面临的新形势和新挑战。迄今国务院批准设立了43个经济技术开发区，其中20个开发区设立了法院，专门受理开发区内发生的经贸纠纷，为开发区经济的发展发挥了重要作用，保留其现行的管辖权符合形势发展的需要。其他未设立法院的经济技术开发区不再设立法院管辖此类案件。“最高人民法院指定的其他中级人民法院”是指涉外案件相对较多、审判力量较强的少数中级人民法院，具备这两个条件并报经最高人民法院审批后即予指定。随着对外开放的扩大和经济贸易的发展，管辖涉外民商事案件的中级人民法院会不断增加。高级人民法院管辖的一审民商事案件是指在辖区内有重大影响的，或者按规定的争议标的金额应由其受理的，或者由最高人民法院交办的案件。目前我国法院受理的边贸纠纷案件数量较少，据统计，自1995年至2001年11月，七个与外国接壤的边境省、自治区（暂缺新疆）共受理边贸案件478件，争议标的金额共计77782.49万元，争议标的金额较小。这些小额诉讼到省城的中级法院处理会增加当事人的讼累，实行集中管辖意义不大，故仍维持现状，一、二审案件仍由当地法院管辖。至于边贸以外的涉外民商事案件，则实行集中管辖。

《规定》适用的涉外民商事案件的范围包括：

（一）涉外合同和侵权纠纷案件；

（二）信用证纠纷案件；

（三）申请撤销、承认与强制执行国际仲裁裁决的案件；

（四）审查有关涉外民商事仲裁条款效力的案件；

（五）申请承认和强制执行外国法院民商事判决、裁定的案件。

发生在与外国接壤的边境省份的边境贸易纠纷案件，涉外房地产案件和涉外知识产权案件，不适用本规定。

根据最高人民法院审判机构职能分工，《规定》将涉外民商事案件分为五大类，没有对涉外民商事案件的概念下定义，只是明确哪些案件属于集中管辖后的涉外民商事案件。涉外合同纠纷案件是指法人之间、法人与其他组织之间发生的国际经济贸易、投资、金融、保险、融资租赁、担保、证券、期货、信托、合作、经营等方面的合同纠纷案件；涉外侵权纠纷案件主要是指国际贸易欺诈，涉外票据、证券权益、股东权、损害公司权益、财产所有权等纠纷案件。信用证纠纷案件的主体并不限于一方或双方是外国的当事人，有时虽然案件双方均为国内当事人，但由于这类案件具有涉外因素，仍属于涉外民商事纠纷案件的范畴，应由实施集中管辖的法院受理。申请撤销、承认与强制执行国际仲裁裁决的案件是涉外民商事案件的一项重要内容。

本规定于 2002 年 3 月 1 日起施行。本规定施行前已经受理的案件由原受理人民法院继续审理。

本规定发布前的有关司法解释、规定与本规定不一致的，以本规定为准。

12．对行政处理不服，如何提起行政复议和行政诉讼？

一、概述

公民、法人或其他组织认为行政机关和行政机关工作人员的具体行政行为侵犯其合法权益而产生行政争议，法律上主要有两种解决途径：一是向做出具体行政行为的行政机关或其上级行政机关提出申诉，进行行政复议；二是向人民法院提起行政诉讼。其主要法律依据，是《行政诉讼法》、《行政复议法》（1999 年 10 月 1 日前为《行政复议条例》）和《国家赔偿法》。这 3 部法律在保护公民、法人和其他组织合法权益，维护和监督行政机关依法行使职权，保证社会公正方面起着极为重要的作用。在两岸贸易中，当事人无疑要和政府部门打交道，在证照申领、贸易监管、税金征收等环节难免发生一些争议或纠纷，这类私人和公权力机关之间发生的非贸易性纠纷，显然也是需要通过上述两种方法来解决。

按照《行政诉讼法》的规定，据以提起行政诉讼的具体行政行为，是指国家行政机关和行政机关工作人员、法律法规授权的组织、行政机关委托的组织或者个人在行政管理活动中行使行政职权，针对公民、法人或者其他组织，就特定的具体事项，做出有关该公民、法人和其他组织权利义务的单方行为。具体包括：

（一）公民、法人和其他组织对拘留、罚款、吊销许可证和执照、责令停产停业、没收财物等行政处罚不服的；

（二）对限制人身自由或者对财产的查封、扣押、冻结等行政强制措施不服的；

（三）认为行政机关侵犯法律规定的经营自主权的；

（四）认为符合法定条件申请行政机关颁发许可证和执照，行政机关拒绝颁发或者不答复的；

（五）申请行政机关履行保护人身权、财产权的法定职责，行政机关拒绝履行或不答复的；

（六）认为行政机关没有依法发给抚恤金的；

（七）认为行政机关违法要求履行义务的；

（八）认为行政机关侵犯其他人身权、财产权的。

此外，法律、法规规定可以提起诉讼的其他行政案件，人民法院也应受理。但是，人民法院不受理针对以下 4 类事项提起的诉讼：一是国防、外交等国家行为；二是行政法规、规章或者行政机关制定、发布的具有普遍约束力的决定、命令；三是行政机关对行政机关工作人员的奖惩、任免等决定；四是法律规定由行政机关最终裁决的具体行政行为，如入境出境管理法规定的有关行政行为。可申请行政复议的争议范围，与上述行政诉讼的基本相同。行政复议一般实行一级复议制，程序简单，行政诉讼相对而言较为复杂。

二、相关程序

对属于人民法院受理范围的行政争议，当事人可以先申请行政复议，对复议不服，再向人民法院提起诉讼；也可以直接向人民法院起诉。法律、法规规定应当先复议、对复议不服再起诉的，应先行复议。

申请复议，一般应在知道具体行政行为之日起 15 日内提出。复议机关一般应在收到申请书之日起 2 个月内做出复议决定。除法律规定终局的复议外，申请人对复议决定不服的，可在收到复议决定书之日起 15 日内或法律、法规规定的其他期限内向人民法院起诉。复议机关逾期未作决定，申请人一般可在复议期满之日起 15 日内径向人民法院提起诉讼。当事人直接向人民法院起诉的，应在知道做出具体行政行为之日起 3 个月内提出，法律另有规定的除外。

当事人直接向人民法院起诉，应以做出具体行政行为的行政机关为被告。经复议的案件，复议机关决定维持原具体行政行为的，以做出原具体行政行为的行政机关为被告；复议机关改变原具体行政行为的，复议机关是被告。复议机关法定期限内未作复议决定，当事人向人民法院起诉的，做出原具体行政行为的行政机关是被告。当事人对两个以上行政机关做出同一具体行政行为不服的，共同做出具体行政行为的行政机关是共同被告。由行政机关委托的组织所作的具体行政行为，以委托的行政机关为被告。行政机关被撤销的，继续行使其职权的行政机关是被告。在行政诉讼中，举证责任由被告一方承担，被告应当提供做出该具体行政行为的证据和所依据的规范性文件，被告不得自行向原告和证人收集证据。

行政案件由最初做出具体行政形态的行政机关所在地人民法院管辖。经复议的案件，复议机关改变原具体行政行为的，也可由复议机关所在地人民法院管辖。对限制人身自由的行政强制措施不服提起的行政诉讼，由被告所在地或者原告所在地人民法院管辖。因不动产提起的行政诉讼，由不动产所在地人民法院管辖。

人民法院接到原告的起诉状，应在 7 日内审查决定是否受理并及时通知当事人。人民法院审理行政案件，不适用调解，且原则上只作合法性审查，不作适当性审查。诉讼期间，一般不停止具体行政行为的执行。但有下列情形之一的，停止具体行政行为的执行：被告认为需要停止执行的；原告申请停止执行人民法院认为该具体行政行为的执行会造成难以弥补的损失，并且停止执行不损害社会公共利益而裁定停止执行的；以及法律、法规规定停止执行的。

三、裁决执行

人民法院经过审理，根据不同情况，在立案之日起 3 个月内，分别做出维持、撤销、履行或变更的不同判决。人民法院认为该具体行政行为证据确凿，适用法律、法规正确，符合法定程序的，判决维持；认为该具行政行为主要证据不足，或适用法律、法规错误，或是违反法定程序，或者超越职权，以及滥用职权，判决撤销或者部分撤销，并可以判决被告重新做出具体行政行为；对被告不履行或者拖延履行法定职责的，判决其在一定期限内履行；对行政处罚显失公正的可判决变更。人民法院判决被告重新做出具体行政行为的，被告不得以同一事由做出与原具体行政行为基本相同的具体行政行为。

当事人应自觉履行人民法院已发生法律效力的判决、裁定。行政机关拒绝履行判决、裁定的，一审法院可以采取通知银行划拨、罚款、提出司法建议等措施督促履行；对拒不履行判决、裁定，情节严重构成犯罪的，可依法追究主管人员和直接责任人员的刑事责任。公民、法人或其他组织拒绝履行判决、裁定的，行政机关可以向一审法院申请强制执行，或依法强制执行。

四、行政赔偿

受到侵害的公民、法人或其他组织有权向行政机关请求行政赔偿，但仅限于对人身权、生命健康权和财产权的损害赔偿。单独就损害赔偿提出请求的，应先由行政机关解决。如果行政机关2个月内没有做出赔偿决定，或者对行政机关的处理不服，赔偿请求人可在接到行政赔偿决定书之日起30日内向人民法院提起诉讼。人民法院审理赔偿案件可以适用调解，也可以直接判决维持或者改变行政赔偿决定。

根据《国家赔偿法》，行政赔偿属国家赔偿范畴。国家赔偿以金钱赔偿为主，辅之以返还财产或恢复原状。对不同类型的损害按照不同的计算标准支付不同的赔偿金。此外，负赔偿义务的行政机关在给予金钱赔偿的同时，对受害人名誉、荣誉等人格权造成损害的，还应在侵权行为影响的范围内，为其消除影响、恢复名誉、赔礼道歉。

国家赔偿采取不收费制度。赔偿义务机关、复议机关和人民法院均不得向赔偿请求人收取任何费用。国家对赔偿请求人取得的赔偿金也不予征税。

五、《行政复议法》的新进展

1999年10月1日开始实施的《行政复议法》，较1991年1月1日生效的《行政复议条例》，又有了较大进展，这主要体现在以下几个方面：

扩大了行政复议的范围。行政复议条例规定的行政复议事项有9类，现在扩大为11类，强化了对公民、法人或其他组织合法权益的保护。

将部分抽象行政行为纳入了复议范围。行政复议条例是将抽象行政行为排除在外的。这次则将国务院部门的规范性文件，县级以上地方各级人民政府及其工作部门的规范性文件，乡、镇人民政府的规定纳入了可提出审查申请的范围。

规定了国务院可受理行政复议申请。公民、法人或其他组织认为各省市行政机关作出的具体行政行为不合法的提供，除可向各省市政府提出行政复议外，还可向国务院申请裁决。

增加了口头提起行政复议的方式。提出书面行政复议申请有困难的申请人，也可以采用口头方式申请，由行政复议机关当场记录。这大大方便了行政复议的提起。

加大了复议机关的法律责任。行政复议机关如无正当理由，对该受理的申请而不受理的，或不按规定转送申请的，或在法定期限内不作出行政复议决定的，或有渎职、失职行为的，都要受到不同程度的处分。对构成犯罪的，还要依法追究刑事责任。

13. 发生经济纠纷后，当事人应如何正确选择解决办法?

解决办法的多样性和当事人对选择权的拥有，为涉台经济纠纷的有效处理提供了有利的条件和极大的可能性。应该注意的是，不同的解决办法可能各有优劣，而这种优劣又是和纠纷的具体情况息息相关的。不同的当事人站在不同角度考虑，各种解决办法的优劣也是不一样的。从实际情况看，涉台经济纠纷千差万别，纠纷原因复杂多样，当事人的状况、对纠纷处理的心态甚至所处地域风俗习惯等都有很大的差异，而所有这些都会对纠纷解决办法的选择和效果产生影响。在法律规定的范围内，结合纠纷具体情况，及时、准确地选用解决办法，将少走弯路，进而产生事半功倍的效果。在发生纠纷时，当事人不应匆忙决定采用何种办法，操之过急反而会适得其反。要先冷静地分析、考虑各种可行性，最后选择最有利的一种方法。当然，这可能需要法律专业人士的参谋、协助。

一般来讲，如果发生纠纷的双方当事人原来的关系比较好，彼此之间还能沟通，那就应先自行协商。如果认为自行协商不大可行，而双方的愿望差距又不太大时，那就可以选择一个对双方当事人都会产生积极影响的调解人，选择调解的方法。调解解决纠纷的最大优点是不伤和气，迅速、简便。如果双方当事人的关系不大和谐，又没有接受调解的诚意，就应考虑选择仲裁或诉讼的方法。仲裁的优点在于一次裁定，迅速、及时、保密。但由于仲裁的前提是双方有仲裁约定，故只要一方当事人不愿意仲裁，仲裁就无法启动。加之裁决有“一锤定音”的感觉，不少当事人对没有更多机会充分保护自己的合法权益仍心存担忧。诉讼的方法所需时间长一些，程序繁琐一些，但诉讼更严谨，两审终审的公正性也会强一些，而且判决对当事人的心理有很大的强制作用，更有助于判决的执行。

最后选用哪一种方法来解决纠纷，还要充分考虑：一、纠纷涉及的利害关系是否值得花一定的精力、财力去仲裁或诉讼。如不值，就应尽量选择协商或调解的方法，反之就选择诉讼或仲裁。二、如纠纷是一方当事人的过错、违约引起的，那就要看过错的程度如何。如过错方的违约行为是故意的，且情节恶劣，那就应该迅速通过强有力的诉讼方式解决。

14. 各地各部门在预防和解决涉台经济纠纷方面采取了哪些具体有效的做法？

一、完善相关的立法。

（一）为深入贯彻落实《台湾同胞投资保护法》，不少省、自治区、市制定了本地实施保护法的具体办法，使当地的台胞投资法律环境得到了进一步的完善。

（二）有些地方针对台商反映比较集中的热点问题，及时制定了相应的规范性文件。如 1996 年初，福州市政府制定下发了《关于规范对台资企业进行检查和施以停产、罚款、扣人等处罚程序的通知》，即取得了较好的效果。

二、加强涉台执法工作。

在审判工作中，许多法院坚持优先立案、优先审理、优先执行的“三优先”原则，从组织上、制度上保证涉台经济案件审理的顺利进行 。如福建省高院和地市中院普遍成立了涉台审判领导小组，加强上下级法院之间、法院与党委、台办和海协之间的联系和信息沟通；建立涉台经济纠纷案件请示报告制度，要求各级法院对诉讼标的额巨大，社会影响大和审判难度大的案件及时上报，以便及时了解、掌握情况，进行监督指导；选调素质高、能力强的法官专门成立审理涉台经贸纠纷案件的合议庭，保证办案质量和审判的社会效果。广东省高级法院设立了专门的庭审机构，负责指导全省法院涉台经济审判工作，并注意及时研究总结办案经验，指导实际审判工作。

在打击涉台经济犯罪方面，最高人民检察院 1994 年在福建省设立了“台湾地区案件办公室”，作为该院对台工作的窗口，协调涉台犯罪案件的处理，取得了较好的效果。

三、健全纠纷解决的机制。

（一）目前，全国范围内基本设立了台商投诉协调中心或台商投诉协调外，用以受理台商与其他省、自治区、直辖市的公司、企业、其他经济组织、个人或机关、事业单位之间，在投资、贸易等方面出现的纠纷，协调政府有关部门，加强调查研究，对纠纷进行客观、公正、及时、有效的协调处理。国务院台办下属的台商投诉协调处，自 1995 年成立至今，已受理台商投资千余件，绝大多数得到妥善处理。

（二）尊重两岸当事人的共同意愿，充分发挥有关行政主管部门、行业协会（包括台资企业协会）和社会中介组织的调解作用，以非诉讼方式结案为主，既节省时间、节约费用，又有利于继续合作，以及结果的执行。在调解无望的情况下，建议当事人及时通过司法、仲裁等法律途径解决纠纷。

（三）对劳动争议的处理，劳动部门和台办重视与人民法院、公安部门联系，及时采取诉讼保全等措施，使员工的利益得到保护，从而有利于迅速控制事态，尽快恢复生产。个别地方还设立由当地政府领导参加的常设性应急工作小组，从组织上保证劳动争议的解决。

四、加强对涉台经贸纠纷调处的领导。

各地党政领导重视涉台经贸纠纷处理工作，重大或疑难问题领导亲自批示，亲自过问和协调，并定期或不定期带领有关部门负责人现场办公，及时了解、解决各种纠纷。如福州市政府1997年3月3日接待日，44个政府部门负责人、140多名工作人员参加，共受理70家台资企业200余人提出的80个问题，当场解决41个。

有关部门和地方充分认识妥善处理涉台经济纠纷的重要性，经济进行沟通、协调，相互支持，既从经济上、业务上考虑问题，也从政治上考虑问题，法律手段和行政手段相结合，努力使纠纷的解决合法合情合理。

五、提供高效的法律服务。

律师、公证、基层法律服务机构为台商开展全方位、多层次、“一条龙”服务，取得了较好的效果。从投资项目研究、洽谈、草拟法律意见书、合同章程、立项审批、厂房场地租用，到各种申报、登记、注册、乃至辅佐企业决策等，进行全程服务，有利于预防纠纷的发生。纠纷发生后，全面参与协调、调解、仲裁、诉讼代理等诉讼和非诉讼活动，有利于纠纷及时解决 。

各地律师还以适当的方式与台湾同行建立联系，进行协作，相互委托办理一些法律事务。

15. 大陆方面对台湾地区有关法院作出的民事判决是否予以认可或执行？有何具体规定？

1998年1月15日，最高人民法院审判委员会第957次会议通过了《关于人民法院认可台湾地区有关法院民事判决的规定》(以下简称《规定》),5月22日公布,26日起施行。《规定》以司法解释的形式,解决了两岸当事人在台湾地区经由有关法院判决确认的民事权利或法律关系在祖国大陆的法律效力问题。这是大陆方面为维护两岸同胞的民事权益与诉讼权利、发展两岸关系所采取的一项务实而重要的举措,意义深远,在两岸及海外引起强烈反响,受到普遍欢迎。

一、认可申请管辖。

对台湾地区有关法院民事判决的认可,《规定》直接规定了认可申请的地域管辖和级别管辖。在地域管辖上,对台湾地区有关法院民事判决的申请认可,由当事人的住所地、经常居住地或者被执行财产所在地的人民法院受理。这样规定的目的是为了方便当事人就近向人民法院提出认可申请,减少不必要的诉讼成本。在级别管辖上,《规定》提出认可申请由申请人住所地、经常居住地或者被执行财产所在地的中级人民法院受理。申请认可案件由中级人民法院管辖,是为了进一步保证对台湾地区有关法院民事判决或仲裁裁决的认可质量。

至于其他管辖原则,《规定》虽未提出,一般仍应按《民事诉讼法》的规定办。如选择管辖、移送管辖、指定管辖等原则仍应在认可案件中适用。当事人若认为受理认可申请的人民法院对案件没有管辖权,有权提出管辖异议;对管辖异议的处理按《民事诉讼法》办理。

二、认可申请及受理。

当事人在接到台湾地区有关法院的民事判决后,需要人民法院认可的,当事人可以向人民法院提出认可申请。一是由本人直接向人民法院提出认可申请;二是委托他人提出认可申请,但应向人民法院提交由委托人签名或盖章并经当地公证部门公证的授权委托书。在人民法院就同一案件事实做出民事判决前,一方当事人可以提出认可台湾民事判决的申请。

根据《规定》第四条和第五条的要求，申请认可，申请人应提交申请书，并须附有不违反一个中国原则的台湾地区有关法院作出的生效民事判决书（或民事裁定书、调解书及台湾地区仲裁机构的裁决书）正本或经证明无误的副本、证明文件。申请书应说明下列事项：①申请人姓名、性别、年龄、职业、身份证件号码、申请时间和地址（申请人为法人或其他组织的，应说明其名称、地址、法定代表人姓名、职务）；②当事人受传唤和应诉的情况及证明文件；③请求和理由；④其他需要说明的情况。

人民法院收到申请书后，经审查，符合上述条件的，应当在7天之内受理；不符合上述条件的，不予受理，并在7天之内通知申请人，同时说明不予受理的理由。人民法院受理申请后，对于台湾地区有关民事判决书是否生效不能确定的，应告知申请人提交做出判决的法院出具的证明文件。

三、认可条件。

人民法院受理认可申请后，由审判员组织合议庭进行审查。通过审查，对符合认可条件的台湾地区有关法院的民事判决，合议庭将裁定认可其效力。经审查，发现台湾地区有关法院的民事判决具有《规定》第九条所列六项不予认可情形之一的，合议庭同样会采用裁定的方式，不予认可。这六种情形是：①申请认可的民事判决的效力未确定；②申请认可的民事判决是在被告缺席又未经合法传唤、或者在被告无诉讼行为能力又未得到适当代理的情况下作出的；③民事判决的案件是人民法院专属管辖的案件；④民事判决处理的案件，是双方当事人订有仲裁协议的案件；⑤民事判决处理的案件是人民法院已经做出判决的案件，或者是外国法院和境外地区法院做出判决已被人民法院承认的案件，或者是境外仲裁机构作出的仲裁裁决已经被人民法院所承认的案件；⑥申请认可的民事判决具有违反国家法律的基本原则或者损害社会公共利益的情形。可见，《规定》对台湾地区有关法院民事判决的认可放得较宽，很务实。

四、认可申请优先和不予认可救济。

对于当事人的认可申请，《规定》采用了优先原则。这一优先原则主要表现在：首先，如果申请人的认可申请受理后，当事人就同一案件事实向人民法院提起诉讼的，人民法院不予受理；其次，人民法院在受理案件后，如果申请人就同一案件事实要求认可台湾地区有关法院在先作出的民事判决的，只要人民法院还没有做出民事判决，就应当中止诉讼，并对申请人的申请进行审查。经审查符合认可条件的，人民法院给予认可，并终结诉讼；如果审查认为不符合认可条件，人民法院在裁定不予认可后，对已经中止的民事诉讼予以恢复。很显然，这一优先原则是为了最大限度地减少讼累，及时维护两岸当事人的民事权益。

为尽可能保证当事人的合法民事权益不受损害，《规定》对不予认可的情况，还专门给予了程序上的救济。按照规定，对人民法院不予认可的民事判决，虽然不能再提出认可申请，但却可以就同一案件事实向人民法院提起诉讼。这就从另一方面为当事人维护自己的民事权益提供了渠道。

五、当事人的自由处分权。

对于台湾地区有关法院的民事判决是否需要人民法院认可的问题，《规定》尊重当事人的自由意志，给当事人充分的处分权。首先，除保证当事人有申请人民法院认可民事判决的自由外，在当事人提出认可申请并在人民法院受理后，只要人民法院还没有正式做出认可裁定，申请人可以要求撤回申请，人民法院应当允许。其次，案件虽经台湾地区有关法院判决，但当事人不提出认可申请，而是就同一案件事实向人民法院提起诉讼的，只要符合起诉条件，人民法院就应受理。这些规定对双方当事人的合法权益能起到较好的保护作用。

六、申请认可的时效和认可裁定的执行。

为及时了结民事纠纷，使当事人的合法权益得到有效保护，《规定》明确申请人申请认可的时限为 1 年，从台湾地区有关法院民事判决生效后开始起算。

被认可的台湾地区有关法院民事判决需要执行的，依照《中华人民共和国民事诉讼法》规定的程序办理。对于人民法院的认可裁定，当事人一般都能自觉履行；如果部分当事人在认可裁定送达并发生法律效力后仍不履行，权利人有权向人民法院申请强制执行。申请执行的期限，双方或一方当事人是公民的为 1 年，双方是法人或其他组织的为 6 个月。人民法院在接到申请执行书后，向被执行人发出执行通知书，责令其在指定的期间履行，逾期不履行的，强制执行。人民法院有权依法定程序，采取查询、冻结、划拨被执行人的存款，扣留、提取被执行人的收入，查封、扣押、冻结、拍卖、变卖被执行人的财产，搜查被执行人隐匿的财产，强制被执行人交付法律文书指定的财物或票证，强制被执行人迁出房屋或退出土地，责成有关单位办理财产权证照转移手续，强制被执行人完成判决、裁定和其他法律文书指定的行为，强制被执行人负担迟延履行义务的经济责任，强制被执行人继续履行义务等执行措施，迫使被执行人履行生效法律文书所确定的义务，保证认可裁定的切实执行，实现申请人的权利。

《规定》生效以来，人民法院认可并执行了台湾地区有关法院的一些民事判决。希望台湾方面也能够从善如流，落实其关于"在大陆地区作成之民事确定裁判、民事仲裁判断，不违背台湾地区公共秩序或善良风俗者，得申请法院裁定认可。前项经法院裁定认可之裁判或判断，以给付为内容者，得为执行名义"的规定，及时、公正执行大陆方面的民事判决、仲裁裁决，从造福两岸人民出发，积极推动两岸司法方面的联系与协助，发展两岸关系。对此，两岸法律界同仁责无旁贷。

第十二篇 其他相关涉台法律事务

1. 台商可否在大陆申请专利，如何申请?

国家知识产权局于 1987 年 12 月制定了《关于受理台胞专利申请的意见》，并开始正式受理台胞的专利申请。1989 年 4 月又印发了《关于受理台胞专利申请的补充规定》。1993 年 3 月，国家知识产权局在总结执行上述两个规定经验的基础上，为了更有效地保障台胞的专利权益，对其在大陆申请专利的手续等又作了进一步的完善，相继发布了《关于受理台胞专利申请的规定》和《关于台胞申请专利手续若干问题的处理办法》。主要内容有:

（一）台湾同胞与大陆同胞一样，可就其发明创造向国家知识产权局申请专利，取得专利保护。

（二）为保证在申请专利过程中，国家知识产权局与台湾申请人能及时取得通讯联系，保证申请质量，提高工作效率，台湾自然人申请专利均应通过在国家知识产权局登记公告的专利代理机构办理申请专利的手续（在大陆常驻者除外）。台湾自然人委托专利代理机构的，可以由本人直接办理委托手续，也可委托在大陆的亲友代办委托手续，但应由申请人签署全权委托书，载明委托事项、委托人和被委托人的姓名（名称）和地址，由委托人签章，并注明委托日期。

台湾的公司、企业与法人组织作为申请人向国家知识产权局提出专利申请的，应委托国家知识产权局登记公告的涉外专利代理机构办理。如中国国际贸易促进委员会专利商标事务所、中国专利代理（香港）有限公司、永新专利商标代理有限公司、上海专利商标事务所、柳沈知识产权律师事务所、中科专利代理有限责任公司、中原信达知识产权代理公司、隆天国际专利商标代理有限公司、上海华东专利事务所等。

（三）台湾同胞与大陆同胞一样，可依照国家《专利法》和加入的《保护工业产权巴黎公约》等有关规定，就其在国家知识产权局提出的第一次正规申请办理向其它国家申请专利的优先权手续；对其提交的以在巴黎公约某一成员国提交的第一次正规申请为基础向国家知识产权局要求优先权的，国家知识产权局予以受理。

（四）台胞向国家知识产权局提交的专利申请文件不得使用“中华民国”字样，可使用“中国台湾”。台湾申请人在大陆申请专利的费用可自由兑换的外币支付。

需要特别指出的是，台湾同胞已经在台湾地区申请了专利的，如果想在大陆取得专利保护，则必须在该申请公开以前向国家知识产权局提交申请，否则，申请专利的发明、实用新型或外观设计就可能丧失其新颖性这一必备条件。台湾同胞前来祖国大陆申请专利要通过国家知识产权局规定的途径办理，不要委托台湾的机构、人士或大陆的非专利代理机构及个人代办申请手续，以避免不必要的损失。

总的看，台湾同胞在祖国大陆申请专利比较积极主动，数量逐年增加，位居各省市前茅，到 2001 年止，共申请专利 76813 项，授权专利 54592 项，其中又以实用新型居多。

2. 台商可否在大陆申请商标注册，如何申请？

国家工商总局商标局从 1985 年起正式受理台湾企业在祖国大陆提出的商标注册申请。对台湾企业前来申请注册商标，自始采取热情欢迎、提供方便的态度，在申请资格或条件方面与大陆企业一视同仁。考虑到海峡两岸间的实际情况，从方便联系和有效申请出发，台湾企业和个人在大陆申请商标注册，必须委托国家认可的具有受理资格的商标代理组织办理。如中国商标代理（香港）公司、三幸商标专利事务所等。

随着我国加入的有关商标公约的增多，台湾同胞在商标国际注册方面的权益保护也不断得到增强。1985 年 3 月我国加入《保护工业产权巴黎公约》，台湾同胞在向国家工商总局商标局申请商标注册后，可在公约的其它成员国享有商标注册申请的优先权。1989 年 10 月和 1995 年 12 月，我国先后加入《商标国际注册马德里协定》及其《议定书》。据此，台胞又可以在祖国大陆申请或获准注册的商标为基础，向世界知识产权国际局提交国际注册申请，指定延伸保护的国家。国际局将收到的申请件分发到有关国家进行个别审查，有关国家依照本国法律确定该商标能否在当地国获得注册保护。这样，台湾同胞就可以通过在祖国大陆的一次商标注册申请，只交一次费用，而使其商标在多国获得保护。

自 1985 年起，来自台湾的商标注册申请不断增多，2001 年，申请量就达 16245 件，核准注册 5010 件，均居国内各地前列。截止 2001 年，台湾在祖国大陆的商标注册申请数达 85867 件，已核准注册 36918 件。台湾同胞在祖国大陆的商标权益得到了较好的保护。对有关知名商标恶意抢注和特殊历史原因造成的少数两岸商标纠纷，也都作了妥善处理。下面试举两例说明。

例一：1993 年，某北京公司与台商合资建立的企业，在第 32 类啤酒、矿泉水等商品上申请注册“掬水轩”商标，商标局审查后发布了初步审定公告。在 3 个月的异议期内，台湾掬水轩食品股份有限公司对此提出了异议，指称被异议人恶意抢注商标。理由是本公司是“掬水轩”商标的真正所有人，异议商标是其公司名称的特取部分，本公司从1953年起即在台湾注册和使用该商标，至今已成为台湾家喻户晓的名牌。本公司除经营糖果、西点外，还涉及汽水、饮料等领域，是一个多元化的大公司。被异议人中的台商一方在台湾也是以食品业为主。对此异议，被异议人未按期答辩。

商标局根据异议人陈述的事实、理由和提供的证据，进行了裁定。认为被异议人的台方投资者为台湾经营食品业的公司，不可能不知道在台湾已使用40年的“掬水轩”商标，被异议人在未经授权的情况下，擅自将他人已有一定知名度的商标抢先向商标局注册，违反了商业上的诚实信用原则，是一种不正当竞争行为，这种行为也为《商标法》所不允许。因此，裁定异议人所提异议成立，初步审定的“掬水轩”商标不予核准注册。

例二：1996年，汕头市工商局接到幻象钟表有限公司（台湾）委托深圳商标事务所进行的投诉。诉称汕头一钟表行装配、销售“MIRAGE”牌手表的行为侵犯了它的商标专用权，请求依法查处。汕头工商局随即前往现场并查获大量“MIRAGE”牌男、女式手表及配件。基于“幻象MIRAGE”商标是幻象钟表公司在祖国大陆获准注册的商标，指定使用在钟、表商品上，其商标使用权受法律保护，被投诉人的行为已侵犯该注册商标的专用权，汕头市工商局依据《商标法》有关规定，做出了《处罚决定书》，幻象公司（台湾）的权益得到了维护。

上述成功案例的启示是：一要关注市场情况，对各种商标侵权行为不能漠视，一旦发现，积极寻求法律手段解决，及时投诉、提出异议、申请复审或起诉等；二要认真收集并提供各种有力的证据材料，如侵权产品、样品、注册商标证及续展文件（复印件）等；三要密切配合有关行政执法机关、司法部门依法进行查处。

关于两岸专利、商标问题，这里不妨提一下台湾当局1994

年5月出台的《大陆地区人民在台申请专利及商标注册作业要点》。其主要意思是：①大陆申请人只有依台湾的专利、商标等相关规定，申请取得专利权、商标权后，才能在台湾地区受到保护；②在台申请专利和商标注册，应委托台专利商标主管机关登记在案的专利、商标代理人办理；③申请文件不能使用简体字；④申请人为自然人的，应检附身份证明文件的影印本；申请人为法人的，应检附法人登记证照影印本。此类影印本及有关委托书、权利义务证明等还需经台有关方面"验证"为"真正"后才有用。

3. 大陆方面对两岸版权问题有何规定？

要不断增进两岸文化、学术直至经济交流，首先必须解决好版权或著作权的保护问题。祖国大陆在这方面做了不懈的努力，先后出台了不少政策、规定，并加以督促落实，在短时间内达到了一个较高的水平。国家版权局1987年12月26日制定、次年3月1日生效的《关于出版台湾同胞作品版权问题的暂行规定》就是一个标志，从此进入全面保护台湾同胞作品版权的新阶段。

一、关于大陆出版台湾同胞的作品

（一）台湾同胞对其创作的作品，依国家现行有关法律、法规享有与大陆作者同样的版权。

（二）凡大陆方面发表、转载、重印、翻译或改编出版台湾同胞的作品，均需取得作者或其他版权所有人的授权，并签订版权转让或许可使用合同，出版者应将此类合同报国家版权局登记审核。

（三）经授权出版台湾同胞作品的出版者，应依照有关稿酬规定向作者或其他版权所有人支付报酬和赠送样书，报酬以人民币支付。

（四）台湾同胞向大陆转让版权或授权许可使用作品，可以自己办理，也可委托亲友或代理人办理（代理人须持有经过公证的作者或其他版权所有人的委托书)；可以直接同出版者联系，也可同版权代理机构——中华版权代理总公司联系。

(五) 大陆出版者或其他人如侵犯台湾同胞的版权，版权所有者可请求侵权者所在地版权管理机关处理，也可向当地人民法院提起诉讼。

上述有关规定施行后，大陆出版者一度随意出版台胞作品的现象明显减少。例如，经琼瑶授权，湖南文艺出版社获得其作品在大陆的专有出版权，后来这一权利又由作家出版社取得。以往出版琼瑶书籍的单位都按有关规定向作者支付了稿酬或赔偿费并向作者表示了歉意。又如，世界文学名著《飘》的续集《斯佳丽》英文版出来以后，尽管有好几家大陆出版社拟翻译出版，但因获悉其中文版翻译权已由台湾一家公司独家购得而未能如愿。后来台湾这家公司主动与上海文艺出版社联系并将该书中文版简化字本的专有出版权成功卖给了上海文艺出版社。由此，得以使《斯佳丽》英文版面世不到半年，大陆读者就看到其正式的中文版了。

二、关于台湾出版大陆作者的作品

(一) 对台湾方面出版大陆作者的作品，应尽量提供方便，但要弄清情况，防止上当，还应避免重复授权引起纠纷。

(二) 大陆作者或其他版权所有者授权台湾居民或法人使用作品，可以委托中华版权代理总公司代理，也可由作者或其他版权所有者直接同对方商谈、草签合同。草签的合同必须报国家版权局登记审核，未经登记审核的合同一律无效。

(三) 授权台湾方面出版大陆作品，应在合同中规定，如对方需作删节或改动，须征得作者同意，不得损害作品的完整性，更不能添加有损作者声誉的内容；版税可按照当地做法收取，版税率一般取国际通行标准或台湾标准，不宜自行压低或故意抬高。

三、对台版权代理机构

1988年4月，新中国第一个版权代理机构——中华版权代理总公司成立。公司以民间机构名义对外，以独立法人资格接受作者或其他版权所有者的委托，开展对台版权贸易。主要业务有代理商谈、签订版权贸易合同，代理取得转让版权，代理收转稿费和版税，提供有关版权贸易的咨询，提供书目和图书出版信息，代理版权诉讼等。

此外，由三联书店、中华书局、商务印书馆香港总管理处在香港组建的中华代理公司，受中华版权代理总公司的委托，在香港代理对台版权业务。

上述版权专业代理机构，在对台版权贸易和解决版权纠纷方面，发挥了重要作用。

四、对台出版交流管理

为积极、稳妥地开展和进一步规范对台出版交流、合作，1994 年 6 月新闻出版署发布施行《对台出版交流管理暂行规定》。进一步明确包括图书、报纸、期刊、音像制品在内的对台出版交流，应当严格遵守 国家《著作权法》及有关规定。如订立版权许可使用合同的有效期不超过 10 年，期满可以续订，亦即不能“卖绝”版权等。新闻出版署归口管理对台出版交流工作，在大陆举办两岸图书展览、展销及订货会等活动和赴台参加出版交流活动，需经新闻出版署审批，重要项目还须报国务院台办批准。鼓励两岸开展版权贸易和合作出版业务，大陆出版机构应积极推荐大陆优秀图书供台湾出版机构出版发行。鼓励大陆图书贸易机构向台湾销售优秀图书，进销台湾图书应由国家批准的专业书刊进口单位按规定承办，其他机构不得擅自进销。台湾出版从业人员在大陆从事合作出版、图书贸易洽谈和组稿等业务活动，由省级出版行政主管部门审批，并抄告同级台办。台湾出版发行机构不得在大陆设立办事处、派驻常驻人员，在大陆的台湾企事业机构也不得在大陆从事出版发行活动。与台湾合资办印刷企业，要注重引进高精技术，对大陆印刷业的发展有促进作用，并事先报经新闻出版署批准后，报有关部门审批。

4. 对台湾演艺人员来大陆商业演出有何规定?

台湾地区演艺人员在大陆的商业性演出活动，由经文化部批准的具有涉外演出经营资格的演出经纪机构举办。中央部门所属经纪机构举办的，直接报文化部审批；地方经纪机构举办的，经省级文化厅（局）报文化部审批。

演出经纪机构应与台演艺人员的经纪人依照经批准的演出意向书签订正式的演出合同，并将合同副本报文化部备案。举办单位应严格按批准文件内容和演出合同组织演出；如有变更，须另行申报审批。商演活动必须由经纪机构直接组织，不得转卖转包他人经营。违反有关商演规定的，文化行政管理部门应责令停演，没收演出收入，并追究组织者的责任；情节严重的，吊销《演出经营许可证》。

对商演活动，中央和地方的主要新闻媒体不作促销性宣传，电台、电视台不予现场转播。演出经纪机构应在演出前，将演出合同副本及纳税责任人或代扣代缴责任人等有关资料报送当地税务部门。演出所得应依法纳税。

在大陆举办台湾演艺人员参与的社会福利性募捐义演，应经省级以上民政部门认可后，按上述规定程序报批。演出收入除必要的成本开支外，应全额捐给受捐单位。

5. 对台湾制作人前来制作广播电视节目有何规定?

各地广播电视、影视机构及相关单位与台湾地区的广播影视机构或独立制作人，合拍、合作制作广播电视节目，以及请台湾制作人、导演、演员、编剧等协助制作节目，均须报经广播电影电视总局批准。否则，将视情予以相应处罚，并不得在广播电台、电视台、有线电视台播放。合拍电视剧要严格按批准的合同执行。

各级电台、电视台不得将播出时间提供给台湾广播影视机构和个人播放节目；如个别地方有特殊需要，与台方合办节目，须经广电总局批准后方可进行。

台湾电视从业人员要求来大陆摄制电视节目，须向中华广播影视交流协会提出申请，经广电总局批准后，由我驻香港发证单位发给入境证件，并从规定的口岸入境。在大陆摄制节目的台湾从业人员，受国家法律保护；同时必须遵守国家的法律、法规，不得从事与自己身份不符的活动，并严格按经批准的摄制计划进行拍摄。计划如有变动，需报经批准后方可进行。台湾电视从业人员携摄制器材入境时，海关凭广电总局的批件、器材清单和出具的复运出境的保证函暂时免税放行，必要时可收取保证金。节目制成后送给大陆方面的资料带，海关凭广电总局台办出具的证明免税放行。

来大陆旅行、探亲的台胞一律不得携带专业电视摄影、录像器材入境，不得从事电视节目摄制活动。对台湾电视从业人员违反有关摄制规定的，视情节轻重，依法给予口头警告、停止摄制活动、扣留胶片（录像带），并处以罚款等处理；构成犯罪的，依法追究刑事责任。广电总局负责做好相关管理工作，协调有关方面及时处理违规摄制等重大问题和对片（带）的审查。

6. 对两岸广告交流有何规定？

台湾地区的企业和个人可以在大陆发布企业广告、商品广告和寻亲广告，其他广告不得在大陆发布。发布企业广告、商品广告，应委托大陆具有涉外广告代理权的广告公司代理；发布寻亲广告，可以直接委托大陆广告媒介单位承办。

对台湾企业、个人在大陆发布广告，实行代理、发布前集中审查。国家工商行政管理总局委托海峡经济科技合作中心负责广告审查的具体事务，并对审查工作进行监督、指导。有关广告公司和广告媒介单位，应在签订广告合同前，向海峡经济科技合作中心申请广告审查。通过审查的，方可签订广告合同。发布的广告内容，应以审查通过的为准。有关广告费用以外汇结算。

中央电视台（不含第四套节目）、中央人民广播电台、人民日报（国内版）、解放军报、《求是》杂志，不得发布台湾企业广告和商品广告。中央电视台转播体育比赛、文艺演出时，设置在场馆内外的台湾企业广告、商品广告可以作为背景出现，但不得专门制作、播出。

大陆企业去台湾地区发布广告，应委托大陆具有涉外广告代理权的广告公司代理，并由代理的广告公司向海峡经济科技合作中心申请广告审查。广告内容以审查通过的为准。

7. 关于对台经济技术展览有何规定？

对台经济技术展览会，包括海峡两岸经济技术展览会、对台出口商品交易会、台湾商品展览会、台湾厂商参展的国际性展览会（博览会）及台湾厂商参展的全国性展览会。台湾民间机构在大陆举办对台经济技术展览会，须联合或委托大陆具有主办资格的单位进行。在大陆的招商招展由大陆主办单位负责。台湾的主办单位应是有相当规模和办展实力、信誉良好的展览机构、大公司、经济团体或组织（含经贸促进机构、同业公会、行业协会）。

举办海峡两岸的经济技术展览会，由外经贸部会同国务院台办审批。举办其他对台经济技术展览会，由外经贸部负责审批，报国务院台办备案。祖国大陆与台湾联合举办的经济技术展览会，应冠以“海峡两岸”的名称；各省（市、区）与台湾省联合举办的，则应分别冠以该省（市、区）与台湾省之名，如闽台、沪台机电展览会等。展览不得有违一个中国原则，展品应符合国家知识产权保护法和国家产业政策，具有先进水平，有利于扩大海峡两岸的经贸交流与合作。

在祖国大陆设立的台资企业参加在大陆举办的对台经济技术展览会，应以大陆台资企业名义参加。

对台经济技术展览会结束后，主办单位应按要求进行总结，并报送原审批部门。

8. 台湾居民可否来大陆高校就学？

可以。报考大陆普通高等院校的台湾居民应符合国家有关规定条件，包括无犯罪历史记录，无精神病及传染性疾病等。大陆普通高校招收和培养台湾学生应当坚持“保证质量、一视同仁、适当照顾”的原则。“保证质量”，就是招收台湾学生一定要达到专业培养必备的水平，不能降格以求，毕业时一定要成绩合格，不能误人子弟；“一视同仁”，就是视同国民教育，台湾学生与大陆学生同等对待，不能歧视；“适当照顾”，就是要考虑台湾学生在学习和生活上的实际情况，入学考题要有针对性，入学后可以有一个适应期，学校要多给予关心、帮助，食宿生活上也要照顾台湾学生的一些合理要求等。

学校不得向台湾学生乱收费。台湾新生入学报到时，所持出入境证件的有效期应与学习期限相适应，或至少不少于一年有效期。台湾学生可申请免修政治课和军训课。台湾学生应遵守国家法律、法规和学校规章制度。台湾学生毕业后，原则上应返回原居住地。

9. 台湾居民可否参加大陆会计师、医师资格考试？

根据1999年2月财政部发布施行的《港澳台地区居民及外国籍公民参加中华人民共和国注册会计师统一考试办法》和2001年9月卫生部、国务院台办等5部门联合发布的《关于取得内地医学专业学历的台、港、澳居民申请参加国家医师资格考试有关问题的通知》，台湾居民可以参加国家注册会计师和国家医师资格的考试。

申请参加中国注册会计师考试的台湾居民，应具有财政部注册会计师考试委员会认可的境内、外高等专科以上学校毕业的学历或已取得境外法律上认可的注册会计师资格或其他相应资格。考试科目为会计、审计、财务成本管理、经济法和税法。全部考试科目合格的，颁发全科合格证书，并可申请成为中国注册会计师协会会员。

台湾居民取得大陆医学专业学历后，申请参加国家医师资格考试，还应同时具备以下条件：①所学专业符合中国医师资格考试报名资格规定；②取得规定学历后，在指定的大陆医疗机构内，在执业医师指导下接受参加医师资格考试所需的专业训练（不间断实习）满 1 年。实习期间按国家法律、法规进行管理。考试的类别分为临床、中医、口腔 3 种。考试成绩合格的，按规定授予医师资格，由省级卫生行政部门颁发卫生部统一印制的《医师资格证书》。

10．台湾居民如何在大陆就业？

台湾居民在大陆就业是指台湾居民依法应聘受雇于大陆各种用人单位从事一定社会劳动并取得劳动报酬或经营收入的行为。台湾居民在大陆就业实行就业证制度，由省级劳动部门及其授权的地、市级劳动部门负责管理。

台湾居民在大陆就业须具备下列条件：（一）年满 18 周岁，身体健康，持有大陆主管机关签发的有效旅行证件；（二）具有所要从事工作的技能资格证明或相应的学历证明及从事本专业实际工作经历。大陆用人单位聘雇台湾居民须符合下列条件：

（一）需聘雇的台湾居民从事的岗位是用人单位有特殊需要，且大陆暂缺适当人选；

（二）有劳动部门所属职业介绍机构开具的、在辖区内招聘不到所需人员的证明，或在劳动部门指导下进行公开招聘 3 周以上仍招聘不到。

经审批同意在大陆就业的台湾居民，发给《台港澳人员就业证》，加盖相应的印章，而非外国人就业管理章。就业证只在辖区内批准的就业单位有效，变更单位须办理变更手续，离开原辖区就业，须重新办理申报、批准手续。用人单位和受聘雇者须按《劳动法》等规定签订劳动合同；发生争议，按《劳动争议处理条例》办理。劳动部门对就业证实行年检制度，逾期未办的就业证自动失效。用人单位聘雇台湾居民，合同到期即行终止；经申请并批准的，可以继续聘雇。对被解聘或自行终止合同的台湾居民，用人单位应及时报告劳动部门，缴销其就业证。对违反有关规定的行为，将给予罚款、中止就业或聘雇、缴销或吊销就业证等相应的行政处罚；构成犯罪的，移交司法部门处理。

需要注意的是，台湾居民前来大陆投资，不视为就业，不需办理就业审批手续。在外商投资企业和台、港、澳投资企业中担任总经理、副总经理职务的台湾居民入境前免办就业审批手续，入境后到劳动部门直接办理《台、港、澳人员就业证》。此外，以下 3 类台湾居民可免办就业证：一是经国家外国专家局聘请的台湾地区的专家；二是台、港、澳在内地设立的商务机构的首席代表；三是台、港、澳在内地开办的企业的法定代表人。

11. 对台渔工劳务合作的情况怎样？

对台渔工劳务合作始于上个世纪 80 年代。据统计，从 1995 年到 2001 年，大陆累计向台湾派出远洋和近海渔工近 20 万人次，对弥补台渔业劳力短缺、发展台湾渔业生产起了积极作用。

为推动和规范对台渔工劳务合作，1996 年 3 月外经贸部制定发布了《关于向台湾地区远洋渔轮派遣渔工劳务有关问题的暂行办法》。此后，相关部门还接连发出了几个“紧急通知”，再三强调、补充了有关规定。如大陆对台渔工劳务经营公司必须直接与台湾有关渔业公司签订渔工劳务合同，严禁与中间商（包括台渔业公司在海外注册的公司）签订渔工劳务合同。合同中规定的渔工在外工作期限不得超过 2 年。合同必须与渔工本人见面，工资待遇等主要条款要向渔工解释清楚。一般渔工工资每人每月最低不能低于 360 美元，职务船员不应低于相应级别的最低限价(如轮机长 1200 美元)。经营公司向外经贸部报批的立项材料必须详细、充分，未经外经贸部立项的合同一律不得履行。合同须按外经贸部拟定的标准合同内容与台方签订，不得更改合同条款或增签其他任何违背合同的协议，合同每页须有小签，落款处要正式签字并加盖公章。要加强对渔工的培训，保证素质，渔工出境前必须依法申办海员证。一旦发生有关伤害事件，经营公司须立即与台签约公司严正交涉，妥善处理，力争我受害劳务人员或其家属得到公正合理的补偿；交涉未果，应将劳务人员召回。经营公司要及时向外经贸部、外交部报告有关案情，密切配合有关部门包括我驻外使、领馆对案件的处理工作。停止与严重侵害我经营公司和劳务人员合法权益的台渔业公司的合作。严格经营公司资质条件，对严重违反有关规定的经营公司，将取消其对外劳务合作经营权，并追究法人代表及主要责任人的责任等等。结合情况的变化，关于对台渔工劳务合作方面的规范，有关部门还在不断改进之中。

但是近些年来，主要由于台湾方面的原因，大陆渔工劳务工资逐年下降，待遇不公，特别是恶性事件时有发生，对有关问题的协商处理渠道不畅、效果不彰等情况，严重妨碍了这项本该优势互补、互惠互利业务的发展。1999 年发生的台湾“金庆 12 号”事件，引起中央领导的严重关注和社会各界的强烈愤慨。为此，政府相关部门采取果断措施，从 1999 年 5 月 18 日起，一度暂停对台远洋渔工的派出。然而，两年多来，台湾方面对有关问题仍置若罔闻，没有采取任何补救措施，大陆渔工和派遣公司合法权益得不到有效维护的状况依然如故，甚至有增无减。大陆渔工人格受辱，遭体罚、打骂；生活环境、劳动条件恶劣，人身安全缺乏保障；台湾船东或船长无理拖欠、克扣工资；资信极差的雇主违约得不到制裁等现象还十分普遍。在此情形下，大陆方面不得不于 2001 年 12 月 29 日下发了《关于全面暂停对台渔工劳务合作业务的通知》，加强整顿和治理，以期保证和促使对台渔工劳务合作健康有序发展。全面暂停后，将视清理整顿工作的效果及两岸有关民间组织的联系、协商情况，再议重新开放此项业务的相关事宜。当然，这更需要台湾有关方面采取切实措施予以配合。

12. 对台胞捐赠有何规定?

大陆方面对台胞捐赠款物的爱国爱乡行为，一贯予以鼓励和支持，并积极加以引导和管理。坚持“捐赠自愿、接受自用”的原则。任何单位或个人不得以任何借口巧立名目，向台胞进行劝赠、强迫捐赠或诱赠，不得违反捐赠人的意愿将捐赠款物转让、出售、出租或挪作他用。对假借捐赠名义截留外汇、进行进口物资倒卖、挪用、套汇、逃证、逃税等违法行为，将依法惩处并追究有关领导的责任。

各级党政机关不得接受供本单位自用的台胞捐赠。在对外经贸活动中，台胞向我有关单位赠送物品，不属于捐赠范围，应按外经贸部有关规定办理。台胞捐赠直接用于工农业生产、文教卫生、科研以及公益事业的物资，海关按国家有关规定免税。对台胞捐赠进行宣传、报道，要征得捐赠人同意。

各省、自治区、直辖市人民政府台办负责受理本辖区内的台胞捐赠事宜，按规定审批或核报。中央国家机关所属单位的台胞捐赠事宜，由本部门对台工作机构受理、审批或核报。重要捐赠项目或事宜，应及时报国务院台办。各地台办应协调有关部门加强台胞捐赠的后续管理工作，对台胞捐赠款物特别是一些重要项目（如学校、医院）的使用、落实情况进行监督、检查。

13.《两岸公证书使用查证协议》的主要内容与实施办法是什么？

经过海协、中国公证员协会和台湾海基会的多次交换意见与商谈，两岸双方最终达成共识，并于1993年4月29日在“汪辜会谈”中正式签署《两岸公证书使用查证协议》（以下简称《协议》），同年5月29日生效。其主要内容与实施办法包括：

一、联系主体

关于寄送公证书副本及查证事宜，双方分别以中国公证员协会或有关省、自治区、直辖市公证员协会与海基会相互联系。大陆方面任何个人、公证处或省以下公证员协会不得向海基会寄送公证书副本或答复查证事项。各公证员协会应有专人负责登记、寄收公证书副本、答复查证函，结算费用和统计分析资料等工作。

二、寄送公证书副本范围

双方同意相互寄送涉及继承、收养、婚姻、出生、死亡、委托、学历、定居、扶养亲属及财产权利证明公证书副本。双方得根据公证书使用需要，另行商定增、减寄送公证书副本种类。后经双方商定，自1995年2月1日起，增加寄送涉及税务、病历、经历、专业证明等4项公证书副本。

根据《协议》约定及司法部制定的《海峡两岸公证书使用查证协议实施办法》规定，应寄送的公证书副本具体包括：①用于继承的亲属关系公证书、委托公证书，以及根据案情需要办理的出生、死亡、婚姻等公证书；②收养、婚姻、出生、死亡、学历、委托公证书；③用于大陆居民赴台定居，或台湾居民来大陆定居的亲属关系、婚姻、出生等公证书；④用于减免所得税而办理的扶养亲属公证证明，包括亲属关系、谋生能力、病残、成年在学公证书、缴纳保险费或缴纳医药费公证书；⑤财产权利证明公证书，指公民、法人或其他组织所享有的财产权利公证证明，包括物权、债权、继承权等有形财产和专利、著作、商标等无形财产权。

发往台湾属于《协议》约定相互寄送副本范围的公证书应办理一份副本（该副本须使用公证书专用水印纸，无需粘贴公证书封面和封底，不需加盖副本章），由经办公证处在送达公证书的同时将副本径寄省（区、市）公证员协会。公证员协会收到副本后，应登记并在3日内寄往海基会法律服务处。各公证员协会收到海基会寄来的在大陆使用的公证书副本，应进行登记并根据公证书用途转寄公证书使用部门。

三、公证书查证

（一）查证事由与答复期限。公证书有下列情形之一，双方应相互协助查证：①违反公证机关受理范围规定；②同一事项在不同公证机关公证；③公证书内容与户籍资料或其他档案资料记载不符；④公证书内容自相矛盾；⑤公证书文字、印鉴模糊不清，或有涂改、擦拭等可疑痕迹；⑥有其他不同证据资料；⑦其他需要查明事项。接受查证一方，应于收受查证函之日起30日内答复。

海基会的查证函寄致中国公证员协会的，后者应在3日内转寄出证的公证处或地、市司法局公证管理科，同时抄公证处所在省（区、市）公证员协会。公证处或公证管理科收到查证函后10日内将查证结果报中国公证员协会，抄省（区、市）公证员协会。由中国公证员协会答复海基会。海基会查证函直接寄给省（区、市）公证员协会的，后者应在3日内转出证的公证处或地、市司法局公证管理科。公证处或管理科收到查证请求书后10日内将查证结果报省（区、市）公证员协会。对于查证属实的公证书，由省（区、市）公证员协会登记后直接答复海基会；凡是有问题的公证书，省（区、市）公证员协会应将情况报告中国公证员协会，经同意后由省（区、市）公证员协会答复海基会。公证处不能在规定时间内答复的应说明原因，无正当理由超过期限的，应承担延误时间造成的损失责任。

海基会要求查证的公证书必须属于上述7种事由之一，否则不予查证。在把情况报中国公证员协会之后，退回海基会。对第7种“其他需要查明事项”，须报中国公证员协会同意后再转公证处查证，转办时限可放宽至5日。

海基会将查证函直接寄到公证处，或通过当事人、其他单位转交的，公证处不予答复。由中国公证员协会统一向海基会交涉。对《协议》实施前，海基会转来要求查核的公证书，在《协议》生效后，中国公证员协会将清查清楚予以答复。

大陆公证书使用部门需要向台湾出证机关进行查证的，应将需要查证的公证书复印件寄送所在省（区、市）公证员协会或中国公证员协会，并说明要求查证的事由。公证员协会审查认为符合有关查证情形的，应登记并出具查证函转寄海基会。海基会答复后，应将查证结果即转公证书使用部门。

（二）拒绝事由。未叙明查证事由，或公证书上另加盖有其他证明印章者，接受查证一方得附加理由拒绝该项查证。有关省（区、市）公证员协会报告中国公证员协会后，写明拒绝理由退回海基会。

（三）查证费用。提出查证一方应向接受查证一方支付适当费用。查证费用标准及支付方式由双方另行商定。根据约定，凡查证公证书均以美元计算。对海基会要求查证的公证书，每件收取15美元。需要实际调查的或要求将答复函以特快专递寄往海基会的，每件再加收40美元；如果两项都需要的，每件应加收80美元。要求海基会查证台湾出具的公证书的，收费标准与此相同。上述向海基会收取或支付的费用，每半年由海基会与中国公证员协会或有关省（区、市）公证员协会结算。

四、文书格式

寄送公证书副本、查证与答复，应经双方协商使用适当文书格式。有关函件格式样本经双方确认后投入使用。

五、其他文书的查证

双方同意就公证书以外的文书查证事宜进行个案协商并予协助。

六、其他相关事宜

双方应遵守《协议》。《协议》变更或终止，应经双方协商同意。因适用《协议》所生争议，双方应尽速协商解决。《协议》如有未尽事宜，双方得以适当方式另行商定。

《协议》自生效以来，总的执行情况是好的。《协议》保证了两岸公证书效力的实现，有助于各种诉讼或非诉讼事件的处理，对维护两岸当事人的正当权益，促进两岸人员往来和民事、经济等各项交流，推动两岸关系发展，有重要意义。据不完全统计，截止到2001年，大陆向台湾寄送公证书副本354341件，查证8件；台湾向大陆寄送公证书副本251207件，查证3075件。

14.《金门协议》是怎样规定的?

本着处理一国内部特殊事务的精神，1990年9月12日，海峡两岸红十字组织代表韩长林、陈长文等在金门就双方参与见证其主管部门执行海上遣返事宜举行工作商谈，经充分交换意见后，达成协议。协议规定：

一、遣返原则

应确保遣返作业符合人道精神与安全便利的原则。

二、遣返对象

(一) 违反有关规定进入对方地区的居民（但因捕鱼作业遭遇紧急避风等不可抗力因素必须暂入对方地区者，不在此列）。

（二）刑事嫌疑犯或刑事犯。

三、遣返交接地点

双方商定为马尾—马祖（马祖—马尾），但依被遣返人员的原居住地分布情况及气候、海象等因素，双方得协议另择厦门—金门（金门—厦门）。

四、遣返程序

（一）一方应将被遣返人员的有关资料通知对方，对方应于20日内核查答复，并按商定时间、地点遣返交接。如核查对象有疑问者，亦应通知对方以便复查。

（二）遣返交接双方均用红十字专用船，并用民用船只在约定地点引导。遣返船、引导船均悬挂白底红十字旗（不挂其他旗帜，不使用其他的标志）。

（三）遣返交接时，应由双方事先约定的代表二方签署交接见证书。

五、其他

双方应尽速解决有关技术问题，以期在短期间内付诸实施。如有未尽事宜，双方得另行商定。

《金门协议》是两岸从长期隔绝走向逐步往来后达成的第一个书面正式协议。协议的订立和施行，扭转了台湾当局以往单向径行野蛮遣返大陆私渡人员、结果造成一系列本可避免的惨案的局面。十几年来，《金门协议》在两岸双向遣返中一直发挥着十分积极的作用，严厉打击了两岸尤其是沿海地区的违法犯罪活动，遏制了两岸人员非法进入对方地区的势头，维护了两岸交往秩序和社会的安宁与稳定。

15. 涉台律师服务情况怎样？

随着两岸人员往来和经贸合作等各项交流的不断发展，律师在涉台法律服务中的地位和作用越来越重要。律师在处理涉台法律事务中发挥了全方位、多层次的作用。特别是担任台资企业法律顾问的律师，为企业提供了从申报立项、谈判、签约到制订章程、登记注册、投产营运、化解纠纷的全程法律服务。律师通过办理各种诉讼和非诉讼业务，有效维护了两岸当事人的合法权益，促进了两岸各领域交往活动的正常开展。

从1989年开始，按照保证质量、灵活多样、避免垄断、权利义务均等的原则，两岸律师事务所开始建立相互委托办理涉台法律事务的业务协作关系，并取得了一定的经济效益和社会效益。大陆当事人需要在台湾办理法律事务的，可以委托与台湾律师有联系的大陆律师事务所或委托司法部在香港、澳门设立的中国法律服务（香港、澳门）有限公司，再由后者转委托台湾的律师代理。据了解，目前两岸执业律师个人之间建立松散的相互委托关系和在互联网上建立联系的情况增多了。

1994年一度开办符合条件的台湾居民参加国家律师资格统一考试，并有3人获得通过。目前，暂不受理台湾居民参加包含法官、检察官、律师法律职业资格考试在内的国家统一司法考试。

随着两岸先后加入WTO后法律服务市场的相互开放，作为中国的单独关税区，台湾地区的律师事务所在大陆设立办事机构、开展业务事宜，将结合两岸实际情况，由国务院司法行政主管部门根据《外国律师事务所驻华代表机构管理条例》的原则，另行制定管理办法。

16. 涉台公证服务情况怎样？

根据《公证暂行条例》和《民事诉讼法》等有关规定，公证制度是国家司法制度的组成部分，各地依法设立的公证处是行使国家证明权的机关，代表国家依法证明法律行为、有法律意义的事实和文书的真实性、合法性。公证员是国家授权办理公证事务的法律专业人员。非经法定公证程序，不得撤销、变更公证证明。公证处出具的公证书具有法定效力，是人民法院认定事实的根据，经公证的债权文书具有强制执行力。

为了充分发挥涉台公证的证明作用，规范涉台公证活动，司法部自1988年以来，先后制定了40多个部门规章及其他规范性文件，有力地保证了涉台公证工作的顺利开展。公证机关认真执行国家对台方针政策和有关法律法规，坚持实事求是的原则，在各有关方面的支持、配合下，克服种种困难，对涉台公证实行"优先受理、优先调查、优质服务"。据初步统计，从1993年5月到2001年底，大陆公证处办理发往台湾使用的各类公证书达50多万件。涉台公证的积极作用已体现在两岸社会生活的各个方面。比如，通过严格审查签约主体是否合格、合同内容是否真实合法、证明材料是否齐全等，进而有效预防和减少涉台经贸纠纷。一旦发生纠纷，公证机关也能通过充分发挥其证明、咨询、沟通、监督职能，积极参与调处。南京一台商合资企业发生纠纷后难以为继，经协商由南京合作方承包经营原合资企业，但应在一年内分3期偿还台商所投设备款。因台商担心对方不能按期付款，协商又陷胶着状态。南京公证处及时建议：如双方能达成详细的还款协议，经公证后即赋予其强制执行力，一旦不还款，公证处可以通过回访，监督协议执行，债权人也可向法院申请强制执行。据此，终使问题得到妥善解决。

总之，多年来，涉台公证通过发挥其独特的证明功能，在推动两岸人员往来、民事往来、经济合作及其他各项交流，维护正常交往秩序，保障两岸当事人正当权益方面，起到了重大的、不可替代的作用。通过办理涉台公证和两岸公证交流活动，也丰富了公证的内容，促进了整个公证工作水平的提高。

17. 大陆方面对两岸人员往来是如何规定的？

中国公民往来台湾地区与大陆之间，不得有危害国家安全、荣誉和利益的行为。

一、台湾居民来大陆

现阶段，根据台湾居民前来大陆途径的不同，申请办理有关旅行证件的方式也不同。台湾居民经香港、澳门来大陆的，向公安部出入境管理局委托在港、澳的机构如香港中国旅行社、澳门中国旅行社申请；经由外国来大陆的，向中国驻外外交代表机构、领事机关或外交部授权的其他驻外机关申请；要求直接来大陆的，可以向公安部出入境管理局指定口岸的公安机关申请。

申请来大陆的台湾居民有下列情形之一的，不予批准：①被认为有犯罪行为的；②被认为来大陆后可能进行危害国家安全、利益等活动的；③有编造情况、提供假证明等欺骗行为的；④精神疾病或严重传染病患者。但治病或其他特殊原因可以批准入境的除外。

经批准来大陆的台湾居民应在所持证件签注的有效期内按期离境，确因生病等合理原因需要延长停留期的，应在期满前持有关证明向所在地市、县公安机关申办延期手续。否则，逾期非法居留的，处以警告，可以单处或并处每逾一天100百元的罚款。

台湾居民来大陆后，因投资、贸易、学习、就业、婚姻、购房、幼抚等需要多次来往大陆，以及拟在大陆居住3个月以上的，可以向当地公安机关出入境管理部门申办多次入出境签注及暂住加注。申请材料除《台湾居民来往大陆通行证》外，视申请人情况的不同，还需交验相应的证明。如申请人是在大陆投资经商的，交验工商管理部门审发的营业执照（副本）和外经贸部门审发的批准证书（副本）；申请人是常驻代表的，交验代表证；在大陆学习的，交验经省级教委批准在大陆学习的证明；在大陆就业的，交验聘雇证明和就业许可证等。公安机关根据申请人的实际情况和需要，审签相应期限的多次入出境签注和暂住加注，既有通常1年的，也有最长5年的。

台湾居民在大陆遗失有关旅行证件，应立即向当地市、县公安机关或其派出机构报失；经调查属实的，可以允许重新申领相应的旅行证件，或发给一次有效的出境通行证。若所持台方有关证件也全部丢失的，只能从深圳口岸出境。没有补办出境证件的，不得离境。遇有来往大陆的台湾居民未持有旅行证件或持用伪造、涂改等无效旅行证件或拒绝交验旅行证件的情形，出入境口岸边防检查站有权阻止其入出境。此规定对大陆居民往来台湾地区亦同。

台湾居民来大陆后因商业活动等需由大陆直接前往国外的，可以持有关身份证件、入出大陆旅行证件及有关证明向当地市、县公安机关出入境管理部门提出申请。后者依照《中华人民共和国公民出境入境管理法》及其《实施细则》有关规定，经审核批准，签发中国公民普通护照。台湾居民持护照在外国驻华外交代表机构办妥入境签证后，直接由大陆前往国外。

审批签发台湾居民旅行证件的机关，对已发出的旅行证件有权吊销或宣布作废。公安部在必要时，可以变更签注、吊销旅行证件或宣布作废。

来大陆的台湾居民违反《中国公民往来台湾地区管理办法》或有其他违法犯罪行为的，除依有关法律规定处罚外，公安机关可以缩短其停留期限，限期离境，或者遣送出境。

二、大陆居民赴台

大陆居民赴台须向户口所在地市、县公安机关提出申请，并履行下列手续：①交验身份证、户口本。②填写申请表。③在职、在学人员提交所在单位对申请人前往台湾的意见；其他人员提交户口所在地公安派出所对申请人前往台湾的意见。④提交与申请事由相应的证明。具体指：前往定居，提交确能在台湾定居的证明；探亲、访友，提交台亲属关系证明；旅游，提交旅行所需费用的证明；接受、处理财产，提交经公证的对该财产有合法权利的证明；处理婚姻事务，提交经公证的婚姻状况证明；探病、处理亲友丧事，提交有关医疗证明或函件、通知；参加经济、科技、文化、教育、体育、学术等交流活动，提交台湾相应机构、团体、个人邀请或同意参加交流活动的证明；以及主管机关认为需要提交的其他证明，如因公赴台交流还需提交有关主管机关审核同意的批件等。

这里需要指出的是，鉴于现阶段台湾当局对大陆居民赴台仍多有限制，如未开放大陆居民直接赴台旅行，赴台探亲也仅限于“三亲等”以内的亲属范围等等，因此，公安机关除受理上述申请材料外，还要在确认申请人能够顺利前往台湾的情况下，亦即申请人出示其台湾亲友或台方邀请人等在台入出境部门代为办妥的“入台许可证”复印件后，才会签发《大陆居民往来台湾通行证》等赴台旅行证件，以免去不成而白白浪费申请人的财力和精力。

大陆居民应在所持旅行证件签注的有效期内前往台湾，并按期返回（定居除外）。因病或其他特殊情况不能按期返回的，可以向原发证机关或公安部出入境管理局派出的或委托的机构申办延期手续，有特殊原因的也可以在入境口岸的公安机关申办入境手续。

大陆居民遗失赴台旅行证件，应向原发证公安机关报失；经调查属实的，可补发给相应的旅行证件。

申请前往台湾的大陆居民有下列情形之一的，不予批准：①刑事案件的被告人或犯罪嫌疑人；②人民法院通知有未了结诉讼事宜不能离境的；③被判处刑罚尚未执行完毕的；④正在被劳动教养的；⑤国务院有关主管部门认为出境后将对国家安全造成危害或对国家利益造成重大损失的；⑥有编造情况、提供假证明等欺骗行为的。

18. 台湾居民来祖国大陆定居应具备什么条件，如何办手续？

一、台湾居民申请来大陆定居，须具备下列条件之一：

（一）在台孤身一人，无人赡养，且在大陆拟定居地有父母、配偶（须符合下述第二项的规定）、子女等直系亲属，该亲属有能力赡养并保证赡养，申请人的生活费用及住房等能够自理。

（二）与大陆居民结婚 3 年以上（含 3 年）的台湾居民及其未成年子女。

二、台湾居民申请定居须履行下列手续：

（一）如实逐项填写申请表，字迹要清晰；

（二）提交书面申请，委托大陆亲友代办的还需提交委托书；

（三）交验有效的《台湾居民来往大陆通行证》，并提交复印件；

（四）交二寸正面免冠近照两张，照片背面本人签名；

（五）提交经台湾公证部门公证的台湾地区户籍证明及有效的台湾身份证件（正、背面）和出入境证件的复印件；

（六）提交经祖国大陆出入境检验检疫部门出具或确认的 6 个月以上有效的身体健康证明；

（七）提交与申请事由相应的证明材料；

（八）公安机关认为需要提交的有关证明材料。

上述（七）“提交与申请事由相应的证明材料”是指：一在台孤身一人的，需提交经台湾公证部门公证的台湾户籍证明复印件，与大陆亲属关系的公证证明，大陆亲属有能力赡养并保证赡养的公证证明；交验大陆亲属的身份证、居民户口本，并提交复印件。二申请夫妻团聚的，需交验大陆民政部门颁发的结婚证，并提交其复印件或经台湾公证部门公证的婚姻状况证明，提交台湾户籍证明复印件；其未成年子女，需提交出生证明和亲属关系的公证证明。

三、台湾居民要求来大陆定居，向下列机关申请：

（一）在大陆的，申请人可直接向拟定居地的市、县公安机关出入境管理部门申请。

（二）在大陆以外的地方的，可向中国驻外使、领馆、处，驻香港、澳门特派员公署申请；或者委托其大陆亲属向拟定居地的市、县公安机关出入境管理部门申请。

公安机关自受理申请之日起，60 个工作日内，做出批准或不批准定居的决定，并通知申请人。

四、办理落户手续

被批准定居的，申请人应在收到《批准定居通知书》之日起 6 个月内，前往拟定居地的市、县公安机关出入境管理部门办理《台湾居民定居证》，持通知书和定居证到定居地户口登记机关办理常住户口登记手续。逾期视作自动放弃定居。

19. 大陆方面对两岸婚姻是如何规定和处理的？

一、有关历史遗留婚姻问题的处理

1987 年 11 月以前，由于两岸长期隔绝，致使两岸婚姻、家庭发生变异。两岸人员得以重新往来后，有关婚姻问题迅即浮出水面，十分复杂，重婚问题尤为突出。本着“尊重历史、尊重现实”的精神，从保护当事人权益、有利于婚姻家庭和社会的稳定及海峡两岸的正常交往出发，对这种特殊历史原因造成的婚姻问题，一般由当事人自己协商解决；应当事人要求，政府也可根据《婚姻法》关于“一夫一妻”的基本原则，结合实际情况，酌情调解或依法处理。人民法院不以重婚对待，采取当事人不告诉、不主动干预的做法。根据民政部、司法部的规定和最高人民法院的司法解释，针对不同情况，具体处理办法如下：

（一）去台人员与其留在大陆的配偶分离后，未办离婚且均未再婚的，承认其婚姻关系存续；留在大陆的一方依据国家法律与去台一方解除了婚姻关系，但双方均未再婚，现双方自愿恢复婚姻关系的，按复婚的有关规定处理；去台一方依照台湾地区有关规定与留在大陆的一方解除了婚姻关系，但双方均未再婚，现双方自愿恢复婚姻关系的，可承认其婚姻关系存续。

（二）对已经人民法院判决离婚的案件，如果双方均未再婚，现双方请求恢复夫妻关系的，人民法院可以用裁定注销原判决，宣告婚姻关系恢复。

（三）双方分离后，一方或双方再婚后的配偶已离异或死亡，现双方自愿恢复婚姻关系的，应重新办理结婚登记；一方或双方再婚后的配偶健在，现双方自愿恢复与原配偶的婚姻关系，应按照一夫一妻的原则，先与再婚配偶解除婚姻关系，再按有关结婚的规定办理。

（四）双方分离后未办离婚手续，大陆一方又与他人结婚，或者长期与他人以夫妻关系同居生活的，原则上承认这种婚姻关系。去台一方回来后，大陆一方为与原配偶恢复关系，提出与再婚配偶离婚的，是否准予离婚，人民法院应依《婚姻法》有关规定处理。

（五）去台一方回大陆定居后，向人民法院提出要求与在台配偶离婚的，人民法院应当受理，并根据《婚姻法》有关规定，做出是否准予离婚的判决。

值得一提的是，台湾方面对两岸间特殊历史原因形成的婚姻问题的处理，也是比较务实的，不以重婚对待。

二、历史上的夫妻共同财产问题

首先由当事人自行协商解决。对去台一方向人民法院请求原配偶返还婚前财产，或者要求分割夫妻共有财产的，如果这些财产在几十年中已被原配偶用于抚养子女，或用于赡养父母，或用于家庭其他消费的，人民法院应说服其撤诉或驳回诉讼请求。但是，如果财产数额较大并且标的物还存在的，在考虑原配偶、子女等生活的情况下，可以酌情分割一部分给去台人员。

三、现实交往中的两岸婚姻

随着两岸人员往来和接触面的不断扩大，两岸的通婚人数与日俱增。从初始阶段1988年的100来对，到1999年一年就达19307对，10年间增长了100多倍。据不完全统计，目前两岸通婚数量已超过12万对，而且还在大幅上升之中。下面，主要就台湾同胞在大陆与大陆居民结婚登记及相关问题作些说明。

（一）婚姻登记

关于结婚登记，祖国大陆对已在大陆定居和临时来大陆探亲、旅游、经商的台湾同胞申请与大陆居民结婚，分别规定了受理机关和所需证件。

首先，对已在大陆定居的台湾同胞要求与大陆居民结婚的，按照1986年3月15日民政部发布的《婚姻登记办法》，由县级以上民政部门受理。申请结婚登记的台湾同胞一方当事人，应向婚姻登记机关提供其在大陆定居后所在单位或户口所在地的居民委员会或村民委员会出具的婚姻状况证明，以及在大陆定居前的婚姻状况证明。其中，回大陆定居前在台湾居住的，须提供台湾公证机关出具的无配偶证明和经证明无误的户籍誊本，有效期3个月；离台后移居港澳地区半年以上来大陆定居的，须提供司法部委托的香港律师确认的婚姻状况证明或澳门婚姻及死亡登记局出具的婚姻状况证明；离台后移居外国半年以上来中国内地定居的，须提供由其居住国公证机关出具并经我驻该国使、领馆认证的无配偶证明。无法取得上述证明的，应提供由本人亲自填写并经大陆居住地公证机关公证的《无配偶声明书》。

其次，临时来大陆探亲、旅游、经商的台湾同胞要求与大陆居民结婚的，应当双方共同到大陆一方户籍所在地的省（自治区、直辖市）民政厅（局）指定的地级以上地方人民政府民政部门的婚姻登记机关申请。台湾同胞一方当事人需要提供下列证件和证明：

1.《台湾居民来往大陆通行证》或其他有效旅行证件，包括香港中国旅行社代办的或公安机关边防检查部门签发的在有效期内的《台湾同胞旅行证明》或我驻外使、领馆（含中华人民共和国外交部驻香港、澳门签证办事处）签发的加注有“台湾同胞”字样的《中华人民共和国旅行证》或《中华人民共和国护照》。

2. 公安机关出具的《暂住户口证明》。

3. 本人在台湾地区居住的有效身份证明、出境入境证件和婚姻登记状况证明。其婚姻状况证明与定居大陆的台湾同胞申请与大陆居民结婚时所持来大陆定居前的婚姻状况证明的要求相同。无法取得上述证明的，不得用《无配偶声明书》的方式代替。

4. 婚姻登记机关指定医院出的婚前健康检查证明。

如果当事人是从大陆去台湾定居的，且定居时已达法定婚龄的，在回大陆探亲、旅游、经商期间申请与大陆居民结婚时，还须提供其在大陆原居住地公证机关公证的无配偶或虽有配偶、但已离异或死亡的证明。

在台湾或港澳地区居住的，已离婚或丧偶的台湾同胞申请与大陆居民结婚时，应提供经台湾公证机关公证的，或司法部委托的香港律师证明的，或澳门婚姻及死亡登记局出具的离婚证明或配偶死亡证明。无法提供上述证明的，可以提供经公证的台湾或港澳报纸刊登的当事人的声明书或公告，未经公证的影印件不具有法律效力。

在外国居住的、已离婚或丧偶的台湾同胞，其离婚证件或配偶死亡证明应按规定办理公证、认证手续。台湾同胞的离婚证件系台湾地区有关法院或外国法院的离婚判决书或离婚调解书的，应当经人民法院裁定认可或承认。

对已在外国或港澳取得永久居住权的台湾同胞，已经取得外国国籍的台湾同胞，申请与大陆居民结婚的，分别按华侨、港澳同胞、外国人的身份，依照《华侨同国内公民、港澳同胞同内地公民之间办理婚姻登记的几项规定》和《中国公民同外国人办理婚姻登记的几项规定》办理。

除结婚登记外，有关离婚登记、复婚登记，1998 年 12 月民政部颁布施行的《大陆居民与台湾居民婚姻登记管理暂行办法》等，也都作了相应的具体规定。

（二）存在的问题

由于两岸关系现状及两岸婚姻管理体制上的差异，两岸婚姻存在不少问题需要高度关注，并切实加以解决。例如，涉台婚姻介绍方面一度出现的混乱状况问题；如何保证在大陆依法登记的婚姻关系在台湾地区的有效性问题，这直接关系到当事人的权利义务，尤其是对大陆当事人婚后合法权益的维护。在台湾地区结婚主要实行仪式制，即有公开仪式和两人以上的证明，婚姻就有效成立。婚后到户籍登记处报备，但如果当事人不主动去报备，也不影响婚姻的成立。台湾居民到大陆结婚，需出具无配偶证明，而这个证明主要是根据本人户籍底册上没有结婚的记载开出的。假若当事人没有去报备因而没有结婚记载的话，那么由此出具的“无配偶证明”实际上就是虚假的。加之这种证明可以多次出具或同时出具几份，并且不注明将与之结婚的大陆配偶姓名等情况，于是漏洞就出现了。除依法坚决打击骗婚、重婚者外，如何确保台方“无配偶证明”的真实性，有效避免屡屡发生的台湾居民在大陆骗婚、重婚的现象，保护大陆一方当事人的合法权益，无疑应引起高度重视。否则，将危及两岸间的正常婚姻，破坏两岸关系。

此外，由于台湾方面的原因，涉台婚姻中大陆一方当事人在台湾居留、工作、社会保障及发生婚姻家庭纠纷后正当权益得不到有效维护等方面的问题，也比较严重。

至于越来越难以回避的“两岸婚姻法律适用问题”，更是需要花大力气去妥善解决。因为，从结婚形式到结婚年龄、结婚限制直至离婚条件等方面，两岸的规定都存有很大的不同，台湾当局出台的所谓“两岸关系条例”更是做出了一些非常片面、不合法理情理的规定。如“夫妻一方为台湾地区人民，一方为大陆地区人民者，其结婚或离婚的效力，依台湾地区法律”；“判决离婚之事由，依台湾地区法律”。当真如此，许多在祖国大陆依法成立的婚姻关系将处于不确定状态，甚至会在台湾地区被视为无效，后果堪忧，而最大的受害者无疑将是两岸婚姻中大陆一方的女青年。

四、涉台婚姻的生育政策

国家的计划生育政策对台湾地区及当地居民不适用。但台湾居民与大陆居民结婚在大陆生育的，执行大陆居民一方户口所在地有关生育政策的规定，并办理相关的生育手续。

台湾居民与大陆居民结婚前已有的子女和与大陆居民结婚后所生的子女，不在大陆定居的，都可以不计算该子女数。

20. 大陆方面是如何对待涉台抚养、赡养和收养的?

对于因长期隔绝的历史原因形成的两岸抚养、赡养和收养等家庭问题或纠纷，提倡由当事人自己协商解决。

抚养子女是夫妻双方的义务。夫妻双方都在，由夫妻双方共同承担这个义务；一方由于特殊原因未与子女共同生活或者无力尽抚养义务，则由另一方独自承担这个义务。因此，一方已经尽了全部抚养义务的，不能向对方主张追索抚养费。去台一方回大陆后，大陆一方向其索要已成年子女过去的抚养费用的，对这种请求人民法院原则上不予支持。因为支付子女的抚养费，是为了保证未成年子女的生活，现在子女已经成年，就没有实际支付的必要了。至于其他没有抚养、赡养义务的人，代替去台一方抚养了子女或者赡养了父母的，去台人员则应酌情补偿。

去台人员回大陆定居后，要求自己的子女承担赡养义务的，人民法院应当根据法律规定和子女的家庭经济状况尽可能给予解决。但是，去台人员的子女已被他人合法收养的，在收养关系解除之前，不承担对生父或者生母的赡养义务。被收养的子女因生父或生母回大陆而要求解除收养关系的，或者去台人员要求解除收养关系的，要根据养父母、养子女、生父母三方面当事人的实际情况，慎重处理。

随着两岸交往的深入，台湾居民在大陆收养子女的事情时有发生。对此，除适用国家收养方面的有关法律规定外，祖国大陆结合两岸间的特殊情况，作了一些专门的规定。主要内容包括：

（一）台湾同胞回大陆收养成年子女，不论收养人是否有子女，被收养人是否能到台湾与收养人共同生活，只要符合收养子女的其他条件，均可允许收养一名子女。

（二）台湾同胞回大陆收养未成年子女的，可不受有无子女的限制。根据幼有所育的原则，收养后一般应带回台湾抚养，但如果留在大陆抚养，应仅限于收养一名三代以内旁系血亲的人为子女。

（三）台湾居民在祖国大陆收养子女的，应当到被收养人常住户口所在地的直辖市、设区的市、自治州人民政府民政部门或者地区（盟）行政公署民政部门申请办理收养登记。

（四）台湾居民申请办理成立收养关系的登记时，应当提供收养申请书和下列证件、证明材料：①在台湾地区居住的有效证明；②中华人民共和国主管机关签发或签注的在有效期内的旅行证件；③经台湾地区公证机关公证的收养人的年龄、婚姻、有无子女、职业、财产、健康、有无受过刑事处罚等状况的证明材料，此证明自出具之日起6个月内有效。

此外，台胞在大陆的亲属按封建习俗为其所立的嗣子，原则上不予承认；如果台胞本人认可并符合收养条件的，准许办理收养手续。未经台胞本人同意，台胞在大陆的配偶独自收养的子女，不能视为台胞收养的子女；若台胞本人追认并请求办理收养手续，应予受理，并以大陆配偶独自收养子女的时间为收养关系成立的时间。

需要指出的是，基于两岸在收养成立的实质要件、形式要件和收养的效力与解除等方面的规定和做法均有不小的差别，加之台湾当局对台湾居民在大陆收养子女持限制态度，故应高度关注此类收养在台湾地区的有效性问题。按照台有关民事规定，“收养子女应申请法院认可”，未经法院认可或法院不予认可的，收养关系不成立。另外，台所谓“两岸关系条例”还规定：“台湾地区人民收养大陆地区人民为养子女，除须符合民法有关规定之外，有下列情形之一者，法院亦不予认可：已有子女或养子女者；同时收养二人以上为养子女者；未经行政院设立或指定之机构或委托之民间团体验证收养之事实者。”

21. 大陆方面对原去台人员房产问题是如何处理的？

去台人员和台胞的房产是个相当复杂的问题。几十年的风风雨雨，许多房屋自然损坏严重，有的结构发生变化，还有一些产权也发生了变化，情况错综复杂。处理起来，涉及面广，难度大，政策性强，需要针对不同情况采取不同办法。

对属于民事权益方面的房屋纠纷，包括房屋典当、买卖、租赁、代管和其他侵权纠纷，人民法院应依法受理。去台人员和台胞要求回赎去台前出典的房屋，如果土改中已经处理或者典期届满后承典人已依法取得所有权的，不再变动；法律、政策规定可以回赎的，应予准许。去台人员和台胞所有的房屋已被他人侵占或处分的，人民法院应本着保护产权人的合法权益的原则，并根据纠纷的具体情况，妥善处理。去台人员和台胞的房屋去台前委托公民个人代管，现在房屋仍旧由代管人或者代管人的继承人代管，如果去台人员和台胞要求解除或者变更这种代管关系的，人民法院一般应予准许。

去台人员和台胞的房产，如果属于落实政策的房产纠纷，则应到有关主管部门解决。祖国大陆方面为妥善处理好原去台人员和台胞的房产问题，先后制定了一系列的政策、规定。下面，主要根据1992年2月建设部颁布施行的《关于处理原去台人员房产问题的实施细则》，对有关问题的处理作些介绍和说明。

（一）按照党中央、国务院政策规定接管、没收、私有出租房屋社会主义改造的房产（简称私房改造），是人民革命的胜利成果，一律不予退还。

1. 接管、没收的房产包括：①解放初期，军事管制委员会和人民政府遵照《中国人民政治协商会议共同纲领》、《中国人民解放军布告》和政务院《关于没收战犯、汉奸、官僚资本家及反革命分子财产的指示》，接管的国民党军政机关房产和没收的战犯、汉奸、官僚资本家及反革命分子的房产；②按《中华人民共和国土地改革法》和《城市郊区土地改革条例》规定没收的房产；③"文革"前按照党和国家、原大行政区及省、自治区、直辖市有关政策、法规，并经县以上人民政府决定或者人民法院判决接管、没收的房产。

2. 私房改造包括：①凡是符合国家和省、自治区、直辖市人民政府的政策规定，已纳入社会主义改造的私有出租房产；②"文革"前已开始私房改造工作，"文革"中仍继续进行的城市，凡符合政策规定已纳入改造的房产；③"文革"前已进行私房改造的城市，"文革"中或"文革"后漏改、缓改已按政策补改的房产；④在资本主义工商业的社会主义改造中，通过公私合营，已属国家所有的房产。

（二）对原去台人员的代管房产，属于原自住房或者改造起点以下的出租房，经有关部门审查属实，确定产权人（系指弃留房产的原去台人员本人或者其法定继承人）之后，可承认其产权，但不发还原房产，对其残值给予适当补偿。国家代管期间所收房屋租金不足维修费用的，酌情向产权人补收补扣维修费用。对原去台人员代管房产，属于改造起点以上的出租房，另按有关规定办理，即“符合私房改造的规定而过去漏改的房屋，应当补改”。

1. 关于身份确认：①原去台人员系指房产代管时已经去台的产权人；②法定继承人系指按《中华人民共和国继承法》规定确定的法定继承人。

2. 审定、处理代管房产产权应由产权人申请、交验证件、产权无纠纷、审查属实后，方可确认产权；原由人民法院判决代管的房产，经原审法院或其上级法院改判后，依照本《实施细则》办理。

3. 对其残值给予适当补偿：①残值系指房屋建筑本身造价（重置价格）折旧后的余值；②代管房屋因翻建、改建增值较大的，按翻建、改建前的原房残值补偿；③属危房拆除的，按拆除时危房的残值补偿；④因台风、洪水、地震等自然灾害及战争损毁的，不予补偿。

4. 随房代管的家具和其他物品，时隔 30 余年，变化很大，除现存于建筑物内的应予退还外，其余不再清理退还。

5. 经原产权人申请和主管机关审查后，按本《实施细则》规定确认产权人并核定补偿款、自留房和定租的，应正式做出书面处理决定通知产权人。

（三）原去台人员在城镇的宅基地属国家所有，在农村的宅基地属集体所有，其使用权随房屋转移，房屋所有人享有该房产使用范围内的土地使用权。

（四）凡按照党中央、国务院有关规定已处理的原去台人员的代管房产，不再重新处理。

（五）原去台人员中少数知名爱国人士回大陆定居，如果本人要求住原房、且有条件腾退的，经省、自治区、直辖市党委和人民政府批准，可适当安排原房居住；没有条件腾退的，可另行安排住房。腾退房屋建筑面积一般不超过150平方米，“谁占用谁腾退”。

（六）对原国民党起义投诚人员的代管房产（包括因不可抗力原因代管逾期归公的），参照本《实施细则》办理。

（七）对原去台人员因不明情况、不了解政策而提出不合理索要房产要求的，应进行宣传解释工作；对借索要房产无理取闹的，应批评教育；对强占房屋或有其他违法行为的，由司法机关依法处理。

22. 大陆方面是如何对待去台人员的债权债务、诉讼证据与时效问题的？

去台人员对去台前发生在个人之间的债权债务，现在主张债权或作为债务人被索偿，如果这种债权债务依照现行的法律、政策规定应当保护，且能够提出证据的，人民法院都予以受理，并根据案件事实和双方现在的经济状况，合情合理地处理。

去台人员和台胞在人民法院进行诉讼，应依照国家法律的规定，提供有关证明。对其提供的台湾公证机关或其他部门、民间组织出具的证明文书，可作为证据，但要注意其真实、可靠性，另有规定的除外。对以“中华民国”名义出具的证明文书，应通过适当途径变换名义。

为了更好地保护去台人员和台胞的合法权益，在适用诉讼时效方面，对有关涉台民事案件采取了特殊做法。根据《中华人民共和国民法通则》的规定，从权利被侵害之日起超过20年，权利人才向人民法院提起诉讼的，人民法院不予保护。由于涉及去台人员和台湾同胞的案件，因两岸长期隔绝的历史原因，许多已经超过了20年，鉴此，对去台人员和台胞的诉讼时效期间问题，依照《民法通则》第一百三十七条的规定，人民法院可以作为特殊情况予以适当延长。

23. 对台胞挖掘在大陆隐（埋）藏的物品有何规定？

台胞回来要求掘取离开大陆前隐（埋）藏物品的，应按照下列规定处理：

（一）必须经隐藏地县（区）人民政府批准。如属金、银及其制品，须经中国人民银行总行批准。隐藏地如有不便挖掘的建筑、设施、文物古迹、物件和已为军事、机密重地等原因而不宜挖掘的，或因挖掘而可能给国家、集体造成较大经济损失、造成不利政治影响的，一般不准挖掘。

（二）在挖掘前要向当地城镇街道办事处或乡人民政府申报；如系金、银及其制品，还应向所在地中国人民银行分行申报。申报内容包括隐藏物的品名（种）、数量、地点等清单和证人。继承人或受托人挖掘时，应提交台公证机构或大陆公证部门出具的亲属关系或继承权公证书、委托书。挖掘时，批准机关应责成文物、公安等部门派员到现场维护秩序，核查挖掘，防止发生意外。掘取时造成的经济损失，由申请挖取人负担。

（三）掘出物品经查与申报不符时，应立即查封，待查明后再作处理。掘取物品应由批准机关确认属于掘取人个人的财产或继承的财产。必要时，可要求掘取人提供经公证或司法部门裁定的证明材料。

（四）应归隐（埋）藏者的金银及其制品，可将实物交还原主。其离开大陆时，海关按国家有关金银管理规定，准予适量带出，其余部分交售或交存当地人民银行，或作为个人财产依法转让给大陆亲友或委托大陆亲友代管，转让或代管均需公证。凡挖掘出的文物，文物部门须登记造册。要求携出境外的文物，应经有关省、市文物鉴定机构鉴定并钤盖文物出境标识，签发文物出境许可证，由海关查验放行。但经鉴定不得出境的文物，可由国家收购、征购或转让给大陆亲友或委托大陆亲友代管，转让或代管均需公证。挖掘时如发现枪支、弹药及其他违禁品，一律上缴当地公安机关，任何人不得以任何理由私存。

24. 大陆方面对涉台继承有何规定，如何办理？

一、依法保护去台或在台人员的继承权。

去台人员和台胞与大陆居民一样，享有同等的继承权，不能因为继承人去台湾或在台湾而影响他们对在大陆遗产的继承。去台人员和台胞对大陆的遗产主张继承权的，人民法院依法给予保护。人民法院过去处理的继承案件中已经给去台人员和台胞保留了遗产份额的，他们可以向人民法院申请取得，按执行程序处理；过去未经人民法院处理的继承问题，去台人员和台胞回大陆后均可以向人民法院起诉；对已经审结但未保障其继承权的案件提出申诉的，可依审判监督程序进行再审，依法保护其继承份额，份额多少可根据实际情况酌定。去台人员和台胞向人民法院提起诉讼的继承案件，从继承开始已经超过 20 年的，人民法院可依法作为特殊情况延长诉讼时效；对于知道或者应当知道其权利被侵犯起超过两年的，可按照最高人民法院《关于贯彻执行<中华人民共和国继承法>若干问题的意见》第 15 条的规定处理。今后人民法院处理涉台继承案件，对在台湾的合法继承人，应设法通知其参加诉讼；无法通知的，可为其保留应继承的份额，并指定财产代管人。

二、涉台继承的法律适用。

被继承人生前住所在大陆，其遗产（动产和不动产）在大陆，遗产继承应依据《中华人民共和国继承法》；被继承人生前住所在台湾，其在大陆遗产（动产和不动产）的继承也应依据《中华人民共和国继承法》。

去台人员或台胞在台湾立遗嘱处分其在大陆的财产（动产和不动产）时，该遗嘱内容应符合《中华人民共和国继承法》。

三、大陆居民继承在台遗产的途径。

基于两岸关系的现状，大陆居民继承在台遗产可根据具体情况，自行选择办理方式，主要有：

（一）本人赴台申领遗产。这只有在本人因探病、奔丧等原因能够亲自赴台的情况下才得以实现。

（二）委托在台湾的亲友、同乡会代为申领遗产。

（三）委托在香港、澳门等第三地的亲友赴台申领遗产。

（四）委托与台湾律师有协作关系或业务联系的大陆或香港、澳门的律师事务所或法律服务公司，再通过它们转委托台湾律师办理。

随着两岸关系的发展，今后也许还可以直接委托两岸互设的有关办事机构代办遗产的继承。这里需要提醒的是，不管采用何种委托代办方式，一定要高度重视手续的完备和受托人的诚信，注意跟踪继承的进展情况，抓紧时效，发现问题及时纠正，在遗产代领出来后尽快办理转交等事宜。

四、大陆居民法定继承在台遗产的公证问题。

目前，大陆居民继承在台亲属遗产，主要需办理亲属关系公证和委托公证。亲属关系公证，是为了证明继承人和被继承人之间存在亲属关系；委托公证，旨在表明受托人有权为委托人办理相关继承事宜，以及在委托人和受托人之间形成的权利义务关系。用于涉台继承的亲属关系公证书和委托公证书，一般在同一个获合资质条件的公证处办理；公证处将在对有关材料、情况依法进行审核、调查属实后，按特定格式出具。

大陆居民继承在台遗产办理亲属关系公证时，应到本人户籍所在地或被继承人原籍所在地公证处办理。大陆继承人不在同一地居住的，根据《公证暂行条例》第十二条的规定，其亲属关系证明应当统一由一个公证处办理。办理时需向公证处提供下列证明材料：①被继承人在台湾的身份证件或工作证等其他证明文件；②台湾户政部门出具的被继承人的户籍登记全部誊本（部分或除户誊本不适用）；③有关医院或警务部门等出具的被继承人和已死亡的继承人的死亡证明；④继承人的身份证件、户口本；⑤被继承人的亲属关系证明，通常由继承人或被继承人所在单位的人事部门根据档案记载出具，证明范围以法定继承人的范围为限；⑥其他材料，如遗产清单及其产权证明，其他继承人放弃继承权的声明书等。以上证明材料如系复印件，须经公证证明复印件与原件相符。

大陆居民继承在台遗产的委托公证，应到本人户籍所在地或被继承人原籍所在地的公证处办理，并向公证处提供下列材料：①大陆继承人的身份证件；②大陆继承人与台湾被继承人之间的亲属关系证明；③书面授权委托书，委托书要明确委托权限，包括受托人有无转委托权等，委托人应亲自在公证员面前在委托书上签名、盖章或摁手印，用于继承在台遗产的委托书还要注意按台湾的通用格式出具；④受托人的身份证件等。

大陆继承人有数人时，可以共同委托或推举其中一名继承顺序在前的合法继承人作为代表人，全权出面办理，共同委托书需要办理公证。大陆继承人有数人时，如委托他人代为办理在台遗产继承，要委托同一受托人。在另行办理或重新办理委托公证的情况下，一定要注意载明撤销原委托公证书或原委托公证书无效的内容。

五、有关涉台遗嘱继承问题。

（一）遗嘱人生前在台湾立有遗嘱处分其在台遗产，遗嘱受益人在大陆，公证处根据遗嘱受益人的申请，可以为其办理身份公证书和委托公证书，由受托人代办领取在台遗产手续。

（二）遗嘱人生前在台湾立有遗嘱处分其在大陆的遗产，遗嘱受益人在大陆，该遗嘱内容需符合国家有关法律规定。在遗嘱受益人申办遗嘱继承公证时，公证处应对该遗嘱进行下列审查：一是确认遗嘱是否为遗嘱人本人所立；二是所处分的财产是否属于本人所有；三是遗嘱受益人情况有无变化，是否为缺乏劳动能力又没有生活来源的法定继承人保留遗产份额等。法定继承人系指按《中华人民共和国继承法》确定的法定继承人。

（三）已在大陆定居的台胞，生前在大陆立遗嘱处分其在台遗产，遗嘱受益人在大陆，该遗嘱受益人需在其住所地公证处办理以下公证书后，由代理人向在台的遗产管理人要求或承认继承，或向台湾地方法院诉求确认或给付：①公证遗嘱，遗嘱受益人需办理身份公证书和委托书公证书；②代书遗嘱或自书遗嘱，需办理声明书公证书，由遗嘱见证人或遗嘱人在大陆的亲属发表声明，证明该遗嘱系遗嘱人本人生前所立的最后遗嘱，然后再办理遗嘱受益人的身份公证书和委托公证书。

六、台湾当局对大陆居民继承在台遗产的片面规定

台湾当局通过所谓的“两岸关系条例”等文件，对大陆居民继承在台遗产做了专门规定，其中许多极不合理，具有明显的歧视性。例如：

（一）大陆居民继承在台亲属的遗产，应于继承开始起 3 年内，以书面方式向被继承人住所地法院为继承之表示，逾期视为抛弃其继承权。

对 1992 年 9 月 17 日“两岸关系条例”施行前已由台湾主管机关处理、且在台湾地区无继承人的台湾现役军人或退除役官兵的遗产，大陆居民以书面方式申请继承的有效期限，为“两岸关系条例”施行后的 4 年。（大陆居民对 1992 年 9 月 17 日前开始的、已移交台“财团法人荣民荣眷基金会”管理的被继承人遗产

的继承，时限不受4年的限制。)

（二）大陆居民继承在台遗产的总额，每人不得逾新台币200万元；超过部分，归属台湾地区同为继承之人；台湾地区无同为继承人的，归属台湾地区后顺序的继承人；台湾地区无继承人的，收归“国库”。

“两岸关系条例”施行前已归属“国库”的遗产，不适用本条例的规定；但以保管款专户暂为存储的，仍适用。

遗嘱人将其在台湾地区的财产遗赠给大陆居民、法人、团体或其他机构的，其总额不得逾新台币200万元。

1992年9月17日之前亡故的台湾单身老兵，其遗产全部移交给台“财团法人荣民荣眷基金会”管理，大陆居民只能继承其遗产总额的60%。

（三）大陆居民继承在台亲属的遗产中，有不动产的，应将大陆继承人的继承权利折算为价额，亦即不能直接继承取得其继承份额内的不动产。

如遗产中的不动产是台湾继承人赖以居住的，大陆继承人不能继承，在确定大陆继承人应得部分时，其价额不计入遗产总额。

（四）自1996年6月起，大陆居民继承在台亲属的遗产，必须由受理申请的台湾地方法院进行为期6至12个月的公示催告。台湾地区被继承人的遗产，要在其死亡满3年后，才能向大陆继承人发放。

25. 关于台胞在大陆的丧葬事宜有何规定，如何办理？

台胞在大陆的丧葬事宜由民政部门统一管理，遇有重大疑难问题应与当地台办协商。

台胞回大陆要求祭扫祖墓，一般应允许。对祭扫和修复祖墓要加强管理，不得搞封建迷信活动，不得恢复和建立宗族墓地，不得占用耕地或在国家规定保护的范围内修坟造墓，要注意防止坟山及由此引起的宗族矛盾。

台胞去世后，其亲属要求回大陆安葬，一般只允许安葬骨灰。要求将遗体运回大陆安葬的，须由其亲属报请其原籍所在地省级民政部门依当地规定从严审批，批准后还须经海关卫生检疫合格。当地有公墓的，安葬在公墓内；没有公墓的，可在当地政府指定的荒山荒地或不宜耕种的瘠地埋葬。

回大陆探亲、旅游期间去世的台胞，如死者生前或其亲属要求在大陆安葬，应遵守安葬地政府有关规定。如亲属要求将遗体或骨灰运出大陆以外安葬，一般应予同意。但对患有急性传染病去世或高度腐败的遗体，须就地火化或深埋。

在台胞较多的地方可以根据需要，选择荒山荒地建造为台胞服务的骨灰公墓。按国家有关规定批准的公墓，允许向台胞出售或预售骨灰墓穴。

附　录

中华人民共和国台湾同胞投资保护法

（1994 年 3 月 5 日第八届全国人民代表大会常务委员会第六次会议通过　1994 年 3 月 5 日中华人民共和国主席令第 20 号公布　自公布之日起施行）

第一条　为了保护和鼓励台湾同胞投资，促进海峡两岸的经济发展，制定本法。

第二条　台湾同胞投资适用本法；本法未规定的，国家其他有关法律、行政法规对台湾同胞投资有规定的，依照该规定执行。

本法所称台湾同胞投资是指台湾地区的公司、企业、其他经济组织或者个人作为投资者在其他省、自治区和直辖市投资。

第三条　国家依法保护台湾同胞投资者的投资、投资收益和其他合法权益。

台湾同胞投资必须遵守国家的法律、法规。

第四条　国家对台湾同胞投资者的投资不实行国有化和征收；在特殊情况下，根据社会公共利益的需要，对台湾同胞投资者的投资可以依照法律程序实行征收，并给予相应的补偿。

第五条　台湾同胞投资者投资的财产、工业产权、投资收益和其他合法权益，可以依法转让和继承。

第六条　台湾同胞投资者可以用可自由兑换货币、机器设备或者其他实物、工业产权、非专利技术等作为投资。

台湾同胞投资者可以用投资获得的收益进行再投资。

第七条　台湾同胞投资，可以举办合资经营企业、合作经营企业和全部资本由台湾同胞投资者投资的企业（以下统称台湾同胞投资企业），也可以采用法律、行政法规规定的其他投资形式。

举办台湾同胞投资企业，应当符合国家的产业政策，有利于国民经济的发展。

第八条　设立台湾同胞投资企业，应当向国务院规定的部门或者国务院规定的地方人民政府提出申请，接到申请的审批机关应当自接到全部申请文件之日起四十五日内决定批准或者不批准。

设立台湾同胞投资企业的申请经批准后，申请人应当自接到批准证书之日起三十日内，依法向企业登记机关登记注册，领取营业执照。

第九条　台湾同胞投资企业依照法律、行政法规和经审批机关批准的合同、章程进行经营管理活动，其经营管理的自主权不受干涉。

第十条　在台湾同胞投资企业集中的地区，可以依法成立台湾同胞投资企业协会，其合法权益受法律保护。

第十一条　台湾同胞投资者依法获得的投资收益、其他合法收入和清算后的资金，可以依法汇回台湾或者汇往境外。

第十二条　台湾同胞投资者可以委托亲友作为其投资的代理人。

第十三条　台湾同胞投资企业依照国务院关于鼓励台湾同胞投资的有关规定，享受优惠待遇。

第十四条　台湾同胞投资者与其他省、自治区和直辖市的公司、企业、其他经济组织或者个人之间发生的与投资有关的争议，当事人可以通过协商或者调解解决。

当事人不愿协商、调解的，或者经协商、调解不成的，可以依据合同中的仲裁条款或者事后达成的书面仲裁协议，提交仲裁机构仲裁。

当事人未在合同中订立仲裁条款，事后又未达成书面仲裁协议的，可以向人民法院提起诉讼。

第十五条　本法自公布之日起施行。

中华人民共和国台湾同胞投资保护法实施细则

（1999年12月5日　国务院令第274号）

第一条　为了保护和鼓励台湾同胞投资，促进海峡两岸的经济发展，实施《中华人民共和国台湾同胞投资保护法》，制定本实施细则。

第二条　本实施细则所称台湾同胞投资是指台湾地区的公司、企业、其他经济组织或者个人作为投资者在其他省、自治区和直辖市（以下简称大陆）的投资。

第三条　国家依法保护台湾同胞投资。

台湾同胞投资者的投资、投资收益和其他合法权益受国家法律保护，任何机关、单位或者个人不得侵占、损害。

第四条　国家依法鼓励台湾同胞投资。

台湾同胞投资依照国家有关法律、行政法规和本实施细则的规定，享受优惠待遇。

第五条　台湾同胞投资适用《中华人民共和国台湾同胞投资保护法》和本实施细则；《中华人民共和国台湾同胞投资保护法》和本实施细则未规定的，比照适用国家有关涉外经济法律、行政法规。

第六条　台湾同胞投资，应当与国家国民经济和社会发展规划相适应，符合国家产业政策和投资导向的要求，比照适用国家关于指导外商投资方向的规定。

第七条　台湾同胞投资者可以用可自由兑换货币、机器设备或者其他实物、工业产权、非专利技术等作为投资。

台湾同胞投资者可以用投资获得的收益进行再投资。

第八条 台湾同胞投资，可以依法采用下列投资形式：

（一）举办合资经营企业、合作经营企业或者全部资本由台湾同胞投资者投资的企业（以下统称台湾同胞投资企业）；

（二）合作勘探开发自然资源；

（三）开展补偿贸易、加工装配、合作生产；

（四）购买企业的股票、债券；

（五）购置房产；

（六）取得土地使用权，开发经营；

（七）购买国有小型企业或者集体企业、私营企业；

（八）法律、行政法规允许的其他投资形式。

第九条 台湾同胞投资者进行投资，需要审批的，依照国家有关法律、行政法规规定的程序办理审批手续。

第十条 设立台湾同胞投资企业，应当向对外贸易经济合作部或者国务院授权的部门和地方人民政府提出申请，接到申请的审批机关应当自接到全部申请文件之日起 45 日内决定批准或者不批准。

设立台湾同胞投资企业的申请经批准后，申请人应当自接到批准证书之日起 30 日内，依法向企业登记机关登记注册，领取营业执照。

第十一条 设立台湾同胞投资企业，台湾同胞投资者应当依法向审批机关提交申请文件；必要时，还应当附具由国务院台湾事务办公室或者地方人民政府台湾事务办事机构出具的有关证明文件。

第十二条 审批机关审批台湾同胞投资，应当提高办事效率，减少管理层次，简化审批程序，做到管理制度统一、公开、透明。

第十三条　台湾同胞投资企业依照国家有关法律、行政法规的规定，享受税收优惠待遇。

第十四条　投资于大陆中西部地区的台湾同胞投资项目，可以按照国家有关规定给予鼓励或者适当放宽限制。

第十五条　台湾同胞投资企业符合贷款原则的，可以按照国家有关规定给予必要的信贷支持。

第十六条　台湾同胞投资者个人及其随行家属和台湾同胞投资企业中的台湾同胞职工及其随行家属，可以依照国家有关法律、行政法规的规定，向公安机关申请办理一定期限多次入出境手续和相应期限的暂住手续。台湾同胞投资企业中的外籍职工的入出境和暂住手续，依照国家有关法律、行政法规的规定办理。

第十七条　台湾同胞投资者个人的子女和台湾同胞投资企业中的台湾同胞职工的子女，可以按照国家有关规定进入大陆的小学、中学和高等学校接受教育。

台湾同胞投资者或者台湾同胞投资企业协会在台湾同胞投资集中的地区，可以按照国家有关规定申请设立台湾同胞子女学校。经批准设立的台湾同胞子女学校应当接受教育行政部门的监督。

第十八条　台湾同胞投资企业依照国家有关法律、行政法规和经审批机关批准的合同、章程，享有经营管理的自主权。

台湾同胞投资企业经营管理的自主权受国家法律保护，不受任何机关、单位或者个人的非法干预和侵犯。

第十九条　台湾同胞投资企业在购买机器设备、原材料及辅料等物资以及获得水、电、热、货物运输、劳务、广告、通信等服务方面，享有与大陆其他同类企业同等的待遇。

台湾同胞投资者个人和台湾同胞投资企业中的台湾同胞职工在交通、通信、旅游、旅馆住宿等方面，享有与大陆同胞同等的待遇。

第二十条 台湾同胞投资者投资的财产、工业产权、投资收益和其他合法权益，可以依法转让和继承。

第二十一条 台湾同胞投资者依法获得的投资收益、其他合法收入和清算后的资金，可以依法汇回台湾或者汇往境外。

台湾同胞投资企业中的台湾同胞职工的合法收入，可以依法汇回台湾或者汇往境外。

第二十二条 台湾同胞投资者可以委托亲友或者他人作为其投资的代理人，代理人应当持有具有法律效力的授权委托书。

第二十三条 国家机关对台湾同胞投资企业收费的项目和标准，应当与大陆其他同类企业相同。任何机关或者单位不得对台湾同胞投资企业另立收费项目或者提高收费标准。

任何机关或者单位不得向台湾同胞投资企业摊派人力、物力、财力，不得对台湾同胞投资企业进行法律、法规规定以外的检查、罚款，不得违反国家规定强制或者变相强制台湾同胞投资企业参加各类培训、评比、鉴定、考核等活动。

台湾同胞投资企业对违反上述规定的行为，有权拒绝并向政府有关部门举报。接受举报的政府部门应当依法做出处理，并为举报人保密。

第二十四条 国家对台湾同胞投资者的投资不实行国有化和征收；在特殊情况下，根据社会公共利益的需要，对台湾同胞投资者的投资可以依照法律程序实行征收，并给予相应的补偿。补偿相当于该投资在征收决定前一刻的价值，包括从征收之日起至支付之日止按合理利率计算的利息，并可以依法兑换外汇、汇回台湾或者汇往境外。

第二十五条 国家依法保护台湾同胞投资者个人及其随行家属和台湾同胞投资企业中的台湾同胞职工及其随行家属的人身自由和人身安全。除依照国家有关法律规定办理的外，不得对台湾同胞采取限制人身自由的强制措施。

第二十六条　在台湾同胞投资企业集中的地区，可以依法成立台湾同胞投资企业协会。

台湾同胞投资企业协会的合法权益以及按照其章程所进行的合法活动，受法律保护。

第二十七条　各级人民政府应当对台湾同胞投资提供优质、规范、方便的服务。各级人民政府台湾事务办事机构应当做好台湾同胞投资的法律宣传与咨询、投诉受理和纠纷解决等工作。

第二十八条　台湾同胞投资者、台湾同胞投资企业、台湾同胞投资企业协会认为行政机关或者行政机关工作人员的具体行政行为侵犯其合法权益的，可以依照国家有关法律、行政法规的规定，申请行政复议或者提起行政诉讼。

第二十九条　台湾同胞投资者与大陆的公司、企业、其他经济组织或者个人之间发生的与投资有关的争议，当事人可以通过协商或者调解解决。

当事人不愿协商、调解的，或者经协商、调解不成的，可以依照合同中的仲裁条款或者事后达成的书面仲裁协议，提交中国的仲裁机构仲裁。大陆的仲裁机构可以按照国家有关规定聘请台湾同胞担任仲裁员。

当事人未在合同中订立仲裁条款，事后又未达成书面仲裁协议的，可以向人民法院提起诉讼。

第三十条　台湾同胞以其设在其他国家或者地区的公司、企业或者其他经济组织作为投资者在大陆投资的，可以比照适用本实施细则。

第三十一条　本实施细则自发布之日起施行。

关于鼓励台湾同胞投资的规定

（1988年6月25日国务院第十次常务会议通过　1988年7月3日中华人民共和国国务院令第7号发布　自发布之日起施行）

第一条　为促进大陆和台湾地区的经济技术交流，以利于祖国海峡两岸的共同繁荣，鼓励台湾的公司、企业和个人（以下统称台湾投资者）在大陆投资，制定本规定。

第二条　台湾投资者可以在大陆各省、自治区、直辖市、经济特区投资。

鼓励台湾投资者到海南省以及福建、广东、浙江等省沿海地带划定的岛屿和地区从事土地开发经营。

第三条　台湾投资者在大陆可以下列形式进行投资：

（一）举办台湾投资者拥有全部资本的企业；

（二）举办合资经营企业、合作经营企业；

（三）开展补偿贸易、来料加工装配、合作生产；

（四）购买企业的股票和债券；

（五）购置房产；

（六）依法取得土地使用权，开发经营；

（七）法律、法规允许的其他投资形式。

第四条　台湾投资者可以在大陆的工业、农业、服务业以及其他符合社会和经济发展方向的行业投资。台湾投资者可以从各地方人民政府有关部门公布的项目中选择投资项目，也可以自行提出投资项目意向，向拟投资地区对外经济贸易部门或者地方人民政府指定的审批机关申请。

国家鼓励台湾投资者投资举办产品出口企业和先进技术企业，并给予相应的优惠待遇。

第五条　台湾投资者在大陆投资举办拥有全部资本的企业、合资经营企业和合作经营企业（以下统称台胞投资企业），除适用本规定外，参照执行国家有关涉外经济法律、法规的规定，享受相应的外商投资企业待遇。

台湾投资者在大陆进行其他形式的投资，以及在大陆没有设立营业机构而有来源于大陆的股息、利息、租金、特许权使用费和其他所得，除适用本规定外，也可以参照执行国家有关涉外经济法律、法规的规定。

第六条　台湾投资者可以用可自由兑换货币、机器设备或者其他实物、工业产权、专有技术等作为投资。

第七条　台湾投资者在大陆的投资、购置的资产、工业产权、投资所得利润和其他合法权益受国家法律保护，并可以依法转让和继承。

台湾投资者在大陆的活动应当遵守国家的法律、法规。

第八条　国家对台湾投资者的投资和其他资产不实行国有化。

第九条　国家根据社会公共利益的需要，对台胞投资企业实行征收时，依照法律程序进行并给予相应的补偿。

第十条　台湾投资者投资获得的合法利润，其他合法收入和清算后的资金，可以依法汇往境外。

第十一条　台胞投资企业在其投资总额内进口本企业所需的机器设备、生产用车辆和办公设备，以及台胞个人在企业工作期间运进自用的、合理数量的生活用品和交通工具，免缴进口关税、工商统一税，免领进口许可证。

台胞投资企业进口用于生产出口产品的原材料、燃料、散件、零部件、元器件、配套件，免缴进口关税、工商统一税，免领进口许可证，由海关实行监管。上述进口料件，如用于在大陆销售的产品，应当按照国家规定补办进口手续，并照章补税。

台胞投资企业生产的出口产品，除国家限制出口的外，免缴出口关税和工商统一税。

第十二条 台胞投资企业可以向大陆的金融机构借款，也可以向境外的金融机构借款，并可以本企业资产和权益抵押、担保。

第十三条 台湾投资者拥有全部资本的企业，经营期限由投资者自行确定；合资经营企业和合作经营企业，经营期限由合资或者合作各方协商确定，也可以不规定经营期限。

第十四条 合资经营企业董事会的组成和董事长的委派、合作经营企业董事会或者联合管理机构的组成和董事长或者联合管理机构主任的委派，可以参照出资比例或者合作条件由合资或者合作各方协商决定。

第十五条 台胞投资企业依照经批准的合同、章程进行经营管理活动。企业的经营管理自主权不受干涉。

第十六条 在大陆投资的台胞个人以及台胞投资企业从境外聘请的技术和管理人员，可以申请办理多次入出境的证件。

第十七条 台湾投资者在大陆投资可以委托大陆的亲友为其代理人。代理人应当持有具有法律效力的委托书。

第十八条 在台胞投资企业集中的地区，台湾投资者可以向当地人民政府申请成立台商协会。

第十九条 台湾投资者在大陆投资举办合资经营企业、合作经营企业，由大陆的合资、合作方负责申请；举办台湾投资者拥有全部资本的企业，由台湾投资者直接申请或者委托在大陆的亲友、咨询服务机构等代为申请。台湾投资者投资举办企业的申请，由当地对外经济贸易部门或者地方人民政府指定的审批机关统一受理。

台胞投资企业的审批，按照国务院规定的权限办理。各级对外经济贸易部门或者地方人民政府指定的审批机关应当在收到全部申请文件之日起 45 天内决定批准或者不批准。

申请人应当在收到批准证书之日起 30 天内，按照有关登记管理办法，向工商行政管理机关申请登记，领取营业执照。

第二十条　台湾投资者在大陆投资因履行合同发生的或者与合同有关的争议，当事人应当尽可能通过协商或者调解解决。

当事人不愿协商、调解的，或者协商、调解不成的，可以依据合同中的仲裁条款或者事后达成的书面仲裁协议，提交大陆或者香港的仲裁机构仲裁。

当事人没有在合同中订立仲裁条款，事后又没有达成书面仲裁协议的，可以向人民法院起诉。

第二十一条　本规定由对外经济贸易部负责解释。

第二十二条　本规定自发布之日起施行。

厦门市台湾同胞投资保障条例

(1994年9月29日厦门市第十届人大常委会第十次会议通过)

第一章　总　　则

第一条　为了鼓励台湾同胞在厦门市投资，保障台湾同胞投资者合法权益，促进海峡两岸经济的发展，遵循《中华人民共和国台湾同胞投资保护法》和其他法律、行政法规的基本原则，制定本条例。

第二条　本条例所称台湾同胞投资系指台湾地区的公司、企业、其他经济组织或个人作为投资者在厦门市投资。

台湾同胞以其在港澳地区和外国投资的公司、企业、其他经济组织或个人名义在厦门市的投资可视为台湾同胞投资。

第三条　台湾同胞投资者在厦门市的人身权、财产权及其他合法权益依法受到保护。

台湾同胞投资者在厦门市投资，必须遵守国家法律、法规和本条例，不得损害国家利益和社会公共利益。

第四条　厦门市各级人民政府和各有关部门应依法办理台湾同胞投资事宜，提供高效优质服务。

第二章　投　　资

第五条　台湾同胞投资者以公司、企业、其他经济组织名义在厦门市投资，应出具下列证件之一：

（一）工商营业执照的副本；

（二）我国驻外使领馆签发的证明文件；

（三）外国政府颁发的证明文件；

（四）经过公证的证明文件；

（五）其他有效的证明文件。

台湾同胞以个人名义在厦门市投资，应出具下列证件之一：

（一）户籍证的影印件；

（二）身份证；

（三）其他个人身份的证明文件。

第六条　台湾同胞投资者可以委托投资代理人，代理人应当持有经过公证的授权委托书。

第七条　台湾同胞投资者在厦门市可采取下列形式进行投资：

（一）举办合资经营企业、合作经营企业、全部资本由台湾同胞投资者投资的企业（以下统称台湾同胞投资企业）以及法律、法规允许的其他类型企业；

（二）参股、购买已有企业；

（三）承包或租赁企业；

（四）购买股票、债券等有价证券和房产；

（五）单项开发房地产；

（六）取得土地使用权，成片开发经营；

（七）参与基础设施项目建设并取得经营特许权；

（八）开发和经营小岛屿；

（九）法律、法规和规章允许的其他投资形式。

第八条　鼓励台湾同胞投资者投资下列项目：

（一）能源、交通、码头及其它基础设施、基础工业；

（二）技术水平高、产品新颖、适应市场需求和增加出口的生产性项目；

（三）农业新技术、优良品种引进和农业综合开发；

（四）高新技术和新兴产业；

（五）资源综合利用和环境保护项目；

（六）改造现有工业企业；

（七）医疗、体育和教育等公益事业；

（八）厦门市人民政府鼓励的其他项目。

第九条 台湾同胞投资者符合国家有关法律、法规的规定，经中国人民银行批准，可在厦门市设立金融机构。

台湾同胞投资者设立的金融机构，经批准可以经营外币和人民币业务。

第十条 新台币可在指定的银行兑换人民币。

第十一条 台湾同胞投资者经批准可以在厦门市设立商业机构，从事商业活动。

第十二条 台湾同胞投资者经批准可以在厦门市举办台湾产品展览、展销和寄售活动，也可以在厦门市举办的各种展览中设立台湾产品展位。

第十三条 台湾同胞投资者经批准可以设立中介机构，从事信息、咨询等活动。

第十四条 台湾同胞投资者可以与厦门市有进出口经营权的公司、企业进行贸易。

第十五条 台湾同胞投资者经批准可以在厦门市兴办台湾同胞子弟学校。

第三章 优惠待遇

第十六条 鼓励台湾同胞投资者投资的项目，除享受法律、法规规定的待遇外，并享受下列优惠：

（一）优先提供所需的土地、水、电、运输条件和通讯设施；

（二）投资总额在一千万美元以上的，经批准可降低注册资本占投资总额的比例；

（三）在生产和经营过程中所需的周转资金及其他必要的借贷资金，在同等条件下享受银行优先贷款；

（四）企业用地从投产之日起五年内免交土地使用费；

（五）免缴地方所得税。

第十七条　台湾同胞投资者投资生产项目，投资总额达一千万美元以上的，优先提供配套的生活设施用地。

第十八条　台湾同胞投资者投资能源、交通等基础设施建设，可以从事与其相配套的或补偿性的项目经营。

第十九条　台湾同胞投资者引进国家需要的高新技术、先进技术或生产替代进口的新设备、新材料，可以放宽其产品内销比例。

第二十条　台湾同胞投资者兴办银行或其他金融机构，从营业之日起五年内免征营业税。免税期满后经批准可酌情减征营业税。

第四章　企业设立

第二十一条　台湾同胞投资者在厦门市兴办台湾同胞投资企业，除国家法律、行政法规规定必须取得批准文件或许可证之外，可直接向厦门市工商行政管理部门办理工商登记。

台湾同胞投资者兴办国家法律、行政法规规定必须取得有关部门的批准文件或许可证的行业或项目，应自接到批准证书或许可证之日起三十日内，依法向厦门市工商行政管理部门办理工商登记。

第二十二条 厦门市工商行政管理部门应一次性告知企业登记所需文件清单和要求，并自接到全部申请文件之日起十五日内做出准予登记或不准予登记的决定。

厦门市有关部门应一次性告知企业申领批准文件或许可证所需文件清单和要求，并自接到全部申请文件之日起三十日内做出批准或不批准的决定。

第二十三条 台湾同胞投资企业经海关批准，可以设立保税工厂、保税仓库。

第二十四条 台湾同胞投资企业依照国家法律、行政法规、本条例和经审批机关批准的合同、章程进行经营管理活动，其经营管理自主权不受干涉。

第二十五条 台湾同胞投资企业可在境内、外招收员工。有关部门应依法办理手续。

第二十六条 台湾同胞投资企业应维护企业员工的合法权益，支持企业员工依法建立工会，为开展工会工作提供必要的条件。

第二十七条 台湾同胞投资者所得的净利、股息、红利、清算后的资金和其他合法所得，可依法汇出。

受台湾同胞投资企业聘用的境外员工的工资及其他合法收入，可依法汇出或携带出境。

第二十八条 台湾同胞投资企业外汇应自求平衡，不能自求平衡的，经批准可以通过外汇交易市场调剂外汇。

第二十九条 对台湾同胞投资者的投资不实行国有化和征收；在特殊情况下，根据社会公共利益的需要，须进行征收的，应经厦门市人民政府批准，并根据评估机构的评估作价给予相应补偿。

第三十条 台湾同胞投资者在厦门市申请专利和办理其他专利事务，可委托有关专利代理机构办理。

第三十一条　台湾同胞投资者在厦门市申请商标注册和办理其他商标事宜，可委托厦门市的商标代理机构办理。

第三十二条　除法律、法规、规章及福建省人民政府和厦门市人民政府有明文规定外，任何部门或单位不得对台湾同胞投资企业另立收费项目或提高收费标准。

违反上款规定的，台湾同胞投资企业有权拒交和举报。

第三十三条　除法律、法规、规章及福建省人民政府和厦门市人民政府有明文规定外，任何部门或单位不得对台湾同胞投资企业进行检查，不得强制台湾同胞投资企业参加各类培训、评比活动。

第三十四条　依法设立的厦门市台湾同胞投资企业协会，其合法权益受保护。

第五章　入 出 境

第三十五条　台湾同胞凭《台湾居民来往大陆通行证》及有效签注来往厦门经济特区。未办妥上述证件或签注，到达厦门口岸的，可向口岸签证机关申请办理一次有效的《台湾居民来往大陆通行证》。

台湾渔、船民乘渔船进入厦门市，可凭台湾地区渔民证、身份证及有效证件在指定的码头申请办理一次有效的通行证。

第三十六条　台湾同胞需要多次从厦门入出境的，经申请批准，给予办理多次往返有效的签注，及办理暂住加注手续。

台湾同胞投资者因商务活动需要出境前往其他国家的，可以向公安机关申请办理中国公民护照。

第六章 居民待遇

第三十七条 在厦门市投资的台湾同胞及其随行眷属以及受聘于台湾同胞投资企业的台方员工取得暂住证的（以下简称住厦台胞），下列生活消费享有与本市居民同等待遇：

（一）购买本市商品房或租赁住房；

（二）住宿收费；

（三）医疗收费；

（四）安装电话初装费；

（五）购买船票；

（六）购买公园、旅游景点门票。

第三十八条 住厦台胞和台湾同胞投资企业可以获得厦门市授予的荣誉称号。

第三十九条 住厦台胞在厦门市的区、镇两级人民代表大会代表选举期间在厦门市的，可以依照选举办法参加选举。

第四十条 住厦台胞的子女可以按规定在厦门市各级各类学校就学。

第四十一条 住厦台胞在台湾地区取得的有效小型汽车驾驶证，经市公安车辆管理部门确认，领取机动车驾驶证副证，可以在本市驾驶小型汽车。

第四十二条 住厦台胞在台湾及其他国家、地区取得的有效的健康证明，经厦门口岸卫生检疫机构确认，免予重作健康检查。

第七章 投诉受理

第四十三条 台湾同胞投资者合法权益受侵害或发生纠纷

的，可以依法选择下列途径解决：

（一）协商和解或调解解决；

（二）向有关部门或机构投诉；

（三）申请行政复议；

（四）提交仲裁机构裁决；

（五）向人民法院提起诉讼；

（六）向人民检察院提出申诉。

第四十四条　厦门市人民政府设立投诉受理机构，接受台湾同胞投资者的投诉。

投诉受理机构行使下列职权：

（一）对投诉的事项进行调查；

（二）对侵害台湾同胞投资者合法权益的行为，组织协调有关部门处理。

（三）对侵害台湾同胞投资者合法权益的行政行为，可建议有关主管部门对其负责人和直接责任人员追究行政责任；

（四）对侵害台湾同胞投资者合法权益的行为构成犯罪的，转由司法机关受理。

第四十五条　投诉受理机构受理投诉后，应在三十日内将处理结果答复投诉人。投诉事项复杂，不能按时处理完毕的，应向投诉人说明情况。

第四十六条　厦门市国家机关及其工作人员违法行使职权侵犯台湾同胞投资者的合法权益造成损害的，台湾同胞投资者可依照《中华人民共和国国家赔偿法》的规定请求取得国家赔偿。

第八章　附　　则

第四十七条　本条例由厦门市人民政府组织实施。

第四十八条　本条例自一九九五年一月一日起施行。

对台湾地区贸易管理办法

（对外贸易经济合作部部长石广生 2000 年 12 月 29 日签发　同日发布实施）

第一条　为了发展大陆与台湾地区间的贸易，维护海峡两岸正常的贸易秩序，促进海峡两岸经济的发展，制定本办法。

第二条　本办法适用于大陆与台湾地区间的货物贸易、技术贸易和服务贸易（以下简称对台贸易）。

第三条　从事对台贸易，应当遵守法律、行政法规和国家其他有关规定，不得损害国家安全和社会公共利益。

第四条　中华人民共和国对外贸易经济合作部是对台贸易的主管机关。有关省、自治区和直辖市人民政府对外经济贸易主管部门负责管理本行政区域内的对台贸易工作。

第五条　依法从事对外贸易经营活动的法人和其他组织，包括依法设立的外商投资企业，可以在其经营范围内与台湾地区的法人和其他组织或者个人进行对台贸易。

第六条　对台贸易合同以及货物上不得出现违反一个中国原则的字样和标记，不得出现有碍祖国统一的内容。

第七条　对台贸易的货物及其包装上需要标明原产地的，台湾货物及其包装上应当标名原产地为台湾，大陆货物及其包装上根据实际情况可以采用中性包装。

第八条　间接进行对台贸易的，应当通过在香港特别行政区或者澳门特别行政区登记注册的工商企业进行。

第九条　大陆货物经香港特别行政区或者澳门特别行政区转口、转运至台湾地区的，应当遵守国家对香港特别行政区、澳门特别行政区贸易的有关规定。

第十条　对台贸易中涉及国家统一，联合经营或者总量控制的商品，以及许可证、配额管理的商品，按照国家有关进出口的规定办理。

第十一条　对台贸易的货物由海关依照有关法律、行政法规的规定，按照优惠税率征收关税，并依法征收进口环节的税收。

第十二条　对台贸易中发生纠纷时，由当事人通过协议或者调解解决。当事人不愿协商、调解的或者协商、调解不成的，可以依据合同中的仲裁条款或者事后达成的书面仲裁协议，提交中国的仲裁机构仲裁。当事人未在合同中订立仲裁条款，事后又未达成书面仲裁协议的，可以依法向人民法院提起诉讼。

第十三条　大陆与台湾地区间的小额贸易，适用对外贸易经济合作部、海关总署发《对台湾地区小额贸易的管理办法》。

第十四条　对台贸易中的有关事项，本办法未作规定的，参照国家有关货物进出口、技术进出口和国际服务贸易的规定执行。

第十五条　本办法自二〇〇〇年十二月二十九日起执行。

台湾海峡两岸间航运管理办法

（1996 年 8 月 19 日　交通部令［1996］第 6 号）

第一条　为了促进海峡两岸间航运事业的发展，维护正常航运秩序，发展两岸经贸关系，根据一个中国、双向直航、互惠互利的原则，制定本办法。

第二条　本办法适用于中国大陆港口与台湾地区港口之间的海上直达客货运输（以下简称两岸航运）。

第三条　两岸航运属于特殊管理的国内运输。

第四条　中华人民共和国交通部（以下简称交通部）是两岸航运业务的主管机关。

第五条　在中国大陆和台湾地区登记注册的符合下列条件的航运公司，经交通部批准，方可以其所有的或者经营的船舶，从事两岸航运业务：

（一）中国大陆或者台湾地区的独资航运公司；

（二）中国大陆和台湾地区的合资航运公司。

第六条　申请经营两岸航运业务的，在中国大陆注册的地方航运公司应当经所在的省、自治区、直辖市交通主管部门审核后转报交通部批准；国务院各部门所属的航运公司由有关主管部门核转交通部批准。

在中国台湾地区注册的航运公司应当委托其在大陆的船舶代理公司代为提出申请，经该船舶代理公司所在的省、自治区、直辖市交通主管部门审核后转报交通部批准。

第七条　申请经营两岸航运业务的航运公司，应当提交下列文件：

（一）申请书；

（二）船舶资料；

（三）海运提单样本；

（四）交通部要求的其他文件。

从事班轮运输的，除提供上述文件外，还应当提供港航间班轮运输协议和运价本。

第八条　交通部应当自收到申请文件之日起45天内，决定批准或者不批准，并书面通知申请人。

第九条　经批准经营两岸航运业务的航运公司及其船舶，由交通部核发《台湾海峡两岸间水路运输许可证》和《台湾海峡两岸间船舶营运证》。

前款证书有效期为一年。

第十条　非经交通部批准，外国航运公司不得经营台湾海峡两岸间双向直达的或者中转的货物运输和旅客运输。

第十一条　为两岸航运业务提供服务的大陆港口和船舶代理公司，由交通部批准并予公布。

任何大陆港口和船舶代理公司，未经批准，不得从事与两岸航运相关的服务。

第十二条　未经交通部批准从事两岸航运业务的航运公司的船舶，港务监督机构不得为其办理进出港口签证，港口不得为其装卸货物，船舶代理公司不得为其办理代理业务。

第十三条　不符合本办法第五条、第十一条的规定，未经批准擅自经营两岸航运及其相关业务的，由交通部给予警告、没收违法所得。

第十四条　港口经营人、船舶代理公司违反本办法第十二条的规定，为没有两岸航运经营资格的航运公司的船舶提供相关服务的，由交通部给予警告、没收违法所得；情节严重的，可以并处取消其从事与两岸航运相关服务的资格。

第十五条　本办法自1996年8月20日起施行。

中国公民往来台湾地区管理办法

(1991 年 12 月 17 日国务院令第 93 号发布
1992 年 5 月 1 日实施)

第一章　总　　则

第一条　为保障台湾海峡两岸人员往来，促进各方交流，维护社会秩序，制定本办法。

第二条　居住在大陆的中国公民（以下简称大陆居民）往来台湾地区（以下简称台湾）以及居住在台湾地区的中国公民（以下简称台湾居民）来往大陆，适用本办法。

本办法未规定的事项，其他有关法律、法规有规定的，适用其他法律、法规。

第三条　大陆居民前往台湾，凭公安机关出入境管理部门签发的旅行证件，从开放的或者指定的出入境口岸通行。

第四条　台湾居民来大陆，凭国家主管机关签发的旅行证件，从开放的或者指定的入出境口岸通行。

第五条　中国公民往来台湾与大陆之间，不得有危害国家安全、荣誉和利益的行为。

第二章 大陆居民前往台湾

第六条 大陆居民前往台湾定居、探亲、访友、旅游、接受和处理财产、处理婚丧事宜或者参加经济、科技、文化、教育、体育、学术等活动，须向户口所在地的市、县公安局提出申请。

第七条 大陆居民申请前往台湾，须履行下列手续：

（一）交验身份、户口证明；

（二）填写前往台湾申请表；

（三）在职、在学人员须提交所在单位对申请人前往台湾的意见；非在职、在学人员须提交户口所在地公安派出所对申请人前往台湾的意见；

（四）提交与申请事由相应的证明。

第八条 本办法第七条第四项所称的证明是指：

（一）前往定居，须提交确能在台湾定居的证明；

（二）探亲、访友，须提交台湾亲友关系的证明；

（三）旅游，须提交旅行所需费用的证明；

（四）接受、处理财产，须提交经过公证的对该项财产有合法权利的有关证明；

（五）处理婚姻事务，须提交经过公证的有关婚姻状况的证明；

（六）处理亲友丧事，须提交有关的函件或者通知；

（七）参加经济、科技、文化、教育、体育、学术等活动，须提交台湾相应机构、团体、个人邀请或者同意参加该项活动的证明；

（八）主管机关认为需要提交的其他证明。

第九条 公安机关受理大陆居民前往台湾的申请，应当在三十日内，地处偏僻、交通不便的应当在六十日内，做出批准或者不予批准的决定，通知申请人。紧急的申请，应当随时办理。

第十条　经批准前往台湾的大陆居民，由公安机关签发或者签注旅行证件。

第十一条　经批准前往台湾的大陆居民，应当在所持旅行证件签注的有效期内前往，除定居的以外，应当按期返回。

大陆居民前往台湾后，因病或者其他特殊情况，旅行证件到期不能按期返回的，可以向原发证的公安机关或者公安部出入境管理局派出的或者委托的有关机构申请办理延期手续；有特殊原因的也可以在入境口岸的公安机关申请办理入境手续。

第十二条　申请前往台湾的大陆居民有下列情形之一的，不予批准：

（一）刑事案件的被告人或者犯罪嫌疑人；

（二）人民法院通知有未了结诉讼事宜不能离境的；

（三）被判处刑罚尚未执行完毕的；

（四）正在被劳动教养的；

（五）国务院有关主管部门认为出境后将对国家安全造成危害或者对国家利益造成重大损失的；

（六）有编造情况、提供假证明等欺骗行为的。

第三章　台湾居民来大陆

第十三条　台湾居民要求来大陆的，向下列有关机关申请办理旅行证件：

（一）从台湾地区要求直接来大陆的，向公安部出入境管理局派出的或者委托的有关机构申请；有特殊事由的，也可以向指定口岸的公安机关申请；

（二）到香港、澳门地区后要求来大陆的，向公安部出入境管理局派出的机构或者委托的在香港、澳门地区的有关机构申请；

（三）经由外国来大陆的，依据《中华人民共和国公民出境入境管理法》，向中华人民共和国驻外国的外交代表机关、领事机关或者外交部授权的其他驻外机关申请。

第十四条 台湾居民申请来大陆，须履行下列手续：

（一）交验表明在台湾居住的有效身份证明和出境入境证件；

（二）填写申请表；

（三）经由其他地区、国家的，须提交途经地区、国家的再入境许可证明，但过境不需要签注的地区和国家除外；

（四）定居、探亲、访友、旅游、接受和处理财产、处理婚丧事宜的，须提交与申请事由相应的证明；

（五）进行经济、科技、文化、教育、体育、学术等活动的，须提交大陆相应机构、团体、个人的邀请或者同意参加该项活动的证明。

第十五条 对批准来大陆的台湾居民，由国家主管机关签发或者签注旅行证件。

第十六条 台湾居民因在大陆投资、贸易等经济活动或者因其他事务来大陆后，需要多次来往大陆的，可以向当地市、县公安机关申请办理多次有效的签注。

第十七条 台湾居民来大陆后需要前往外国的，依照《中华人民共和国公民出境入境管理法》及其实施细则办理。

第十八条 台湾居民短期来大陆，应当按照户口管理规定，办理暂住登记。在宾馆、饭店、招待所、旅店、学校等企业、事业单位或者机关、团体和其他机构内住宿的，应当填写临时住宿登记表；住在亲友家的，由本人或者亲友在二十四小时（农村七十二小时）内到当地公安派出所或者户籍办公室办理暂住登记手续。

第十九条　台湾居民来大陆后，需在大陆居留三个月以上的，应当向当地市、县公安局申请办理暂住证。

第二十条　台湾居民要求来大陆定居的，应当在入境前向公安部出入境管理局派出的或者委托的有关机构提出申请，或者经由大陆亲属向拟定居地的市、县公安局提出申请。批准定居的，公安机关发给定居证明。

第二十一条　台湾居民来大陆后，除定居的以外，应当在所持证件签注的有效期之内按期离境。确有需要延长停留期限的，须提交相应证明，向市 、县公安局申请办理延期手续。

第二十二条　申请来大陆的台湾居民有下列情形之一的，不予批准：

（一）被认为有犯罪行为的；

（二）被认为来大陆后可能进行危害国家安全、利益等活动的；

（三）有编造情况、提供假证明等欺骗行为的；

（四）精神疾病或者严重传染病患者。

治病或者其他特殊原因可以批准入境的除外。

第四章　出境入境检查

第二十三条　大陆居民往来台湾，台湾居民来往大陆，须向开放的或者指定的出入境口岸边防检查站出示证件，填交出境、入境登记卡，接受查验。

第二十四条　有下列情形之一的，边防检查站有权阻止出境、入境：

（一）未持有旅行证件的；

（二）持用伪造、涂改等无效的旅行证件的；

（三）拒绝交验旅行证件的；

（四）本办法第十二条、第二十二条规定不予批准出境、入境的。

第五章 证件管理

第二十五条 大陆居民往来台湾的旅行证件系指大陆居民往来台湾通行证和其他有效旅行证件。

第二十六条 台湾居民来往大陆的旅行证件系指台湾居民来往大陆通行证和其他有效旅行证件。

第二十七条 大陆居民往来台湾通行证、台湾居民来往大陆通行证，由持证人保存，有效期为五年。

第二十八条 大陆居民往来台湾通行证、台湾居民来往大陆通行证，实行逐次签注。签注分一次往返有效和多次往返有效。

第二十九条 大陆居民遗失旅行证件，应当向原发证的公安机关报失；经调查属实的，可补发给相应的旅行证件。

第三十条 台湾居民在大陆遗失旅行证件，应当向当地的市、县公安机关报失；经调查属实的，可以允许重新申请领取相应的旅行证件，或者发给一次有效的出境通行证件。

第三十一条 大陆居民前往台湾和台湾居民来大陆旅行证件的持有人，有本办法第十二条、第二十二条规定情形之一的，其证件应当予以吊销或者宣布作废。

第三十二条 审批签发旅行证件的机关，对已发出的旅行证件有权吊销或者宣布作废。公安部在必要时，可以变更签注、吊销旅行证件或者宣布作废。

第六章 处 罚

第三十三条 持用伪造、涂改等无效的旅行证件或者冒用他人的旅行证件出境、入境的，除依照《中华人民共和国公民出境入境管理法实施细则》第二十三条的规定处罚外，可以单处或者并处一百元以上、五百元以下的罚款。

第三十四条　伪造、涂改、转让、倒卖旅行证件的，除依照《中华人民共和国公民出境入境管理法实施细则》第二十四条的规定处罚外，可以单处或者并处五百元以上、三千元以下的罚款。

第三十五条　编造情况，提供假证明，或者以行贿等手段获取旅行证件的，除依照《中华人民共和国公民出境入境管理法实施细则》第二十五条的规定处罚外，可以单处或者并处一百元以上、五百元以下的罚款。

有前款情形的，在处罚执行完毕六个月以内不受理其出境、入境申请。

第三十六条　机关、团体、企业、事业单位编造情况、出具假证明为申请人获取旅行证件的，暂停其出证权的行使；情节严重的，取消其出证资格；对直接责任人员，除依照《中华人民共和国公民出境入境管理法实施细则》第二十五条的规定处罚外，可以单处或者并处五百元以上、一千元以下的罚款。

第三十七条　违反本办法第十八条、第十九条的规定，不办理暂住登记或者暂住证的，处以警告或者一百元以上、五百元以下的罚款。

第三十八条　违反本办法第二十一条的规定，逾期非法居留的，处以警告，可以单处或者并处每逾期一日一百元的罚款。

第三十九条　被处罚人对公安机关处罚不服的，可以在接到处罚通知之日起十五日内，向上一级公安机关申请复议，由上一级公安机关做出最后的裁决；也可以直接向人民法院提起诉讼。

第四十条　来大陆的台湾居民违反本办法的规定或者有其他违法犯罪行为的，除依照本办法和其他有关法律、法规的规定处罚外，公安机关可以缩短其停留期限，限期离境，或者遣送出境。

有本办法第二十二条规定不予批准情形之一的，应当立即遣送出境。

第四十一条 执行本办法的国家工作人员，利用职权索取、收受贿赂或者有其他违法失职行为，情节轻微的，由主管部门予以行政处分；情节严重，构成犯罪的，依照《中华人民共和国刑法》的有关规定追究刑事责任。

第四十二条 对违反本办法所得的财物，应当予以追缴或者责令退赔；用于犯罪的本人财物应当没收。

罚款及没收的财物上缴国库。

第七章 附 则

第四十三条 本办法由公安部负责解释。

第四十四条 本办法自一九九二年五月一日起施行。

中华人民共和国中外合资经营企业法

（1979年7月1日第五届全国人民代表大会第二次会议通过　根据1990年4月4日第七届全国人民代表大会第三次会议《关于修改〈中华人民共和国中外合资经营企业法〉的决定》修正　根据2001年3月15日第九届全国人民代表大会第四次会议《关于修改〈中华人民共和国中外合资经营企业法〉的决定》第二次修正）

第一条　中华人民共和国为了扩大国际经济合作和技术交流，允许外国公司、企业和其它经济组织或个人（以下简称外国合营者），按照平等互利的原则，经中国政府批准，在中华人民共和国境内，同中国的公司、企业或其它经济组织（以下简称中国合营者）共同举办合营企业。

第二条　中国政府依法保护外国合营者按照经中国政府批准的协议、合同、章程在合营企业的投资、应分得的利润和其它合法权益。

合营企业的一切活动应遵守中华人民共和国法律、法规的规定。

国家对合营企业不实行国有化和征收；在特殊情况下，根据社会公共利益的需要，对合营企业可以依照法律程序实行征收，并给予相应的补偿。

第三条 合营各方签订的合营协议、合同、章程，应报国家对外经济贸易主管部门（以下称审查批准机关）审查批准。审查批准机关应在三个月内决定批准或不批准。合营企业经批准后，向国家工商行政管理主管部门登记，领取营业执照，开始营业。

第四条 合营企业的形式为有限责任公司。

在合营企业的注册资本中，外国合营者的投资比例一般不低于百分之二十五。

合营各方按注册资本比例分享利润和分担风险及亏损。

合营者的注册资本如果转让必须经合营各方同意。

第五条 合营企业各方可以现金、实物、工业产权等进行投资。

外国合营者作为投资的技术和设备，必须确实是适合我国需要的先进技术和设备。如果有意以落后的技术和设备进行欺骗，造成损失的，应赔偿损失。

中国合营者的投资可包括为合营企业经营期间提供的场地使用权。如果场地使用权未作为中国合营者投资的一部分，合营企业应向中国政府缴纳使用费。

上述各项投资应在合营企业的合同和章程中加以规定，其价格（场地除外）由合营各方评议商定。

第六条 合营企业设董事会，其人数组成由合营各方协商，在合同、章程中确定，并由合营各方委派和撤换。董事长和副董事长由合营各方协商确定或由董事会选举产生。中外合营者的一方担任董事长的，由他方担任副董事长。董事会根据平等互利的原则，决定合营企业的重大问题。

董事会的职权是按合营企业章程规定，讨论决定合营企业的一切重大问题：企业发展规划、生产经营活动方案、收支预算、利润分配、劳动工资计划、停业，以及总经理、副总经理、总工程师、总会计师、审计师的任命或聘请及其职权和待遇等。

正副总经理（或正副厂长）由合营各方分别担任。

合营企业职工的录用、辞退、报酬、福利、劳动保护、劳动保险等事项，应当依法通过订立合同加以规定。

第七条 合营企业的职工依法建立工会组织，开展工会活动，维护职工的合法权益。

合营企业应当为本企业工会提供必要的活动条件。

第八条 合营企业获得的毛利润，按中华人民共和国税法规定缴纳合营企业所得税后，扣除合营企业章程规定的储备基金、职工奖励及福利基金、企业发展基金，净利润根据合营各方注册资本的比例进行分配。

合营企业依照国家有关税收的法律和行政法规的规定，可以享受减税、免税的优惠待遇。

外国合营者将分得的净利润用于在中国境内再投资时，可申请退还已缴纳的部分所得税。

第九条 合营企业应凭营业执照在国家外汇管理机关允许经营外汇业务的银行或其它金融机构开立外汇账户。

合营企业的有关外汇事宜，应遵照中华人民共和国外汇管理条例办理。

合营企业在其经营活动中，可直接向外国银行筹措资金。

合营企业的各项保险应向中国境内的保险公司投保。

第十条 合营企业在批准的经营范围内所需的原材料、燃料等物资，按照公平、合理的原则，可以在国内市场或者在国际市场购买。

鼓励合营企业向中国境外销售产品。出口产品可由合营企业直接或与其有关的委托机构向国外市场出售，也可通过中国的外贸机构出售。合营企业产品也可在中国市场销售。

合营企业需要时可在中国境外设立分支机构。

第十一条 外国合营者在履行法律和协议、合同规定的义务后分得的净利润，在合营企业期满或者中止时所分得的资金以及其它资金，可按合营企业合同规定的货币，按外汇管理条例汇往国外。

鼓励外国合营者将可汇出的外汇存入中国银行。

第十二条 合营企业的外籍职工的工资收入和其它正当收入，按中华人民共和国税法缴纳个人所得税后，可按外汇管理条例汇往国外。

第十三条 合营企业的合营期限，按不同行业、不同情况，作不同的约定。有的行业的合营企业，应当约定合营期限；有的行业的合营企业，可以约定合营期限，也可以不约定合营期限。约定合营期限的合营企业，合营各方同意延长合营期限的，应在距合营期满六个月前向审查批准机关提出申请。审查批准机关应自接到申请之日起一个月内决定批准或不批准。

第十四条 合营企业如发生严重亏损、一方不履行合同和章程规定的义务、不可抗力等，经合营各方协商同意，报请审查批准机关批准，并向国家工商行政管理主管部门登记，可终止合同。如果因违反合同而造成损失的，应由违反合同的一方承担经济责任。

第十五条 合营各方发生纠纷，董事会不能协商解决时，由中国仲裁机构进行调解或仲裁，也可由合营各方协议在其它仲裁机构仲裁。

合营各方没有在合同中订有仲裁条款的或者事后没有达成书面仲裁协议的，可以向人民法院起诉。

第十六条 本法自公布之日起生效。

中华人民共和国中外合资经营企业法实施条例

(1983年9月20日国务院发布　1986年1月15日、1987年12月21日国务院修订　根据2001年7月22日《国务院关于修改〈中华人民共和国中外合资经营企业法实施条例〉的决定》修订)

第一章　总　则

第一条　为了便于《中华人民共和国中外合资经营企业法》(以下简称《中外合资经营企业法》)的顺利实施，制定本条例。

第二条　依照《中外合资经营企业法》批准在中国境内设立的中外合资经营企业（以下简称合营企业）是中国的法人，受中国法律的管辖和保护。

第三条　在中国境内设立的合营企业，应当能够促进中国经济的发展和科学技术水平的提高，有利于社会主义现代化建设。

国家鼓励、允许、限制或者禁止设立合营企业的行业，按照国家指导外商投资方向的规定及外商投资产业指导目录执行。

第四条　申请设立合营企业有下列情况之一的，不予批准：

（一）有损中国主权的；

（二）违反中国法律的；

（三）不符合中国国民经济发展要求的；

（四）造成环境污染的；

（五）签订的协议、合同、章程显属不公平，损害合营一方权益的。

第五条 在中国法律、法规和合营企业协议、合同、章程规定的范围内，合营企业有权自主地进行经营管理。各有关部门应当给予支持和帮助。

第二章 设立与登记

第六条 在中国境内设立合营企业，必须经中华人民共和国对外贸易经济合作部（以下简称对外贸易经济合作部）审查批准。批准后，由对外贸易经济合作部发给批准证书。

凡具备下列条件的，国务院授权省、自治区、直辖市人民政府或者国务院有关部门审批：

（一）投资总额在国务院规定的投资审批权限以内，中国合营者的资金来源已经落实的；

（二）不需要国家增拨原材料，不影响燃料、动力、交通运输、外贸出口配额等方面的全国平衡的。

依照前款批准设立的合营企业，应当报对外贸易经济合作部备案。

对外贸易经济合作部和国务院授权的省、自治区、直辖市人民政府或者国务院有关部门，以下统称审批机构。

第七条 申请设立合营企业，由中外合营者共同向审批机构报送下列文件：

（一）设立合营企业的申请书；

（二）合营各方共同编制的可行性研究报告；

（三）由合营各方授权代表签署的合营企业协议、合同和章程；

（四）由合营各方委派的合营企业董事长、副董事长、董事人选名单；

（五）审批机构规定的其他文件。

前款所列文件必须用中文书写，其中第（二）、（三）、（四）项文件可以同时用合营各方商定的一种外文书写。两种文字书写的文件具有同等效力。

审批机构发现报送的文件有不当之处的，应当要求限期修改。

第八条　审批机构自接到本条例第七条规定的全部文件之日起，3个月内决定批准或者不批准。

第九条　申请者应当自收到批准证书之日起1个月内，按照国家有关规定，向工商行政管理机关（以下简称登记管理机构）办理登记手续。合营企业的营业执照签发日期，即为该合营企业的成立日期。

第十条　本条例所称合营企业协议，是指合营各方对设立合营企业的某些要点和原则达成一致意见而订立的文件；所称合营企业合同，是指合营各方为设立合营企业就相互权利、义务关系达成一致意见而订立的文件；所称合营企业章程，是指按照合营企业合同规定的原则，经合营各方一致同意，规定合营企业的宗旨、组织原则和经营管理方法等事项的文件。

合营企业协议与合营企业合同有抵触时，以合营企业合同为准。

经合营各方同意，也可以不订立合营企业协议而只订立合营企业合同、章程。

第十一条　合营企业合同应当包括下列主要内容：

（一）合营各方的名称、注册国家、法定地址和法定代表人的姓名、职务、国籍；

（二）合营企业名称、法定地址、宗旨、经营范围和规模；

（三）合营企业的投资总额，注册资本，合营各方的出资额、出资比例、出资方式、出资的缴付期限以及出资额欠缴、股权转让的规定；

（四）合营各方利润分配和亏损分担的比例；

（五）合营企业董事会的组成、董事名额的分配以及总经理、副总经理及其他高级管理人员的职责、权限和聘用办法；

（六）采用的主要生产设备、生产技术及其来源；

（七）原材料购买和产品销售方式；

（八）财务、会计、审计的处理原则；

（九）有关劳动管理、工资、福利、劳动保险等事项的规定；

（十）合营企业期限、解散及清算程序；

（十一）违反合同的责任；

（十二）解决合营各方之间争议的方式和程序；

（十三）合同文本采用的文字和合同生效的条件。

合营企业合同的附件，与合营企业合同具有同等效力。

第十二条　合营企业合同的订立、效力、解释、执行及其争议的解决，均应当适用中国的法律。

第十三条　合营企业章程应当包括下列主要内容：

（一）合营企业名称及法定地址；

（二）合营企业的宗旨、经营范围和合营期限；

（三）合营各方的名称、注册国家、法定地址、法定代表人的姓名、职务、国籍；

（四）合营企业的投资总额，注册资本，合营各方的出资额、出资比例、股权转让的规定，利润分配和亏损分担的比例；

（五）董事会的组成、职权和议事规则，董事的任期，董事长、副董事长的职责；

（六）管理机构的设置，办事规则，总经理、副总经理及其他高级管理人员的职责和任免方法；

（七）财务、会计、审计制度的原则；

（八）解散和清算；

（九）章程修改的程序。

第十四条　合营企业协议、合同和章程经审批机构批准后生效，其修改时同。

第十五条　审批机构和登记管理机构对合营企业合同、章程的执行负有监督检查的责任。

第三章　组织形式与注册资本

第十六条　合营企业为有限责任公司。

合营各方对合营企业的责任以各自认缴的出资额为限。

第十七条　合营企业的投资总额（含企业借款），是指按照合营企业合同、章程规定的生产规模需要投入的基本建设资金和生产流动资金的总和。

第十八条　合营企业的注册资本，是指为设立合营企业在登记管理机构登记的资本总额，应为合营各方认缴的出资额之和。

合营企业的注册资本一般应当以人民币表示，也可以用合营各方约定的外币表示。

第十九条　合营企业在合营期内不得减少其注册资本。因投资总额和生产经营规模等发生变化，确需减少的，须经审批机构批准。

第二十条　合营一方向第三者转让其全部或者部分股权的，须经合营他方同意，并报审批机构批准，向登记管理机构办理变更登记手续。

合营一方转让其全部或者部分股权时，合营他方有优先购买权。

合营一方向第三者转让股权的条件，不得比向合营他方转让的条件优惠。

违反上述规定的，其转让无效。

第二十一条 合营企业注册资本的增加、减少，应当由董事会会议通过，并报审批机构批准，向登记管理机构办理变更登记手续。

第四章 出资方式

第二十二条 合营者可以用货币出资，也可以用建筑物、厂房、机器设备或者其他物料、工业产权、专有技术、场地使用权等作价出资。以建筑物、厂房、机器设备或者其他物料、工业产权、专有技术作为出资的，其作价由合营各方按照公平合理的原则协商确定，或者聘请合营各方同意的第三者评定。

第二十三条 外国合营者出资的外币，按缴款当日中国人民银行公布的基准汇率折算成人民币或者套算成约定的外币。

中国合营者出资的人民币现金，需要折算成外币的，按缴款当日中国人民银行公布的基准汇率折算。

第二十四条 作为外国合营者出资的机器设备或者其他物料，应当是合营企业生产所必需的。

前款所指机器设备或者其他物料的作价，不得高于同类机器设备或者其他物料当时的国际市场价格。

第二十五条 作为外国合营者出资的工业产权或者专有技术，必须符合下列条件之一：

（一）能显著改进现有产品的性能、质量，提高生产效率的；

（二）能显著节约原材料、燃料、动力的。

第二十六条 外国合营者以工业产权或者专有技术作为出

资，应当提交该工业产权或者专有技术的有关资料，包括专利证书或者商标注册证书的复制件、有效状况及其技术特性、实用价值、作价的计算根据、与中国合营者签订的作价协议等有关文件，作为合营合同的附件。

第二十七条 外国合营者作为出资的机器设备或者其他物料、工业产权或者专有技术，应当报审批机构批准。

第二十八条 合营各方应当按照合同规定的期限缴清各自的出资额。逾期未缴或者未缴清的，应当按合同规定支付迟延利息或者赔偿损失。

第二十九条 合营各方缴付出资额后，应当由中国的注册会计师验证，出具验资报告后，由合营企业据以发给出资证明书。出资证明书载明下列事项：合营企业名称；合营企业成立的年、月、日；合营者名称（或者姓名）及其出资额、出资的年、月、日；发给出资证明书的年、月、日。

第五章 董事会与经营管理机构

第三十条 董事会是合营企业的最高权力机构，决定合营企业的一切重大问题。

第三十一条 董事会成员不得少于 3 人。董事名额的分配由合营各方参照出资比例协商确定。

董事的任期为 4 年，经合营各方继续委派可以连任。

第三十二条 董事会会议每年至少召开 1 次，由董事长负责召集并主持。董事长不能召集时，由董事长委托副董事长或者其他董事负责召集并主持董事会会议。经 1/3 以上董事提议，可以由董事长召开董事会临时会议。

董事会会议应当有 2/3 以上董事出席方能举行。董事不能出席的，可以出具委托书委托他人代表其出席和表决。

董事会会议一般应当在合营企业法定地址所在地举行。

第三十三条 下列事项由出席董事会会议的董事一致通过方可作出决议：

（一）合营企业章程的修改；

（二）合营企业的中止、解散；

（三）合营企业注册资本的增加、减少；

（四）合营企业的合并、分立。

其他事项，可以根据合营企业章程载明的议事规则作出决议。

第三十四条 董事长是合营企业的法定代表人。董事长不能履行职责时，应当授权副董事长或者其他董事代表合营企业。

第三十五条 合营企业设经营管理机构，负责企业的日常经营管理工作。经营管理机构设总经理 1 人，副总经理若干人。副总经理协助总经理工作。

第三十六条 总经理执行董事会会议的各项决议，组织领导合营企业的日常经营管理工作。在董事会授权范围内，总经理对外代表合营企业，对内任免下属人员，行使董事会授予的其他职权。

第三十七条 总经理、副总经理由合营企业董事会聘请，可以由中国公民担任，也可以由外国公民担任。

经董事会聘请，董事长、副董事长、董事可以兼任合营企业的总经理、副总经理或者其他高级管理职务。

总经理处理重要问题时，应当同副总经理协商。

总经理或者副总经理不得兼任其他经济组织的总经理或者副总经理，不得参与其他经济组织对本企业的商业竞争。

第三十八条 总经理、副总经理及其他高级管理人员有营私舞弊或者严重失职行为的，经董事会决议可以随时解聘。

第三十九条 合营企业需要在国外和港澳地区设立分支机构

(含销售机构) 时，应当报对外经济贸易合作部批准。

第六章 引进技术

第四十条 本条例所称引进技术，是指合营企业通过技术转让的方式，从第三者或者合营者获得所需要的技术。

第四十一条 合营企业引进的技术应当是适用的、先进的，使其产品在国内具有显著的社会经济效益或者在国际市场上具有竞争能力。

第四十二条 在订立技术转让协议时，必须维护合营企业独立进行经营管理的权利，并参照本条例第二十六条的规定，要求技术输出方提供有关的资料。

第四十三条 合营企业订立的技术转让协议，应当报审批机构批准。

技术转让协议必须符合下列规定：

(一) 技术使用费应当公平合理；

(二) 除双方另有协议外，技术输出方不得限制技术输入方出口其产品的地区、数量和价格；

(三) 技术转让协议的期限一般不超过10年；

(四) 技术转让协议期满后，技术输入方有权继续使用该项技术；

(五) 订立技术转让协议双方，相互交换改进技术的条件应当对等；

(六) 技术输入方有权按自己认为合适的来源购买需要的机器设备、零部件和原材料；

(七) 不得含有为中国的法律、法规所禁止的不合理的限制性条款。

第七章 场地使用权及其费用

第四十四条 合营企业使用场地，必须贯彻执行节约用地的原则。所需场地，应当由合营企业向所在地的市（县）级土地主管部门提出申请，经审查批准后，通过签订合同取得场地使用权。合同应当订明场地面积、地点、用途、合同期限、场地使用权的费用（以下简称场地使用费）、双方的权利与义务、违反合同的罚则等。

第四十五条 合营企业所需场地的使用权，已为中国合营者所拥有的，中国合营者可以将其作为对合营企业的出资，其作价金额应当与取得同类场地使用权所应缴纳的使用费相同。

第四十六条 场地使用费标准应当根据该场地的用途、地理环境条件、征地拆迁安置费用和合营企业对基础设施的要求等因素，由所在地的省、自治区、直辖市人民政府规定，并向对外贸易经济合作部和国家土地主管部门备案。

第四十七条 从事农业、畜牧业的合营企业，经所在地的省、自治区、直辖市人民政府同意，可以按合营企业营业收入的百分比向所在地的土地主管部门缴纳场地使用费。

在经济不发达地区从事开发性的项目，场地使用费经所在地人民政府同意，可以给予特别优惠。

第四十八条 场地使用费在开始用地的5年内不调整。以后随着经济的发展、供需情况的变化和地理环境条件的变化需要调整时，调整的间隔期应当不少于3年。

场地使用费作为中国合营者投资的，在该合同期限内不得调整。

第四十九条 合营企业按本条例第四十四条取得的场地使用权，其场地使用费应当按合同规定的用地时间从开始时起按年缴纳，第一日历年用地时间超过半年的按半年计算；不足半年的免缴。在合同期内，场地使用费如有调整，应当自调整的年度起按新的费用标准缴纳。

第五十条 合营企业除依照本章规定取得场地使用权外，还可以按照国家有关规定取得场地使用权。

第八章 购买与销售

第五十一条 合营企业所需的机器设备、原材料、燃料、配套件、运输工具和办公用品等（以下简称物资），有权自行决定在中国购买或者向国外购买。

第五十二条 合营企业需要在中国购置的办公、生活用品，按需要量购买，不受限制。

第五十三条 中国政府鼓励合营企业向国际市场销售其产品。

第五十四条 合营企业有权自行出口其产品，也可以委托外国合营者的销售机构或者中国的外贸公司代销或者经销。

第五十五条 合营企业在合营合同规定的经营范围内，进口本企业生产所需的机器设备、零配件、原材料、燃料、凡属国家规定需要领取进口许可证的，每年编制一次计划，每半年申领一次。外国合营者作为出资的机器设备或者其他物料，可以凭审批机构的批准文件直接办理进口许可证进口。超出合营合同规定范围进口的物资，凡国家规定需要领取进口许可证的，应当另行申领。

合营企业生产的产品，可以自主经营出口，凡属国家规定需要领取出口许可证的，合营企业按照本企业的年度出口计划，每半年申领一次。

第五十六条 合营企业在国内购买物资的价格以及支付水、

电、气、热、货物运输、劳务、工程设计、咨询、广告等服务的费用，享受与国内其他企业同等的待遇。

第五十七条 合营企业与中国其他经济组织之间的经济往来，按照有关的法律规定和双方订立的合同承担经济责任，解决合同争议。

第五十八条 合营企业应当依照《中华人民共和国统计法》及中国利用外资统计制度的规定，提供统计资料，报送统计报表。

第九章 税 务

第五十九条 合营企业应当按照中华人民共和国有关法律的规定，缴纳各种税款。

第六十条 合营企业的职工应当按照《中华人民共和国个人所得税法》缴纳个人所得税。

第六十一条 合营企业进口下列物资，依照中国税法的有关规定减税、免税：

（一）按照合同规定作为外国合营者出资的机器设备、零部件和其他物料（其他物料系指合营企业建厂（场）以及安装、加固机器所需材料，下同）；

（二）合营企业以投资总额以内的资金进口的机器设备、零部件和其他物料；

（三）经审批机构批准，合营企业以增加资本所进口的国内不能保证生产供应的机器设备、零部件和其他物料；

（四）合营企业为生产出口产品，从国外进口的原材料、辅料、元器件、零部件和包装物料。

上述减税、免税进口物资，经批准在中国国内转卖或者转用于在中国国内销售的产品，应当照章纳税或者补税。

第六十二条　合营企业生产的出口产品，除中国限制出口的以外，依照中国税法的有关规定减税、免税或者退税。

第十章　外汇管理

第六十三条　合营企业的一切外汇事宜，按照《中华人民共和国外汇管理条例》和有关管理办法的规定办理。

第六十四条　合营企业凭营业执照，在境内银行开立外汇账户和人民币账户，由开户银行监督收付。

第六十五条　合营企业在国外或者港澳地区的银行开立外汇账户，应当经国家外汇管理局或者其分局批准，并向国家外汇管理局或者其分局报告收付情况和提供银行对账单。

第六十六条　合营企业在国外或者港澳地区设立的分支机构，其年度资产负债表和年度利润表，应当通过合营企业报送国家外汇管理局或者其分局。

第六十七条　合营企业根据经营业务的需要，可以向境内的金融机构申请外汇贷款和人民币贷款，也可以按照国家有关规定从国外或者港澳地区的银行借入外汇资金，并向国家外汇管理局或者其分局办理登记或者备案手续。

第六十八条　合营企业的外籍职工和港澳职工的工资和其他正当收益，依法纳税后，减去在中国境内的花费，其剩余部分可以按照国家有关规定购汇汇出。

第十一章　财务与会计

第六十九条　合营企业的财务与会计制度，应当按照中国有关法律和财务会计制度的规定，结合合营企业的情况加以制定，并报当地财政部门、税务机关备案。

第七十条 合营企业设总会计师，协助总经理负责企业的财务会计工作。必要时，可以设副总会计师。

第七十一条 合营企业设审计师（小的企业可以不设），负责审查、稽核合营企业的财务收支和会计账目，向董事会、总经理提出报告。

第七十二条 合营企业会计年度采用日历年制，自公历每年1月1日起至12月31日止为一个会计年度。

第七十三条 合营企业会计采用国际通用的权责发生制和借贷记账法记账。一切自制凭证、账簿、报表必须用中文书写，也可以同时用合营各方商定的一种外文书写。

第七十四条 合营企业原则上采用人民币作为记账本位币，经合营各方商定，也可以采用某一种外国货币作为记账本位币。

第七十五条 合营企业的账目，除按记账本位币记录外，对于现金、银行存款、其他货币款项以及债权债务、收益和费用等，与记账本位币不一致时，还应当按实际收付的货币记账。

以外国货币作为记账本位币的合营企业，其编报的财务会计报告应当折算为人民币。

因汇率的差异而发生的折合记账本位币差额，作为汇兑损益列账。记账汇率变动，有关外币各账户的账面余额，于年终结账时，应当按照中国有关法律和财务会计制度的规定进行会计处理。

第七十六条 合营企业按照《中华人民共和国外商投资企业和外国企业所得税法》缴纳所得税后的利润分配原则如下：

（一）提取储备基金、职工奖励及福利基金、企业发展基金，提取比例由董事会确定；

（二）储备基金除用于垫补合营企业亏损外，经审批机构批准也可以用于本企业增加资本，扩大生产；

（三）按照本条第（一）项规定提取三项基金后的可分配利润，董事会确定分配的，应当按合营各方的出资比例进行分配。

第七十七条　以前年度的亏损未弥补前不得分配利润。以前年度未分配的利润，可以并入本年度利润分配。

第七十八条　合营企业应当向合营各方、当地税务机关和财政部门报送季度和年度会计报表。

第七十九条　合营企业的下列文件、证件、报表，应当经中国的注册会计师验证和出具证明，方为有效：

（一）合营各方的出资证明书（以物料、场地使用权、工业产权、专有技术作为出资的，应当包括合营各方签字同意的财产估价清单及其协议文件）；

（二）合营企业的年度会计报表；

（三）合营企业清算的会计报表。

第十二章　职　　工

第八十条　合营企业职工的招收、招聘、辞退、辞职、工资、福利、劳动保险、劳动保护、劳动纪律等事宜，按照国家有关劳动和社会保障的规定办理。

第八十一条　合营企业应当加强对职工的业务、技术培训，建立严格的考核制度，使他们在生产、管理技能方面能够适应现代化企业的要求。

第八十二条　合营企业的工资、奖励制度必须符合按劳分配、多劳多得的原则。

第八十三条　正副总经理、正副总工程师、正副总会计师、审计师等高级管理人员的工资待遇，由董事会决定。

第十三章　工　　会

第八十四条　合营企业职工有权按照《中华人民共和国工会法》和《中国工会章程》的规定，建立基层工会组织，开展工会活动。

第八十五条　合营企业工会是职工利益的代表，有权代表职工同合营企业签订劳动合同，并监督合同的执行。

第八十六条　合营企业工会的基本任务是：依法维护职工的民主权利和物质利益；协助合营企业安排和合理使用福利、奖励基金；组织职工学习政治、科学、技术和业务知识，开展文艺、体育活动；教育职工遵守劳动纪律，努力完成企业的各项经济任务。

第八十七条　合营企业董事会会议讨论合营企业的发展规划、生产经营活动等重大事项时，工会的代表有权列席会议，反映职工的意见和要求。

董事会会议研究决定有关职工奖惩、工资制度、生活福利、劳动保护和保险等问题时，工会的代表有权列席会议，董事会应当听取工会的意见，取得工会的合作。

第八十八条　合营企业应当积极支持本企业工会的工作。合营企业应当按照《中华人民共和国工会法》的规定为工会组织提供必要的房屋和设备，用于办公、会议、举办职工集体福利、文化、体育事业。合营企业每月按企业职工实际工资总额的2%拨交工会经费，由本企业工会按照中华全国总工会制定的有关工会经费管理办法使用。

第十四章　期限、解散与清算

第八十九条　合营企业的合营期限，按照《中外合资经营企业合营期限暂行规定》执行。

第九十条　合营企业在下列情况下解散：

（一）合营期限届满；

（二）企业发生严重亏损，无力继续经营；

（三）合营一方不履行合营企业协议、合同、章程规定的义务，致使企业无法继续经营；

（四）因自然灾害、战争等不可抗力遭受严重损失，无法继续经营；

（五）合营企业未达到其经营目的，同时又无发展前途；

（六）合营企业合同、章程所规定的其他解散原因已经出现。

前款第（二）、（四）、（五）、（六）项情况发生的，由董事会提出解散申请书，报审批机构批准；第（三）项情况发生的，由履行合同的一方提出申请，报审批机构批准。

在本条第一款第（三）项情况下，不履行合营企业协议、合同、章程规定的义务一方，应当对合营企业由此造成的损失负赔偿责任。

第九十一条　合营企业宣告解散时，应当进行清算。合营企业应当按照《外商投资企业清算办法》的规定成立清算委员会，由清算委员会负责清算事宜。

第九十二条　清算委员会的成员一般应当在合营企业的董事中选任。董事不能担任或者不适合担任清算委员会成员时，合营企业可以聘请中国的注册会计师、律师担任。审批机构认为必要时，可以派人进行监督。

清算费用和清算委员会成员的酬劳应当从合营企业现存财产中优先支付。

第九十三条　清算委员会的任务是对合营企业的财产、债权、债务进行全面清查，编制资产负债表和财产目录，提出财产作价和计算依据，制定清算方案，提请董事会会议通过后执行。

清算期间，清算委员会代表该合营企业起诉和应诉。

第九十四条 合营企业以其全部资产对其债务承担责任。合营企业清偿债务后的剩余财产按照合营各方的出资比例进行分配，但合营企业协议、合同、章程另有规定的除外。

合营企业解散时，其资产净额或者剩余财产减除企业未分配利润，各项基金和清算费用后的余额，超过实缴资本的部分为清算所得，应当依法缴纳所得税。

第九十五条 合营企业的清算工作结束后，由清算委员会提出清算结束报告，提请董事会会议通过后，报告审批机构，并向登记管理机构办理注销登记手续，缴销营业执照。

第九十六条 合营企业解散后，各项账册及文件应当由原中国合营者保存。

第十五章 争议的解决

第九十七条 合营各方在解释或者履行合营企业协议、合同、章程时发生争议的，应当尽量通过友好协商或者调解解决。经过协商或者调解无效的，提请仲裁或者司法解决。

第九十八条 合营各方根据有关仲裁的书面协议，可以在中国的仲裁机构进行仲裁，也可以在其他仲裁机构仲裁。

第九十九条 合营各方之间没有有关仲裁的书面协议的，发生争议的任何一方都可以依法向人民法院起诉。

第一百条 在解决争议期间，除争议事项外，合营各方应当继续履行合营企业协议、合同、章程所规定的其他各项条款。

第十六章　附　　则

第一百零一条　合营企业的外籍职工和港澳职工（包括其家属），需要经常入、出中国国境的，中国主管签证机关可以简化手续，予以方便。

第一百零二条　合营企业的中国职工，因工作需要出国（境）考察、洽谈业务、学习或者接受培训，按照国家有关规定办理出国（境）手续。

第一百零三条　合营企业的外籍职工和港澳职工，可以带进必需的交通工具和办公用品，按照中国税法的有关规定纳税。

第一百零四条　在经济特区设立的合营企业，法律、行政法规另有规定的，从其规定。

第一百零五条　本条例自公布之日起施行。

中华人民共和国中外合作经营企业法

（1988年4月13日第七届全国人民代表大会第一次会议通过　根据2000年10月31日第九届全国人民代表大会常务委员会第十八次会议《关于修改〈中华人民共和国中外合作经营企业法〉的决定》修正）

第一条　为了扩大对外经济合作和技术交流，促进外国的企业和其他经济组织或者个人（以下简称外国合作者）按照平等互利的原则，同中华人民共和国的企业或者其他经济组织（以下简称中国合作者）在中国境内共同举办中外合作经营企业（以下简称合作企业），特制定本法。

第二条　中外合作者举办合作企业，应当依照本法的规定，在合作企业合同中约定投资或者合作条件、收益或者产品的分配、风险和亏损的分担、经营管理的方式和合作企业终止时财产的归属等事项。

合作企业符合中国法律关于法人条件的规定的，依法取得中国法人资格。

第三条　国家依法保护合作企业和中外合作者的合法权益。

合作企业必须遵守中国的法律、法规，不得损害中国的社会公共利益。

国家有关机关依法对合作企业实行监督。

第四条　国家鼓励举办产品出口的或者技术先进的生产型合作企业。

第五条　申请设立合作企业，应当将中外合作者签订的协议、合同、章程等文件报国务院对外经济贸易主管部门或者国务院授权的部门和地方政府（以下简称审查批准机关）审查批准。审查批准机关应当自接到申请之日起四十五天内决定批准或者不批准。

第六条　设立合作企业的申请经批准后，应当自接到批准证书之日起三十天内向工商行政管理机关申请登记，领取营业执照。合作企业的营业执照签发日期，为该企业的成立日期。

合作企业应当自成立之日起三十天内向税务机关办理税务登记。

第七条　中外合作者在合作期限内协商同意对合作企业合同作重大变更的，应当报审查批准机关批准；变更内容涉及法定工商登记项目、税务登记项目的，应当向工商行政管理机关、税务机关办理变更登记手续。

第八条　中外合作者的投资或者提供的合作条件可以是现金、实物、土地使用权、工业产权、非专利技术和其他财产权利。

第九条　中外合作者应当依照法律、法规的规定和合作企业合同的约定，如期履行缴足投资、提供合作条件的义务。逾期不履行的，由工商行政管理机关限期履行；限期届满仍未履行的，由审查批准机关和工商行政管理机关依照国家有关规定处理。

中外合作者的投资或者提供的合作条件，由中国注册会计师或者有关机构验证并出具证明。

第十条　中外合作者的一方转让其在合作企业合同中的全部或者部分权利、义务的，必须经他方同意，并报审查批准机关批准。

第十一条　合作企业依照经批准的合作企业合同、章程进行经营管理活动。合作企业的经营管理自主权不受干涉。

第十二条　合作企业应当设立董事会或者联合管理机构，依照合作企业合同或者章程的规定，决定合作企业的重大问题。中外合作者的一方担任董事会的董事长、联合管理机构的主任的，由他方担任副董事长、副主任。董事会或者联合管理机构可以决定任命或者聘请总经理负责合作企业的日常经营管理工作。总经理对董事会或者联合管理机构负责。

合作企业成立后改为委托中外合作者以外的他人经营管理的，必须经董事会或者联合管理机构一致同意，报审查批准机关批准，并向工商行政管理机关办理变更登记手续。

第十三条 合作企业职工的录用、辞退、报酬、福利、劳动保护、劳动保险等事项，应当依法通过订立合同加以规定。

第十四条 合作企业的职工依法建立工会组织，开展工会活动，维护职工的合法权益。

合作企业应当为本企业工会提供必要的活动条件。

第十五条 合作企业必须在中国境内设置会计账簿，依照规定报送会计报表，并接受财政税务机关的监督。

合作企业违反前款规定，不在中国境内设置会计账簿的，财政税务机关可以处以罚款，工商行政管理机关可以责令停止营业或者吊销其营业执照。

第十六条 合作企业应当凭营业执照在国家外汇管理机关允许经营外汇业务的银行或者其他金融机构开立外汇账户。

合作企业的外汇事宜，依照国家有关外汇管理的规定办理。

第十七条 合作企业可以向中国境内的金融机构借款，也可以在中国境外借款。

中外合作者用作投资或者合作条件的借款及其担保，由各方自行解决。

第十八条 合作企业的各项保险应当向中国境内的保险机构投保。

第十九条 合作企业可以在经批准的经营范围内，进口本企业需要的物资，出口本企业生产的产品。合作企业在经批准的经营范围内所需的原材料、燃料等物资，按照公平、合理的原则，可以在国内市场或者在国际市场购买。

第二十条 合作企业依照国家有关税收的规定缴纳税款并可以享受减税、免税的优惠待遇。

第二十一条 中外合作者依照合作企业合同的约定，分配收益或者产品，承担风险和亏损。

中外合作者在合作企业合同中约定合作期满时合作企业的全部固定资产归中国合作者所有的，可以在合作企业合同中约定外国合作者在合作期限内先行回收投资的办法。合作企业合同约定外国合作者在缴纳所得税前回收投资的，必须向财政税务机关提出申请，由财政税务机关依照国家有关税收的规定审查批准。

依照前款规定外国合作者在合作期限内先行回收投资的，中外合作者应当依照有关法律的规定和合作企业合同的约定对合作企业的债务承担责任。

第二十二条 外国合作者在履行法律规定和合作企业合同约定的义务后分得的利润、其他合法收入和合作企业终止时分得的资金，可以依法汇往国外。

合作企业的外籍职工的工资收入和其他合法收入，依法缴纳个人所得税后，可以汇往国外。

第二十三条 合作企业期满或者提前终止时，应当依照法定程序对资产和债权、债务进行清算。中外合作者应当依照合作企业合同的约定确定合作企业财产的归属。

合作企业期满或者提前终止，应当向工商行政管理机关和税务机关办理注销登记手续。

第二十四条 合作企业的合作期限由中外合作者协商并在合作企业合同中订明。中外合作者同意延长合作期限的，应当在距合作期满一百八十天前向审查批准机关提出申请。审查批准机关应当自接到申请之日起三十天内决定批准或者不批准。

第二十五条　中外合作者履行合作企业合同、章程发生争议时，应当通过协商或者调解解决。中外合作者不愿通过协商、调解解决的，或者协商、调解不成的，可以依照合作企业合同中的仲裁条款或者事后达成的书面仲裁协议，提交中国仲裁机构或者其他仲裁机构仲裁。

中外合作者没有在合作企业合同中订立仲裁条款，事后又没有达成书面仲裁协议的，可以向中国法院起诉。

第二十六条　国务院对外经济贸易主管部门根据本法制定实施细则，报国务院批准后施行。

第二十七条　本法自公布之日起施行。

附：全国人民代表大会常务委员会关于修改《中华人民共和国中外合作经营企业法》的决定

（2000年10月31日第九届全国人民代表大会常务委员会第十八次会议通过）

第九届全国人民代表大会常务委员会第十八次会议决定对《中华人民共和国中外合作经营企业法》作如下修改：

一、将第十九条修改为："合作企业可以在经批准的经营范围内，进口本企业需要的物资，出口本企业生产的产品。合作企业在经批准的经营范围内所需的原材料、燃料等物资，按照公平、合理的原则，可以在国内市场或者在国际市场购买。"

二、删去第二十条。

此外，根据本决定对部分条文的顺序作相应调整。

本决定自公布之日起施行。

《中华人民共和国中外合作经营企业法》根据本决定作相应的修改，重新公布。

中华人民共和国中外合作经营企业法实施细则

（1995年8月7日国务院批准　1995年9月4日对外贸易经济合作部令第6号发布）

第一章　总　则

第一条　根据《中华人民共和国中外合作经营企业法》，制定本实施细则。

第二条　在中国境内举办中外合作经营企业（以下简称合作企业），应当符合国家的发展政策和产业政策，遵守国家关于指导外商投资方向的规定。

第三条　合作企业在批准的合作企业协议、合同、章程范围内，依法自主地开展业务、进行经营管理活动，不受任何组织或者个人的干涉。

第四条　合作企业包括依法取得中国法人资格的合作企业和不具有法人资格的合作企业。

不具有法人资格的合作企业，本实施细则第九章有特别规定的，从其规定。

第五条　合作企业的主管部门为中国合作者的主管部门。合作企业有2个以上中国合作者的，由审查批准机关会同有关部门协商确定一个主管部门。但是，法律、行政法规另有规定的除外。

合作企业的主管部门对合作企业的有关事宜依法进行协调、提供协助。

第二章 合作企业的设立

第六条 设立合作企业由对外贸易经济合作部或者国务院授权的部门和地方人民政府审查批准。

设立合作企业属于下列情形的，由国务院授权的部门或者地方人民政府审查批准：

（一）投资总额在国务院规定由国务院授权的部门或者地方人民政府审批的投资限额以内的；

（二）自筹资金，并且不需要国家平衡建设、生产条件的；

（三）产品出口不需要领取国家有关主管部门发放的出口配额、许可证，或者虽需要领取，但在报送项目建议书前已征得国家有关主管部门同意的；

（四）有法律、行政法规规定由国务院授权的部门或者地方人民政府审查批准的其他情形的。

第七条 设立合作企业，应当由中国合作者向审查批准机关报送下列文件：

（一）设立合作企业的项目建议书，并附送主管部门审查同意的文件；

（二）合作各方共同编制的可行性研究报告，并附送主管部门审查同意的文件；

（三）由合作各方的法定代表人或其授权的代表签署的合作企业协议、合同、章程；

（四）合作各方的营业执照或者注册登记证明、资信证明及法定代表人的有效证明文件，外国合作者是自然人的，应当提供有关其身份、履历和资信情况的有效证明文件；

（五）合作各方协商确定的合作企业董事长、副董事长、董事或者联合管理委员会主任、副主任、委员的人选名单；

（六）审查批准机关要求报送的其他文件。

前款所列文件，除第四项中所列外国合作者提供的文件外，必须报送中文本，第二项、第三项和第五项所列文件可以同时报送合作各方商定的一种外文本。

审查批准机关应当自收到规定的全部文件之日起 45 天内决定批准或者不批准；审查批准机关认为报送的文件不全或者有不当之处的，有权要求合作各方在指定期间内补全或者修正。

第八条　对外贸易经济合作部和国务院授权的部门批准设立的合作企业，由对外贸易经济合作部颁发批准证书。

国务院授权的地方人民政府批准设立的合作企业，由有关地方人民政府颁发批准证书，并自批准之日起 30 天内将有关批准文件报送对外贸易经济合作部备案。

批准设立的合作企业应当依法向工商行政管理机关申请登记，领取营业执照。

第九条　申请设立合作企业，有下列情形之一的，不予批准：

（一）损害国家主权或者社会公共利益的；

（二）危害国家安全的；

（三）对环境造成污染损害的；

（四）有违反法律、行政法规或者国家产业政策的其他情形的。

第十条　本实施细则所称合作企业协议，是指合作各方对设立合作企业的原则和主要事项达成一致意见后形成的书面文件。

本实施细则所称合作企业合同，是指合作各方为设立合作企业就相互之间的权利、义务关系达成一致意见后形成的书面文件。

本实施细则所称合作企业章程，是指按照合作企业合同的约定，经合作各方一致同意，约定合作企业的组织原则、经营管理方法等事项的书面文件。

合作企业协议、章程的内容与合作企业合同不一致的，以合作企业合同为准。

合作各方可以不订立合作企业协议。

第十一条 合作企业协议、合同、章程自审查批准机关颁发批准证书之日起生效。在合作期限内，合作企业协议、合同、章程有重大变更的，须经审查批准机关批准。

第十二条 合作企业合同应当载明下列事项：

（一）合作各方的名称、注册地、住所及法定代表人的姓名、职务、国籍（外国合作者是自然人的，其姓名、国籍和住所）；

（二）合作企业的名称、住所、经营范围；

（三）合作企业的投资总额，注册资本，合作各方投资或者提供合作条件的方式、期限；

（四）合作各方投资或者提供的合作条件的转让；

（五）合作各方收益或者产品的分配，风险或者亏损的分担；

（六）合作企业董事会或者联合管理委员会的组成以及董事或者联合管理委员会委员名额的分配，总经理及其他高级管理人员的职责和聘任、解聘办法；

（七）采用的主要生产设备、生产技术及其来源；

（八）产品在中国境内销售和境外销售的安排；

（九）合作企业外汇收支的安排；

（十）合作企业的期限、解散和清算；

（十一）合作各方其他义务以及违反合同的责任；

（十二）财务、会计、审计的处理原则；

（十三）合作各方之间争议的处理；

（十四）合作企业合同的修改程序。

第十三条　合作企业章程应当载明下列事项：

（一）合作企业名称及住所；

（二）合作企业的经营范围和合作期限；

（三）合作各方的名称、注册地、住所及法定代表人的姓名、职务和国籍（外国合作者是自然人的，其姓名、国籍和住所）；

（四）合作企业的投资总额，注册资本，合作各方投资或者提供合作条件的方式、期限；

（五）合作各方收益或者产品的分配，风险或者亏损的分担；

（六）合作企业董事会或者联合管理委员会的组成、职权和议事规则，董事会董事或者联合管理委员会委员的任期，董事长、副董事长或者联合管理委员会主任、副主任的职责；

（七）经营管理机构的设置、职权、办事规则，总经理及其他高级管理人员的职责和聘任、解聘办法；

（八）有关职工招聘、培训、劳动合同、工资、社会保险、福利、职业安全卫生等劳动管理事项的规定；

（九）合作企业财务、会计和审计制度；

（十）合作企业解散和清算办法；

（十一）合作企业章程的修改程序。

第三章　组织形式与注册资本

第十四条　合作企业依法取得中国法人资格的，为有限责任公司。除合作企业合同另有约定外，合作各方以其投资或者提供的合作条件为限对合作企业承担责任。

合作企业以其全部资产对合作企业的债务承担责任。

第十五条 合作企业的投资总额，是指按照合作企业合同、章程规定的生产经营规模，需要投入的资金总和。

第十六条 合作企业的注册资本，是指为设立合作企业，在工商行政管理机关登记的合作各方认缴的出资额之和。注册资本以人民币表示，也可以用合作各方约定的一种可自由兑换的外币表示。

合作企业注册资本在合作期限内不得减少。但是，因投资总额和生产经营规模等变化，确需减少的，须经审查批准机关批准。

第四章 投资、合作条件

第十七条 合作各方应当依照有关法律、行政法规的规定和合作企业合同的约定，向合作企业投资或者提供合作条件。

第十八条 合作各方向合作企业的投资或者提供的合作条件可以是货币，也可以是实物或者工业产权、专有技术、土地使用权等财产权利。

中国合作者的投资或者提供的合作条件，属于国有资产的，应当依照有关法律、行政法规的规定进行资产评估。

在依法取得中国法人资格的合作企业中，外国合作者的投资一般不低于合作企业注册资本的25%。在不具有法人资格的合作企业中，对合作各方向合作企业投资或者提供合作条件的具体要求，由对外贸易经济合作部规定。

第十九条 合作各方应当以其自有的财产或者财产权利作为投资或者合作条件，对该投资或者合作条件不得设置抵押权或者其他形式的担保。

第二十条　合作各方应当根据合作企业的生产经营需要，依照有关法律、行政法规的规定，在合作企业合同中约定合作各方向合作企业投资或者提供合作条件的期限。

合作各方没有按照合作企业合同约定缴纳投资或者提供合作条件的，工商行政管理机关应当限期履行；限期届满仍未履行的，审查批准机关应当撤销合作企业的批准证书，工商行政管理机关应当吊销合作企业的营业执照，并予以公告。

第二十一条　未按照合作企业合同约定缴纳投资或者提供合作条件的一方，应当向已按照合作企业合同约定缴纳投资或者提供合作条件的他方承担违约责任。

第二十二条　合作各方缴纳投资或者提供合作条件后，应当由中国注册会计师验证并出具验资报告，由合作企业据以发给合作各方出资证明书。出资证明书应当载明下列事项：

（一）合作企业名称；

（二）合作企业成立日期；

（三）合作各方名称或者姓名；

（四）合作各方投资或者提供合作条件的内容；

（五）合作各方投资或者提供合作条件的日期；

（六）出资证明书的编号和核发日期。

出资证明书应当抄送审查批准机关及工商行政管理机关。

第二十三条　合作各方之间相互转让或者合作一方向合作他方以外的他人转让属于其在合作企业合同中全部或者部分权利的，须经合作他方书面同意，并报审查批准机关批准。

审查批准机关应当自收到有关转让文件之日起30天内决定批准或者不批准。

第五章 组织机构

第二十四条 合作企业设董事会或者联合管理委员会。董事会或者联合管理委员会是合作企业的权力机构，按照合作企业章程的规定，决定合作企业的重大问题。

第二十五条 董事会或者联合管理委员会成员不得少于3人，其名额的分配由中外合作者参照其投资或者提供的合作条件协商确定。

第二十六条 董事会董事或者联合管理委员会委员由合作各方自行委派或者撤换。董事会董事长、副董事长或者联合管理委员会主任、副主任的产生办法由合作企业章程规定；中外合作者的一方担任董事长、主任的，副董事长、副主任由他方担任。

第二十七条 董事或者委员的任期由合作企业章程规定；但是，每届任期不得超过3年。董事或者委员任期届满，委派方继续委派的，可以连任。

第二十八条 董事会会议或者联合管理委员会会议每年至少召开1次，由董事长或者主任召集并主持。董事长或者主任因特殊原因不能履行职务时，由董事长或者主任指定副董事长、副主任或者其他董事、委员召集并主持。1/3以上董事或者委员可以提议召开董事会会议或者联合管理委员会会议。

董事会会议或者联合管理委员会会议应当有2/3以上董事或者委员出席方能举行，不能出席董事会会议或者联合管理委员会会议的董事或者委员应当书面委托他人代表其出席和表决。董事会会议或者联合管理委员会会议作出决议，须经全体董事或者委员的过半数通过。董事或者委员无正当理由不参加又不委托他人代表其参加董事会会议或者联合管理委员会会议的，视为出席董事会会议或者联合管理委员会会议并在表决中弃权。

召开董事会会议或者联合管理委员会会议，应当在会议召开的10天前通知全体董事或者委员。

董事会或者联合管理委员会也可以用通讯的方式作出决议。

第二十九条　下列事项由出席董事会会议或者联合管理委员会会议的董事或者委员一致通过，方可作出决议：

（一）合作企业章程的修改；

（二）合作企业注册资本的增加或者减少；

（三）合作企业的解散；

（四）合作企业的资产抵押；

（五）合作企业合并、分立和变更组织形式；

（六）合作各方约定由董事会会议或者联合管理委员会会议一致通过方可作出决议的其他事项。

第三十条　董事会或者联合管理委员会的议事方式和表决程序，除本实施细则规定的外，由合作企业章程规定。

第三十一条　董事长或者主任是合作企业的法定代表人。董事长或者主任因特殊原因不能履行职务时，应当授权副董事长、副主任或者其他董事、委员对外代表合作企业。

第三十二条　合作企业设总经理1人，负责合作企业的日常经营管理工作，对董事会或者联合管理委员会负责。

合作企业的总经理由董事会或者联合管理委员会聘任、解聘。

第三十三条　总经理及其他高级管理人员可以由中国公民担任，也可以由外国公民担任。

经董事会或者联合管理委员会聘任，董事或者委员可以兼任合作企业的总经理或者其他高级管理职务。

第三十四条　总经理及其他高级管理人员不胜任工作任务的，或者有营私舞弊或者严重失职行为的，经董事会或者联合管理委员会决议，可以解聘；给合作企业造成损失的，应当依法承担责任。

第三十五条 合作企业成立后委托合作各方以外的他人经营管理的，必须经董事会或者联合管理委员会一致同意，并应当与被委托人签订委托经营管理合同。

合作企业应当将董事会或者联合管理委员会的决议、签订的委托经营管理合同，连同被委托人的资信证明等文件，一并报送审查批准机关批准。审查批准机关应当自收到有关文件之日起30天内决定批准或者不批准。

第六章 购买物资和销售产品

第三十六条 合作企业按照经批准的经营范围和生产经营规模，自行制定生产经营计划。

政府部门不得强令合作企业执行政府部门确定的生产经营计划。

第三十七条 合作企业可以自行决定在中国境内或者境外购买本企业自用的机器设备、原材料、燃料、零部件、配套件、元器件、运输工具和办公用品等（以下简称“物资”）。

第三十八条 国家鼓励合作企业向国际市场销售其产品。合作企业可以自行向国际市场销售其产品，也可以委托国外的销售机构或者中国的外贸公司代销或者经销其产品。

合作企业销售产品的价格，由合作企业依法自行确定。

第三十九条 外国合作者作为投资进口的机器设备、零部件和其他物料以及合作企业用投资总额内的资金进口生产、经营所需的机器设备、零部件和其他物料，免征进口关税和进口环节的流转税。上述免税进口物资经批准在中国境内转卖或者转用于国内销售的，应当依法纳税或者补税。

第四十条 合作企业不得以明显低于合理的国际市场同类产

品的价格出口产品，不得以高于国际市场同类产品的价格进口物资。

第四十一条　合作企业销售产品，应当按照经批准的合作企业合同的约定销售。

第四十二条　合作企业进口或者出口属于进出口许可证、配额管理的商品，应当按照国家有关规定办理申领手续。

第七章　分配收益与回收投资

第四十三条　中外合作者可以采用分配利润、分配产品或者合作各方共同商定的其他方式分配收益。

采用分配产品或者其他方式分配收益的，应当按照税法的有关规定，计算应纳税额。

第四十四条　中外合作者在合作企业合同中约定合作期限届满时，合作企业的全部固定资产无偿归中国合作者所有的，外国合作者在合作期限内可以申请按照下列方式先行回收其投资：

（一）在按照投资或者提供合作条件进行分配的基础上，在合作企业合同中约定扩大外国合作者的收益分配比例；

（二）经财政税务机关按照国家有关税收的规定审查批准，外国合作者在合作企业缴纳所得税前回收投资；

（三）经财政税务机关和审查批准机关批准的其他回收投资方式。

外国合作者依照前款规定在合作期限内先行回收投资的，中外合作者应当依照有关法律的规定和合作企业合同的约定，对合作企业的债务承担责任。

第四十五条　外国合作者依照本实施细则第四十四条第二项和第三项的规定提出先行回收投资的申请，应当具体说明先行回收投资的总额、期限和方式，经财政税务机关审查同意后，报审查批准机关审批。

合作企业的亏损未弥补前，外国合作者不得先行回收投资。

第四十六条 合作企业应当按照国家有关规定聘请中国注册会计师进行查账验证。合作各方可以共同或者单方自行委托中国注册会计师查账，所需费用由委托查账方负担。

第八章 期限和解散

第四十七条 合作企业的期限由中外合作者协商确定，并在合作企业合同中订明。

合作企业期限届满，合作各方协商同意要求延长合作期限的，应当在期限届满的 180 天前向审查批准机关提出申请，说明原合作企业合同执行情况，延长合作期限的原因，同时报送合作各方就延长的期限内各方的权利、义务等事项所达成的协议。审查批准机关应当自接到申请之日起 30 天内，决定批准或者不批准。

经批准延长合作期限的，合作企业凭批准文件向工商行政管理机关办理变更登记手续，延长的期限从期限届满后的第一天起计算。

合作企业合同约定外国合作者先行回收投资，并且投资已经回收完毕的，合作企业期限届满不再延长；但是，外国合作者增加投资的，经合作各方协商同意，可以依照本条第二款的规定向审查批准机关申请延长合作期限。

第四十八条 合作企业因下列情形之一出现时解散：

(一) 合作期限届满；

(二) 合作企业发生严重亏损，或者因不可抗力遭受严重损失，无力继续经营；

（三）中外合作者一方或者数方不履行合作企业合同、章程规定的义务，致使合作企业无法继续经营；

（四）合作企业合同、章程中规定的其他解散原因已经出现；

（五）合作企业违反法律、行政法规，被依法责令关闭。

前款第二项、第四项所列情形发生，应当由合作企业的董事会或者联合管理委员会做出决定，报审查批准机关批准。在前款第三项所列情形下，不履行合作企业合同、章程规定的义务的中外合作者一方或者数方，应当对履行合同的他方因此遭受的损失承担赔偿责任；履行合同的一方或者数方有权向审查批准机关提出申请，解散合作企业。

第四十九条　合作企业的清算事宜依照国家有关法律、行政法规及合作企业合同、章程的规定办理。

第九章　关于不具有法人资格的合作企业的特别规定

第五十条　不具有法人资格的合作企业及其合作各方，依照中国民事法律的有关规定，承担民事责任。

第五十一条　不具有法人资格的合作企业应当向工商行政管理机关登记合作各方的投资或者提供的合作条件。

第五十二条　不具有法人资格的合作企业的合作各方的投资或者提供的合作条件，为合作各方分别所有。经合作各方约定，也可以共有，或者部分分别所有、部分共有。合作企业经营积累的财产，归合作各方共有。

不具有法人资格的合作企业合作各方的投资或者提供的合作条件由合作企业统一管理和使用。未经合作他方同意，任何一方不得擅自处理。

第五十三条　不具有法人资格的合作企业设立联合管理机构。联合管理机构由合作各方委派的代表组成，代表合作各方共同管理合作企业。

联合管理机构决定合作企业的一切重大问题。

第五十四条 不具有法人资格的合作企业应当在合作企业所在地设置统一的会计账簿；合作各方还应当设置各自的会计账簿。

第十章 附 则

第五十五条 合作企业合同的订立、效力、解释、履行及其争议的解决，适用中国法律。

第五十六条 本实施细则未规定的事项，包括合作企业的财务、会计、审计、外汇、税务、劳动管理、工会等，适用有关法律、行政法规的规定。

第五十七条 香港、澳门、台湾地区的公司、企业和其他经济组织或者个人以及在国外居住的中国公民举办合作企业，参照本实施细则办理。

第五十八条 本实施细则自发布之日起施行。

中华人民共和国外资企业法

(1986年4月12日第六届全国人民代表大会第四次会议通过　根据2000年10月31日第九届全国人民代表大会常务委员会第十八次会议《关于修改〈中华人民共和国外资企业法〉的决定》修正　同日公布实施)

第一条　为了扩大对外经济合作和技术交流，促进中国国民经济的发展，中华人民共和国允许外国的企业和其他经济组织或者个人（以下简称外国投资者）在中国境内举办外资企业，保护外资企业的合法权益。

第二条　本法所称的外资企业是指依照中国有关法律在中国境内设立的全部资本由外国投资者投资的企业，不包括外国的企业和其他经济组织在中国境内的分支机构。

第三条　设立外资企业，必须有利于中国国民经济的发展。国家鼓励举办产品出口或者技术先进的外资企业。

国家禁止或者限制设立外资企业的行业由国务院规定。

第四条　外国投资者在中国境内的投资、获得的利润和其他合法权益，受中国法律保护。

外资企业必须遵守中国的法律、法规，不得损害中国的社会公共利益。

第五条　国家对外资企业不实行国有化和征收；在特殊情况

下，根据社会公共利益的需要，对外资企业可以依照法律程序实行征收，并给予相应的补偿。

第六条 设立外资企业的申请，由国务院对外经济贸易主管部门或者国务院授权的机关审查批准。审查批准机关应当在接到申请之日起九十天内决定批准或者不批准。

第七条 设立外资企业的申请经批准后，外国投资者应当在接到批准证书之日起三十天内向工商行政管理机关申请登记，领取营业执照。外资企业的营业执照签发日期，为该企业成立日期。

第八条 外资企业符合中国法律关于法人条件的规定的，依法取得中国法人资格。

第九条 外资企业应当在审查批准机关核准的期限内在中国境内投资；逾期不投资的，工商行政管理机关有权吊销营业执照。

工商行政管理机关对外资企业的投资情况进行检查和监督。

第十条 外资企业分立、合并或者其他重要事项变更，应当报审查批准机关批准，并向工商行政管理机关办理变更登记手续。

第十一条 外资企业依照经批准的章程进行经营管理活动，不受干涉。

第十二条 外资企业雇用中国职工应当依法签订合同，并在合同中订明雇用、解雇、报酬、福利、劳动保护、劳动保险等事项。

第十三条 外资企业的职工依法建立工会组织，开展工会活动，维护职工的合法权益。

外资企业应当为本企业工会提供必要的活动条件。

第十四条 外资企业必须在中国境内设置会计账簿，进行独立核算，按照规定报送会计报表，并接受财政税务机关的监督。

外资企业拒绝在中国境内设置会计账簿的，财政税务机关可以处以罚款，工商行政管理机关可以责令停止营业或者吊销营业执照。

第十五条　外资企业在批准的经营范围内所需的原材料、燃料等物资，按照公平、合理的原则，可以在国内市场或者在国际市场购买。

第十六条　外资企业的各项保险应当向中国境内的保险公司投保。

第十七条　外资企业依照国家有关税收的规定纳税并可以享受减税、免税的优惠待遇。

外资企业将缴纳所得税后的利润在中国境内再投资的，可以依照国家规定申请退还再投资部分已缴纳的部分所得税税款。

第十八条　外资企业的外汇事宜，依照国家外汇管理规定办理。

外资企业应当在中国银行或者国家外汇管理机关指定的银行开户。

第十九条　外国投资者从外资企业获得的合法利润、其他合法收入和清算后的资金，可以汇往国外。

外资企业的外籍职工的工资收入和其他正当收入，依法缴纳个人所得税后，可以汇往国外。

第二十条　外资企业的经营期限由外国投资者申报，由审查批准机关批准。期满需要延长的，应当在期满一百八十天以前向审查批准机关提出申请。审查批准机关应当在接到申请之日起三十天内决定批准或者不批准。

第二十一条　外资企业终止，应当及时公告，按照法定程序进行清算。

在清算完结前，除为了执行清算外，外国投资者对企业财产不得处理。

第二十二条　外资企业终止，应当向工商行政管理机关办理注销登记手续，缴销营业执照。

第二十三条　国务院对外经济贸易主管部门根据本法制定实施细则，报国务院批准后施行。

第二十四条　本法自公布之日起施行。

附：全国人民代表大会常务委员会关于修改《中华人民共和国外资企业法》的决定

（2000 年 10 月 31 日第九届全国人民代表大会常务委员会第十八次会议通过）

第九届全国人民代表大会常务委员会第十八次会议决定对《中华人民共和国外资企业法》作如下修改：

一、第三条第一款修改为："设立外资企业，必须有利于中国国民经济的发展。国家鼓励举办产品出口或者技术先进的外资企业。"

二、删去第十一条第一款。

三、第十五条修改为："外资企业在批准的经营范围内所需的原材料、燃料等物资，按照公平、合理的原则，可以在国内市场或者在国际市场购买。"

四、删去第十八条第三款。

此外，根据本决定对部分条文的顺序作相应调整。

本决定自公布之日起施行。

《中华人民共和国外资企业法》根据本决定作相应的修改，重新公布。

中华人民共和国外资企业法实施细则

(1990 年 10 月 28 日国务院批准 1990 年 12 月 12 日对外经济贸易部发布　根据 2001 年 4 月 12 日《国务院关于修改〈中华人民共和国外资企业法实施细则〉的决定》修订)

第一章　总　则

第一条　根据《中华人民共和国外资企业法》的规定，制定本实施细则。

第二条　外资企业受中国法律的管辖和保护。

外资企业在中国境内从事经营活动，必须遵守中国的法律、法规，不得损害中国的社会公共利益。

第三条　设立外资企业，必须有利于中国国民经济的发展，能够取得显著的经济效益。国家鼓励外资企业采用先进技术和设备，从事新产品开发，实现产品升级换代，节约能源和原材料，并鼓励举办产品出口的外资企业。

第四条　禁止或者限制设立外资企业的行业，按照国家指导外商投资方向的规定及外商投资产业指导目录执行。

第五条　申请设立外资企业，有下列情况之一的，不予批准：

(一) 有损中国主权或者社会公共利益的；

（二）危及中国国家安全的；

（三）违反中国法律、法规的；

（四）不符合中国国民经济发展要求的；

（五）可能造成环境污染的。

第六条 外资企业在批准的经营范围内，自主经营管理，不受干涉。

第二章 设立程序

第七条 设立外资企业的申请，由中华人民共和国对外贸易经济合作部（以下简称对外贸易经济合作部）审查批准后，发给批准证书。

设立外资企业的申请属于下列情形的，国务院授权省、自治区、直辖市和计划单列市、经济特区人民政府审查批准后，发给批准证书：

（一）投资总额在国务院规定的投资审批权限以内的；

（二）不需要国家调拨原材料，不影响能源、交通运输、外贸出口配额等全国综合平衡的。

省、自治区、直辖市和计划单列市、经济特区人民政府在国务院授权范围内批准设立外资企业，应当在批准后 15 天内报对外贸易经济合作部备案（对外贸易经济合作部和省、自治区、直辖市和计划单列市、经济特区人民政府，以下统称审批机关）。

第八条 申请设立的外资企业，其产品涉及出口许可证、出口配额、进口许可证或者属于国家限制进口的，应当依照有关管理权限事先征得对外经济贸易主管部门的同意。

第九条 外国投资者在提出设立外资企业的申请前，应当就下列事项向拟设立外资企业所在地的县级或者县级以上地方人民政府提交报告。报告内容包括：设立外资企业的宗旨；经营范围、规模；生产产品；使用的技术设备；用地面积及要求；需要用水、电、煤、煤气或者其他能源的条件及数量；对公共设施的要求等。

县级或者县级以上地方人民政府应当在收到外国投资者提交的报告之日起 30 天内以书面形式答复外国投资者。

第十条　外国投资者设立外资企业，应当通过拟设立外资企业所在地的县级或者县级以上地方人民政府向审批机关提出申请，并报送下列文件：

（一）设立外资企业申请书；

（二）可行性研究报告；

（三）外资企业章程；

（四）外资企业法定代表人（或者董事会人选）名单；

（五）外国投资者的法律证明文件和资信证明文件；

（六）拟设立外资企业所在地的县级或者县级以上地方人民政府的书面答复；

（七）需要进口的物资清单；

（八）其他需要报送的文件。

前款（一）、（三）项文件必须用中文书写；（二）、（四）、（五）项文件可以用外文书写，但应当附中文译文。

两个或者两个以上外国投资者共同申请设立外资企业，应当将其签订的合同副本报送审批机关备案。

第十一条　审批机关应当在收到申请设立外资企业的全部文件之日起 90 天内决定批准或者不批准。审批机关如果发现上述文件不齐备或者有不当之处，可以要求限期补报或者修改。

第十二条　设立外资企业的申请经审批机关批准后，外国投资者应当在收到批准证书之日起 30 天内向工商行政管理机关申请登记，领取营业执照。外资企业的营业执照签发日期，为该企业成立日期。

外国投资者在收到批准证书之日起满30天未向工商行政管理机关申请登记的，外资企业批准证书自动失效。

外资企业应当在企业成立之日起30天内向税务机关办理税务登记。

第十三条 外国投资者可以委托中国的外商投资企业服务机构或者其他经济组织代为办理本实施细则第八条、第九条第一款和第十条规定事宜，但须签订委托合同。

第十四条 设立外资企业的申请书应当包括下列内容：

（一）外国投资者的姓名或者名称、住所、注册地和法定代表人的姓名、国籍、职务；

（二）拟设立外资企业的名称、住所；

（三）经营范围、产品品种和生产规模；

（四）拟设立外资企业的投资总额、注册资本、资金来源、出资方式和期限；

（五）拟设立外资企业的组织形式和机构、法定代表人；

（六）采用的主要生产设备及其新旧程度、生产技术、工艺水平及其来源；

（七）产品的销售方向、地区和销售渠道、方式；

（八）外汇资金的收支安排；

（九）有关机构设置和人员编制，职工的招用、培训、工资、福利、保险、劳动保护等事项的安排；

（十）可能造成环境污染的程度和解决措施；

（十一）场地选择和用地面积；

（十二）基本建设和生产经营所需资金、能源、原材料及其解决办法；

（十三）项目实施的进度计划；

（十四）拟设立外资企业的经营期限。

第十五条 外资企业的章程应当包括下列内容：

（一）名称及住所；

（二）宗旨、经营范围；

（三）投资总额、注册资本、出资期限；

（四）组织形式；

（五）内部组织机构及其职权和议事规则，法定代表人以及总经理、总工程师、总会计师等人员的职责、权限；

（六）财务、会计及审计的原则和制度；

（七）劳动管理；

（八）经营期限、终止及清算；

（九）章程的修改程序。

第十六条　外资企业的章程经审批机关批准后生效，修改时同。

第十七条　外资企业的分立、合并或者由于其他原因导致资本发生重大变动，须经审批机关批准，并应当聘请中国的注册会计师验证和出具验资报告；经审批机关批准后，向工商行政管理机关办理变更登记手续。

第三章　组织形式与注册资本

第十八条　外资企业的组织形式为有限责任公司。经批准也可以为其他责任形式。

外资企业为有限责任公司的，外国投资者对企业的责任以其认缴的出资额为限。

外资企业为其他责任形式的，外国投资者对企业的责任适用中国法律、法规的规定。

第十九条　外资企业的投资总额，是指开办外资企业所需资金总额，即按其生产规模需要投入的基本建设资金和生产流动资金的总和。

第二十条 外资企业的注册资本，是指为设立外资企业在工商行政管理机关登记的资本总额，即外国投资者认缴的全部出资额。

外资企业的注册资本要与其经营规模相适应，注册资本与投资总额的比例应当符合中国有关规定。

第二十一条 外资企业在经营期内不得减少其注册资本。但是，因投资总额和生产经营规模等发生变化，确需减少的，须经审批机关批准。

第二十二条 外资企业注册资本的增加、转让，须经审批机关批准，并向工商行政管理机关办理变更登记手续。

第二十三条 外资企业将其财产或者权益对外抵押、转让，须经审批机关批准并向工商行政管理机关备案。

第二十四条 外资企业的法定代表人是依照其章程规定，代表外资企业行使职权的负责人。

法定代表人无法履行其职权时，应当以书面形式委托代理人，代其行使职权。

第四章 出资方式与期限

第二十五条 外国投资者可以用可自由兑换的外币出资，也可以用机器设备、工业产权、专有技术等作价出资。

经审批机关批准，外国投资者也可以用其从中国境内举办的其他外商投资企业获得的人民币利润出资。

第二十六条 外国投资者以机器设备作价出资的，该机器设备应当是外资企业生产所必需的设备。

该机器设备的作价不得高于同类机器设备当时的国际市场正常价格。

对作价出资的机器设备，应当列出详细的作价出资清单，包括名称、种类、数量、作价等，作为设立外资企业申请书的附件一并报送审批机关。

第二十七条　外国投资者以工业产权、专有技术作价出资的，该工业产权、专有技术应当为外国投资者所有。

该工业产权、专有技术的作价应当与国际上通常的作价原则相一致，其作价金额不得超过外资企业注册资本的20%。

对作价出资的工业产权、专有技术，应当备有详细资料，包括所有权证书的复制件，有效状况及其技术性能、实用价值，作价的计算根据和标准等，作为设立外资企业申请书的附件一并报送审批机关。

第二十八条　作价出资的机器设备运抵中国口岸时，外资企业应当报请中国的商检机构进行检验，由该商检机构出具检验报告。

作价出资的机器设备的品种、质量和数量与外国投资者报送审批机关的作价出资清单列出的机器设备的品种、质量和数量不符的，审批机关有权要求外国投资者限期改正。

第二十九条　作价出资的工业产权、专有技术实施后，审批机关有权进行检查。该工业产权、专有技术与外国投资者原提供的资料不符的，审批机关有权要求外国投资者限期改正。

第三十条　外国投资者缴付出资的期限应当在设立外资企业申请书和外资企业章程中载明。外国投资者可以分期缴付出资，但最后一期出资应当在营业执照签发之日起3年内缴清。其中第一期出资不得少于外国投资者认缴出资额的15%，并应当在外资企业营业执照签发之日起90天内缴清。

外国投资者未能在前款规定的期限内缴付第一期出资的，外资企业批准证书即自动失效。外资企业应当向工商行政管理机关办理注销登记手续，缴销营业执照；不办理注销登记手续和缴销营业执照的，由工商行政管理机关吊销其营业执照，并予以公告。

第三十一条 第一期出资后的其他各期的出资，外国投资者应当如期缴付。无正当理由逾期30天不出资的，依照本实施细则第三十条第二款的规定处理。

外国投资者有正当理由要求延期出资的，应当经审批机关同意，并报工商行政管理机关备案。

第三十二条 外国投资者缴付每期出资后，外资企业应当聘请中国的注册会计师验证，并出具验资报告，报审批机关和工商行政管理机关备案。

第五章 用地及其费用

第三十三条 外资企业的用地，由外资企业所在地的县级或者县级以上地方人民政府根据本地区的情况审核后，予以安排。

第三十四条 外资企业应当在营业执照签发之日起30天内，持批准证书和营业执照到外资企业所在地县级或者县级以上地方人民政府的土地管理部门办理土地使用手续，领取土地证书。

第三十五条 土地证书为外资企业使用土地的法律凭证。外资企业在经营期限内未经批准，其土地使用权不得转让。

第三十六条 外资企业在领取土地证书时，应当向其所在地土地管理部门缴纳土地使用费。

第三十七条 外资企业使用经过开发的土地，应当缴付土地开发费。

前款所指土地开发费包括征地拆迁安置费用和为外资企业配套的基础设施建设费用。土地开发费可由土地开发单位一次性计收或者分年计收。

第三十八条 外资企业使用未经开发的土地，可以自行开发或者委托中国有关单位开发。基础设施的建设，应当由外资企业所在地县级或者县级以上地方人民政府统一安排。

第三十九条　外资企业的土地使用费和土地开发费的计收标准，依照中国有关规定办理。

第四十条　外资企业的土地使用年限，与经批准的该外资企业的经营期限相同。

第四十一条　外资企业除依照本章规定取得土地使用权外，还可以依照中国其他法规的规定取得土地使用权。

第六章　购买与销售

第四十二条　外资企业有权自行决定购买本企业自用的机器设备、原材料、燃料、零部件、配套件、元器件、运输工具和办公用品等（以下统称“物资”）。

外资企业在中国购买物资，在同等条件下，享受与中国企业同等的待遇。

第四十三条　外资企业可以在中国市场销售其产品。国家鼓励外资企业出口其生产的产品。

第四十四条　外资企业有权自行出口本企业生产的产品，也可以委托中国的外贸公司代销或者委托中国境外的公司代销。

外资企业可以自行在中国销售本企业生产的产品，也可以委托商业机构代销其产品。

第四十五条　外国投资者作为出资的机器设备，依照中国规定需要领取进口许可证的，外资企业凭批准的该企业进口设备和物资清单直接或者委托代理机构向发证机关申领进口许可证。

外资企业在批准的经营范围内，进口本企业自用并为生产所需的物资，依照中国规定需要领取进口许可证的，应当编制年度进口计划，每半年向发证机关申领一次。

外资企业出口产品，依照中国规定需要领取出口许可证的，应当编制年度出口计划，每半年向发证机关申领一次。

第四十六条　外资企业进口的物资以及技术劳务的价格不得高于当时的国际市场同类物资以及技术劳务的正常价格。外资企业的出口产品价格，由外资企业参照当时的国际市场价格自行确定，但不得低于合理的出口价格。用高价进口、低价出口等方式逃避税收的，税务机关有权根据税法规定，追究其法律责任。

第四十七条　外资企业应当依照《中华人民共和国统计法》及中国利用外资统计制度的规定，提供统计资料，报送统计报表。

第七章　税　务

第四十八条　外资企业应当依照中国法律、法规的规定，缴纳税款。

第四十九条　外资企业的职工应当依照中国法律、法规的规定，缴纳个人所得税。

第五十条　外资企业进口下列物资，依照中国税法的有关规定减税、免税：

（一）外国投资者作为出资的机器设备、零部件、建设用建筑材料以及安装、加固机器所需材料；

（二）外资企业以投资总额内的资金进口本企业生产所需的自用机器设备、零部件、生产用交通运输工具以及生产管理设备；

（三）外资企业为生产出口产品而进口的原材料、辅料、元器件、零部件和包装物料。

前款所述的进口物资，经批准在中国境内转卖或者转用于生产在中国境内销售的产品，应当依照中国税法纳税或者补税。

第五十一条　外资企业生产的出口产品，除中国限制出口的以外，依照中国税法的有关规定减税、免税或者退税。

第八章　外汇管理

第五十二条　外资企业的外汇事宜，应当依照中国有关外汇管理的法规办理。

第五十三条　外资企业凭工商行政管理机关发给的营业执照，在中国境内可以经营外汇业务的银行开立账户，由开户银行监督收付。

外资企业的外汇收入，应当存入其开户银行的外汇账户；外汇支出，应当从其外汇账户中支付。

第五十四条　外资企业因生产和经营需要在中国境外的银行开立外汇账户，须经中国外汇管理机关批准，并依照中国外汇管理机关的规定定期报告外汇收付情况和提供银行对账单。

第五十五条　外资企业中的外籍职工和港澳台职工的工资和其他正当的外汇收益，依照中国税法纳税后，可以自由汇出。

第九章　财务会计

第五十六条　外资企业应当依照中国法律、法规和财政机关的规定，建立财务会计制度并报其所在地财政、税务机关备案。

第五十七条　外资企业的会计年度自公历年的1月1日起至12月31日止。

第五十八条　外资企业依照中国税法规定缴纳所得税后的利润，应当提取储备基金和职工奖励及福利基金。储备基金的提取比例不得低于税后利润的10%，当累计提取金额达到注册资本的50%时，可以不再提取。职工奖励及福利基金的提取比例由外资企业自行确定。

外资企业以往会计年度的亏损未弥补前，不得分配利润；以往会计年度未分配的利润，可与本会计年度可供分配的利润一并分配。

第五十九条 外资企业的自制会计凭证、会计账簿和会计报表，应当用中文书写；用外文书写的，应当加注中文。

第六十条 外资企业应当独立核算。

外资企业的年度会计报表和清算会计报表，应当依照中国财政、税务机关的规定编制。以外币编报会计报表的，应当同时编报外币折合为人民币的会计报表。

外资企业的年度会计报表和清算会计报表，应当聘请中国的注册会计师进行验证并出具报告。

第二款和第三款规定的外资企业的年度会计报表和清算会计报表，连同中国的注册会计师出具的报告，应当在规定的时间内报送财政、税务机关，并报审批机关和工商行政管理机关备案。

第六十一条 外国投资者可以聘请中国或者外国的会计人员查阅外资企业账簿，费用由外国投资者承担。

第六十二条 外资企业应当向财政、税务机关报送年度资产负债表和损益表，并报审批机关和工商行政管理机关备案。

第六十三条 外资企业应当在企业所在地设置会计账簿，并接受财政、税务机关的监督。

违反前款规定的，财政、税务机关可以处以罚款，工商行政管理机关可以责令停止营业或者吊销营业执照。

第十章 职 工

第六十四条 外资企业在中国境内雇用职工，企业和职工双方应当依照中国的法律、法规签订劳动合同。合同中应当订明雇用、辞退、报酬、福利、劳动保护、劳动保险等事项。

外资企业不得雇用童工。

第六十五条　外资企业应当负责职工的业务、技术培训，建立考核制度，使职工在生产、管理技能方面能够适应企业的生产与发展需要。

第十一章　工　　会

第六十六条　外资企业的职工有权依照《中华人民共和国工会法》的规定，建立基层工会组织，开展工会活动。

第六十七条　外资企业工会是职工利益的代表，有权代表职工同本企业签订劳动合同，并监督劳动合同的执行。

第六十八条　外资企业工会的基本任务是：依照中国法律、法规的规定维护职工的合法权益，协助企业合理安排和使用职工福利、奖励基金；组织职工学习政治、科学技术和业务知识，开展文艺、体育活动；教育职工遵守劳动纪律，努力完成企业的各项经济任务。

外资企业研究决定有关职工奖惩、工资制度、生活福利、劳动保护和保险问题时，工会代表有权列席会议。外资企业应当听取工会的意见，取得工会的合作。

第六十九条　外资企业应当积极支持本企业工会的工作，依照《中华人民共和国工会法》的规定，为工会组织提供必要的房屋和设备，用于办公、会议、举办职工集体福利、文化、体育事业。外资企业每月按照企业职工实发工资总额的2%拨交工会经费，由本企业工会依照中华全国总工会制定的有关工会经费管理办法使用。

第十二章　期限、终止与清算

第七十条　外资企业的经营期限，根据不同行业和企业的具体情况，由外国投资者在设立外资企业的申请书中拟订，经审批机关批准。

第七十一条　外资企业的经营期限，从其营业执照签发之日起计算。

外资企业经营期满需要延长经营期限的，应当在距经营期满180天前向审批机关报送延长经营期限的申请书。审批机关应当在收到申请书之日起30天内决定批准或者不批准。

外资企业经批准延长经营期限的，应当自收到批准延长期限文件之日起30天内，向工商行政管理机关办理变更登记手续。

第七十二条　外资企业有下列情形之一的，应予终止：

（一）经营期限届满；

（二）经营不善，严重亏损，外国投资者决定解散；

（三）因自然灾害、战争等不可抗力而遭受严重损失，无法继续经营；

（四）破产；

（五）违反中国法律、法规，危害社会公共利益被依法撤销；

（六）外资企业章程规定的其他解散事由已经出现。

外资企业如存在前款第（二）、（三）、（四）项所列情形，应当自行提交终止申请书，报审批机关核准。审批机关做出核准的日期为企业的终止日期。

第七十三条　外资企业依照本实施细则第七十二条第（一）、（二）、（三）、（六）项的规定终止的，应当在终止之日起15天内对外公告并通知债权人，并在终止公告发出之日起15天内，提出清算程序、原则和清算委员会人选，报审批机关审核后进行清算。

第七十四条　清算委员会应当由外资企业的法定代表人、债权人代表以及有关主管机关的代表组成，并聘请中国的注册会计师、律师等参加。

清算费用从外资企业现存财产中优先支付。

第七十五条　清算委员会行使下列职权：

（一）召集债权人会议；

（二）接管并清理企业财产，编制资产负债表和财产目录；

（三）提出财产作价和计算依据；

（四）制定清算方案；

（五）收回债权和清偿债务；

（六）追回股东应缴而未缴的款项；

（七）分配剩余财产；

（八）代表外资企业起诉和应诉。

第七十六条　外资企业在清算结束之前，外国投资者不得将该企业的资金汇出或者携出中国境外，不得自行处理企业的财产。

外资企业清算结束，其资产净额和剩余财产超过注册资本的部分视同利润，应当依照中国税法缴纳所得税。

第七十七条　外资企业清算结束，应当向工商行政管理机关办理注销登记手续，缴销营业执照。

第七十八条　外资企业清算处理财产时，在同等条件下，中国的企业或者其他经济组织有优先购买权。

第七十九条　外资企业依照本实施细则第七十二条第（四）项的规定终止的，参照中国有关法律、法规进行清算。

外资企业依照本实施细则第七十二条第（五）项的规定终止的，依照中国有关规定进行清算。

第十三章　附　则

第八十条　外资企业的各项保险，应当向中国境内的保险公司投保。

第八十一条　外资企业与其他公司、企业或者经济组织以及个人签订合同，适用《中华人民共和国合同法》。

第八十二条　香港、澳门、台湾地区的公司、企业和其他经济组织或者个人以及在国外居住的中国公民在大陆设立全部资本为其所有的企业，参照本实施细则办理。

第八十三条　外资企业中的外籍职工和港澳台职工可带进合理自用的交通工具和生活物品，并依照中国规定办理进口手续。

第八十四条　本实施细则自公布之日起施行。

附：国务院关于修改《中华人民共和国外资企业法实施细则》的决定

（2001年4月12日颁布施行
中华人民共和国国务院令第301号）

为了适应我国对外开放新形势的需要，进一步改善外商投资环境，根据《全国人民代表大会常务委员会关于修改〈中华人民共和国外资企业法〉的决定》，对《中华人民共和国外资企业法实施细则》作如下修改：

一、将第三条修改为："设立外资企业，必须有利于中国国民经济的发展，能够取得显著的经济效益。国家鼓励外资企业采用先进技术和设备，从事新产品开发，实现产品升级换代，节约能源和原材料，并鼓励举办产品出口的外资企业。"

二、将第四条、第五条合并，修改为："禁止或者限制设立外资企业的行业，按照国家指导外商投资方向的规定及外商投资产业指导目录执行。"

三、将第十条中的"产品在中国和国外市场的销售比例"删去。

四、将第十五条中的"以及在中国和国外市场的销售比例"删去。

五、将第二十二条修改为："外资企业在经营期内不得减少其注册资本。但是，因投资总额和生产经营规模等发生变化，确需减少的，须经审批机关批准。"

六、将第二十七条第一款修改为："外国投资者以机器设备作价出资的，该机器设备应当是外资企业生产所必需的设备。”

七、将第二十八条第一款修改为：“外国投资者以工业产权、专有技术作价出资的，该工业产权、专有技术应当为外国投资者所有。”

八、删去第四十三条。

九、将第四十五条修改为：“外资企业可以在中国市场销售其产品。国家鼓励外资企业出口其生产的产品。”

十、将第四十六条第二款修改为：“外资企业可以自行在中国销售本企业生产的产品，也可以委托商业机构代销其产品。”

十一、删去第四十八条第二款、第三款。

十二、将第五十二条中的“外资企业进口下列物资，免征关税和工商统一税”修改为“外资企业进口下列物资，依照中国税法的有关规定减税、免税”。

十三、将第五十三条修改为：“外资企业生产的出口产品，除中国限制出口的以外，依照中国税法的有关规定减税、免税或者退税。”

十四、删去第五十六条。

十五、将第八十四条修改为：“外资企业与其他公司、企业或者经济组织以及个人签订合同，适用《中华人民共和国合同法》。”

十六、删去第八十七条。

此外，对部分条款的表述予以修改，条文顺序作相应调整。

本决定自公布之日起施行。

《中华人民共和国外资企业法实施细则》根据本决定作相应的修改，重新公布。

指导外商投资方向规定

（2002年2月11日中华人民共和国国务院令第346号公布　自2002年4月1日起施行）

第一条　为了指导外商投资方向，使外商投资方向与我国国民经济和社会发展规划相适应，并有利于保护投资者的合法权益，根据国家有关外商投资的法律规定和产业政策要求，制定本规定。

第二条　本规定适用于在我国境内投资举办中外合资经营企业、中外合作经营企业和外资企业（以下简称外商投资企业）的项目以及其他形式的外商投资项目（以下简称外商投资项目）。

第三条　《外商投资产业指导目录》和《中西部地区外商投资优势产业目录》由国家发展计划委员会、国家经济贸易委员会、对外贸易经济合作部会同国务院有关部门制订，经国务院批准后公布；根据实际情况，需要对《外商投资产业指导目录》和《中西部地区外商投资优势产业目录》进行部分调整时，由国家经济贸易委员会、国家发展计划委员会、对外贸易经济合作部会同国务院有关部门适时修订并公布。

《外商投资产业指导目录》和《中西部地区外商投资优势产业目录》是指导审批外商投资项目和外商投资企业适用有关政策的依据。

第四条　外商投资项目分为鼓励、允许、限制和禁止四类。

鼓励类、限制类和禁止类的外商投资项目，列入《外商投资产业指导目录》。不属于鼓励类、限制类和禁止类的外商投资项目，为允许类外商投资项目。允许类外商投资项目不列入《外商投资产业指导目录》。

第五条　属于下列情形之一的，列为鼓励类外商投资项目：

（一）属于农业新技术、农业综合开发和能源、交通、重要原材料工业的；

（二）属于高新技术、先进适用技术，能够改进产品性能、提高企业技术经济效益或者生产国内生产能力不足的新设备、新材料的；

（三）适应市场需求，能够提高产品档次、开拓新兴市场或者增加产品国际竞争能力的；

（四）属于新技术、新设备、能够节约能源和原材料、综合利用资源和再生资源以及防治环境污染的；

（五）能够发挥中西部地区的人力和资源优势，并符合国家产业政策的；

（六）法律、行政法规规定的其他情形。

第六条　属于下列情形之一的，列为限制类外商投资项目：

（一）技术水平落后的；

（二）不利于节约资源和改善生态环境的；

（三）从事国家规定实行保护性开采的特定矿种勘探、开采的；

（四）属于国家逐步开放的产业的；

（五）法律、行政法规规定的其他情形。

第七条　属于下列情形之一的，列为禁止类外商投资项目：

（一）危害国家安全或者损害社会公共利益的；

（二）对环境造成污染损害，破坏自然资源或者损害人体健康的；

（三）占用大量耕地，不利于保护、开发土地资源的；

（四）危害军事设施安全和使用效能的；

（五）运用我国特有工艺或者技术生产产品的；

（六）法律、行政法规规定的其他情形。

第八条 《外商投资产业指导目录》可以对外商投资项目规定“限于合资、合作”、“中方控股”或者“中方相对控股”。

限于合资、合作，是指仅允许中外合资经营、中外合作经营；中方控股，是指中方投资者在外商投资项目中的投资比例之和为51%及以上；中方相对控股，是指中方投资者在外商投资项目中的投资比例之和大于任何一方外国投资者的投资比例。

第九条 鼓励类外商投资项目，除依照有关法律、行政法规的规定享受优惠待遇外，从事投资额大、回收期长的能源、交通、城市基础设施（煤炭、石油、天然气、电力、铁路、公路、港口、机场、城市道路、污水处理、垃圾处理等）建设、经营的，经批准，可以扩大与其相关的经营范围。

第十条 产品全部直接出口的允许类外商投资项目，视为鼓励类外商投资项目；产品出口销售额占其产品销售总额70%以上的限制类外商投资项目，经省、自治区、直辖市及计划单列市人民政府或者国务院主管部门批准，可以视为允许类外商投资项目。

第十一条 对于确能发挥中西部地区优势的允许类和限制类外商投资项目，可以适当放宽条件；其中，列入《中西部地区外商投资优势产业目录》的，可以享受鼓励类外商投资项目优惠政策。

第十二条 根据现行审批权限，外商投资项目按照项目性质分别由发展计划部门和经贸部门审批、备案；外商投资企业的合同、章程由外经贸部门审批、备案。其中，限制类限额以下的外商投资项目由省、自治区、直辖市及计划单列市人民政府的相应主管部门审批，同时报上级主管部门和行业主管部门备案，此类项目的审批权不得下放。属于服务贸易领域逐步开放的外商投资项目，按照国家有关规定审批。

涉及配额、许可证的外商投资项目，须先向外经贸部门申请配额、许可证。

法律、行政法规对外商投资项目的审批程序和办法另有规定的，依照其规定。

第十三条　对违反本规定审批的外商投资项目，上级审批机关应当自收到该项目的备案文件之日起30个工作日内予以撤销，其合同、章程无效，企业登记机关不予注册登记，海关不予办理进出口手续。

第十四条　外商投资项目申请人以欺骗等不正当手段，骗取项目批准的，根据情节轻重，依法追究法律责任；审批机关应当撤销对该项目的批准，并由有关主管机关依法做出相应的处理。

第十五条　审批机关工作人员滥用职权、玩忽职守的，依照刑法关于滥用职权罪、玩忽职守罪的规定，依法追究刑事责任；尚不够刑事处罚的，依法给予记大过以上的行政处分。

第十六条　华侨和香港特别行政区、澳门特别行政区、台湾地区的投资者举办的投资项目，比照本规定执行。

第十七条　本规定自2002年4月1日起施行。1995年6月7日国务院批准，1995年6月20日国家计划委员会、国家经济贸易委员会、对外贸易经济合作部发布的《指导外商投资方向暂行规定》同时废止。

外商投资产业指导目录

(2002年3月4日国务院批准，国家计委、国家经贸委、外经贸部联合公布，自2002年4月1日起施行；1997年12月29日国务院批准、1997年12月31日发布的修订后的《外商投资产业指导目录》同时废止。)

鼓励外商投资产业目录

一、农、林、牧、渔业

1. 中低产农田改造

2. 蔬菜（含食用菌、西甜瓜）、水果、茶叶无公害栽培技术及产品系列化开发、生产

3. 糖料、果树、花卉、牧草等农作物优质高产新技术、新品种（转基因品种除外）开发、生产

4. 花卉生产与苗圃基地的建设、经营

5. 农作物秸秆还田及综合利用、有机肥料资源的开发生产

6. 中药材种植、养殖（限于合资、合作）

7. 林木（竹）营造及良种培育

8. 天然橡胶、剑麻、咖啡种植

9. 优良种畜种禽、水产苗种繁育（不含我国特有的珍贵优良品种）

10. 名特优水产品养殖、深水网箱养殖

11. 防治荒漠化及水土流失的植树种草等生态环境保护工程建设、经营

二、采掘业

*1. 石油、天然气的风险勘探、开发

*2. 低渗透油气藏（田）的开发

*3. 提高原油采收率的新技术开发与应用

*4. 物探、钻井、测井、井下作业等石油勘探开发新技术的开发与应用

5. 煤炭及伴生资源勘探、开发

6. 煤层气勘探、开发

7. 低品位、难选冶金矿开采、选矿（限于合资、合作，在西部地区外商可独资）

8. 铁矿、锰矿勘探、开采及选矿

9. 铜、铅、锌矿勘探、开采（限于合资、合作，在西部地区外商可独资）

10. 铝矿勘探、开采（限于合资、合作，在西部地区外商可独资）

11. 硫、磷、钾等化学矿开采、选矿

三、制造业

（一）食品加工业

1. 粮食、蔬菜、水果、禽畜产品的储藏及加工

2. 水产品加工、贝类净化及加工、海藻功能食品开发

3. 果蔬饮料、蛋白饮料、茶饮料、咖啡饮料的开发、生产

4. 婴儿、老年食品及功能食品的开发、生产

5. 乳制品生产

6. 生物饲料、蛋白饲料的开发、生产

（二）烟草加工业

1. 二醋酸纤维素及丝束加工
2. 造纸法烟草薄片生产
(三) 纺织业
1. 工程用特种纺织品生产
2. 高档织物面料的织染及后整理加工
(四) 皮革、皮毛制品业
1. 猪、牛、羊蓝湿皮新技术加工
2. 皮革后整饰新技术加工
(五) 木材加工及竹、藤、棕、草制品业
1. 林区“次、小、薪”材和竹材的综合利用新技术、新产品开发与生产
(六) 造纸及纸制品业
1. 年产 30 万吨及以上化学木浆、年产 10 万吨及以上化学机械木浆（CTMP、BCTMP、APMP）和原料林基地的林木浆一体化工程的建设、经营（限于合资、合作）
2. 高档纸及纸板生产（新闻纸除外）
(七) 石油加工及炼焦业
1. 针状焦、煤焦油深加工
2. 捣固焦、干熄焦生产
3. 重交通道路沥青生产
(八) 化学原料及化学品制造业
1. 重油催化裂化制烯烃生产
2. 年产 60 万吨及以上规模乙烯生产（中方相对控股）
3. 乙烯副产品 C5－C9 产品的综合利用
4. 大型聚氯乙烯树脂生产（乙烯法）
5. 有机氯系列化工产品生产（高残留有机氯产品除外）
6. 基本有机化工原料：苯、甲苯、二甲苯（对、邻、间）衍生物产品的综合利用

7. 合成材料的配套原料：双酚 A、4.4′二苯基甲烷二异氰酸酯、甲苯二异氰酸酯生产

8. 合成纤维原料：精对苯二甲酸、丙烯腈、己内酰胺、尼龙 66 盐生产

9. 合成橡胶：溶液丁苯橡胶、丁基橡胶、异戊橡胶、丁二烯法氯丁橡胶、聚氨酯橡胶、丙烯酸橡胶、氯醇橡胶生产

10. 工程塑料及塑料合金生产

11. 精细化工：催化剂、助剂及石油添加剂新产品、新技术，染（颜）料商品化加工技术，电子、造纸用高科技化学品，食品添加剂、饲料添加剂，皮革化学品、油田助剂，表面活性剂，水处理剂，胶粘剂，无机纤维、无机粉体填料生产

12. 纺织及化纤抽丝用助剂、油剂、染化料生产

13. 汽车尾气净化剂、催化剂及其他助剂生产

14. 天然香料、合成香料、单离香料生产

15. 高性能涂料生产

16. 氯化法钛白粉生产

17. 氟氯烃替代物生产

18. 大型煤化工产品生产

19. 林业化学产品新技术、新产品开发与生产

20. 烧碱用离子膜生产

21. 生物肥料、高浓度化肥（钾肥、磷肥）、复合肥料生产

22. 高效、低毒和低残留的化学农药原药新品种开发与生产

23. 生物农药开发与生产

24. 环保用无机、有机和生物膜开发与生产

25. 废气、废液、废渣综合利用和处理、处置

（九）医药制造业

1. 我国专利或行政保护的原料药及需进口的化学原料药生产

2. 维生素类：烟酸生产

3. 氨基酸类：丝氨酸、色氨酸、组氨酸等生产

4. 采用新技术设备生产解热镇痛药

5. 新型抗癌药物及新型心脑血管药生产

6. 新型、高效、经济的避孕药具生产

7. 采用生物工程技术生产的新型药物生产

8. 基因工程疫苗生产（艾滋病疫苗、丙肝疫苗、避孕疫苗等）

9. 海洋药物开发与生产

10. 艾滋病及放射免疫类等诊断试剂生产

11. 药品制剂：采用缓释、控释、靶向、透皮吸收等新技术的新剂型、新产品生产

12. 新型药用佐剂的开发应用

13. 中药材、中药提取物、中成药加工及生产（中药饮片传统炮制工艺技术除外）

14. 生物医学材料及制品生产

15. 兽用抗菌原料药生产（包括抗生素、化学合成类）

16. 兽用抗菌药、驱虫药、杀虫药、抗球虫药新产品及新剂型开发与生产

（十）化学纤维制造业

1. 差别化化学纤维及芳纶、氨纶、碳纤维等高新技术化纤生产

2. 粘胶无毒纺等环保型化纤的生产

3. 日产 400 吨及以上纤维及非纤维用聚酯生产

（十一）塑料制品业

1. 聚酰亚胺保鲜薄膜生产

2. 农膜新技术及新产品（光解膜、多功能膜及原料等）开发与生产

3. 废旧塑料的消解和再利用

（十二）非金属矿物制品业

1. 日熔化500吨级及以上优质浮法玻璃生产（限于中西部地区）

2. 日产2000吨及以上水泥熟料新型干法水泥生产（限于中西部地区）

3. 年产1万吨及以上玻璃纤维（池窑拉丝工艺生产线）及玻璃钢制品生产

4. 年产50万件及以上高档卫生瓷生产

5. 陶瓷原料的标准化精制、陶瓷用高档装饰材料生产

6. 玻璃、陶瓷、玻璃纤维窑炉用高档耐火材料生产

7. 无机非金属材料及制品生产（人工晶体、高性能复合材料、特种玻璃、特种陶瓷、特种密封材料、特种胶凝材料）

8. 新型建筑材料生产（轻质高强多功能墙体材料、高档环保型装饰装修材料、优质防水密封材料、高效保温材料）

9. 非金属矿深加工（超细粉碎、高纯、精制、改性）

（十三）黑色金属冶炼及压延加工业

1. 宽厚板生产

2. 镀锌及耐高腐蚀性铝锌合金板、涂层板生产

3. 直接还原铁和熔融还原铁生产

4. 废钢加工

（十四）有色金属冶炼及压延加工业

1. 年产30万吨及以上氧化铝生产

2. 低品位、难选冶金矿冶炼（限于合资、合作，在西部地区外商可独资）

3. 硬质合金、锡化合物、锑化合物生产

4. 有色金属复合材料、新型合金材料生产

5. 稀土应用

（十五）金属制品业

1. 非金属制品模具设计、制造

2. 汽车、摩托车模具（含冲模、注塑模、模压模等）、夹具(焊装夹具、检验夹具等）设计、制造

3. 高档建筑五金件、水暖器材及五金件开发、生产

（十六）普通机械制造业

1. 三轴以上联动的数控机床、数控系统及伺服装置制造

2. 高性能焊接机器人和高效焊装生产设备制造

3. 耐高温绝缘材料（绝缘等级为 F、H 级）及绝缘成型件生产

4. 比例、伺服液压技术，低功率气动控制阀，填料静密封生产

5. 精冲模、精密型腔模、模具标准件生产

6. 精密轴承及各种主机专用轴承制造

7. 汽车、摩托车用铸锻毛坯件制造

（十七）专用设备制造业

1. 粮食、棉花、油料、蔬菜、水果、花卉、牧草、肉食品、水产品的贮藏、保鲜、分级、包装、干燥、运输、加工的新技术、新设备开发与制造

2. 设施农业设备制造

3. 农业、林业机具新技术设备制造

4. 拖拉机、联合收割机等农用发动机设计与制造

5. 农作物秸秆还田及综合利用设备制造

6. 农用废物的综合利用及规模化畜禽养殖废物的综合利用设备制造

7. 节水灌溉新技术设备制造

8. 湿地土方及清淤机械制造

9. 水生生态系统的环境保护技术、设备制造

10. 长距离调水工程的调 度系统设备制造

11. 特种防汛抢险机械的设备制造

12. 食品行业的高速、无菌灌装设备、贴标机等关键设备制造

13. 氨基酸、酶制剂、食品添加剂等生产技术及关键设备制造

14. 10吨/小时及以上的饲料加工成套设备、关键部件生产

15. 卷筒纸和对开以上单纸张多色胶印机制造

16. 皮革后整饰新技术设备制造

17. 高技术含量的特种工业缝纫机制造

18. 新型纺织机械、新型造纸机械（含纸浆）等成套设备制造

19. 公路、港口新型机械设备设计与制造

20. 公路桥梁养护、自动检测设备制造

21. 公路隧道营运监控、通风、防灾和救助系统设备制造

22. 铁路大型施工及养护设备设计与制造

23. 园林机械、机具新技术设备制造

24. 城市环卫特种设备制造

25. 路面铣平、翻修机械设备制造

26. 隧道挖掘机、城市地铁暗挖设备制造

27. 8万吨/日及以上城市污水处理设备，工业废水膜处理设备，上流式厌氧流化床设备和其他生物处理废水设备，废塑料再生处理设备，工业锅炉脱硫脱硝设备，大型耐高温、耐酸袋式除尘器制造，垃圾焚烧处理设备制造

28. 年产30万吨及以上合成氨、48万吨及以上尿素、45万吨及以上乙烯成套设备中的透平压缩机、混合造粒机制造

29. 火电站脱硫技术及设备制造

30. 薄板连铸机制造

31. 平板玻璃深加工技术及设备制造

32. 井下无轨采、装、运设备，100吨及以上机械传动矿用自卸车，移动式破碎机，3000立方米/小时及以上斗轮挖掘机，5立方米及以上矿用装载机，全断面巷道掘进机制造

33. 石油勘探开发新型仪器设备设计与制造

34. 机电井清洗设备制造和药物生产

35. 电子内窥镜制造

36. 具有高频技术、直接数字图像处理技术、辐射剂量小的80千瓦及以上医用X线机组制造

37. 高场强超导型磁共振成像装置（MRI）的制造

38. 单采血浆机制造

39. 全自动酶免系统（含加样、酶标、洗板、孵育、数据后处理等部分功能）设备制造

40. 药产品质量控制新技术、新设备制造

41. 中药有效物质分析的新技术、提取的新工艺、新设备开发与制造

42. 新型药品包装材料、容器及先进的制药设备制造

（十八）交通运输设备制造业

*1. 汽车、摩托车整车制造

2. 汽车、摩托车发动机制造

3. 汽车关键零部件制造：制动器总成、驱动桥总成、变速器、柴油机燃油泵、柴油机涡轮增压器、柴油车机外排放控制装置、滤清器（三滤）、等速万向节、减震器、组合仪表、专用高强度紧固件

4. 电子控制燃油喷射系统、电子控制制动防抱死系统、安全气囊及其他汽车电子设备系统制造

5. 摩托车关键零部件制造：化油器、磁电机、起动电机、盘式制动器

6. 石油工业专用沙漠车等特种专用车制造

7. 铁路运输技术设备：机车车辆及主要部件设计与制造，线路、桥梁设备设计与制造，高速铁路有关技术与设备制造，通信信号和运输安全监测设备制造，电气化铁路设备和器材制造

8. 城市快速轨道交通运输设备：地铁、城市轻轨的动车组

及主要部件设计与制造

9. 民用飞机设计与制造（中方控股）

10. 民用飞机零部件制造

11. 民用直升机设计与制造（中方控股）

12. 航空发动机设计与制造（中方控股）

13. 民用航空机载设计设计与制造（中方控股）

14. 轻型燃气轮机制造

15. 船舶低速柴油机的曲轴设计与制造

16. 特种船、高性能船舶的修理、设计与制造（中方相对控股）

17. 船舶中高速柴油机、辅机、无线通讯、导航设备及配件设计与制造（中方相对控股）

18. 玻璃钢渔船、游艇制造

（十九）电气机械及器材制造业

1. 火电设备：60万千瓦及以上超临界机组、大型燃气轮机、10万千瓦及以上燃气——蒸汽联合循环发电设备、煤气化联合循环技术及装备（IGCC）、增压循环硫化床（PFBC）、60万千瓦及以上大型空冷机组（限于合资、合作）

2. 水电设备：15万千瓦及以上大型抽水蓄能机组、15万千瓦及以上大型贯流式机组制造（限于合资、合作）

3. 核电机组：60万千瓦及以上机组制造（限于合资、合作）

4. 输变电设备：500千伏及以上超高压直流输变电设备制造（限于合资、合作）

（二十）电子及通信设备制造业

1. 数字电视机、数字摄录机、数字录放机、数字放声设备制造

2. 新型平板显示器件、中高分辨率彩色显像管/显示管及玻壳生产

3. 数字音、视频编解码设备，数字广播电视演播室设备，

数字有线电视系统设备，数字音频广播发射设备制造

4. 集成电路设计与线宽0.35微米及以下大规模集成电路生产

5. 大中型电子计算机、便携式微型计算机、高档服务器制造

6. 大容量光、磁盘驱动器及其部件开发与制造

7. 计算机辅助设计（三维CAD）、辅助测试（CAT）、辅助制造（CAM）、辅助工程（CAE）系统及其他计算机应用系统制造

8. 软件产品开发、生产

9. 半导体、元器件专用材料开发、生产

10. 电子专用设备、测试仪器、工模具制造

11. 新型电子元器件（片式元器件、敏感元器件及传感器、频率控制与选择元件、混合集成电路、电力电子器件、光电子器件、新型机电元件）生产

12. 无汞碱锰电池、动力镍氢电池、锂离子电池、高容量全密封免维护铅酸蓄电池、燃料电池、圆柱形锌空气电池等高技术绿色电池生产

13. 高密度数字光盘机用关键件开发与生产

14. 可记录光盘生产（CD—R、CD—RW、DVD—R、DVD—ARM）

15. 民用卫星设计与制造（中方控股）

16. 民用卫星有效载荷制造（中方控股）

17. 民用卫星零部件制造

18. 民用运载火箭设计与制造（中方控股）

19. 卫星通信系统设备制造

20. 卫星导航定位接收设备及关键部件制造（限于合资、合作）

21. 光纤预制棒制造

22. 622兆比/秒及以上数字微波同步系列传输设备制造

23. 10千兆比/秒以上光同步系列传输设备制造

24. 宽带接入网通信系统设备制造

25. 光交叉连接设备（OXC）制造

26. 异步转移模式（ATM）及 IP 数据通信系统制造

27. 移动通信系统（含 GSM、CDMA、DCS1800、PHS、DECT、IMT2000 等）手机、基站、交换设备及数字集群系统设备制造

28. 高端路由器、千兆比以上网络交换机开发、制造

29. 空中交通管制系统设备制造（限于合资、合作）

（二十一）仪器仪表及文化、办公用机械制造业

1. 数字照相机及关键件开发与生产

2. 精密在线测量仪器开发与制造

3. 安全生产及环保检测仪器新技术设备制造

4. 水质及烟气在线监测仪器的新技术设备制造

5. 水文数据采集、处理与传输和防洪预警仪器及设备制造

6. 新型仪表元器件和材料（主要指智能型仪用传感器、仪用接插件、柔性线路板、光电开关、接近开关等新型仪用开关、仪用功能材料等）生产

7. 新型打印装置（激光、喷墨打印机）制造

8. 精密仪器、设备维修与售后服务

（二十二）其他制造业

1. 洁净煤技术产品的开发利用（煤炭气化、液化、水煤浆、工业型煤）

2. 煤炭洗选及粉煤灰（包括脱硫石膏）、煤矸石等综合利用

四、电力、煤气及水的生产及供应业

1. 单机容量 30 万千瓦及以上火电站的建设、经营

2. 煤洁净燃烧技术电站的建设、经营

3. 热电联产电站的建设、经营

4. 天然气发电站的建设、经营

5. 发电为主水电站的建设、经营

6. 核电站的建设、经营（中方控股）

7. 新能源电站的建设、经营（包括太阳能、风能、磁能、地热能、潮汐能、生物质能等）

8. 城市供水厂建设、经营

五、水利管理业

1. 综合水利枢纽的建设、经营（中方相对控股）

六、交通运输、仓储及邮电通信业

1. 铁路干线路网的建设、经营（中方控股）

2. 支线铁路、地方铁路及其桥梁、隧道、轮渡设施的建设、经营（限于合资、合作）

3. 公路、独立桥梁和隧道的建设、经营

4. 港口公用码头设施的建设、经营

5. 民用机场的建设、经营（中方相对控股）

6. 航空运输公司（中方控股）

7. 农、林、渔业通用航空公司（限于合资、合作）

*8. 定期、不定期国际海上运输业务

*9. 国际集装箱多式联运业务

*10. 公路货物运输公司

11. 输油（气）管道、油（气）库及石油专用码头的建设、经营

12. 煤炭管道运输设施的建设、经营

13. 运输业务相关的仓储设施建设、经营

七、批发和零售贸易业

*1. 一般商品的批发、零售、物流配送

八、房地产业

1. 普通住宅的开发建设

九、社会服务业

（一）公共设施服务业

1. 城市封闭型道路建设、经营

2. 城市地铁及轻轨的建设、经营（中方控股）

3. 污水、垃圾处理厂，危险废物处理处置厂（焚烧厂、填埋场）及环境污染治理设施的建设、经营

（二）信息、咨询服务业

1. 国际经济、科技、环保信息咨询服务

*2. 会计、审计

十、卫生、体育和社会福利业

1. 老年人，残疾人服务

十一、教育、文化艺术及广播电影电视业

1. 高等教育机构（限于合资、合作）

十二、科学研究和综合技术服务业

1. 生物工程与生物医学工程技术

2. 同位素、辐射及激光技术

3. 海洋开发及海洋能开发技术

4. 海水淡化及利用技术

5. 海洋监测技术

6. 节约能源开发技术

7. 资源再生及综合利用技术

8. 环境污染治理及监测技术

9. 防沙漠化及沙漠治理技术

10. 民用卫星应用技术

11. 研究开发中心

12. 高新技术、新产品开发与企业孵化中心

十三、产品全部直接出口的允许类外商投资项目

限制外商投资产业目录

一、农、林、牧、渔业

1. 粮食（包括马铃薯）、棉花、油料种子开发生产（中方控股）

2. 珍贵树种原木加工（限于合资、合作）

二、采掘业

1. 钨、锡、锑、钼、重晶石、萤石等矿产勘查、开采（限于合资、合作）

2. 贵金属（金、银、铂族）勘查、开采

3. 金刚石等贵重非金属矿的勘查、开采

4. 特种、稀有煤种勘查、开发（中方控股）

5. 硼镁石及硼镁铁矿石开采

6. 天青石开采

三、制造业

（一）食品加工业

1. 黄酒、名优白酒生产

2. 外国牌号碳酸饮料生产

3. 糖精等合成甜味剂生产

4. 油脂加工

（二）烟草加工业

1. 卷烟、过滤嘴棒生产

（三）纺织业

1. 毛纺、棉纺

2. 缫丝

（四）印刷及复制业

1. 出版物印刷（中方控股，包装装潢印刷除外）

（五）石油加工及炼焦业

1. 炼油厂建设、经营

（六）化学原料及化学制品制造业

1. 离子膜烧碱生产

2. 感光材料生产

3. 联苯胺生产

4. 易制毒化学品生产（麻黄素、3，4—亚基二氧苯基—2—丙酮、苯乙酸、1—苯基—2—丙酮，胡椒醛、黄樟脑、异黄樟脑、醋酸酐）

5. 硫酸法钛白粉生产

6. 硼镁铁矿石加工

7. 钡盐生产

（七）医药制造业

1. 氯霉素、青霉素 G、洁霉素、庆大霉素、双氢链霉素、丁胺卡那霉素、盐酸四环素、土霉素、麦迪霉素、柱晶白霉素、环丙氟哌酸、氟哌酸、氟嗪酸生产

2. 安乃近、扑热息痛、维生素 B1、维生素 B2、维生素 C、维生素 E 生产

3. 国家计划免疫的疫苗、菌苗类及抗毒素、类毒素类（卡介苗、脊髓灰质炎、白百破、麻疹、乙脑、流脑疫苗等）生产

4. 成瘾性麻醉药品及精神药品原料药生产（中方控股）

5. 血液制品的生产

6. 非自毁式一次性注射器、输液器、输血器及血袋生产

（八）化学纤维制造业

1. 常规切片纺的化纤抽丝生产

2. 单线能力在 2 万吨/年以下粘胶短纤维生产

3. 日产 400 吨以下纤维及非纤维用聚酯生产，氨纶生产

（九）橡胶制品业

1. 斜交轮胎、旧轮胎翻新（子午线轮胎除外）及低性能工业橡胶配件生产

（十）有色金属冶炼及压延加工业

1. 稀土冶炼、分离（限于合资、合作）

（十一）普通机械制造业

1. 集装箱生产

2. 中小型普通轴承制造

3. 50 吨以下汽车起重机制造（限于合资、合作）

（十二）专用设备制造业

1. 中低档 B 型超声显像仪制造

2. 一般涤纶长丝、短纤维设备制造

3. 320 马力以下履带式推土机、3 立方米以下轮式装载机制造（限于合资、合作）

（十三）电子及通信设备制造业

1. 卫星电视接收机及关键件生产

四、电力、煤气及水的生产和供应业

1. 单机容量 30 万千瓦以下以发电为主的常规燃煤火电厂的建设、经营（小电网除外）

五、交通运输、仓储及邮电通信业

1. 公路旅客运输公司

*2. 出入境汽车运输公司

*3. 水上运输公司

*4. 铁路货物运输公司

5. 铁路旅客运输公司（中方控股）

6. 摄影、探矿、工业等通用航空公司（中方控股）

*7. 电信公司

六、批发和零售贸易业

*1. 商品交易、直销、邮购、网上销售、特许经营、委托经营、销售代理、商业管理等各类商业公司，以及粮、棉、植物油、食糖、药品、烟草、汽车、原油、农业生产资料的批发、零

售、物流配送

*2. 图书、报纸、期刊的批发、零售业务

*3. 音像制品（除电影外）的分销

4. 商品拍卖

*5. 货物租赁公司

*6. 代理公司（船舶、货运、外轮理货、广告等）

*7. 成品油批发及加油站建设、经营

8. 对外贸易公司

七、金融、保险业

1. 银行、财务公司、信托投资公司

*2. 保险公司

*3. 证券公司、证券投资基金管理公司

4. 金融租赁公司

5. 外汇经纪

*6. 保险经纪公司

八、房地产业

1. 土地成片开发（限于合资、合作）

2. 高档宾馆、别墅、高档写字楼和国际会展中心的建设、经营

九、社会服务业

（一）公共设施服务业

1. 大中城市燃气、热力和供排水管网的建设、经营（中方控股）

（二）信息、咨询服务业

1. 法律咨询

十、卫生、体育和社会福利业

1. 医疗机构（限于合资、合作）

2. 高尔夫球场的建设、经营

十一、教育、文化艺术及广播电影电视业

1. 高中阶段教育机构（限于合资、合作）

2. 电影院的建设、经营（中方控股）

十二、科学研究和综合技术服务

1. 测绘公司（中方控股）

*2. 进出口商品检验、鉴定、认证公司

十三、国家和我国缔结或者参加的国际条约规定限制的其他产业

禁止外商投资产业目录

一、农、林、牧、渔业

1. 我国稀有的珍贵优良品种的养殖、种植（包括种植业、畜牧业、水产业的优良基因）

2. 转基因植物种子生产、开发

3. 我国管辖海域及内陆水域水产品捕捞

二、采掘业

1. 放射性矿产的勘查、开采、选矿

2. 稀土勘查、开采、选矿

三、制造业

（一）食品加工业

1. 我国传统工艺的绿茶及特种茶加工（名茶、黑茶等）

（二）医药制造业

1. 列入国家保护资源的中药材加工（麝香、甘草、黄麻草等）

2. 传统中药饮片炮制技术的应用及中成药秘方产品的生产

（三）有色金属冶炼及压延加工业

1. 放射性矿产的冶炼、加工

（四）武器弹药制造业

（五）其他制造业

1. 象牙雕刻

2. 虎骨加工

3. 脱胎漆器生产

4. 珐琅制品生产

5. 宣纸、墨锭生产

6. 致癌、致畸、致突变产品和持久性有机污染物产品生产

四、电力、煤气及水的生产和供应业

1. 电网的建设、经营

五、交通运输、仓储及邮电通信业

1. 空中交通管制公司

2. 邮政公司

六、金融、保险业

1. 期货公司

七、社会服务业

1. 国家保护的野生动植物资源开发

2. 动植物自然保护区的建设、经营

3. 博彩业（含赌博类跑马场）

4. 色情业

八、教育、文化艺术及广播电影电视业

1. 基础教育（义务教育）机构

2. 图书、报纸、期刊的出版、总发行和进口业务

3. 音像制品和电子出版物的出版、制作、总发行和进口业务

4. 新闻机构

5. 各级广播电台（站）、电视台（站）、广播电视传输覆盖网（发射台、转播台、广播电视卫星、卫星上行站、卫星收转站、微波站、监测台、有线广播电视传输覆盖网）

6. 广播电视节目制作、出版、发行及播放公司

7. 电影制片、发行公司

8. 录像放映公司

九、其他行业

1. 危害军事设施安全和使用效能的项目

十、国家和我国缔结或者参加的国际条约规定禁止的其他产业

注：标 * 的条目与我国加入世界贸易组织的承诺有关，具体内容见附件。

《外商投资产业指导目录》附件

一、鼓励类

1. 石油、天然气的风险勘探、开发：限于合作

2. 低渗透油气藏（田）的开发：限于合作

3. 提高原油采收率的新技术开发与应用：限于合作

4. 物探、钻井、测井、井下作业等石油勘探开发新技术的开发与应用：限于合作

5. 汽车、摩托车整车制造：外资比例不超过 50%

6. 定期、不定期国际海上运输业务：外资比例不超过 49%

7. 国际集装箱多式联运：外资比例不超过 50%；不迟于 2002 年 12 月 11 日允许外方控股：不迟于 2005 年 12 月 11 日允许外方独资。

8. 公路货物运输公司：不迟于 2002 年 12 月 11 日允许外方控股；不迟于 2004 年 12 月 11 日允许外方独资

9. 一般商品的批发、零售、物流配送：限定条件见限制类第（五）

10. 会计、审计：限于合作、合伙

二、限制类

（一）出入境汽车运输公司：不迟于 2002 年 12 月 11 日允许外方控股，不迟于 2004 年 12 月 11 日允许外方独资

（二）水上运输公司：外资比例不超过49%

（三）铁路货物运输公司：外资比例不超过49%；不迟于2004年12月11日允许外方控股；不迟于2007年12月11日允许外方独资

（四）电信公司

1. 增值电信、基础电信中的寻呼服务：自2001年12月11日起允许外商投资，外资比例不超过30%；不迟于2002年12月11日允许外资比例不超过49%；不迟于2003年12月11日允许外资比例达50%

2. 基础电信中的移动话音和数据服务：自2001年12月11日起允许外商投资，外资比例不超过25%；不迟于2002年12月11日外资比例不超过35%；不迟于2004年12月11日允许外资比例达49%

3. 基础电信中的国内业务、国际业务：不迟于2004年12月11日允许外商投资，外资比例不超过25%；不迟于2006年12月11日允许外资比例达35%；不迟于2007年12月11日允许外资比例达49%

（五）商品交易、直销、邮购、网上销售、特许经营、委托经营、销售代理、商业管理等各类商业公司，以及粮、棉、植物油、食糖、药品、烟草、汽车、原油、农业生产资料的批发、零售、物流配送；图书、报纸、期刊的批发、零售业务；成品油批发及加油站建设、经营

1. 佣金代理、批发（不包括盐、烟草）：不迟于2002年12月11日允许外商投资，外资比例可达50%，但不允许经营书报杂志、药品、农药、农膜、化肥、成品油、原油；不迟于2003年12月11日允许外方控股；不迟于2004年12月11日允许外方独资，允许经营书报杂志、药品、农药、农膜；不迟于2006年12月11日允许经营化肥、成品油、原油

2. 零售（不包括烟草）：允许外商投资，但不允许经营书报杂志、药品、农药、农膜、化肥、成品油；不迟于2002年12月11日允许外资比例可达50%，允许经营书报杂志；不迟于2003年12月11日允许外方控股；不迟于2004年12月11日允许外方独资，允许经营药品、农药、农膜、成品油；不迟于2006年12月11日允许经营化肥。经营产品包括汽车（不迟于2006年12月11日取消限制）、书报杂志、药品、农药、农膜、成品油、化肥、粮食、植物油、食糖、烟草、棉花的超过30家分店的连锁店不允许外方控股

3. 特许经营和无固定地点的批发、零售：不迟于2004年12月11日允许外商投资

（六）音像制品（除电影外）的分销：限于合作，中方控股

（七）货物租赁公司：不迟于2002年12月11日允许外方控股，不迟于2004年12月11日允许外方独资

（八）代理公司

1. 船舶：外资比例不超过49%

2. 货运（不包括邮政部门专营服务的业务）：外资比例不超过50%（速递服务不超过49%）；不迟于2002年12月11日允许外方控股；不迟于2005年12月11日允许外方独资

3. 外轮理货：限于合资、合作

4. 广告：外资比例不超过49%；不迟于2003年12月11日允许外方控股；不迟于2005年12月11日允许外方独资

（九）保险公司

1. 非寿险保险公司：外资比例不超过51%；不迟于2003年12月11日允许外方独资

2. 寿险保险公司：外资比例不超过50%

（十）证券公司、证券投资基金管理公司

1. 证券公司：不迟于2004年12月11日允许外商投资，外

资比例不超过1/3

2. 证券投资基金管理公司：允许外商投资，外资比例不超过33%；不迟于2004年12月11日允许外资比例达49%

（十一）保险经纪公司：外资比例不超过50%；不迟于2004年12月11日允许外资比例达51%；不迟于2006年12月11日允许外方独资

（十二）进出口商品检验、鉴定、认证公司：不迟于2003年12月11日允许外方控股；不迟于2005年12月11日允许外方独资

中西部地区外商投资优势产业目录

（2000年6月22日国家经贸委、国家计委、外经贸部制订，国务院批准执行，目录中255项优势产业享受免税等优惠政策）

山西省

1. 粮食、蔬菜、水果、禽畜产品的贮藏、保鲜和加工
2. 林木营造及林木良种引进
3. 无磷洗衣粉生产
4. 棉纺织、印染生产企业技术改造
5. 新型纺织机械制造
6. 公路、独立桥梁和隧道的建设、经营
7. 煤炭加工应用技术开发及产品生产
8. 煤焦油深加工
9. 煤层气资源勘探、开发利用
10. 单机容量30万千瓦及以上火电站的建设、经营
11. 铜资源的勘查、开采（不允许外商独资）
12. 高性能钕铁硼材料及稀土电机的开发、制造

内蒙古自治区

1. 粮食、蔬菜、水果、禽畜产品的贮藏、保鲜和加工
2. 林木营造及林木良种引进
3. 保健酒的生产

4. 皮革的后整理及高档皮革产品制造
5. 乳制品加工
6. 毛纺织、毛针织品生产企业技术改造
7. 公路、独立桥梁和隧道的建设、经营
8. 煤炭加工应用技术开发及产品生产
9. 煤层气资源勘探、开发利用
10. 单机容量30万千瓦及以上火电站的建设、经营
11. 风力发电站建设、经营
12. 稀土矿物加工及产品制造
13. 铜资源的勘查、开采（不允许外商独资）
14. 中、蒙药材加工

黑龙江省

1. 粮食、蔬菜、水果、禽畜产品、水产品的贮藏、保鲜和加工
2. 林木营造及林木良种引进
3. 大豆、玉米深加工及其制品开发、生产
4. 木浆及造纸生产企业技术改造
5. 亚麻纺织及制品生产
6. 公路、独立桥梁和隧道的建设、经营
7. 煤炭加工应用技术开发及产品生产
8. 煤层气资源勘探、开发利用
9. 铜资源的勘查、开采（不允许外商独资）
10. 高精铝材加工企业技术改造
11. 电工仪表及电网智能管理控制系统设备制造
12. 计算机软件开发
13. 新型电子元器件开发、生产
14. 石墨开采、加工及制品生产
15. 抗生素药物原料生产

16. 中药冻、干、粉、针制剂生产

吉林省

1. 粮食、蔬菜、水果、禽畜产品、水产品的贮藏、保鲜和加工

2. 优良农业作物和畜禽品种繁育基地建设、经营

3. 林木营造及林木良种引进

4. 农作物副产品（玉米秸秆等）的综合利用

5. 化纤木浆生产企业技术改造及综合利用

6. 公路、独立桥梁和隧道的建设、经营

7. 风力发电站建设、经营

8. 乙烯下游深加工产品及精细化工产品生产

9. 汽车零部件制造

10. 汽车电子元器件生产

11. 高性能钕铁硼材料及稀土电机的开发、制造

12. 液晶显示器开发、制造

13. 计算机软件开发

14. 药用植物种植、加工和制药新工艺开发

15. 生物工程技术制药

安徽省

1. 粮食、蔬菜、水果、禽畜产品、水产品的贮藏、保鲜和加工

2. 林木营造及林木良种引进

3. 竹资源的综合利用

4. 棉纺织生产企业技术改造

5. 碳纤维的开发、生产

6. 公路、独立桥梁和隧道的建设、经营

7. 煤炭加工应用技术开发及产品生产

8. 煤层气资源勘探、开发利用

9. 非金属矿的勘查、开采及产品深加工

10. 农用机械制造

11. 铜材料相关电子产品制造

12. 旅游景区（点）及其配套设施的开发、建设和经营

江西省

1. 粮食、蔬菜、水果、禽畜产品、水产品的贮藏、保鲜和加工

2. 林木营造及林木良种引进

3. 竹资源的综合利用

4. 高档日用陶瓷生产（青花玲珑瓷除外）

5. 苎麻纺织及制品生产

6. 公路、独立桥梁和隧道的建设、经营

7. 煤炭加工应用技术开发及产品生产

8. 煤层气资源勘探、开发利用

9. 稀有金属（铷、铯、钴、钽、铌）冶炼、加工

10. 湿法磷酸及高浓度 NPK 复合肥生产

11. 新型电子元器件及电子发光材料开发、制造

12. 中药材、中成药加工

13. 发酵工艺药物的开发、生产

14. 旅游景区（点）及其配套设施的开发、建设和经营

河南省

1. 粮食、蔬菜、水果、禽畜产品、水产品的贮藏、保鲜和加工

2. 林木营造及林木良种引进

3. 棉纺织、印染生产企业技术改造
4. 公路、独立桥梁和隧道的建设、经营
5. 煤炭加工应用技术开发及产品生产
6. 单机 30 万千瓦及以上火电站的建设、经营
7. 铜加工企业技术改造
8. 天然碱矿开采、加工
9. 新型电子元器件开发、制造
10. 新型数字产品及配套件生产
11. 电能综合管理自动化及电工仪表制造
12. 优质浮法玻璃加工
13. 中药材种植、加工

湖北省

1. 粮食、蔬菜、水果、禽畜产品、水产品的贮藏、保鲜和加工
2. 林木营造及林木良种引进
3. 竹资源的综合利用
4. 水资源合理开发、利用与保护工程
5. 水产品养殖及深加工
6. 棉纺织、印染生产企业技术改造
7. 高档服装面料及服装加工
8. 公路、独立桥梁和隧道的建设、经营
9. 风力发电站建设、经营
10. 磷矿开采、高浓度磷复肥、磷化工及盐化工产品生产
11. 汽车零部件制造
12. 大型环保设备制造
13. 新型电子元器件开发、制造
14. 石墨开采及深加工

湖南省

1. 粮食、蔬菜、水果、禽畜产品、水产品的贮藏、保鲜和加工
2. 林木营造及林木良种引进
3. 竹资源的综合利用
4. 红壤改造工程
5. 水资源合理开发、利用与保护工程
6. 高档日用陶瓷生产
7. 苎麻纺织及制品生产
8. 公路、独立桥梁的隧道的建设、经营
9. 煤炭加工应用技术开发及产品生产
10. 铁、锰矿采选及锰系列产品深加工
11. 大规模集成电路设计与封装
12. 中药材、中成药半成品及成品生产

广西壮族自治区

1. 粮食、蔬菜、水果、禽畜产品、水产品的贮藏、保鲜和加工
2. 林木营造及林木良种引进
3. 竹资源的综合利用
4. 松香深加工
5. 水产品养殖和加工
6. 蔗糖生产的综合利用
7. 公路、独立桥梁和隧道的建设、经营
8. 水电资源的开发、建设和经营
9. 铟、锌有色金属矿的开采（不允许外商独资）
10. 氟化盐、氯化盐、聚合磷酸盐生产企业技术改造

11. 新型电子元器件开发、制造
12. 中药材、中成药半成品及成品生产
13. 旅游景区（点）及其配套设施的开发、建设和经营

四川省

1. 粮食、蔬菜、水果、禽畜产品、水产品的贮藏、保鲜和加工
2. 林木营造及林木良种引进
3. 优质农产品基地建设和经营
4. 竹资源的综合利用
5. 棉纺织、麻纺织、丝绸企业生产线改造
6. 公路、独立桥梁和隧道的建设、经营
7. 煤炭加工应用技术开发及产品生产
8. 水电资源的开发、建设和经营
9. 钒钛矿物开采及加工（不允许外商独资）
10. 天然气资源开发及天然气化工产品生产
11. 计算机软件开发及网络产品制造
12. 新型数字产品及配套件制造
13. 新型电子元器件制造
14. 中药材、中成药、植物化学原料药开发、生产
15. 旅游景区（点）及其配套设施的开发、建设和经营

重庆市

1. 粮食、蔬菜、水果、禽畜产品、水产品的贮藏、保鲜和加工
2. 林木营造及林木良种引进
3. 竹资源的综合利用
4. 水资源合理开发、利用与保护工程

5. 库区生态环境保护及整治工程

6. 苎麻纺织及制品生产企业技术改造

7. 公路、独立桥梁和隧道的建设、经营

8. 城市地铁、轻轨交通建设、经营（中方控股或占主导地位）

9. 天然气勘查、开采及天然气化工产品生产

10. 汽车、摩托车零部件及电子元器件制造

11. 大型环保设备制造

12. 大型成套自动控制系统制造

13. 中药材、中成药半成品及成品生产

云南省

1. 粮食、蔬菜、水果、禽畜产品、水产品的贮藏、保鲜和加工

2. 林木营造及林木良种引进

3. 花卉及栽培技术引进、开发、经营；现代花卉园区建设和经营

4. 竹资源的综合利用

5. 天然香料、食用菌的种植、加工

6. 水资源合理开发、利用与保护工程

7. 滇池污染治理及环境保护工程

8. 绿色食品、保健食品开发、生产

9. 蔗糖生产的综合利用

10. 公路、独立桥梁和隧道的建设、经营

11. 煤炭加工应用技术开发及产品生产

12. 磷矿开采、高浓度磷复肥、磷化工产品生产

13. 中药、生物药开发、生产

14. 旅游景区（点）及其配套设施的开发、建设和经营

贵州省

1. 粮食、蔬菜、水果、禽畜产品、水产品的贮藏、保鲜和加工
2. 林木营造及林木良种引进
3. 竹资源的综合利用
4. 水资源合理开发、利用与保护工程
5. 公路、独立桥梁和隧道的建设、经营
6. 煤炭加工应用技术开发及产品生产
7. 钛冶炼、加工企业技术改造
8. 低品位、难选冶金矿开采
9. 钡盐生产企业技术改造
10. 磷矿开采、高浓度磷复肥、磷化工产品生产
11. 新型电子元器件开发、制造
12. 中药材、中成药半成品及成品生产
13. 旅游景区（点）及其配套设施的开发、建设和经营

西藏自治区

1. 粮食、蔬菜、水果、禽畜产品的贮藏、保鲜和加工
2. 林木营造及林木良种引进
3. 民族特需产品、工艺美术、包装及容器材料及制品生产
4. 公路、独立桥梁和隧道的建设、经营
5. 电力基础设施及新能源电站建设、经营
6. 铬矿的开采与加工（不允许外商独资）
7. 盐湖资源的开发利用
8. 新型干法水泥生产线
9. 藏成药品的开发、生产
10. 旅游景区（点）及其配套设施的开发、建设和经营

陕西省

1. 粮食、蔬菜、水果、禽畜产品、水产品的贮藏、保鲜和加工

2. 林木营造及林木良种引进

3. 棉纺织及印染生产企业技术改造

4. 公路、独立桥梁和隧道的建设、经营

5. 煤炭加工应用技术开发及产品生产

6. 煤层气资源勘探、开发利用

7. 铜资源的勘查、开采（不允许外商独资）

8. 天然气资源开发及天然气化工产品生产

9. 现场总线智能仪表制造

10. 新型电子元器件开发、制造

11. 天然药物、保健药物及保健用品生产

12. 民用飞机设计与制造（中方控股或占主导地位）

13. 旅游景区（点）及其配套设施的开发、建设和经营

甘肃省

1. 粮食、蔬菜、水果、禽畜产品、水产品的贮藏、保鲜和加工

2. 林木营造及林木良种引进

3. 优质酿酒葡萄基地建设，优质葡萄酒酿制

4. 马铃薯淀粉、玉米淀粉深加工

5. 水资源合理开发、利用与保护工程

6. 毛纺织生产企业技术改造、产业用纺织品开发、生产

7. 公路、独立桥梁和隧道的建设、经营

8. 超高功率石墨电极及碳素制品生产

9. 天然气化工产品生产

10. 钻机及油田设备制造
11. IC元件集成电路封装及电子专用设备、仪器制造
12. 旅游景区（点）及其配套设施的开发、建设和经营

青海省

1. 粮食、蔬菜、水果、禽畜产品、水产品的贮藏、保鲜和加工
2. 林木营造及林木良种引进
3. 水资源合理开发、利用与保护工程
4. 公路、独立桥梁和隧道的建设、经营
5. 铜、铝、锌矿开采、冶炼、加工（不允许外商独资）
6. 钾资源的开发、加工
7. 盐湖资源综合利用及产品生产
8. 新型建筑材料生产
9. 中药、藏药材种植、加工
10. 旅游景区（点）及其配套设施的开发，建设和经营

宁夏回族自治区

1. 粮食、蔬菜、水果、禽畜产品、水产品的贮藏、保鲜和加工
2. 林木营造及林木良种引进
3. 水资源合理开发、利用与保护工程
4. 葡萄的种植和酿酒
5. 玉米、马铃薯种植及深加工
6. 蚕养殖、蚕茧丝加工
7. 公路、独立桥梁和隧道的建设、经营
8. 钽、铌的冶炼和加工
9. 钽电容及钽粉生产制造

10. 旅游景区（点）及其配套设施的开发、建设和经营

新疆维吾尔自治区

1. 粮食、蔬菜、水果、禽畜产品、水产品的贮藏、保鲜和加工

2. 林木营造及林木良种引进

3. 优良番茄种植及深加工

4. 优质葡萄的种植及酿酒生产

5. 水资源合理开发、利用与保护工程

6. 公路、独立桥梁和隧道的建设、经营

7. 棉纺织生产企业技术改造及新产品的开发

8. 风力发电、太阳能发电的建设、经营

9. 锂盐的开发（不允许外商独资）

10. 旅游景区（点）及其配套设施的开发、建设和经营

划拨用地目录

（2001 年 10 月 22 日国土资源部令第 9 号公布）

一、根据《中华人民共和国土地管理法》和《中华人民共和国城市房地产管理法》的规定，制定本目录。

二、符合本目录的建设用地项目，由建设单位提出申请，经有批准权的人民政府批准，方可以划拨方式提供土地使用权。

三、对国家重点扶持的能源、交通、水利等基础设施用地项目，可以以划拨方式提供土地使用权。对以营利为目的，非国家重点扶持的能源、交通、水利等基础设施用地项目，应当以有偿方式提供土地使用权。

四、以划拨方式取得的土地使用权，因企业改制、土地使用权转让或者改变土地用途等不再符合本目录的，应当实行有偿使用。

五、本目录施行后，法律、行政法规和国务院的有关政策另有规定的，按有关规定执行。

六、本目录自发布之日起施行。原国家土地管理局颁布的《划拨用地项目目录》同时废止。

国家机关用地和军事用地

（一）党政机关和人民团体用地

1. 办公用地。

2. 安全、保密、通讯等特殊专用设施。

（二）军事用地

1．指挥机关、地面和地下的指挥工程、作战工程。

2．营区、训练场、试验场。

3．军用公路、铁路专用线、机场、港口、码头。

4．军用洞库、仓库、输电、输油、输气管线。

5．军用通信、通讯线路、侦察、观测台站和测量、导航标志。

6．国防军品科研、试验设施。

7．其他军事设施。

城市基础设施用地和公益事业用地

（三）城市基础设施用地

1．供水设施：包括水源地、取水工程、净水厂、输配水工程、水质检测中心、调度中心、控制中心。

2．燃气供应设施：包括人工煤气生产设施、液化石油气气化站、液化石油气储配站、天然气输配气设施。

3．供热设施：包括热电厂、热力网设施。

4．公共交通设施：包括城市轻轨、地下铁路线路、公共交通车辆停车场、首末站（总站）、调度中心、整流站、车辆保养场。

5．环境卫生设施：包括雨水处理设施、污水处理厂、垃圾（粪便）处理设施、其他环卫设施。

6．道路广场：包括市政道路、市政广场。

7．绿地：包括公共绿地（住宅小区、工程建设项目的配套绿地除外）、防护绿地。

（四）非营利性邮政设施用地

1．邮件处理中心、邮政支局（所）。

2．邮政运输、物流配送中心。

3．邮件转运站。

4．国际邮件互换局、交换站。

5．集装容器（邮袋、报皮）维护调配处理场。

（五）非营利性教育设施用地

1．学校教学、办公、实验、科研及校内文化体育设施。

2．高等、中等、职业学校的学生宿舍、食堂、教学实习及训练基地。

3．托儿所、幼儿园的教学、办公、园内活动场地。

4．特殊教育学校（盲校、聋哑学校、弱智学校）康复、技能训练设施。

（六）公益性科研机构用地

1．科学研究、调查、观测、实验、试验（站、场、基地）设施。

2．科研机构办公设施。

（七）非营利性体育设施用地

1．各类体育运动项目专业比赛和专业训练场（馆）、配套设施（高尔夫球场除外）。

2．体育信息、科研、兴奋剂检测设施。

3．全民健身运动设施（住宅小区、企业单位内配套的除外）。

（八）非营利性公共文化设施用地

1．图书馆。

2．博物馆。

3．文化馆。

4．青少年宫、青少年科技馆、青少年（儿童）活动中心。

（九）非营利性医疗卫生设施用地

1．医院、门诊部（所）、急救中心（站）、城乡卫生院。

2．各级政府所属的卫生防疫站（疾病控制中心）、健康教育所、专科疾病防治所（站）。

3．各级政府所属的妇幼保健所（院、站）、母婴保健机构、儿童保健机构、血站（血液中心、中心血站）。

（十）非营利性社会福利设施用地

1. 福利性住宅。

2. 综合性社会福利设施。

3. 老年人社会福利设施。

4. 儿童社会福利设施。

5. 残疾人社会福利设施。

6. 收容遣送设施。

7. 殡葬设施。

国家重点扶持的能源、交通、水利等基础设施用地

（十一）石油天然气设施用地

1. 油（气、水）井场及作业配套设施。

2. 油（气、汽、水）计量站、转接站、增压站、热采站、处理厂（站）、联合站、注水（气、汽、化学助剂）站、配气（水）站、原油（气）库、海上油气陆上终端。

3. 防腐、防砂、钻井泥浆、三次采油制剂厂（站）、材料配制站（厂、车间）、预制厂（车间）。

4. 油（气）田机械、设备、仪器、管材加工和维修设施。

5. 油、气（汽）、水集输和长输管道、专用交通运输设施。

6. 油（气）田物资仓库（站）、露天货场、废旧料场、成品油（气）库（站）、液化气站。

7. 供排水设施、供配电设施、通讯设施。

8. 环境保护检测、污染治理、废旧料（物）综合处理设施。

9. 消防、安全、保卫设施。

（十二）煤炭设施用地

1. 矿井、露天矿、煤炭加工设施，共伴生矿物开采与加工场地。

2. 矿井通风、抽放瓦斯、煤层气开采、防火灌浆、井下热害防治设施。

3. 采掘场与疏干设施（含控制站）。

4. 自备发电厂、热电站、输变电设施。

5. 矿区内煤炭机电设备、仪器仪表、配件、器材供应与维修设施。

6. 矿区生产供水、供电、燃气、供气、通讯设施。

7. 矿山救护、消防防护设施。

8. 中心试验站。

9. 专用交通、运输设施。

（十三）电力设施用地

1. 发（变）电主厂房设施及配套库房设施。

2. 发（变）电厂（站）的专用交通设施。

3. 配套环保、安全防护设施。

4. 火力发电工程配电装置、网控楼、通信楼、微波塔。

5. 火力发电工程循环水管（沟）、冷却塔（池）、阀门井水工设施。

6. 火力发电工程燃料供应、供热设施、化学楼、输煤综合楼，启动锅炉房、空压机房。

7. 火力发电工程乙炔站、制氢（氧）站，化学水处理设施。

8. 核能发电工程应急给水储存室、循环水泵房、安全用水泵房、循环水进排水口及管沟、加氯间、配电装置。

9. 核能发电工程燃油储运及没处理设施。

10. 核能发电工程制氢站及相应设施。

11. 核能发电工程淡水水源设施，净水设施，污水、废水处理装置。

12. 新能源发电工程电机，厢变、输电（含专用送出工程）、变电站设施，资源观测设施。

13. 输配电线路塔（杆），巡线站、线路工区，线路维护、检修道路。

14. 变（配）电装置，直流输电换流站及接地极。

15．输变电、配电工程给排水、水处理等水工设施。

16．输变电工区、高压工区。

（十四）水利设施用地

1．水利工程用地：包括挡水、泄水建筑物、引水系统、尾水系统、分洪道及其附属建筑物，附属道路、交通设施，供电、供水、供风、供热及制冷设施。

2．水库淹没区。

3．堤防工程。

4．河道治理工程。

5．水闸、泵站、涵洞、桥梁、道路工程及其管护设施。

6．蓄滞洪区、防护林带、滩区安全建设工程。

7．取水系统：包括水闸、堰、进水口、泵站、机电井及其管护设施。

8．输（排）水设施（含明渠、暗渠、隧道、管道、桥、渡槽、倒虹、调蓄水库、水池等）、加压（抽、排）泵站、水厂。

9．防汛抗旱通信设施，水文、气象测报设施。

10．水土保持管理站、科研技术推广所（站）、试验地设施。

（十五）铁路交通设施用地

1．铁路线路、车站及站场设施。

2．铁路运输生产及维修、养护设施。

3．铁路防洪、防冻、防雪、防风沙设施（含苗圃及植被保护带）、生产防疫、环保、水保设施。

4．铁路给排水、供电、供暖、制冷、节能、专用通信、信号、信息系统设施。

5．铁路轮渡、码头及相应的防风、防浪堤、护岸、栈桥、渡船整备设施。

6．铁路专用物资仓储库（场）。

7．铁路安全守备、消防、战备设施。

（十六）公路交通设施用地

1．公路线路、桥梁、交叉工程、隧道和渡口。

2．公路通信、监控、安全设施。

3．高速公路服务区（区内经营性用地除外）。

4．公路养护道班（工区）。

5．公路线路用地界外设置的公路防护、排水、防洪、防雪、防波、防风沙设施及公路环境保护、监测设施。

（十七）水路交通设施用地

1．码头、栈桥、防波堤、防沙导流堤、引堤、护岸、围堰水工工程。

2．人工开挖的航道、港池、锚地及停泊区工程。

3．港口生产作业区。

4．港口机械设备停放场地及维修设施。

5．港口专用铁路、分路、管道设施。

6．港口给排水、供电、供暖、节能、防洪设施。

7．水上安全监督（包括沿海和内河）、救助打捞、港航消防设施。

8．通讯导航设施、环境保护设施。

9．内河航运管理设施、内河航运枢纽工程、通航建筑物及管理维修区。

（十八）民用机场设施用地

1．机场飞行区。

2．公共航空运输客、货业务设施：包括航站楼、机场场区内的货运库（站）、特殊货物（危险品）业务仓库。

3．空中交通管理系统。

4．航材供应、航空器维修、适航检查及校验设施。

5．机场地面专用设备、特种车辆保障设施。

6．油料运输、中转、储油及加油设施。

7．消防、应急救援、安全检查、机场公用设施。

8．环境保护设施：包括污水处理、航空垃圾处理、环保监测、防噪声设施。

9．训练机场、通用航空机场、公共航运机场中的通用航空业务配套设施。

法律、行政法规规定的其他用地

（十九）特殊用地

1．监狱。

2．劳教所。

3．戒毒所、看守所、治安拘留所、收容教育所。

中华人民共和国对外贸易法

（1994 年 5 月 12 日第八届全国人民代表大会常务委员会第七次会议通过　1994 年 5 月 12 日中华人民共和国主席令第 22 号公布　1994 年 7 月 1 日起施行）

第一章　总　则

第一条　为了发展对外贸易，维护对外贸易秩序，促进社会主义市场经济的健康发展，制定本法。

第二条　本法所称对外贸易，是指货物进出口、技术进出口和国际服务贸易。

第三条　国务院对外经济贸易主管部门依照本法主管全国对外贸易工作。

第四条　国家实行统一的对外贸易制度，依法维护公平的、自由的对外贸易秩序。

国家鼓励发展对外贸易，发挥地方的积极性，保障对外贸易经营者的经营自主权。

第五条　中华人民共和国根据平等互利的原则，促进和发展同其他国家和地区的贸易关系。

第六条　中华人民共和国在对外贸易方面根据所缔结或者参加的国际条约、协定，给予其他缔约方、参加方或者根据互惠、对等原则给予对方最惠国待遇、国民待遇。

第七条　任何国家或者地区在贸易方面对中华人民共和国采取歧视性的禁止、限制或者其他类似措施的，中华人民共和国可以根据实际情况对该国家或者该地区采取相应的措施。

第二章　对外贸易经营者

第八条　本法所称对外贸易经营者，是指依照本法规定从事对外贸易经营活动的法人和其他组织。

第九条　从事货物进出口与技术进出口的对外贸易经营，必须具备下列条件，经国务院对外经济贸易主管部门许可：

（一）有自己的名称和组织机构；

（二）有明确的对外贸易经营范围；

（三）具有其经营的对外贸易业务所必需的场所、资金和专业人员；

（四）委托他人办理进出口业务达到规定的实绩或者具有必需的进出口货源；

（五）法律、行政法规规定的其他条件。

前款规定的实施办法由国务院规定。

外商投资企业依照有关外商投资企业的法律、行政法规的规定，进口企业自用的非生产物品，进口企业生产所需的设备、原材料和其他物资，出口其生产的产品，免予办理第一款规定的许可。

第十条　国际服务贸易企业和组织的设立及其经营活动，应当遵守本法和其他有关法律、行政法规的规定。

第十一条　对外贸易经营者依法自主经营、自负盈亏。

第十二条　对外贸易经营者从事对外贸易经营活动，应当信守合同，保证商品质量，完善售后服务。

第十三条　没有对外贸易经营许可的组织或者个人，可以在国内委托对外贸易经营者在其经营范围内代为办理其对外贸易业务。

接受委托的对外贸易经营者应当向委托方如实提供市场行情、商品价格、客户情况等有关的经营信息。委托方与被委托方应当签订委托合同，双方的权利义务由合同约定。

第十四条　对外贸易经营者应当按照国务院对外经济贸易主管部门的规定，向有关部门提交与其对外贸易经营活动有关的文件及资料。有关部门应当为提供者保守商业秘密。

第三章　货物进出口与技术进出口

第十五条　国家准许货物与技术的自由进出口。但是，法律、行政法规另有规定的除外。

第十六条　属于下列情形之一的货物、技术，国家可以限制进口或者出口：

（一）为维护国家安全或者社会公共利益，需要限制进口或者出口的；

（二）国内供应短缺或者为有效保护可能用竭的国内资源，需要限制出口的；

（三）输往国家或者地区的市场容量有限，需要限制出口的；

（四）为建立或者加快建立国内特定产业，需要限制进口的；

（五）对任何形式的农业、牧业、渔业产品有必要限制进口的；

（六）为保障国家国际金融地位和国际收支平衡，需要限制进口的；

（七）根据中华人民共和国所缔结或者参加的国际条约、协定的规定，需要限制进口或者出口的。

第十七条　属于下列情形之一的货物、技术，国家禁止进口或者出口：

（一）危害国家安全或者社会公共利益的；

（二）为保护人的生命或者健康，必须禁止进口或者出口的；

（三）破坏生态环境的；

（四）根据中华人民共和国所缔结或者参加的国际条约、协定的规定，需要禁止进口或者出口的。

第十八条　国务院对外经济贸易主管部门应当会同国务院有关部门，依照本法第十六条、第十七条的规定，制定、调整并公布限制或者禁止进出口的货物、技术目录。

国务院对外经济贸易主管部门或者由其会同国务院有关部门，经国务院批准，可以在本法第十六条、第十七条规定的范围内，临时决定限制或者禁止前款规定目录以外的特定货物、技术的进口或者出口。

第十九条　对限制进口或者出口的货物，实行配额或者许可证管理；对限制进口或者出口的技术，实行许可证管理。

实行配额或者许可证管理的货物、技术，必须依照国务院规定经国务院对外经济贸易主管部门或者由其会同国务院有关部门许可，方可进口或者出口。

第二十条　进出口货物配额，由国务院对外经济贸易主管部门或者国务院有关部门在各自的职责范围内，根据申请者的进出口实绩、能力等条件，按照效益、公正、公开和公平竞争的原则进行分配。

配额的分配方式和办法由国务院规定。

第二十一条　对文物、野生动植物及其产品等货物、物品，其他法律、行政法规有禁止进出口或者限制进出口规定的，依照有关法律、行政法规的规定办理。

第四章　国际服务贸易

第二十二条　国家促进国际服务贸易的逐步发展。

第二十三条　中华人民共和国在国际服务贸易方面根据所缔结或者参加的国际条约、协定中所作的承诺，给予其他缔约方、参加方市场准入和国民待遇。

第二十四条　国家基于下列原因之一，可以限制国际服务贸易：

（一）为维护国家安全或者社会公共利益；

（二）为保护生态环境；

（三）为建立或者加快建立国内特定的服务行业；

（四）为保障国家外汇收支平衡；

（五）法律、行政法规规定的其他限制。

第二十五条　属于下列情形之一的国际服务贸易，国家予以禁止：

（一）危害国家安全或者社会公共利益的；

（二）违反中华人民共和国承担的国际义务的；

（三）法律、行政法规规定禁止的。

第二十六条　国务院对外经济贸易主管部门和国务院有关部门，依照本法和其他有关法律、行政法规，对国际服务贸易进行管理。

第五章　对外贸易秩序

第二十七条　对外贸易经营者在对外贸易经营活动中，应当依法经营，公平竞争，不得有下列行为：

（一）伪造、变造或者买卖进出口原产地证明、进出口许可证；

（二）侵害中华人民共和国法律保护的知识产权；

（三）以不正当竞争手段排挤竞争对手；

（四）骗取国家的出口退税；

（五）违反法律、行政法规规定的其他行为。

第二十八条 对外贸易经营者在对外贸易经营活动中，应当依照国家有关规定结汇、用汇。

第二十九条 因进口产品数量增加，使国内相同产品或者与其直接竞争的产品的生产者受到严重损害或者严重损害的威胁时，国家可以采取必要的保障措施，消除或者减轻这种损害或者损害的威胁。

第三十条 产品以低于正常价值的方式进口，并由此对国内已建立的相关产业造成实质损害或者产生实质损害的威胁，或者对国内建立相关产业造成实质阻碍时，国家可以采取必要措施，消除或者减轻这种损害或者损害的威胁或者阻碍。

第三十一条 进口的产品直接或者间接地接受出口国给予的任何形式的补贴，并由比对国内已建立的相关产业造成实质损害或者产生实质损害的威胁，或者对国内建立相关产业造成实质阻碍时，国家可以采取必要措施，消除或者减轻这种损害或者损害的威胁或者阻碍。

第三十二条 发生第二十九条、第三十条、第三十一条规定的情况时，国务院规定的部门或者机构应当依照法律、行政法规的规定进行调查，做出处理。

第六章 对外贸易促进

第三十三条 国家根据对外贸易发展的需要，建立和完善为对外贸易服务的金融机构，设立对外贸易发展基金、风险基金。

第三十四条　国家采取进出口信贷、出口退税及其他对外贸易促进措施，发展对外贸易。

第三十五条　对外贸易经营者可以依法成立和参加进出口商会。

进出口商会应当遵守法律、行政法规，依照章程对其会员的对外贸易经营活动进行协调指导，提供咨询服务，向政府有关部门反映会员有关对外贸易促进方面的建议，并积极开展对外贸易促进活动。

第三十六条　中国国际贸易促进组织依照章程开展对外联系，举办展览，提供信息、咨询服务和其他对外贸易促进活动。

第三十七条　国家扶持和促进民族自治地方和经济不发达地区发展对外贸易。

第七章　法律责任

第三十八条　走私禁止进出口或者限制进出口的货物，构成犯罪的，依照惩治走私罪的补充规定追究刑事责任；不构成犯罪的，依照海关法的规定处罚。国务院对外经济贸易主管部门并可以撤销其对外贸易经营许可。

第三十九条　伪造、变造进出口原产地证明、进出口许可证，依照刑法第一百六十七条的规定追究刑事责任；买卖进出口原产地证明、进出口许可证或者买卖伪造、变造的进出口原产地证明、进出口许可证，比照刑法第一百六十七条的规定追究刑事责任。

单位犯前款罪的，判处罚金，并对单位直接负责的主管人员和其他直接责任人员依照或者比照刑法第一百六十七条的规定追究刑事责任。国务院对外经济贸易主管部门并可以撤销其对外贸易经营许可。

明知是伪造、变造的进出口许可证而用以进口或者出口货物，依照本法第三十八条的规定处罚。

第四十条　违反本法规定，进口或者出口禁止进出口或者限制进出口的技术，构成犯罪的，比照惩治走私罪的补充规定追究刑事责任。

第四十一条　国家对外贸易工作人员玩忽职守、徇私舞弊或者滥用职权，构成犯罪的，依法追究刑事责任；不构成犯罪的，给予行政处分。

国家对外贸易工作人员利用职务上的便利，索取他人财物，或者非法收受他人财物为他人谋取利益，构成犯罪的，依照惩治贪污罪贿赂罪的补充规定追究刑事责任；不构成犯罪的，给予行政处分。

第八章　附　　则

第四十二条　国家对边境城镇与接壤国家边境城镇之间的贸易以及边民互市贸易，采取灵活措施，给予优惠和便利。具体办法由国务院规定。

第四十三条　中华人民共和国的单独关税区不适用本法。

第四十四条　本法自 1994 年 7 月 1 日起施行。

附：

刑法有关条款

第一百六十七条　伪造、变造或者盗窃、抢夺、毁灭国家机关、企业、事业单位、人民团体的公文、证件、印章的，处 3 年以下有期徒刑、拘役、管制或者剥夺政治权利；情节严重的，处 3 年以上 10 年以下有期徒刑。

中华人民共和国货物进出口管理条例

(2001年10月31日国务院第46次常务会议通过
2001年12月10日中华人民共和国国务院令第332号
公布　自2002年1月1日起施行)

第一章　总　则

第一条　为了规范货物进出口管理，维护货物进出口秩序，促进对外贸易健康发展，根据《中华人民共和国对外贸易法》(以下简称对外贸易法)的有关规定，制定本条例。

第二条　从事将货物进口到中华人民共和国关境内或者将货物出口到中华人民共和国关境外的贸易活动，应当遵守本条例。

第三条　国家对货物进出口实行统一的管理制度。

第四条　国家准许货物的自由进出口，依法维护公平、有序的货物进出口贸易。

除法律、行政法规明确禁止或者限制进出口的外，任何单位和个人均不得对货物进出口设置、维持禁止或者限制措施。

第五条　中华人民共和国在货物进出口贸易方面根据所缔结或者参加的国际条约、协定，给予其他缔约方、参加方最惠国待遇、国民待遇，或者根据互惠、对等原则给予对方最惠国待遇、国民待遇。

第六条　任何国家或者地区在货物进出口贸易方面对中华人民共和国采取歧视性的禁止、限制或者其他类似措施的，中华人民共和国可以根据实际情况对该国家或者地区采取相应的措施。

第七条 国务院对外经济贸易主管部门（以下简称国务院外经贸主管部门）依照对外贸易法和本条例的规定，主管全国货物进出口贸易工作。

国务院有关部门按照国务院规定的职责，依照本条例的规定负责货物进出口贸易管理的有关工作。

第二章 货物进口管理

第一节 禁止进口的货物

第八条 有对外贸易法第十七条规定情形之一的货物，禁止进口。其他法律、行政法规规定禁止进口的，依照其规定。禁止进口的货物目录由国务院外经贸主管部门会同国务院有关部门制定、调整并公布。

第九条 属于禁止进口的货物，不得进口。

第二节 限制进口的货物

第十条 有对外贸易法第十六条第（一）、（四）、（五）、（六）、（七）项规定情形之一的货物，限制进口。其他法律、行政法规规定限制进口的，依照其规定。

限制进口的货物目录由国务院外经贸主管部门会同国务院有关部门制定、调整并公布。

限制进口的货物目录，应当至少在实施前21天公布；在紧急情况下，应当不迟于实施之日公布。

第十一条 国家规定有数量限制的限制进口货物，实行配额管理；其他限制进口货物，实行许可证管理。

实行关税配额管理的进口货物，依照本章第四节的规定执行。

第十二条 实行配额管理的限制进口货物，由国务院外经贸主管部门和国务院有关经济管理部门（以下统称进口配额管理部门）按照国务院规定的职责划分进行管理。

第十三条　对实行配额管理的限制进口货物，进口配额管理部门应当在每年7月31日前公布下一年度进口配额总量。

配额申请人应当在每年8月1日至8月31日向进口配额管理部门提出下一年度进口配额的申请。

进口配额管理部门应当在每年10月31日前将下一年度的配额分配给配额申请人。

进口配额管理部门可以根据需要对年度配额总量进行调整，并在实施前21天予以公布。

第十四条　配额可以按照对所有申请统一办理的方式分配。

第十五条　按照对所有申请统一办理的方式分配配额的，进口配额管理部门应当自规定的申请期限截止到之日起60天内做出是否发放配额的决定。

第十六条　进口配额管理部门分配配额时，应当考虑下列因素：

（一）申请人的进口实绩；

（二）以往分配的配额是否得到充分使用；

（三）申请人的生产能力、经营规模、销售状况；

（四）新的进口经营者的申请情况；

（五）申请配额的数量情况；

（六）需要考虑的其他因素。

第十七条　进口经营者凭进口配额管理部门发放的配额证明，向国务院外经贸主管部门申领进口配额许可证。国务院外经贸主管部门应当自收到申请之日起3个工作日内发放进口配额许可证。

进口经营者凭国务院外经贸主管部门发放的进口配额许可证，向海关办理报关验放手续。

第十八条 配额持有者未使用完其持有的年度配额的，应当在当年 9 月 1 日前将未使用的配额交还进口配额管理部门；未按期交还并且在当年年底前未使用完的，进口配额管理部门可以在下一年度对其扣减相应的配额。

第十九条 实行许可证管理的限制进口货物，进口经营者应当向国务院外经贸主管部门或者国务院有关部门（以下统称进口许可证管理部门）提出申请。进口许可证管理部门应当自收到申请之日起 30 天内决定是否许可。

进口经营者凭进口许可证管理部门发放的进口许可证，向海关办理报关验放手续。

前款所称进口许可证，包括法律、行政法规规定的各种具有许可进口性质的证明、文件。

第二十条 进口配额管理部门和进口许可证管理部门应当根据本条例的规定制定具体管理办法，对申请人的资格、受理申请的部门、审查的原则和程序等事项做出明确规定并在实施前予以公布 。

受理申请的部门一般为一个部门。

进口配额管理部门和进口许可证管理部门要求申请人提交的文件，应当限于为保证实施管理所必需的文件和资料，不得仅因细微的、非实质性的错讹拒绝接受申请。

第三节 自由进口的货物

第二十一条 进口属于自由进口的货物，不受限制。

第二十二条 基于监测货物进口情况的需要，国务院外经贸主管部门和国务院有关经济管理部门可以按照国务院规定的职责划分，对部分属于自由进口的货物实行自动进口许可管理。

实行自动进口许可管理的货物目录，应当至少在实施前 21 天公布。

第二十三条　进口属于自动进口许可管理的货物，均应当给予许可。

第二十四条　进口属于自动讲口许可管理的货物，进口经营者应当在办理海关报关手续前，向国务院外经贸主管部门或者国务院有关经济管理部门提交自动进口许可申请。

国务院外经贸主管部门或者国务院有关经济管理部门应当在收到申请后，立即发放自动进口许可证明；在特殊情况下，最长不得超过10天。

进口经营者凭国务院外经贸主管部门或者国务院有关经济管理部门发放的自动进口许可证明，向海关办理报关验放手续。

第四节　关税配额管理的货物

第二十五条　实行关税配额管理的进口货物目录，由国务院外经贸主管部门会同国务院有关经济管理部门制定、调整并公布。

第二十六条　属于关税配额内进口的货物，按照配额内税率缴纳关税；属于关税配额外进口的货物，按照配额外税率缴纳关税。

第二十七条　进口配额管理部门应当在每年9月15日至10月14日公布下一年度的关税配额总量。

配额申请人应当在每年10月15日至10月30日向进口配额管理部门提出关税配额的申请。

第二十八条　关税配额可以按照对所有申请统一办理的方式分配。

第二十九条　按照对所有申请统一办理的方式分配关税配额的，进口配额管理部门应当在每年12月31日前做出是否发放配额的决定。

第三十条　进口经营者凭进口配额管理部门发放的关税配额

证明，向海关办理关税配额内货物的报关验放手续。

国务院有关经济管理部门应当及时将年度关税配额总量、分配方案和关税配额证明实际发放的情况向国务院外经贸主管部门备案。

第三十一条 关税配额持有者未使用完其持有的年度配额的，应当在当年9月15日前将未使用的配额交还进口配额管理部门；未按期交还并且在当年年底前未使用完的，进口配额管理部门可以在下一年度对其扣减相应的配额。

第三十二条 进口配额管理部门应当根据本条例的规定制定有关关税配额的具体管理办法，对申请人的资格、受理申请的部门、审查的原则和程序等事项做出明确规定并在实施前予以公布。

受理申请的部门一般为一个部门。

进口配额管理部门要求关税配额申请人提交的文件，应当限于为保证实施关税配额管理所必需的文件和资料，不得仅因细微的、非实质性的错讹拒绝接受关税配额申请。

第三章 货物出口管理

第一节 禁止出口的货物

第三十三条 有对外贸易法第十七条规定情形之一的货物，禁止出口。其他法律、行政法规规定禁止出口的，依照其规定：

禁止出口的货物目录由国务院外经贸主管部门会同国务院有关部门制定、调整并公布。

第三十四条 属于禁止出口的货物，不得出口。

第二节　限制出口的货物

第三十五条　有对外贸易法第十六条第（一）、（二）、（三）、（七）项规定情形之一的货物，限制出口。其他法律、行政法规规定限制出口的，依照其规定。

限制出口的货物目录由国务院外经贸主管部门会同国务院有关部门制定、调整并公布。

限制出口的货物目录，应当至少在实施前21天公布；在紧急情况下，应当不迟于实施之日公布。

第三十六条　国家规定有数量限制的限制出口货物，实行配额管理；其他限制出口货物，实行许可证管理。

第三十七条　实行配额管理的限制出口货物，由国务院外经贸主管部门和国务院有关经济管理部门（以下统称出口配额管理部门）按照国务院规定的职责划分进行管理。

第三十八条　对实行配额管理的限制出口货物，出口配额管理部门应当在每年10月31日前公布下一年度出口配额总量。

配额申请人应当在每年11月1日至11月15日向出口配额管理部门提出下一年度出口配额的申请。

出口配额管理部门应当在每年12月15日前将下一年度的配额分配给配额申请人。

第三十九条　配额可以通过直接分配的方式分配，也可以通过招标等方式分配。

第四十条　出口配额管理部门应当自收到申请之日起30天内并不晚于当年12月15日做出是否发放配额的决定。

第四十一条　出口经营者凭出口配额管理部门发放的配额证明，向国务院外经贸主管部门申领出口配额许可证。国务院外经贸主管部门应当自收到申请之日起3个工作日内发放出口配额许可证。

出口经营者凭国务院外经贸主管部门发放的出口配额许可证，向海关办理报关验放手续。

第四十二条 配额持有者未使用完其持有的年度配额的，应当在当年10月31日前将未使用的配额交还出口配额管理部门；未按期交还并且在当年年底前未使用完的，出口配额管理部门可以在下一年度对其扣减相应的配额。

第四十三条 实行许可证管理的限制出口货物，出口经营者应当向国务院外经贸主管部门或者国务院有关部门（以下统称出口许可证管理部门）提出申请，出口许可证管理部门应当自收到申请之日起30天内决定是否许可。

出口经营者凭出口许可证管理部门发放的出口许可证，向海关办理报关验放手续。

前款所称出口许可证，包括法律、行政法规规定的各种具有许可出口性质的证明、文件。

第四十四条 出口配额管理部门和出口许可证管理部门应当根据本条例的规定制定具体管理办法，对申请人的资格、受理申请的部门、审查的原则和程序等事项做出明确规定并在实施前予以公布。

受理申请的部门一般为一个部门。

出口配额管理部门和出口许可证管理部门要求申请人提交的文件，应当限于为保证实施管理所必需的文件和资料，不得仅因细微的、非实质性的错讹拒绝接受申请。

第四章 国营贸易和指定经营

第四十五条 国家可以对部分货物的进出口实行国营贸易管理。

实行国营贸易管理的进出口货物目录由国务院外经贸主管部

门会同国务院有关经济管理部门制定、调整并公布。

第四十六条　国务院外经贸主管部门和国务院有关经济管理部门按照国务院规定的职责划分确定国营贸易企业名录并予以公布。

第四十七条　实行国营贸易管理的货物，国家允许非国营贸易企业从事部分数量的进出口。

第四十八条　国营贸易企业应当每半年向国务院外经贸主管部门提供实行国营贸易管理的货物的购买价格、销售价格等有关信息。

第四十九条　国务院外经贸主管部门基于维护进出口经营秩序的需要，可以在一定期限内对部分货物实行指定经营管理。

实行指定经营管理的进出口货物目录由国务院外经贸主管部门制定、调整并公布。

第五十条　确定指定经营企业的具体标准和程序，由国务院外经贸主管部门制定并在实施前公布。

指定经营企业名录由国务院外经贸主管部门公布。

第五十一条　除本条例第四十七条规定的情形外，未列入国营贸易企业名录和指定经营企业名录的企业或者其他组织，不得从事实行国营贸易管理、指定经营管理的货物的进出口贸易。

第五十二条　国营贸易企业和指定经营企业应当根据正常的商业条件从事经营活动，不得以非商业因素选择供应商，不得以非商业因素拒绝其他企业或者组织的委托。

第五章　进出口监测和临时措施

第五十三条　国务院外经贸主管部门负责对货物进出口情况进行监测、评估，并定期向国务院报告货物进出口情况，提出建议。

第五十四条 国家为维护国际收支平衡，包括国际收支发生严重失衡或者受到严重失衡威胁时，或者为维持与实施经济发展计划相适应的外汇储备水平，可以对进口货物的价值或者数量采取临时限制措施。

第五十五条 国家为建立或者加快建立国内特定产业，在采取现有措施无法实现的情况下，可以采取限制或者禁止进口的临时措施。

第五十六条 国家为执行下列一项或者数项措施，必要时可以对任何形式的农产品水产品采取限制进口的临时措施：

（一）对相同产品或者直接竞争产品的国内生产或者销售采取限制措施；

（二）通过补贴消费的形式，消除国内过剩的相同产品或者直接竞争产品；

（三）对完全或者主要依靠该进口农产品水产品形成的动物产品采取限产措施。

第五十七条 有下列情形之一的，国务院外经贸主管部门可以对特定货物的出口采取限制或者禁止的临时措施：

（一）发生严重自然灾害等异常情况，需要限制或者禁止出口的；

（二）出口经营秩序严重混乱，需要限制出口的；

（三）依照对外贸易法第十六条、第十七条的规定，需要限制或者禁止出口的。

第五十八条 对进出口货物采取限制或者禁止的临时措施的，国务院外经贸主管部门应当在实施前予以公告。

第六章 对外贸易促进

第五十九条 国家采取出口信用保险、出口信贷、出口退税、设立外贸发展基金等措施，促进对外贸易发展。

第六十条　国家采取有效措施，促进企业的技术创新和技术进步，提高企业的国际竞争能力。

第六十一条　国家通过提供信息咨询服务，帮助企业开拓国际市场。

第六十二条　货物进出口经营者可以依法成立和参加进出口商会，实行行业自律和协调。

第六十三条　国家鼓励企业积极应对国外歧视性反倾销、反补贴、保障措施及其他限制措施，维护企业的正当贸易权利。

第七章　法律责任

第六十四条　进口或者出口属于禁止进出口的货物，或者未经批准、许可擅自进口或者出口属于限制进出口的货物的，依照刑法关于走私罪的规定，依法追究刑事责任；尚不够刑事处罚的，依照海关法的有关规定处罚；国务院外经贸主管部门并可以撤销其对外贸易经营许可。

第六十五条　擅自超出批准、许可的范围进口或者出口属于限制进出口的货物的，依照刑法关于走私罪或者非法经营罪的规定，依法追究刑事责任；尚不够刑事处罚的，依照海关法的有关规定处罚；国务院外经贸主管部门并可以暂停直至撤销其对外贸易经营许可。

第六十六条　伪造、变造或者买卖货物进出口配额证明、批准文件、许可证或者自动进口许可证明的，依照刑法关于非法经营罪或者伪造、变造、买卖国家机关公文、证件、印章罪的规定，依法追究刑事责任；尚不够刑事处罚的，依照海关法的有关规定处罚；国务院外经贸主管部门并可以撤销其对外贸易经营许可。

第六十七条　进出口经营者以欺骗或者其他不正当手段获取货物进出口配额、批准文件、许可证或者自动进口许可证明的，依法收缴其货物进出口配额、批准文件、许可证或者自动进口许可证明，国务院外经贸主管部门可以暂停直至撤销其对外贸易经营许可。

第六十八条　违反本条例第五十一条规定，擅自从事实行国营贸易管理或者指定经营管理的货物进出口贸易，扰乱市场秩序，情节严重的，依照刑法关于非法经营罪的规定，依法追究刑事责任；尚不够刑事处罚的，由工商行政管理机关依法给予行政处罚；国务院外经贸主管部门并可以暂停直至撤销其对外贸易经营许可。

第六十九条　国营贸易企业或者指定经营企业违反本条例第四十八条、第五十二条规定的，由国务院外经贸主管部门予以警告；情节严重的，可以暂停直至取消其国营贸易企业或者指定经营企业资格。

第七十条　货物进出口管理工作人员在履行货物进出口管理职责中，滥用职权、玩忽职守或者利用职务上的便利收受、索取他人财物的，依照刑法关于滥用职权罪、玩忽职守罪、受贿罪或者其他罪的规定，依法追究刑事责任；尚不够刑事处罚的，依法给予行政处分。

第八章　附　　则

第七十一条　对本条例规定的行政机关发放配额、关税配额、许可证或者自动许可证明的决定不服的，对确定国营贸易企业或者指定经营企业资格的决定不服的，或者对行政处罚的决定不服的，可以依法申请行政复议，也可以依法向人民法院提起诉讼。

第七十二条　本条例的规定不妨碍依据法律、行政法规对进出口货物采取的关税、检验检疫、安全、环保、知识产权保护等措施。

第七十三条　出口核用品、核两用品、监控化学品、军品等出口管制货物的，依照有关行政法规的规定办理。

第七十四条　对进口货物需要采取反倾销措施、反补贴措施、保障措施的，依照对外贸易法和有关法律、行政法规的规定执行。

第七十五条　法律、行政法规对保税区、出口加工区等特殊经济区的货物进出口管理另有规定的，依照其规定。

第七十六条　国务院外经贸主管部门负责有关货物进出口贸易的双边或者多边磋商、谈判，并负责贸易争端解决的有关事宜。

第七十七条　本条例自2002年1月1日起施行，1984年1月10日国务院发布的《中华人民共和国进口货物许可制度暂行条例》，1992年12月21日国务院批准、1992年12月29日对外经济贸易部发布的《出口商品管理暂行办法》，1993年9月22日国务院批准、1993年10月7日国家经济贸易委员会、对外贸易经济合作部发布的《机电产品进口管理暂行办法》，1993年12月22日国务院批准、1993年12月29日国家计划委员会、对外贸易经济合作部发布的《一般商品进口配额管理暂行办法》，1994年6月13日国务院批准、1994年7月19日对外贸易经济合作部、国家计划委员会发布的《进口商品经营管理暂行办法》，同时废止。

中华人民共和国技术进出口管理条例

（2001 年 10 月 31 日国务院第 46 次常务会议通过　2001 年 12 月 10 日中华人民共和国国务院令第 331 号公布　自 2002 年 1 月 1 日起施行）

第一章　总　则

第一条　为了规范技术进出口管理，维护技术进出口秩序，促进国民经济和社会发展，根据《中华人民共和国对外贸易法》（以下简称对外贸易法）及其他有关法律的有关规定，制定本条例。

第二条　本条例所称技术进出口，是指从中华人民共和国境外向中华人民共和国境内，或者从中华人民共和国境内向中华人民共和国境外，通过贸易、投资或者经济技术合作的方式转移技术的行为。

前款规定的行为包括专利权转让、专利申请权转让、专利实施许可、技术秘密转让、技术服务和其他方式的技术转移。

第三条　国家对技术进出口实行统一的管理制度，依法维护公平、自由的技术进出口秩序。

第四条　技术进出口应当符合国家的产业政策、科技政策和社会发展政策，有利于促进我国科技进步和对外经济技术合作的发展，有利于维护我国经济技术权益。

第五条　国家准许技术的自由进出口；但是，法律、行政法规另有规定的除外。

第六条　国务院对外经济贸易主管部门（以下简称国务院外经贸主管部门）依照对外贸易法和本条例的规定，负责全国的技术进出口管理工作。省、自治区、直辖市人民政府外经贸主管部门根据国务院外经贸主管部门的授权，负责本行政区域内的技术进出口管理工作。

国务院有关部门按照国务院的规定，履行技术进出口项目的有关管理职责。

第二章　技术进口管理

第七条　国家鼓励先进、适用的技术进口。

第八条　有对外贸易法第十六条、第十七条规定情形之一的技术，禁止或者限制进口。

国务院外经贸主管部门会同国务院有关部门，制定、调整并公布禁止或者限制进口的技术目录。

第九条　属于禁止进口的技术，不得进口。

第十条　属于限制进口的技术，实行许可证管理；未经许可，不得进口。

第十一条　进口属于限制进口的技术，应当向国务院外经贸主管部门提出技术进口申请并附有关文件。

技术进口项目需经有关部门批准的，还应当提交有关部门的批准文件。

第十二条　国务院外经贸主管部门收到技术进口申请后，应当会同国务院有关部门对申请进行审查，并自收到申请之日起30个工作日内做出批准或者不批准的决定。

第十三条　技术进口申请经批准的，由国务院外经贸主管部门发给技术进口许可意向书。

进口经营者取得技术进口许可意向书后，可以对外签订技术进口合同。

第十四条　进口经营者签订技术进口合同后，应当向国务院外经贸主管部门提交技术进口合同副本及有关文件，申请技术进口许可证。

国务院外经贸主管部门对技术进口合同的真实性进行审查，并自收到前款规定的文件之日起 10 个工作日内，对技术进口做出许可或者不许可的决定。

第十五条　申请人依照本条例第十一条的规定向国务院外经贸主管部门提出技术进口申请时，可以一并提交已经签订的技术进口合同副本。

国务院外经贸主管部门应当依照本条例第十二条和第十四条的规定对申请及其技术进口合同的真实性一并进行审查，并自收到前款规定的文件之日起 40 个工作日内，对技术进口做出许可或者不许可的决定。

第十六条　技术进口经许可的，由国务院外经贸主管部门颁发技术进口许可证。技术进口合同自技术进口许可证颁发之日起生效。

第十七条　对属于自由进口的技术，实行合同登记管理。

进口属于自由进口的技术，合同自依法成立时生效，不以登记为合同生效的条件。

第十八条　进口属于自由进口的技术，应当向国务院外经贸主管部门办理登记，并提交下列文件；

（一）技术进口合同登记申请书；

（二）技术进口合同副本；

（三）签约双方法律地位的证明文件。

第十九条　国务院外经贸主管部门应当自收到本条例第十八

条规定的文件之日起3个工作日内，对技术进口合同进行登记，颁发技术进口合同登记证。

第二十条　申请人凭技术进口许可证或者技术进口合同登记证，办理外汇、银行、税务、海关等相关手续。

第二十一条　依照本条例的规定，经许可或者登记的技术进口合同，合同的主要内容发生变更的，应当重新办理许可或者登记手续。

经许可或者登记的技术进口合同终止的，应当及时向国务院外经贸主管部门备案。

第二十二条　设立外商投资企业，外方以技术作为投资的，该技术的进口，应当按照外商投资企业设立审批的程序进行审查或者办理登记。

第二十三条　国务院外经贸主管部门和有关部门及其工作人员在履行技术进口管理职责中，对所知悉的商业秘密负有保密义务。

第二十四条　技术进口合同的让与人应当保证自己是所提供技术的合法拥有者或者有权转让、许可者。

技术进口合同的受让人按照合同约定使用让与人提供的技术，被第三方指控侵权的，受让人应当立即通知让与人；让与人接到通知后，应当协助受让人排除妨碍。

技术进口合同的受让人按照合同约定使用让与人提供的技术，侵害他人合法权益的，由让与人承担责任。

第二十五条　技术进口合同的让与人应当保证所提供的技术完整、无误、有效，能够达到约定的技术目标。

第二十六条　技术进口合同的受让人、让与人应当在合同约定的保密范围和保密期限内，对让与人提供的技术中尚未公开的秘密部分承担保密义务。

在保密期限内，承担保密义务的一方在保密技术非因自己的原因被公开后，其承担的保密义务即予终止。

第二十七条　在技术进口合同有效期内，改进技术的成果属于改进方。

第二十八条　技术进口合同期满后，技术让与人和受让人可以依照公平合理的原则，就技术的继续使用进行协商。

第二十九条　技术进口合同中，不得含有下列限制性条款：

（一）要求受让人接受并非技术进口必不可少的附带条件，包括购买非必需的技术、原材料、产品、设备或者服务；

（二）要求受让人为专利权有效期限届满或者专利权被宣布无效的技术支付使用费或者承担相关义务；

（三）限制受让人改进让与人提供的技术或者限制受让人使用所改进的技术；

（四）限制受让人从其他来源获得与让与人提供的技术类似的技术或者与其竞争的技术；

（五）不合理地限制受让人购买原材料、零部件、产品或者设备的渠道或者来源；

（六）不合理地限制受让人产品的生产数量、品种或者销售价格。

（七）不合理地限制受让人利用进口的技术生产产品的出口渠道。

第三章　技术出口管理

第三十条　国家鼓励成熟的产业化技术出口。

第三十一条　有对外贸易法第十六条、第十七条规定情形之一的技术，禁止或者限制出口。

国务院外经贸主管部门会同国务院有关部门，制定、调整并公布禁止或者限制出口的技术目录。

第三十二条　属于禁止出口的技术，不得出口。

第三十三条　属于限制出口的技术，实行许可证管理；未经许可，不得出口。

第三十四条　出口属于限制出口的技术，应当向国务院外经贸主管部门提出申请。

第三十五条　国务院外经贸主管部门收到技术出口申请后，应当会同国务院科技管理部门对申请出口的技术进行审查，并自收到申请之日起30个工作日内做出批准或者不批准的决定。

限制出口的技术需经有关部门进行保密审查的，按照国家有关规定执行。

第三十六条　技术出口申请经批准的，由国务院外经贸主管部门发给技术出口许可意向书。

申请人取得技术出口许可意向书后，方可对外进行实质性谈判，签订技术出口合同。

第三十七条　申请人签订技术出口合同后，应当向国务院外经贸主管部门提交下列文件，申请技术出口许可证：

(一) 技术出口许可意向书；

(二) 技术出口合同副本；

(三) 技术资料出口清单；

(四) 签约双方法律地位的证明文件。

国务院外经贸主管部门对技术出口合同的真实性进行审查，并自收到前款规定的文件之日起15个工作日内，对技术出口做出许可或者不许可的决定。

第三十八条　技术出口经许可的，由国务院外经贸主管部门颁发技术出口许可证。技术出口合同自技术出口许可证颁发之日起生效。

第三十九条　对属于自由出口的技术，实行合同登记管理。

出口属于自由出口的技术，合同自依法成立时生效，不以登记为合同生效的条件。

第四十条 出口属于自由出口的技术，应当向国务院外经贸主管部门办理登记，并提交下列文件：

（一）技术出口合同登记申请书；

（二）技术出口合同副本；

（三）签约双方法律地位的证明文件。

第四十一条 国务院外经贸主管部门应当自收到本条例第四十条规定的文件之日起3个工作日内，对技术出口合同进行登记，颁发技术出口合同登记证。

第四十二条 申请人凭技术出口许可证或者技术出口合同登记证办理外汇、银行、税务、海关等相关手续。

第四十三条 依照本条例的规定，经许可或者登记的技术出口合同，合同的主要内容发生变更的，应当重新办理许可或者登记手续。

经许可或者登记的技术出口合同终止的，应当及时向国务院外经贸主管部门备案。

第四十四条 国务院外经贸主管部门和有关部门及其工作人员在履行技术出口管理职责中，对国家秘密和所知悉的商业秘密负有保密义务。

第四十五条 出口核技术、核两用品相关技术、监控化学品生产技术、军事技术等出口管制技术的，依照有关行政法规的规定办理。

第四章　法 律 责 任

第四十六条 进口或者出口属于禁止进出口的技术的，或者未经许可擅自进口或者出口属于限制进出口的技术的，依照刑法关于走私罪、非法经营罪、泄露国家秘密罪或者其他罪的规定，依法追究刑事责任；尚不够刑事处罚的，区别不同情况，依照海关法的有关规定处罚，或者由国务院外经贸主管部门给予警告，没收违法所得，外违法所得1倍以上5倍以下的罚款；国务院外经贸主管部门并可以撤销其对外贸易经营许可。

第四十七条　擅自超出许可的范围进口或者出口属于限制进出口的技术的，依照刑法关于非法经营罪或者其他罪的规定，依法追究刑事责任；尚不够刑事处罚的，区别不同情况，依照海关法的有关规定处罚，或者由国务院外经贸主管部门给予警告，没收违法所得，处违法所得1倍以上3倍以下的罚款；国务院外经贸主管部门并可以暂停直至撤销其对外贸易经营许可。

第四十八条　伪造、变造或者买卖技术进出口许可证或者技术进出口合同登记证的，依照刑法关于非法经营罪或者伪造、变造、买卖国家机关公文、证件、印章罪的规定，依法追究刑事责任；尚不够刑事处罚的，依照海关法的有关规定处罚；国务院外经贸主管部门并可以撤销其对外贸易经营许可。

第四十九条　以欺骗或者其他不正当手段获取技术进出口许可的，由国务院外经贸主管部门吊销其技术进出口许可证，暂停直至撤销其对外贸易经营许可。

第五十条　以欺骗或者其他不正当手段获取技术进出口合同登记的，由国务院外经贸主管部门吊销其技术进出口合同登记证，暂停直至撤销其对外贸易经营许可。

第五十一条　技术进出口管理工作人员违反本条例的规定，泄露国家秘密或者所知悉的商业秘密的，依照刑法关于泄露国家秘密罪或者侵犯商业秘密罪的规定，依法追究刑事责任，尚不够刑事处罚的，依法给予行政处分。

第五十二条　技术出口管理工作人员滥用职权、玩忽职守或者利用职务上的便利收受、索取他人财物的，依照刑法关于滥用职权罪、玩忽职守罪、受贿罪或者其他罪的规定，依法追究刑事责任；尚不够刑事处罚的，依法给予行政处分。

第五章 附 则

第五十三条 对国务院外经贸主管部门作出的有关技术进出口的批准、许可、登记或者行政处罚决定不服的，可以依法申请行政复议，也可以依法向人民法院提起诉讼。

第五十四条 本条例公布前国务院制定的有关技术进出口管理的规定与本条例的规定不一致的，以本条例为准。

第五十五条 本条例自2002年1月1日起施行。1985年5月24日国务院发布的《中华人民共和国技术引进合同管理条例》和1987年12月30日国务院批准、1988年1月20日对外经济贸易部发布的《中华人民共和国技术引进合同管理条例施行细则》同时废止。

中华人民共和国出口货物原产地规则

（1992年2月28日国务院第九十九次常务会议通过　1992年3月8日中华人民共和国国务院令第94号发布　1992年5月1日起施行）

第一条　为了加强对出口货物原产地工作的管理，促进对外经济贸易的发展，制定本规则。

第二条　中华人民共和国出口货物原产地证明书（以下简称原产地证）是证明有关出口货物原产地为中华人民共和国的证明文件。

第三条　国家对外经济贸易主管部门对全国出口货物原产地工作实施统一监督管理。

省、自治区、直辖市人民政府对外经济贸易主管部门负责协调本行政区域内的出口货物原产地工作。

第四条　国家进出口商品检验部门设在地方的进出口商品检验机构、中国国际贸易促进委员会及其分会以及国家对外经济贸易主管部门指定的其他机构，按照国家对外经济贸易主管部门的规定签发原产地证。

第五条　在中华人民共和国境内依法设立，享有对外贸易经营权的企业，从事“来料加工”、“来样加工”、“来件装配”和“补偿贸易”业务的企业，外商投资企业，可以根据需要向本规则第四条规定的签发机构申请领取原产地证。

第六条 符合下列标准之一的出口货物，其原产地为中华人民共和国：

（一）全部在中华人民共和国境内生产或者制造的产品，包括：

1. 从中华人民共和国领土和大陆架提取的矿产品；

2. 在中华人民共和国境内收获或者采集的植物及其产品；

3. 在中华人民共和国境内繁殖和饲养的动物及其产品；

4. 在中华人民共和国境内狩猎或者捕捞获得的产品；

5. 由中华人民共和国船只或者其他工具从海洋获得的海产品和其他产品及其加工制成的产品；

6. 在中华人民共和国境内制造、加工过程中回收的废物和废料及在中华人民共和国境内收集的其他废旧物品；

7. 在中华人民共和国境内完全用上述产品以及其他非进口原料加工制成的产品。

（二）部分或者全部使用进口原料、零部件，在中华人民共和国境内进行主要的及最后的制造、加工工序，使其外形、性质、形态或者用途产生实质性改变的产品。制造、加工工序清单，按照以制造、加工工序为主，辅以构成比例的原则，由国家对外经济贸易主管部门商国务院有关部门制定、调整。

第七条 申请领取原产地证的出口货物，应当符合原产地标准：不符合原产地标准的，签发机构应当拒绝签发原产地证。

第八条 申请领取和签发原产地证的程序由国家对外经济贸易主管部门规定。

第九条 企业违反本规则，有下列行为之一的，国家对外经济贸易主管部门或者国家对外经济贸易主管部门根据省、自治区、直辖市人民政府对外经济贸易主管部门的建议，可以区别情况通报批评、暂停直至取消其申请领取原产地证的资格：

（一）提供虚假材料，骗取原产地证的；

（二）伪造、变造原产地证的；

（三）非法转让原产地证的。

对有前款所列行为的企业的主管人员和直接责任人员，给予行政处分；情节严重，构成犯罪的，依法追究刑事责任。

第十条 签发机构违反规定签发或者拒绝签发原产地证的，国家对外经济贸易主管部门或者国家对外经济贸易主管部门根据省、自治区、直辖市人民政府对外经济贸易主管部门的建议，可以区别情况通报批评或者暂停其原产地证签发权。

签发机构工作人员徇私舞弊、滥用职权或者玩忽职守的，给予行政处分；情节严重，构成犯罪的，依法追究刑事责任。

第十一条 普惠制原产地证依照普惠制给惠国原产地规则办理。

中华人民共和国政府与外国政府签订的双边协议对原产地证的签发有特别规定的，依照协议的规定办理。

第十二条 国家对外经济贸易主管部门根据本规则制定实施办法。

第十三条 本规则由国家对外经济贸易主管部门负责解释。

第十四条 本规则自 1992 年 5 月 1 日起施行。